Mosaik

Bayer/Buttler/Finkenzeller/Grau

# Pflanzen des Mittelmeerraums

Illustriert von Prof. Dr. Jürke Grau
Herausgegeben von Gunter Steinbach

Mosaik Verlag

Abkürzungen im Bestimmungsteil

**Blütezeit**: Monate in römischen Ziffern in der Überschrift rechts, z. B.: VI–IX = Juni bis September
**Verbreitung**: Gesamtes Mittelmeergebiet: M
westliches Mittelmeergebiet: WM
zentrales Mittelmeergebiet: ZM
östliches Mittelmeergebiet: OM
südliches Mittelmeergebiet: SM
♀ weiblich
♂ männlich
Im Text **Merkmale**: ± = mehr oder weniger

Die **Familiennamen** der Pflanzen stehen auf den Bildseiten rechts oben bzw. rechts. Die Schriftfelder der rechten Bildspalte gelten auch für die linksstehenden Bilder, sofern diese nicht eigene Familienbezeichnungen tragen.

**Worterklärungen** für Fachwörter des Bestimmungsteiles, soweit sie über die allgemeinen pflanzenkundlichen Begriffe hinausführen. Diese werden in unserem Band »Wildblumen Mitteleuropas« mit Zeichnungen erläutert.

Achäne — einsamige Frucht der Korbblütler
adstringierend — zusammenziehend
Balg — einzelnes Fruchtblatt mit mehreren Samen
basal — grundständig
Brakteen — Blätter des oberen Sproßbereichs, meist schuppig
Bulbillen — Tochterzwiebeln
fertil — fruchtbar
Filamente — Staubblattstiele
hyalin — trockenhäutig
Kladodien — blattartig verbreiterte Sprosse
Ligula — Blatthäutchen, bei Gräsern die Blattscheide verlängernd
montan — in der Bergregion
obovat — umgekehrt eiförmig
Papillen — meist kugelige, kleine, flüssigkeitsgefüllte Ausstülpungen der Oberfläche von Pflanzenorganen
papillös — mit Papillen versehen
Pappushaare — Haarkranz auf der Achäne der Korbblütler, Flugorgan
ruderal — auf Schuttplätzen und Wegrändern gedeihend
sternhaarig — mit sternartig verzweigten Haaren besetzt
submontan — unter der Bergregion
sukzessiv — schrittweise
Synonym — anderer Name für dieselbe Pflanzenart
tetraedrisch — pyramidenförmig

Bild auf Innentitel: Roter Pippau

Der Mosaik Verlag ist ein Unternehmen
der Verlagsgruppe Bertelsmann

Neue, bearbeitete Sonderausgabe


Bildredaktion: Ulrike Langheinrich
Druck und Bindung: Mohndruck Graphische Betriebe
GmbH, Gütersloh
Printed in Germany · ISBN 3-576-10698-7

# Inhalt

Strand auf Sardinien

## Zum Buch

Die Pflanzenwelt des Mittelmeerraums ist mit rund 20 000 Arten die weitaus formenreichste Europas. Für unser Buch konnten wir diese Zahl erheblich einschränken: Die Strauchgehölze und die Bäume Europas behandeln wir in jeweils eigenen Bänden unserer Reihe, gleiches gilt für die Wildblumen Mitteleuropas und die Alpenpflanzen, von denen ein großer Teil auch im Mittelmeergebiet vorkommt. 131 küstenbewohnende Arten sind in unserem Band »Lebensraum Küste« berücksichtigt; der größte Teil von ihnen wächst im Mittelmeerraum. Schließlich erhielt die überaus artenreiche Pflanzenfamilie der Orchideen einen eigenen Band in unserer Reihe. Ihr europäisches Hauptverbreitungsgebiet ist der Mittelmeerraum. Trotz dieser Ausgliederung bestimmter Pflanzengruppen stellt unser Band gleichsam vertretungsweise auch einige für den mediterranen Raum typische Bäume, Sträucher und Orchideen, nicht aber Blumen, die auch in Mitteleuropa heimisch sind, vor.
Die Autoren waren sich der Lücken bewußt, die ein Feldführer dieses Umfangs für die Pflanzen des Mittelmeerraums zwangsläufig aufweisen muß. Sie wählten die Arten deshalb aus 86 verschiedenen Pflanzenfamilien und zeigen damit die überaus große Vielfalt der mediterranen Gewächse mit jeweils charakteristischen Vertretern. Weitverbreiteten und häufigen Arten wurde der Vorzug gegeben, doch konnte auch eine Reihe interessanter Blütenpflanzen mit nur kleinem örtlichem Verbreitungsgebiet sowohl aus dem östlichen als auch aus dem westlichen Mittelmeerraum vorgestellt werden.
Weil dieser Feldführer vor allem für Urlauber gedacht ist, die nicht immer über weiterreichende botanische Kenntnisse verfügen, sich aber dennoch in der Pflanzenfülle ihres Feriengebietes zurechtfinden wollen, wurden in erster Linie Pflanzen ausgewählt, die durch ihre Blüten auffallen; daneben werden aber auch einige wenige charakteristische farnartige Pflanzen und Gräser vorgestellt.
Abweichend von den anderen Bänden dieser Reihe steht die Blühzeit mit Monatsziffern jeweils rechts oben in der Zeile der Art-Überschrift. Die Beschreibungstexte konzentrieren sich auf die markantesten Merkmale der Pflanze, geben Standort und Verbreitung an. Wegen guter Lesbarkeit verzichteten wir wieder weitgehend auf Kürzel und Zeichen. Die wenigen verwendeten Kurzformen werden auf Seite 4 oben erläutert.
Die Namengebung folgt der »Flora Europaea«, in einigen Fällen mußten deutsche Namen in Anlehnung an die wissenschaftlichen eingeführt werden.
Auf verwechslungsfähige Arten, die aus Platzgründen keinen eigenen Bestimmungstext erhielten, wird nach Möglichkeit am Schluß der Beschreibungen hingewiesen. Die Artenfolge im Buch ist nach dem botanischen System gruppiert. Die Zugehörigkeit einer Pflanzenart zu ihrer jeweiligen Familie wird durch Schriftfelder auf den Bildseiten angegeben. Auf Symbole für die Familien verzichteten wir wegen ihrer großen Zahl. Jeder im Buch beschriebenen und bebilderten Art gab Professor Grau eine Zeichnung bei, die besondere Artmerkmale herausstellt und so die Abgrenzung gegen ähnliche Arten anhand kennzeichnender Einzelheiten erleichtert. Synonyme fanden im Register Berücksichtigung.

G. S.

## Gezähnter Moosfarn I–IX
*Selaginella denticulata*

**Merkmale**: Krautige, dem Boden angedrückte, Rasen bildende, kriechende, zarte, nicht blühende, 5–20 cm lange Pflanze. Sprosse abgeflacht, mit verschieden großen Blättern besetzt, die der Sproßoberseite kleiner, schräg nach vorne gerichtet, die der Unterseiten größer, bis 2,5 mm lang, nur schwach nach vorne gerichtet, alle deutlich gezähnt und leicht asymmetrisch. Fruchtende Pflanzen mit bis zu 2 cm langen, nicht deutlich abgesetzten, zapfenartigen Sporangienständen. An diesen befinden sich unten die weiblichen Sporangien (Sporenkapseln) mit 4 großen Sporen, darüber stehen die männlichen Sporangien mit zahlreichen, viel kleineren Sporen. Alle Sporangien in den Achseln von Tragblättchen.
**Standort**: An feuchten Stellen als Unterwuchs.
**Verbreitung**: M, zerstreut.

## Schuppenfarn IV–VIII
*Cheilanthes marantae*

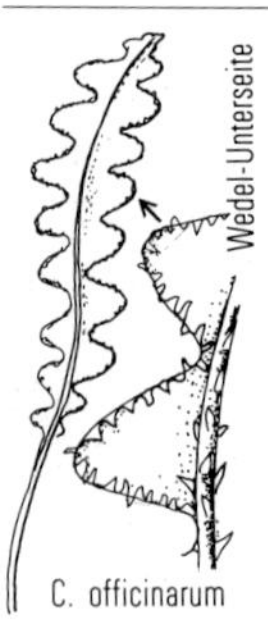


**Merkmale**: Bis 35 cm hohe, ausdauernde Farnpflanze mit kriechendem, dicht mit hellbraunen Schuppen besetztem Wurzelstock. Wedel gruppenweise erscheinend. Stiele etwa so lang wie die Fläche, locker schuppig. Wedelfläche bis 5 cm breit, einfach bis doppelt gefiedert. Fiedern meist fiederteilig eingeschnitten, oberseits kahl, unterseits dicht mit hellen Schuppen besetzt, mit nach unten umgebogenem Rand. Sporangien auf der Blattunterseite gegen den Fiederrand auf den Nerven in den Schuppen verborgen. **Standort**: Felsen, Schluchten, Kalk.
**Verbreitung**: M, bis zum Himalaya und Ostafrika. Ebenfalls unterseits dicht schuppig behaart ist der **Milzfarn** *(Ceterach officinarum)* mit einfach gefiederten Wedeln. Häufig an trockenen Standorten, in Mauerritzen, sehr trockenheitsresistent.

## Stacheliges Brachsenkraut I–V
*Isoetes histrix*

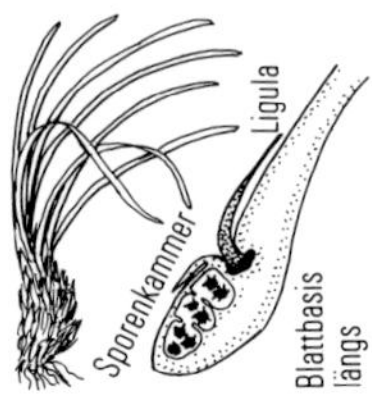


**Merkmale**: Ausdauernde, nicht blühende, sporenbildende, bis 15 cm hohe Pflanze mit einer Rosette grasartiger Blätter, die jedes Jahr neu gebildet wird. Blätter bis 10 cm lang und 1 mm breit. In den Achseln der verbreiterten, dunklen, glänzenden und ausdauernden Blattbasen stehen die Sporangien und ein herzförmiges Gebilde *(Ligula)*. In verschiedenen Sporangien werden zwei Sporentypen gebildet: kleine männliche und große weibliche Sporen; aus letzteren entstehen nach Befruchtung Jungpflanzen.
**Standort**: Sandige, trockene, nur im Winter überflutete Stellen, in Pinienwäldern.
**Verbreitung**: M bis in den atlantischen Bereich. Die meisten Brachsenkräuter leben dauernd untergetaucht in Seen. Außer *I. histrix* nur noch das ähnliche, mehr westliche *I. durieui* auf dem Land wachsend.

## Dünnblättriger Nacktfarn II–IX
*Anogramma leptophylla*

**Merkmale**: Kleine, einjährige, bis 15 cm hohe Farnpflanze. An der Basis entspringen wenige zarte, weiche Wedel von hellgrüner Farbe. Die einzelnen Wedel besitzen einen deutlichen Stiel, der bis etwa die Hälfte ihrer Länge einnimmt und eine 2- bis 3fach zerteilte Fläche trägt. Die einzelnen Wedelabschnitte eiförmig. Die ersten untersten Wedel wesentlich kürzer und wenig geteilt. Die größten fertil, dabei unterseits auf den einzelnen Wedelabschnitten im Bereich der Mittelrippe Ansammlungen von Sporangien *(Sori)* mit bräunlichen Sporen. Sterile (unfruchtbare) Wedel besitzen Abschnitte, die etwas zugespitzt sind, während die der fertilen (fruchtbaren) rundlich sind.
**Standort**: Feuchte, schattige Stellen.
**Verbreitung**: M, atlantischer Bereich, gesamte Subtropen.

Moosfarngewächse

Brachsenkräuter

Farne

Farne

## Stechwacholder IV–V
*Juniperus oxycedrus ssp. macrocarpa*

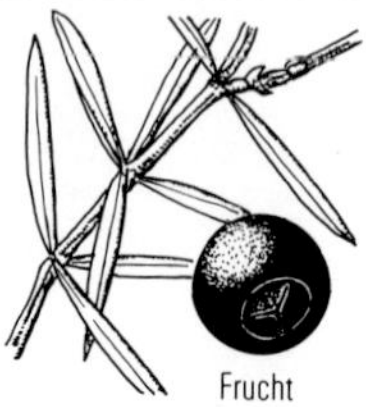


**Merkmale:** 2häusiger, häufig niederliegender nadelblättriger Strauch bis zu 3 m Höhe. Nadeln bis 2,5 cm lang, abstehend, oberseits mit zwei Streifen, mit stechender Spitze. Weibliche Blüten zu einer beerenartigen, bis 1,5 cm breiten Frucht heranwachsend, die in der Jugend blaugrün bereift ist und sich bei Reife in Kastanienrot verfärbt. Männliche Blüten kurze zapfenartige Ansammlungen von Staubblättern an dreieckigen Schuppen.
**Standort:** Dünen und Felsen in Küstennähe.
**Verbreitung:** M, Westasien bis Syrien. Die typische Unterart *(J. oxycedrus ssp. oxycedrus)* unterscheidet sich durch aufrechten Wuchs, kleinere, weniger saftige Beerenfrüchte und schmalere Blätter. Diese Form ist im gesamten Mediterrangebiet im Landesinneren verbreitet, besonders an trockenen Standorten.

## Nebroden-Meerträubel IV–VI
*Ephedra nebrodensis*

**Merkmale:** Stark verzweigter, ± büscheliger, bis 1 m hoher Strauch. Die Äste schachtelhalmartig, grün, rauh, nicht zerbrechlich. Blätter zu verwachsenen Schuppen an den Knoten reduziert, bis 2 mm lang, in der Jugend grün, im Alter kastanienbraun. Staubblätter in den Achseln rundlicher Tragblätter zu Zapfen vereinigt, diese in Gruppen zu 2–4 Paaren zusammenstehend. Staubbeutel sich oben mit Poren öffnend. Weibliche Zapfen mit 2 Paaren von Brakteen, die die meist 2 ellipsoidischen, miteinander verwachsenen Samen umgeben. Brakteen zur Fruchtzeit fleischig, gelblich oder rot und eine die Samen völlig bedeckende, 7 mm lange Scheinfrucht bildend.
**Standort:** Trockene, kalkhaltige Orte, Felsfluren, Gips, bis 1700 m.
**Verbreitung:** WM, bis Kanaren.

## Phönizischer Wacholder II–IV
*Juniperus phoenicea*

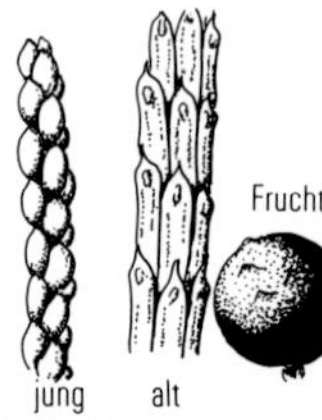


**Merkmale:** Kräftiger, einhäusiger, bis 8 m hoher Strauch oder niedriger Baum, in Küstennähe häufig geduckt. Zweige dicht anliegend und schuppig mit etwa 1 mm langen, dreieckigen, herablaufenden Nadeln besetzt, die auf der Rückseite eine rinnige Drüse besitzen und am Rand trockenhäutig sind. Nur die jugendlichen Nadeln größer, 5–14 mm lang und abstehend, mit je zwei Streifen ober- und unterseits. Junge weibliche Blüten zunächst kugelig, schuppig und weiß, später zu einer beerenähnlichen Frucht verwachsend, die im Jugendzustand grünlich, bei Reife (erst im 2. Jahr!) lederig braun ist und nicht abfällt. Männliche Blüten zu kleinen, nach der Blüte abfallenden Zapfen zusammengefaßt.
**Standort:** Felsige Stellen, meist in Küstennähe.
**Verbreitung:** M, Nordafrika, Algerien bis Tunis.

## Zerbrechliches Meerträubel IV–VI
*Ephedra fragilis*

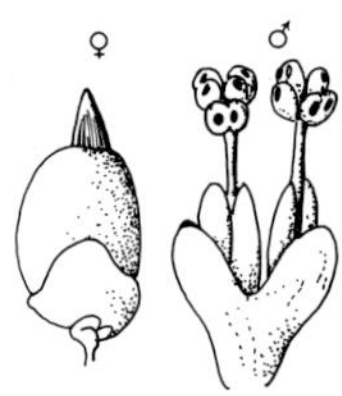


**Merkmale:** Dicht wuchernder, aufrechter bis aufsteigender Strauch von bis zu 4 m Ausdehnung. Die Äste schachtelhalmartig, grün, im Alter grau, sehr zerbrechlich. Blätter zu verwachsenen Schuppen an den Knoten reduziert, bis 2 mm lang. Staubblätter in den Achseln rundlicher Tragblätter zu Zapfen vereinigt, diese in Gruppen zu 4–8 Paaren zusammenstehend. Staubbeutel sich oben mit Poren öffnend. Weibliche Zapfen mit 2–3 Paaren von Brakteen, die meist 2 ellipsoidischen, miteinander verwachsenen Samen umgebend. Die Brakteen werden zur Fruchtzeit fleischig, färben sich rot und bilden so eine die Samen völlig bedeckende Scheinfrucht.
**Standort:** Trockene, kalkhaltige Orte, salzhaltige Sände, Gips, bis 1100 m.
**Verbreitung:** WM, bis Kanaren.

## Steineiche *Quercus ilex* IV–V

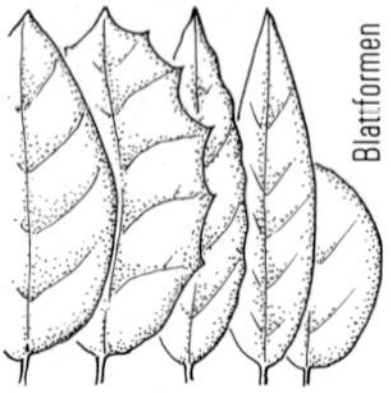


**Merkmale**: Immergrüner, bis 25 m hoher Baum mit grauer Rinde. Junge Zweige grau behaart. Blätter eiförmig bis lanzettlich, spitz, bis 7 cm lang, hart, ganzrandig bis dornig gezähnt, dunkelgrün und glänzend auf der Oberseite und graugrün behaart auf der Unterseite, 3–4 Jahre am Baum bleibend. Stiel bis 1,5 cm lang. Männliche Blüten klein, in kurzen Kätzchen an den Zweigenden. Weibliche Blüten sehr klein, paarweise beisammen. Eicheln schlank und spitz, in hell graugrünen, fast sitzenden, kurz schuppigen Bechern. Reifezeit Oktober bis Dezember; bei der Keimung hebt sich die Spitze an vorgeformter Stelle deckelartig ab.
**Standort**: Auf allen Bodenarten, besonders an trockenen Standorten, früher häufig waldbildend, heute oft abgeholzt, bis 1400 m.
**Verbreitung**: M, im Osten seltener; dort oft die **Kermeseiche** *(Quercus coccifera)*.

## Weißer Maulbeerbaum *Morus alba* IV–V

**Merkmale**: Mittelhoher, 12–15 m hoher Baum, mit rundlicher Krone und aschgrauer Rinde. Blätter wechselständig, deutlich gestielt, Blattfläche 6–18 cm lang, eiförmig bis herzförmig, bisweilen gelappt und basal etwas asymmetrisch, oberseits glänzend mittelgrün, unterseits etwas heller und mit einigen Haaren. Nerven heller abgesetzt. Blüten klein und eingeschlechtig. Weibliche Blüten mit 4 schuppigen Kronblättern, zu dichten, bis 2 cm langen Blütenständen vereinigt. Zur Fruchtreife Blütenhülle fleischig, weiß bis rot, Blütenstände eßbare Scheinbeeren bildend. Männliche Blüten in Ähren, mit 4 Staubblättern und 4 Blütenhüllblättern.
**Standort**: Häufig als Alleebaum kultiviert.
**Verbreitung**: M, aus Ostasien über Persien nach Südeuropa gelangt und zunächst zur Seidenraupenzucht kultiviert. Der **Schwarze Maulbeerbaum** *(M.nigra)* hat schwarzrote Beeren.

## Korkeiche *Quercus suber* IV–V, IX–X

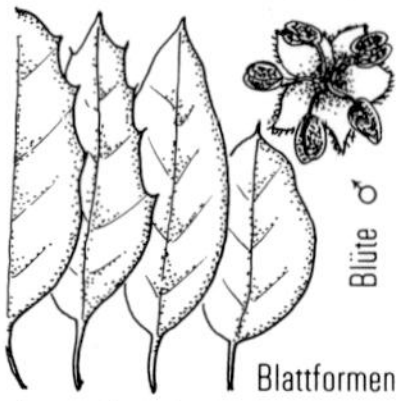


**Merkmale**: Immergrüner, bis 20 m hoher, schlanker Baum mit wulstiger Korkrinde. Junge Zweige behaart. Blätter eiförmig, bis 7 cm lang, hart, randlich geschweift gezähnt, oberseits dunkelgrün, unterseits grau filzig, Stiel bis 1,5 cm lang. Weibliche Blüten meist zu 2 an gegabelten Stielen, männliche Blüten in kurzen, hängenden Kätzchen. Eicheln in dicht stumpf beschuppten Bechern, bei frühjahrsblühenden Bäumen im gleichen Jahr, bei herbstblühenden Bäumen im folgenden Sommer reifend. Ab 25. Jahr meist im unteren Bereich geschält; der freiliegende Bast erst rostrot.
**Standort**: Kalkfreie helle Hartlaubwälder, bevorzugt in Küstennähe.
**Verbreitung**: WM, angepflanzt. Häufig in Südwest-Spanien und Südportugal, den Ostpyrenäen und Ostalgerien. Östlich bis an die westitalienische und westjugoslawische Küste.

## Feigenbaum *Ficus carica* ab IV

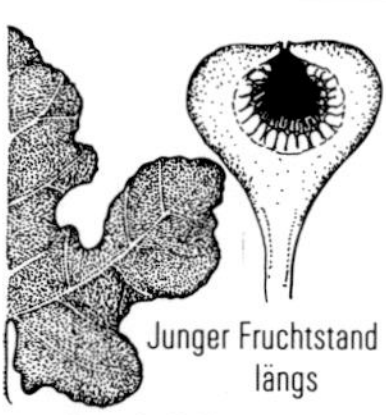


**Merkmale**: Kräftiger Strauch oder niedriger, weit ausladender Baum von 6–8 m Höhe mit glatter grauer Rinde. Grüne Zweige bei Verletzung einen weißen Milchsaft absondernd. Blätter wechselständig, sehr groß, bis 20 cm lang, gestielt, in der Regel handförmig gelappt, herzförmig an der Basis, rauhborstig und stumpf olivgrün bis dunkelgrün. Männliche wie weibliche Blüten im Inneren eines birnenförmigen, grünlichen oder braunvioletten, bis 8 cm langen Fruchtstands (Feige) eingeschlossen. Im Laufe des Jahres entstehen verschiedene Generationen von Feigen, deren Blüten durch eine Gallwespe im komplizierten Wechsel befruchtet werden. Eßbare Feigen im Frühsommer und im Herbst reifend. Die eigentlichen reifen Früchte sind die »Körnchen« der Feige.
**Standort**: Feuchte Stellen im trockenen Klima.
**Verbreitung**: M, kultiviert, ursprünglich SM.

entrindeter Stamm

## Geschwänzte Brennessel ab II
*Urtica dubia*

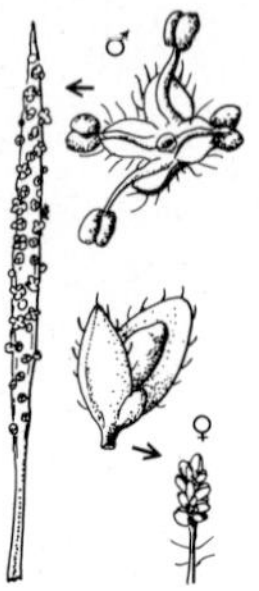


**Merkmale:** Einjährige, 15–80 cm hohe, einhäusige, nesselnde Pflanze. Blätter gegenständig, breit herzeiförmig, Stiel so lang wie die Blattfläche, diese meist nicht über 6 cm lang, gesägt. An jedem Knoten 2 Nebenblätter. Blüten klein, eingeschlechtig. Die männlichen mit 4 grünlichen, bewimperten Kronblättern und 4 Staubblättern, zahlreich auf einer Seite einer lanzettlichen, etwas aufgeblasenen, blattachselständigen Achse, die die Blattstiele überragt. Die weiblichen Blüten auf schlanken, basal borstigen Achsen, die kürzer als die Blattstiele sind, mit 2 größeren und 2 kleineren Kronblättern und einem Fruchtknoten.
**Standort:** Nährstoffreiche, weniger trockene Stellen im Bereich von Siedlungen; in feuchten Mauerritzen.
**Verbreitung:** M, Kanaren und Azoren.

## Pillen-Brennessel, Römische Nessel *Urtica pilulifera* ab II

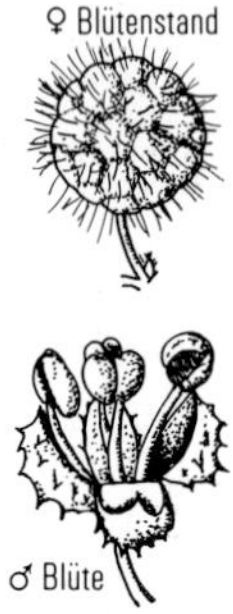


**Merkmale:** Einjährige, 30–100 cm hohe, einhäusige, nesselnde Pflanze. Blätter gegenständig, breit herzeiförmig, Stiel fast so lang wie die Blattfläche, diese 2–6 cm lang, meist tief gesägt, Nerven unterseits stark hervortretend, häufig nur schwach behaart. An jedem Knoten 4 Nebenblätter. Blüten klein, eingeschlechtig. Die männlichen mit 4 grünlichen, bewimperten Kronblättern und 4 Staubblättern, zahlreich gruppenweise an einer verzweigten Achse. Die weiblichen Blüten in gestielten, etwas über erbsengroßen kugeligen Köpfchen, mit 2 größeren und 2 kleineren Kronblättern und einem Fruchtknoten. Kronblätter aufgeblasen und dicht borstig.
**Standort:** Nährstoffreiche, weniger trockene Unkrautstellen.
**Verbreitung:** M, bis nach Asien.

## Honigduftender Rutenstrauch IV–VII
*Osyris alba*

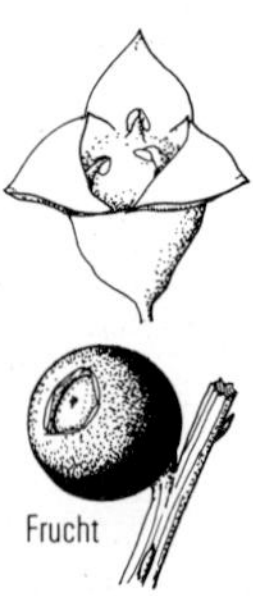


**Merkmale:** 2häusiger, bis 120 cm hoher Strauch mit zahlreichen, rutenförmigen Ästen. Blätter wechselständig, immergrün, ganzrandig, lanzettlich, einnervig, ungestielt, bis 2 cm lang. Weibliche Blüten an den Enden kurzer Seitenzweige, offen becherförmig mit 3 Kronzipfeln, mit 3 kurzen Narben, Fruchtknoten in den Blütenbecher eingesenkt. Männliche Blüten zu wenigen an seitenständigen Blütenständen, mit offen becherförmiger, 3zipfliger Krone. 3 kurze Staubblätter mit breiten Filamenten. Frucht eine purpurrote Beere von 5–7 mm Durchmesser, die den ringförmigen Rest der Blütenkrone erkennen läßt.
**Standort:** Felsen und trockene Hänge bis zur subalpinen Stufe, in Nordafrika bis 2400 m.
**Verbreitung:** M, nach Norden bis in die wärmeren Teile Mitteleuropas.

## Lanzettblättriger Rutenstrauch IV–VI
*Osyris quadripartita*

**Merkmale:** 2häusiger, bis 240 cm hoher Strauch mit zahlreichen rutenförmigen Ästen. Blätter wechselständig, immergrün, sehr lederig, ganzrandig, lanzettlich, fiedernervig, ungestielt, bis 2 cm lang. Weibliche Blüten an den Enden kurzer Seitenzweige, offen becherförmig mit 3–4 Kronzipfeln, mit 3 kurzen Narben, Fruchtknoten in den Blütenbecher eingesenkt. Männliche Blüten zu wenigen an seitenständigen Blütenständen, mit offen becherförmiger, 3- bis 4zipfliger Krone. 3 kurze Staubblätter mit breiten Filamenten. Frucht eine purpurrote Beere von 7–10 mm Durchmesser, mit ringförmigem Rest der Blütenkrone.
**Standort:** Felsen und trockene Hänge im Bergland.
**Verbreitung:** WM: im Süden der Iberischen Halbinsel, Balearen.

## Rundknollige Osterluzei IV–VI
*Aristolochia rotunda*

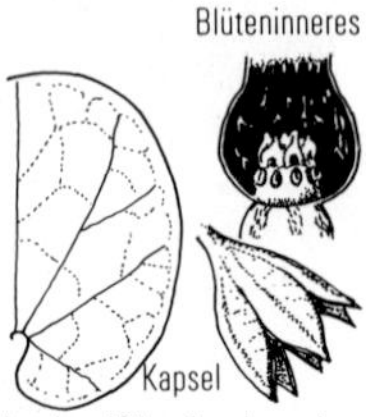


**Merkmale**: Mit rundlicher unterirdischer Knolle überdauernde, krautige Pflanze. Aus jeder Knolle mehrere Stengel, 20–60 cm hoch. Blätter wechselständig, rundlich bis breit eiförmig, basal stark herzförmig stengelumfassend sitzend, ganzrandig, meist 4–7 cm lang. Blüten aufrecht, 3–5 cm lang, mit unten bauchig erweiterter, gerader Röhre und daran anschließender Zunge. Röhre außen gelblich, innen basal dunkel und nach unten gerichtet drüsig und haarig. Zunge dunkelbraun. Fruchtknoten unterständig, kurz drüsig-borstig, wird zu einer hängenden ellipsoidischen Kapsel. Bauchiger Teil der Kronröhre mit einem wulstigen Griffelkomplex, dem seitlich 6 Staubblätter aufgewachsen sind. Kesselfallenblüte.
**Standort**: Feuchte Böden, bis Hügelland.
**Verbreitung**: ZM, bis zur Iberischen Halbinsel.

## Fahle Osterluzei IV–VI
*Aristolochia pallida*

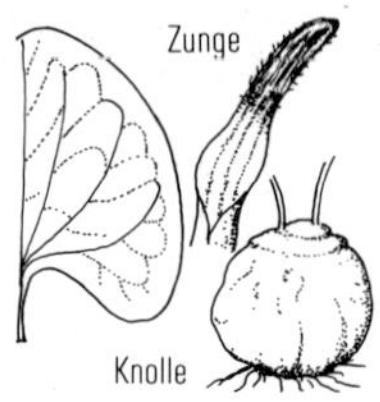


**Merkmale**: Mit rundlicher unterirdischer Knolle überdauernde, krautige Pflanze. Aus jeder Knolle mehrere Stengel, 20–60 cm hoch. Blätter wechselständig, dreieckig-herzförmig, kurz gestielt, basal seicht herzförmig ausgerandet, ganzrandig, meist 2–6 cm lang. Blüten aufrecht, grünlich bis bräunlich, 3–5 cm lang, schlank, mit unten schwach bauchig erweiterter, gerader Röhre und daran anschließender Zunge. Zunge bräunlich, oberseits locker langborstig. Fruchtknoten unterständig, kurz drüsig-borstig, wird zu einer hängenden ellipsoidischen, 6klappigen Kapsel. Bauchiger Teil der Kronröhre locker nach unten gerichtet behaart, mit einem wulstigen Griffelkomplex, dem seitlich 6 Staubblätter aufgewachsen sind. Kesselfallenblume.
**Standort**: Feuchte Böden, bis montane Zone.
**Verbreitung**: OM, im Westen bis Italien.

## Wenignervige Osterluzei IV–V
*Aristolochia paucinervis*

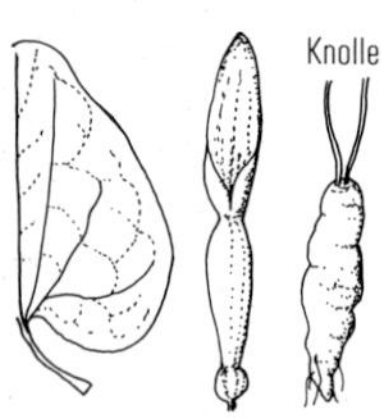


**Merkmale**: Mit länglicher unterirdischer Knolle überdauernde, krautige Pflanze. Aus jeder Knolle mehrere Stengel, 30–80 cm hoch. Blätter wechselständig, dreieckig-herzförmig, kurz gestielt, basal seicht herzförmig ausgerandet, ganzrandig, bis 5 cm lang. Blüten aufrecht, grünlich bis bräunlich, 3–5 cm lang, schlank, mit unten schwach bauchig erweiterter, gerader Röhre und daran anschließender, bräunlicher Zunge, die nur ½ so lang wie die Röhre ist. Fruchtknoten unterständig, kurz drüsig-borstig, wird zu einer hängenden, ellipsoidischen, 6teiligen Kapsel. Bauchiger Teil der Kronröhre mit einem wulstigen Griffelkomplex, mit 6 seitlichen Staubblättern.
**Standort**: Feuchte Böden, bis montane Zone.
**Verbreitung**: WM, wie die vorige Art zur vielgestaltigen *A. longa* gehörig, diese M.

## Pistolochia-Osterluzei III–VII
*Aristolochia pistolochia*

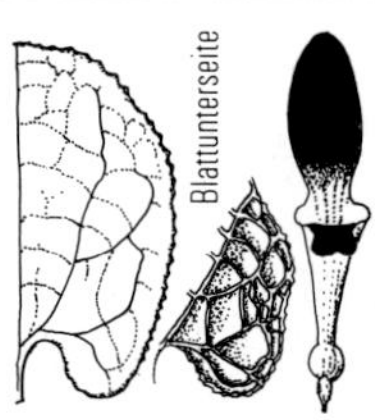


**Merkmale**: Mit kurzem, nicht verdicktem, dicht büschelig bewurzeltem Wurzelstock überdauernde, krautige Pflanze. Mehrstengelig, 15–40 cm hoch. Blätter wechselständig, dreieckig-herzförmig, basal seicht ausgerandet, kurz gestielt, randlich undeutlich gesägt, unterseits hervortretend weißnervig, meist bis 3 cm lang. Blüten aufrecht, 2–4 cm lang, mit unten bauchig erweiterter, gerader Röhre und daran anschließender Zunge und kurzer, lappiger Unterlippe. Röhre außen gelblich. Zunge und Unterlippe dunkelbraun. Fruchtknoten unterständig, kurz drüsig-borstig, wird zu einer hängenden, ellipsoidischen Kapsel. Bauchiger Teil der Kronröhre mit einem wulstigen Griffelkomplex, mit 6 seitlichen Staubblättern.
**Standort**: Felsige Böden, bis 1400 m.
**Verbreitung**: WM bis Korsika, Nordafrika.

## Gelber Zistrosenschmarotzer IV–VI
*Cytinus hypocistis*

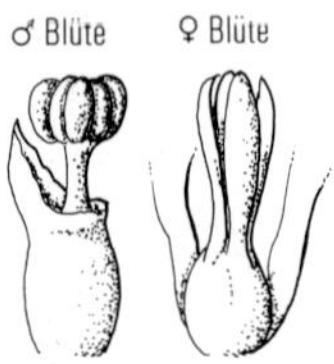


**Merkmale**: Ausdauernde, schmarotzende, nicht grüne, nur zur Blütezeit erscheinende, 3–7 cm hohe Pflanze mit einfachem, gestauchtem Sproß. Stengel dicht mit fleischigen Schuppen besetzt, diese schmal eiförmig, dem Stengel angedrückt dachig übereinanderliegend, oben leicht geschlitzt, basal gelb, an der Spitze orange bis rötlich. 5–10 Blüten an den Sproßenden, die unteren weiblich, die oberen männlich, Blütenkrone röhrig mit 4 gelben, haarigen, spreizenden Zipfeln. 8 Staubblätter zu einer Säule vereinigt. Fruchtknoten unterständig mit einer kopfig verbreiterten Narbe.
**Standort**: An trockenen, sonnigen Standorten, in Macchien. Die Art schmarotzt auf Zistrosengewächsen, die Sprosse entspringen den Wurzeln der Wirte und stehen oft in Gruppen.
**Verbreitung**: M, bis nach Westfrankreich.

## Malteserschwamm III–V
*Cynomorium coccineum*

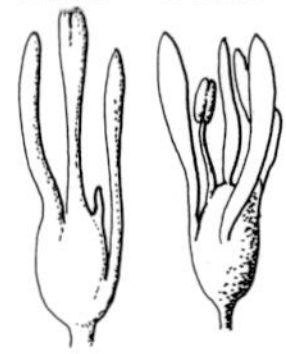


**Merkmale**: Ausdauernde, schmarotzende, nicht grüne, nur zur Blütezeit erscheinende braunrote, an einen Pilz erinnernde Pflanze, mit einfachem, dickem, 15–30 cm hohem Sproß. Unterirdisch ein verzweigtes Rhizom, daher meist mehrere Stengel nebeneinander. Stengel mit zahlreichen, schuppigen, dreieckigen, Blättern. Blütenstand 6–12 cm lang und 2–4 cm breit, endständig, keulig-kolbig, mit zahlreichen, dichten, kopfigen Teilblütenständen in den Achseln von hinfälligen dreieckigen Schuppen. Blüten eingeschlechtig. Hülle aus lappigen Anhängseln. Männl. Blüten mit nur einem Staubblatt.
**Standort**: An sandigen, oft salzhaltigen Stellen der Küste. Meist auf *Salsola* und *Tamarix.*
**Verbreitung**: SM, sehr lokal: südliche Iberische Halbinsel, Sizilien, Sardinien, Tunesien, Palästina, Sinai. Ostpersien bis Zentralasien.

## Schachtelhalm-Knöterich IV–VI
*Polygonum equisetiforme*

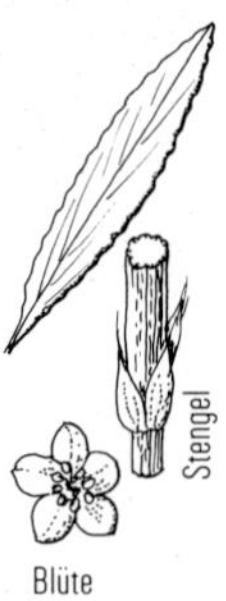


**Merkmale**: Ausdauernde, aus einem dicken, holzigen, schwärzlichen, verzweigten Wurzelstock aufsteigende, 30–100 cm hohe, kahle Pflanze mit normalerweise verzweigten, schlanken Sprossen. Blätter wechselständig, fast sitzend, fest, mit zerfaserter, unten bräunlicher Blattscheide. Blattfläche bis 4 cm lang, schmal elliptisch, mit nach unten umgedrehten, leicht welligen Rändern, oft abfallend. Blüten klein, rosa oder weiß, zu 2–3 in den Achseln sehr kleiner Blätter des oberen Sproßbereichs gebüschelt. 5 breitelliptische Kronblätter, bis 4 mm lang. 6–8 Staubblätter, 2 Griffel. Frucht eine glänzende, braune, bis 2,5 mm lange Nuß.
**Standort**: Unkrautstellen, Wegränder.
**Verbreitung**: M, auch Nordafrika, im Osten bis nach Persien.

## Tanger-Ampfer *Rumex tingitanus* IV–VI

**Merkmale**: Ausdauernde, basal aus einem Wurzelstock verzweigte, bis 50 cm hohe Pflanze mit unterirdischen Ausläufern. Stengel zu mehreren, dünn, meist locker verzweigt. Blätter wechselständig, die untersten bis 10 cm lang, Blattstiel und Blattfläche etwa gleich lang, diese eiförmig bis stumpf dreieckig, am Rand ± wellig, unregelmäßig knorpelig papillös, grün, blaugrün bereift oder rot überlaufen. Blüten klein, zwittrig in locker verzweigtem Blütenstand. 6 Blütenhüllblätter in 2 Kreisen, die äußeren klein und später zurückgeklappt, die inneren schmal nieren- bis herzförmig, zur Fruchtzeit vergrößert, bis 1 cm lang, häufig rot, glatt, geadert und die Nuß umschließend. 6 Staubblätter, Griffel dreinarbig. Nuß bis 4,2 mm lang, rötlich.
**Standort**: Küstensande.
**Verbreitung**: WM, Iberische Halbinsel, Nordafrika.

Rafflesiagewächse

Malteserschwammgew.

Knöterichgewächse

## Stierkopf-Ampfer VI–VIII
*Rumex bucephalophorus*

**Merkmale**: Meist einjährige, aufrechte, bis 40 cm hohe, sehr variable Pflanze. Stengel einzeln oder zu mehreren, dünn, meist unverzweigt. Blätter wechselständig, die untersten bis 2 cm lang, ei- bis spatelförmig, basal mit häutiger Scheide. Blüten klein, zwittrig oder weiblich, zu 2–3 gehäuft in den Blattachseln. Blütenstiele entweder dünn und rund oder breit und flach. 6 grüne Blütenhüllblätter in 2 Kreisen, die äußeren klein und später zurückgeklappt, die inneren mit hakigen Fortsätzen, zur Fruchtzeit vergrößert und die Nuß umschließend. 6 Staubblätter, Griffel mit 3 großen Narben.
**Standort**: Auf sandigen, trockenen Böden, auf Ödland, häufig in Kulturflächen und oft in Küstennähe.
**Verbreitung**: M, bis zu den Kanaren. Die vielgestaltige Art besitzt 4 Unterarten.

## Wunderblume *Mirabilis jalapa* VII–X

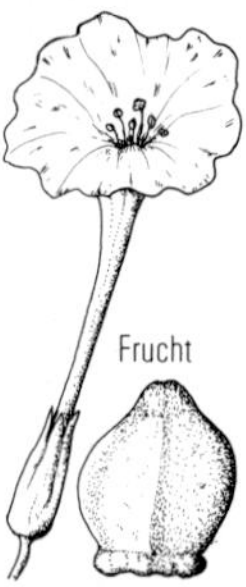


**Merkmale**: Ausdauernde, krautige, bis 180 cm hohe Pflanze mit kräftigem, knolligem, verholztem Wurzelstock. Sprosse zahlreich, buschig, aufrecht, verzweigt und knotig gegliedert. Blätter gegenständig, gestielt, spitz herzförmig, ganzrandig, dunkelgrün, Fläche bis 15 cm lang. Blüten meist rot, aber auch weiß, gelb oder gescheckt, an den Sproßenden gehäuft. Kelch verwachsen, 5zipflig, bis 1 cm lang. Krone mit bis 3 cm langer Röhre und flachem, bis 5 cm breitem, faltig-knitterigem Saum. 5 Staubblätter, aus der Kronröhre mit dem kopfigen Griffel herausschauend. Frucht zitronenförmig, rippig warzig, schwarz, 1 cm lang. Blüten duftend, ab nachmittags bis zum nächsten Morgen geöffnet.
**Standort**: Kulturland, Vorgärten.
**Verbreitung**: Aus dem tropischen Amerika, M verwildert.

## Stechampfer *Emex spinosa* II–V

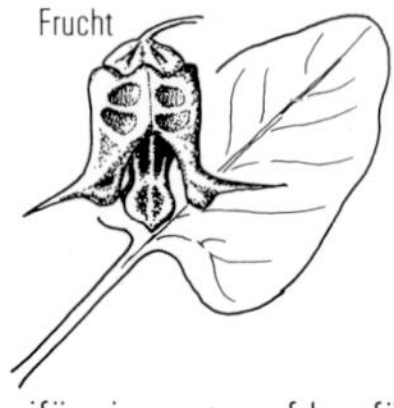


**Merkmale**: Einjährige, krautige, aufrechte bis aufsteigende, kahle, bis 60 cm hohe Pflanze. Blätter wechselständig, mit zerschlitzter Scheide, kurzem Stiel und gestutzt eiförmiger, stumpf herzförmiger bis stumpf spießförmiger Fläche. Weibliche Blüten klein, an der Basis des Blütenstandes in den Blattachseln geknäuelt mit 6 verwachsenen Blütenhüllblättern, von denen die äußeren drei zur Fruchtzeit vergrößert sind, stachelig werden und sich abspreizen, die inneren nach oben gerichtet und warzig sind. Fruchtknoten oberständig mit 3 Griffeln. Männliche Blüten in endständigen und achselständigen gestielten Verbänden über den weiblichen, mit 6 freien Blütenhüllblättern und 4–5 Staubblättern. Frucht 3kantig.
**Standort**: Sandige Küsten.
**Verbreitung**: SM, Nordafrika. Durch die Klettfrüchte auch nach Übersee verschleppt.

## Kahle Bougainville II–X
*Bougainvillea glabra*

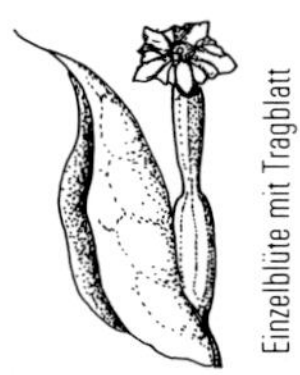


**Merkmale**: Ausdauernde, verholzte, strauchige, kletternde, samtig behaarte bis kahle, bis 10 m hohe Pflanze. Sproß sparrig verzweigt und unterschiedlich dornig. Blätter wechselständig, gestielt, spitz eiförmig, bisweilen rötlich überlaufen. Blüten in Dreiergruppen, diese gestielt achselständig, bisweilen zu mehreren in lockeren Blütenständen. Einzelblüten cremefarben mit langer, unten bauchiger, außen grünlich gestreifter Röhre und kleinem, flach ausgebreitetem, gekerbtem Saum. Dreiergruppen von 3 meist intensiv violett gefärbten, dünnen, geaderten, auffälligen Hochblättern umgeben.
**Standort**: An Hauswänden, Mauern, Arkaden.
**Verbreitung**: M, weltweit in den Tropen kultiviert, stammt aus Brasilien. Die stärker behaarte *B. spectabilis* auch mit roten, gelblichen, braunen oder weißen Hochblättern.

## Knotenblütige Mittagsblume IV–VII
*Mesembryanthemum nodiflorum*

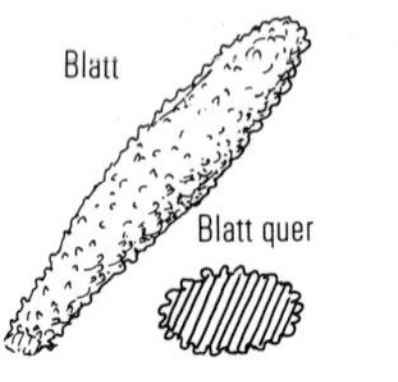


**Merkmale:** Einjährige, kriechende, bis 20 cm breite, wasserspeichernde, häufig rötlich überlaufene Pflanze. Blätter gegenständig, die oberen wechselständig, fleischig, schmal zungenförmig, im Querschnitt fast rund, blaugrün und locker mit glasigen Papillen (wassergefüllte Zellen) besetzt. Blüten klein, endständig und in den Blattachseln einzeln sitzend, bis 1,5 cm breit. Die 5 Kelchblätter länger als die zahlreichen weißlichen bis gelblichen, schmalen, fast fädigen Kronblätter. Staubblätter zahlreich. Griffel mit 5 Narben. Fruchtknoten unterständig. Kapsel mit 5 Fächern, über den Scheidewänden geflügelt.
**Standort:** Sandige bis felsige Stellen an der Küste und Salzsümpfe.
**Verbreitung:** M, auch Afrika und Kanaren.

## Spanisches Eiskraut IV–VI
*Aizoon hispanicum*

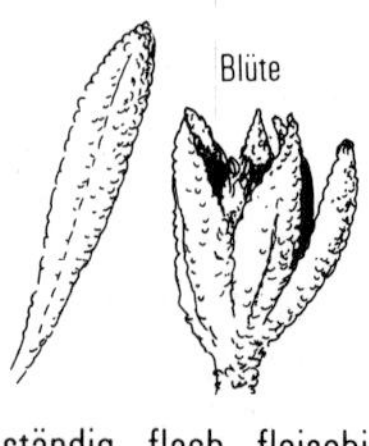


**Merkmale:** Einjährige, kriechende, 5–15 cm breite, wasserspeichernde, häufig rötlich überlaufene Pflanze. Stengel gabelig verzweigt, glasig papillös. Blätter meist wechselständig, flach, fleischig, stumpf lanzettlich bis zungenförmig, etwas stengelumfassend sitzend, bis 5 cm lang und 8 mm breit, rauh bis locker glasig papillös. Blüten unauffällig, einzeln, fast sitzend in den Stengelgabelungen. Blütenhülle einfach, mit ± kugeliger, oben gelblicher, spitz zipfliger Röhre. Etwa 20 Staubblätter, in 5 Büscheln angeordnet. Fruchtknoten oberständig. 5 Griffel. Kapsel mit zahlreichen nierenförmigen Samen, an der Spitze sich mit 5 Klappen öffnend.
**Standort:** Sandige bis felsige Stellen.
**Verbreitung:** SM, Balearen, Kreta, Spanien, in Italien in Kalabrien eingebürgert. Auch in Afrika und Westasien.

## Kristall-Mittagsblume IV–VI
*Mesembryanthemum crystallinum*

**Merkmale:** Einjährige, kriechende, bis 60 cm breite, wasserspeichernde, häufig rötlich überlaufene Pflanze. Blätter gegenständig, die oberen wechselständig, flach, fleischig, eiförmig-dreieckig, die unteren gestielt, 7–12 cm lang, blaugrün und dicht mit glasigen Papillen (wassergefüllte Zellen) besetzt. Blüten groß, zu 3–5 endständig oder einzeln in den Blattachseln sitzend, bis 3 cm breit. Die 5 Kelchblätter kürzer als die zahlreichen weißlichen bis gelblichen oder zartrosa, schmalen, fast fädigen Kronblätter. Staubblätter zahlreich. Griffel mit 5 Narben. Fruchtknoten unterständig. Kapsel mit 5 Fächern, über den Scheidewänden geflügelt.
**Standort:** Sandige bis felsige Stellen an der Küste und Salzsümpfe.
**Verbreitung:** M, auch Afrika und Kanaren.

## Silber-Mauermiere IV–VI
*Paronychia argentea*

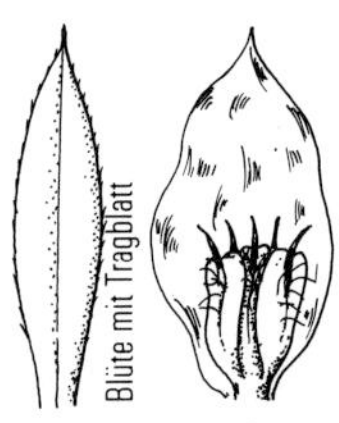


**Merkmale:** Ausdauernde, kriechende und Matten bildende, flächendeckende, verkahlende Pflanze mit bis zu 30 cm langen Sprossen. Blätter gegenständig, linealisch lanzettlich, ganzrandig, spitz, bis 10 mm lang. Blüten klein, in den Blattachseln gebüschelt, von bis 6 mm langen, breiten, trocken-silberhäutigen Hochblättern bedeckt. Kronblätter fehlend, 5 Kelchblätter schmal umgekehrt eiförmig, mit trockenem Rand, aufgesetzter Spitze und bräunlicher Mittelrippe. 5 Staubblätter. Fruchtknoten oberständig mit 2 Griffeln. Frucht einsamig, Samenschale mit der Fruchtwand verwachsen.
**Standort:** Trockene, offene Stellen, verfestigte Dünen.
**Verbreitung:** M, auch in Afrika. Weitere Arten, z. T. ohne silbrig berandete Hochblätter im Mediterrangebiet.

Mittagsblumengewächse

Mittagsblumengewächse

Nelkengewächse

## Nizza-Leimkraut *Silene nicaeensis* IV–VI

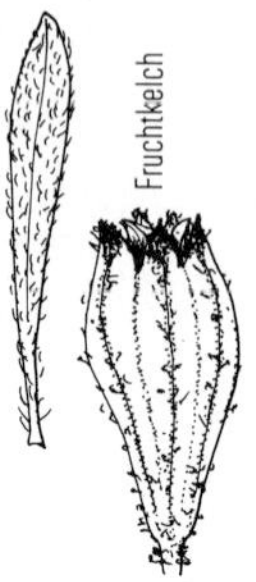


**Merkmale:** Einjährige, aufrechte, 10–40 cm hohe, wenig verzweigte Pflanze mit drüsig klebrigem Stengel. Blätter gegenständig, lanzettlich, ganzrandig. Blüten zu 2–8 an gabeligen, endständigen Blütenständen. 5 Kronblätter, oberseits schwach rosa bis weiß, unterseits rosa und grünlich, über dem Kelch radförmig ausgebreitet, 2zipflig und mit kurzer, 2teiliger Nebenkrone. 10 Staubblätter. Fruchtknoten oberständig, in der Blüte kurz gestielt und mit 3 Griffeln. Kelch röhrig verwachsen mit 5 kurzen Zipfeln. 10nervig, klebrig drüsig und rot überlaufen, über der Frucht nicht geschlossen. Frucht eine Kapsel, die sich mit 6 Zähnen öffnet und zahlreiche kleine, braune, nierenförmige Samen enthält.

**Standort:** Sandige Stellen in Küstennähe.

**Verbreitung:** WM, östlich bis Italien.

## Farbiges Leimkraut *Silene colorata* V–VI

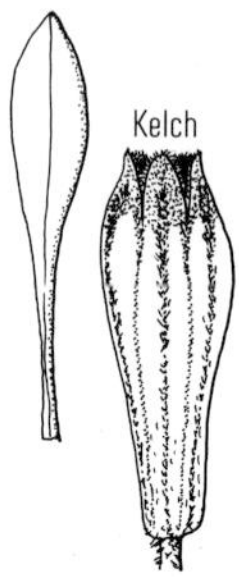


**Merkmale:** Einjährige, aufsteigend-aufrechte, 10–50 cm hohe, kurz behaarte, verzweigte Pflanze. Blätter gegenständig, lanzettlich, ganzrandig. Blüten einzeln endständig oder in den oberen Blattachseln. 5 Kronblätter, rosa bis weiß, über dem Kelch radförmig ausgebreitet, 2zipflig und mit kurzer, 2teiliger Nebenkrone. 10 Staubblätter. Fruchtknoten oberständig, in der Blüte kurz gestielt und mit 3 Griffeln. Kelch ± 13 mm lang, röhrig verwachsen mit 5 kurzen Zipfeln, 10nervig, kurzhaarig und rot gestreift, über der Frucht nicht geschlossen. Frucht eine bis 9 mm lange Kapsel, die sich mit 6 Zähnen öffnet und zahlreiche kleine Samen enthält.

**Standort:** Trockene Wiesen, Kulturland.

**Verbreitung:** M, im Norden seltener. Ähnlich *S. sericea* mit schmaleren Kelchzähnen; zahlreiche weitere Arten im Mittelmeergebiet.

## Kegel-Leimkraut *Silene conica* V–VII

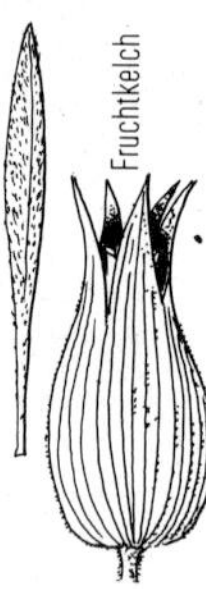


**Merkmale:** Einjährige, aufrechte, 15–50 cm hohe, kurz behaarte, verzweigte Pflanze. Blätter gegenständig, lanzettlich, ganzrandig. Blüten ± zahlreich an endständigen, gabeligen, beblätterten Blütenständen. 5 Kronblätter, meist rosa, über dem Kelch radförmig ausgebreitet oder leicht nach oben eingerollt, kurz 2zipflig und mit kurzer, 2teiliger Nebenkrone. 10 Staubblätter. Fruchtknoten oberständig, in der Blüte kurz gestielt und mit 3 Griffeln. Kelch verwachsen, besonders zur Fruchtzeit kugelig bauchig mit 5 schlanken Zipfeln, 30nervig, kurzhaarig und kurz drüsig, über der Frucht geschlossen. Frucht eine bis 12 mm lange Kapsel, die sich mit 6 Zähnen öffnet und zahlreiche kleine, weißschuppige Samen enthält.

**Standort:** Sandige, trockene Stellen.

**Verbreitung:** M, bis nach Mitteleuropa.

## Kalabrisches Seifenkraut V–VII *Saponaria calabrica*

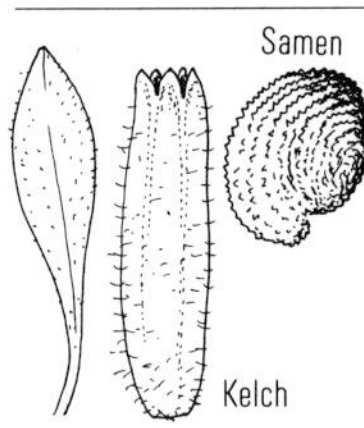


**Merkmale:** Einjährige, aufsteigende, 15–30 cm hohe, unten kahle, oben drüsig haarige, vielfach sich ausbreitend verzweigte Pflanze. Blätter gegenständig, untere spatelig, obere länglich eiförmig, ganzrandig, Blüten in gabeligen Blütenständen. 5 Kronblätter, fahl purpurn, über dem Kelch 3–5 mm lang radförmig ausgebreitet und stark verbreitert, ganzrandig, jeweils mit zwei kurzen Nebenkronschuppen. 10 Staubblätter. Fruchtknoten oberständig, in der Blüte kurz gestielt und mit 2 Griffeln. Kelch verwachsen, bis 10 mm lang, zylindrisch, mit 5 stumpfen Zipfeln, drüsig. Frucht eine 4zähnige, zylindrische Kapsel an meist überhängenden Fruchtstielen.

**Standort:** Abhänge, Felsen.

**Verbreitung:** OM, westlich bis Italien. Ausdauernd, bis Mitteleuropa.

## Dorniges Kronenkraut VI–IX
*Drypis spinosa*

**Merkmale**: Ausdauernde, krautige, stark verzweigte und dicht buschig wachsende Pflanze von 8–30 cm Höhe. Stengel steif, vierkantig. Blätter kreuzgegenständig, spitz und stachelig, lanzettlich, oberseits rinnig. Blüten endständig in gabeligen, kopfig zusammengezogenen, von stacheligen Hochblättern umgebenen, kopfigen Blütenständen. 5 Kronblätter, weiß bis rosa, oberhalb des Kelchs flach ausgebreitet, jeweils tief in 2 schmale Zipfel geteilt, mit 2 schmalen Nebenkronzipfeln. Kelch schmal glockig, 5zähnig. 5 Staubblätter, Staubbeutel bläulich. Fruchtknoten oberständig mit 3 Griffeln. Kapsel einsamig, in der Mitte eingeschnürt, der obere samentragende Teil abfallend.
**Standort**: Steinige oder felsige Orte, im Gebirge, an Küstenfelsen und in Dünen.
**Verbreitung**: ZM, von Italien bis Griechenland.

## Steinbrech-Felsennelke V–IX
*Petrorhagia saxifraga*

**Merkmale**: Ausdauernde, aufrechte, 10–45 cm hohe, kahle bis fein borstige, schlanke, verzweigte Pflanze. Blätter gegenständig, linealisch, ganzrandig, basal gehäuft, am Stengel kürzer und schuppig. Blüten klein, mit 4 basalen Schuppenblättern in lockeren oder leicht gebüschelten Blütenständen. 5 Kronblätter, bis 10 mm lang, weiß bis rosa, über dem Kelch schräg herausragend, an der Spitze etwas ausgerandet, ohne Nebenkronzipfel. 10 Staubblätter. Fruchtknoten oberständig, in der Blüte kurz gestielt und mit 2 Griffeln. Kelch verwachsen, bis 6 mm lang, schmal glockig zylindrisch, kurz stumpf 5zipflig, undeutlich 10nervig. Frucht eine 4zähnige Kapsel.
**Standort**: Trockene, felsige Stellen.
**Verbreitung**: M, Westen selten, Mitteleuropa.

## Französische Nelke VI–IX
*Dianthus monspessulanus*

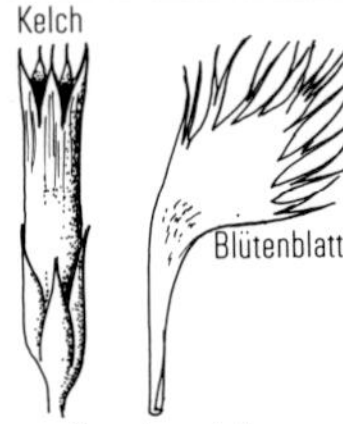


**Merkmale**: Ausdauernde, aufrechte, 20–50 cm hohe, kahle, schlanke, einfache oder wenig verzweigte Pflanze. Blätter gegenständig, linealisch-lanzettlich, ganzrandig, basal kurz scheidig verwachsen. Blüten duftend, zu wenigen (2–5) an endständigen Blütenständen. 5 Kronblätter, 10–18 mm lang, weiß bis rosa, über dem Kelch radförmig ausgebreitet, etwas bärtig und bis etwa zur Hälfte in schmale Zipfel aufgeteilt. 10 Staubblätter. Fruchtknoten oberständig. Kelch verwachsen, bis 20 mm lang, schlank zylindrisch, kurz 5zähnig und fein gestreift, unten mit 4 bis zur Mitte reichenden, anliegenden Außenkelchschuppen. Frucht eine 4zähnige Kapsel.
**Standort**: Grasige, felsige Stellen.
**Verbreitung**: WM, ZM, auch Österreich und Schweiz. Zahlreiche weitere Nelken im M.

## Kermesbeere *Phytolacca americana* VII–X

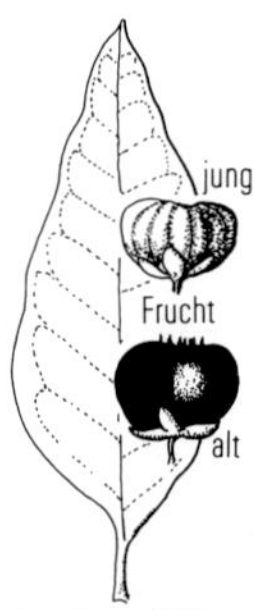


**Merkmale**: 1–3 m hohe, mehrstengelige, kahle, unterschiedlich stark rot überlaufene Staude. Blätter wechselständig, kurz gestielt, spitz eiförmig, randlich leicht wellig, Fläche bis 30 × 9 cm, etwas asymmetrisch, unterseits mit hervortretenden Adern. Blüten in reichblütigen, relativ dichten, den oberen Blättern gegenüberstehenden, bis 17 cm langen Trauben. Blüten klein, bis 3 mm breit. Blütenhülle einfach, aus 5 weißlichen bis rötlichen, bleibenden Blütenhüllblättern. 10 Staubblätter, Fruchtknoten oberständig mit 10 freien Griffeln. Frucht eine schwarzblaue, glatte, glänzende, flach kugelige Beere.
**Standort**: Kulturland, Unkrautflächen.
**Verbreitung**: M, selten bis nach Mitteleuropa. Aus Nordamerika stammend, ursprünglich zur Weinfärbung durch die intensiv gefärbten (genießbaren!) Beeren eingeführt.

Nelkengewächse

Nelkengewächse

Kermesbeerengew.

## Korsische Nieswurz II–III
*Helleborus lividus ssp. corsicus*

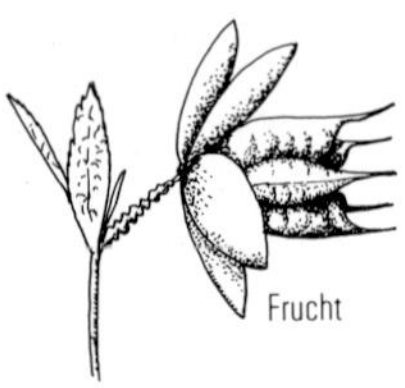


**Merkmale:** Ausdauernde, krautige bis verholzende, 20–80 cm hohe Pflanze ohne Wurzelstock mit stengelständigen Blättern. Blätter geteilt mit 3 eiförmigen, ungleichen, lederigen, glattrandigen bis gesägten, deutlich weiß bis rötlich geaderten Blättchen. Blüten zu wenigen an den Sproßenden, mit 2 einfachen Vorblättern, 3–5 cm im Durchmesser, mit 5 breit umgekehrt eiförmigen, hellgrünen Blütenhüllblättern, die zur Fruchtzeit bleiben. Im Inneren mit etwa 10 trichterigen Nektarblättern, zahlreichen Staubblättern und 5–7 nicht verwachsenen, mehrsamigen Fruchtblättern, die zu Bälgen werden.

**Standort:** Schattige Stellen an Felsen.

**Verbreitung:** Sardinien und Korsika. Die typische Unterart auf den Balearen. In M weitere Arten mit stark geteilten Blättern.

## Schwarzkümmel VI–VIII
*Nigella damascena*

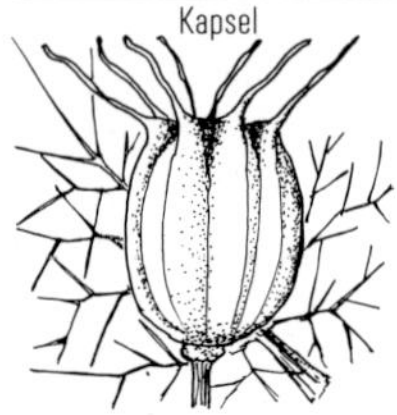


**Merkmale:** Einjährige, aufrechte, kahle, wenig verzweigte, bis 50 cm hohe Pflanze. Blätter wechselständig, 2- bis 3fach fein geteilt mit schmal linealischen bis fädigen Abschnitten. Blüten 1,5–3 cm im Durchmesser, himmelblau, an der Basis mit einem Kranz fädig zerteilter Hochblätter. Blütenhülle einfach, mit 5 schmal elliptischen, basal kurz gestielten Kronblättern. Im Inneren mit 5 dunklen, zweilippigen Nektarblättern, zahlreichen Staubblättern und einem 5griffligen Fruchtknoten. Frucht eine von den Hochblättern umgebene, kugelige Kapsel, bei der die 5 inneren samentragenden Fächer von 5 leeren äußeren Fächern umschlossen sind.

**Standort:** Feldränder, Brachland, oft als Zierpflanze kultiviert.

**Verbreitung:** M, auch in den Atlasländern. Fehlt in Inneritalien und Nordwest-Spanien.

## Spanischer Schwarzkümmel VI–VIII
*Nigella hispanica*

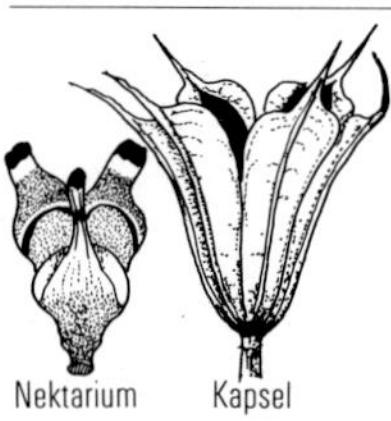


**Merkmale:** Einjährige, aufrechte, kahle, wenig verzweigte, bis 35 cm hohe Pflanze. Blätter wechselständig, 2- bis 3fach fein geteilt mit schmal linealischen bis fädigen Abschnitten. Blüten 3,5–7 cm im Durchmesser, himmelblau, an der Basis ohne Kranz fädig zerteilter Hochblätter. Blütenhülle einfach, mit 5 schmal elliptischen, basal deutlich gestielten Kronblättern. Im Inneren mit 5 dunklen, zweilippigen Nektarblättern, zahlreichen Staubblättern mit zugespitzten Staubbeuteln und einem 5griffligen, nicht völlig verwachsenen, meist drüsigen Fruchtknoten. Frucht eine hochblattfreie, schlanke, 5spitzige Kapsel mit einnervigen Fächern.

**Standort:** Getreidefelder, Brachland.

**Verbreitung:** Iberische Halbinsel, Nordafrika. Verbreitet *N. arvensis* mit kleineren Blüten.

## Scharfer Rittersporn V–VII
*Delphinium staphisagria*

**Merkmale:** Ein- bis zweijährige, aufrechte, abstehend behaarte, unverzweigte, 30–100 cm hohe Pflanze. Blätter wechsel- oder grundständig, 5- bis 7fach handförmig geteilt, mit spitz elliptischen, ganzrandigen bis 3lappigen Abschnitten, beiderseits unterschiedlich lang behaart. Blüten 2–3 cm im Durchmesser, tiefblau, in endständiger, vielblütiger Ähre. Blütenhülle einfach, mit 5 elliptischen, bis 2 cm langen Kronblättern, von denen das oberste gespornt ist. Im Inneren mit 4 blauen Nektarblättern, von denen die beiden oberen mit langem Sporn im Kronblattsporn stecken, Staubblätter zahlreich. 3 Fruchtblätter, behaart, nicht verwachsen. Frucht 3 wenigsamige, aufgeblasene Bälge.

**Standort:** In Macchien.

**Verbreitung:** M, besonders im Süden.

## **Kronenanemone** *Anemone coronaria* I–IV

**Merkmale:** Ausdauernde, krautige, behaarte, bis 40 cm hohe Pflanze mit unterirdischem, walzlichem Wurzelstock, wenigen Grundblättern und 3 nahezu quirlig sitzenden Stengelblättern. Grundblätter 3teilig, die Abschnitte gestielt und doppelt lappig geteilt. Stengelblätter tief schlitzartig geteilt, schräg nach oben gerichtet. Blüten groß, einzeln, 3–8 cm im Durchmesser, mit meist 6 breit elliptischen, unterseits silbrig behaarten, roten, blauvioletten oder weißen Kronblättern. Kelchblätter fehlend. Staubblätter zahlreich, dunkelviolett. Fruchtblätter zahlreich, kopfig im Zentrum der Blüte vereinigt. Frucht zahlreiche dicht wollhaarige, dunkel geschnäbelte Nüßchen.

**Standort:** Trockene, rasige Stellen.

**Verbreitung:** M; Iberische Halbinsel nur im Süden und auf den Balearen. Häufig kultiviert und verwildert.

## **Sternanemone** *Anemone hortensis* II–IV

**Merkmale:** Ausdauernde, krautige, behaarte, bis 40 cm hohe Pflanze mit unterirdischem, walzlichem Wurzelstock, wenigen Grundblättern und 3 nahezu quirlig sitzenden Stengelblättern. Grundblätter handförmig geteilt, die Abschnitte sitzend und gezähnt bis eingeschnitten. Stengelblätter einfach oder wenigzähnig, schmal elliptisch. Blüten groß, einzeln, bis 6 cm im Durchmesser, mit meist 15 breit bis schmal elliptischen, unterseits hellen, silbrig behaarten, oberseits unterschiedlich lila gefärbten Kronblättern. Kelchblätter fehlend. Staubblätter zahlreich, blauviolett. Fruchtblätter zahlreich, kopfig im Zentrum der Blüte vereinigt. Frucht zahlreiche dicht weißhaarige Nüßchen.

**Standort:** Trockene, rasige Stellen.

**Verbreitung:** ZM, Südfrankreich bis Jugoslawien. – *A. pavonina* mit breiteren, auch roten Kronblättern zerstreut bis in die Türkei.

## **Apennin-Anemone** II–V
*Anemone apennina*

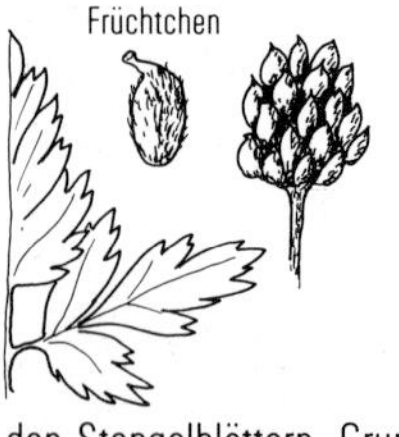


**Merkmale:** Ausdauernde, krautige, behaarte, bis 30 cm hohe Pflanze mit unterirdischem, walzlichem Wurzelstock, wenigen Grundblättern und 3 nahezu quirlig sitzenden Stengelblättern. Grundblätter 3teilig, mit gestielten, tief geteilten und gezähnten Abschnitten. Stengelblätter 3teilig, mit gestielten, tief geteilten und gezähnten Abschnitten. Blüten einzeln, bis 4 cm im Durchmesser, mit 8–14 schmal elliptischen, unterseits leicht behaarten, oberseits unterschiedlich hellblau gefärbten bis fast weißen Kronblättern. Kelchblätter fehlend. Staubblätter zahlreich, hell. Fruchtblätter zahlreich, kopfig im Zentrum der Blüte vereinigt. Frucht zahlreiche kurzhaarige Nüßchen.

**Standort:** Laubwälder.

**Verbreitung:** ZM, OM, westlich bis Korsika. *A. blanda* mit kahlen Blüten nur OM.

## **Adonisröschen** *Adonis annua* IV–VI

**Merkmale:** Ein- bis zweijährige, krautige, leicht behaarte, bis 40 cm hohe, verzweigte Pflanze. Grundblätter voll entwickelt, gestielt, 3fach gefiedert mit kurzen, linealischen, zugespitzten Abschnitten. Stengelblätter nach obenhin kleiner und sitzend. Blüten einzeln an den Zweigenden, bis 2,5 cm im Durchmesser, mit 5–8 elliptischen, kahlen, leuchtend rot gefärbten, basal dunkel gefleckten, schräg aufgerichteten Kronblättern. 5 Kelchblätter, eiförmig, abstehend. Staubblätter zahlreich, dunkel. Keine Nektarblätter ausgebildet. Fruchtblätter zahlreich, kopfig im Zentrum der Blüte vereinigt. Frucht zahlreiche, kurz gerade geschnäbelte Nüßchen an bei Reife leicht gestreckten Blütenachsen.

**Standort:** Getreidefelder, Brachland.

**Verbreitung:** M. Auf der Iberischen Halbinsel seltener; bis Südengland.

## Brennende Waldrebe VI–VII
*Clematis flammula*

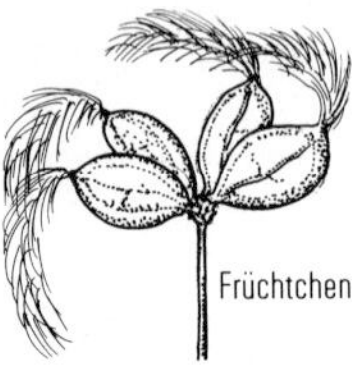

Früchtchen

**Merkmale:** Ausdauernde, holzige, kletternde oder liegende, 3–5 m lange, verkahlende Pflanze. Blätter gegenständig, doppelt 3fach gefiedert, mit lang gestielten Abschnitten und Blättchen. Blatt- und Blättchenstiele dienen zum Klettern. Blättchen stark variierend, eiförmig bis lanzettlich, ganzrandig, seltener 2- bis 3lappig. Blüten in achselständigen, rispigen Blütenständen, weiß, bis 2 cm im Durchmesser, duftend. Kelch fehlend. Die 4 Kronblätter elliptisch, nur randlich dicht behaart. Staubblätter zahlreich. Wenige Fruchtblätter im Zentrum der Blüte, zur Fruchtzeit flache Nüßchen bildend, die den behaarten Griffel als Flugorgan tragen.
**Standort:** Steineichenwälder und Macchien.
**Verbreitung:** M, auf der Iberischen Halbinsel mehr im Osten und Süden, in Italien mehr im Süden und an der Küste.

## Italienische Waldrebe VI–VIII
*Clematis viticella*

Früchtchen

**Merkmale:** Ausdauernde, holzige, kletternde oder liegende, 3–4 m lange, verkahlende Pflanze. Blätter gegenständig, gefiedert, die einzelnen Abschnitte gestielt und mit 3 Blättchen. Blättchen lederig, bis 7 cm lang, eiförmig bis lanzettlich, ganzrandig oder häufig gelappt. Blüten einzeln bis 4 cm im Durchmesser, langgestielt in den Blattachseln, nickend, duftend. Kelchblätter fehlend. 4 Kronblätter purpurn bis blau, breit eiförmig. Staubblätter zahlreich. Fruchtblätter im Zentrum der Blüte, relativ zahlreich, zur Fruchtzeit zu flachen, kurz hakig geschnäbelten Nüßchen werdend.
**Standort:** In Steineichenwäldern, in Hecken, bis zur montanen Stufe ansteigend.
**Verbreitung:** ZM, OM. In Spanien und Portugal die höhere, fahlblaue *C. campaniflora.*

## Asiatischer Hahnenfuß II–V
*Ranunculus asiaticus*

Blattfolge

**Merkmale:** Ausdauernde, krautige, behaarte, bis 30 cm hohe, kaum verzweigte Pflanze mit zahlreichen rübenförmigen Speicherwurzeln. Grundblätter lang gestielt, verschieden. Das äußere undeutlich 3lappig, die folgenden 3teilig mit gekerbten Abschnitten, die innersten stärker zerteilt. Stengelblätter kurz gestielt bis sitzend, mit schmäleren Abschnitten. Blüten einzeln an den Zweigenden, bis 5 cm im Durchmesser, mit 5 breit eiförmigen, leuchtend roten, gelben, purpurnen oder weißen Kronblättern. Die 5 Kelchblätter schmal, abstehend oder zurückgeschlagen. Staubblätter zahlreich, dunkel. Frucht zahlreiche, hakig geschnäbelte Nüßchen an bei Reife gestreckten Blütenachsen.
**Standort:** Macchien, felsige Wiesen.
**Verbreitung:** OM, Kreta, Karpathos; Asien und Nordafrika. Häufig kultiviert.

## Grasblättriger Hahnenfuß V–VII
*Ranunculus gramineus*

Sproßbasis

**Merkmale:** Ausdauernde, krautige, kahle, bis 60 cm hohe, verzweigte Pflanze mit verdickter, faseriger Basis. Blätter fast alle grundständig, grasartig, lanzettlich, parallelnervig, graugrün, lederig, mit verbreiterter, scheidenartiger Basis. Wenige Stengelblätter, kürzer. Wenige Blüten, goldgelb, bis 3 cm im Durchmesser mit 5 breit eiförmigen Kronblättern, die an der Basis jeweils eine kleine Nektarschuppe tragen. Kelchblätter kürzer, gelblich, kahl. Staubblätter zahlreich, gelb. Wenige Fruchtblätter im Zentrum der Blüte. Frucht wenige, flache, kurz geschnäbelte Nüßchen an der kurzen Blütenachse.
**Standort:** Trockene, steinige Bergwiesen.
**Verbreitung:** WM, ZM bis Mittelitalien. – Im M zahlreiche weitere, oft gelbblütige Hahnenfußarten mit meist zerteilten Blättern.

## Großblumige Pfingstrose IV–VI
*Paeonia officinalis*

**Merkmale**: Ausdauernde, krautige Pflanze mit unterirdischem, verholztem Wurzelstock und bis zu 70 cm Höhe (selten höher). Blätter groß, die voll ausgebildeten grundständig und gestielt, 2- bis 3fach in 17–30 lanzettliche, ± gelappte, unterseits behaarte Abschnitte geteilt. Blattstiel oberseits deutlich rinnig. Stengelblätter kleiner, weniger geteilt bis einfach. Blüten groß, bis 13 cm breit, becherförmig. Kelchblätter gewölbt, in die oberen Stengelblätter übergehend, nicht abfallend. 5–10 Kronblätter, rot, breit eiförmig, mit welligem Rand. Staubblätter zahlreich, mit roten Filamenten und gelben Staubbeuteln. 2–3 Fruchtblätter, bis 3,5 cm lang, wollig. Zur Fruchtzeit Bälge mit mehreren Samen.
**Standort**: Lichte Wälder, Wiesen, montane Stufe.
**Verbreitung**: M, bis nach Mitteleuropa.

## Großblättrige Pfingstrose III–V
*Paeonia mascula*

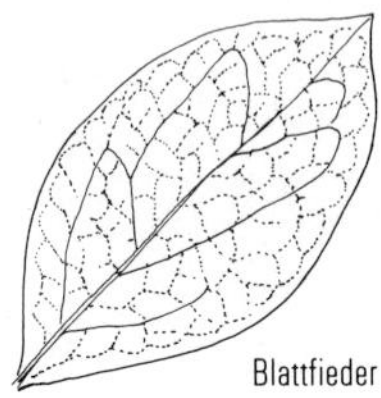


**Merkmale**: Ausdauernde, krautige Pflanze mit unterirdischem, verholztem Wurzelstock und bis zu 60 cm Höhe. Blätter groß, die voll ausgebildeten grundständig und gestielt, doppelt 3zählig, in 5–8 eiförmige, ganzrandige, unterseits kahle Abschnitte geteilt. Blattstiel oberseits deutlich rinnig. Stengelblätter kleiner, weniger geteilt bis einfach. Blüten groß, bis 14 cm breit, becherförmig. Kelchblätter gewölbt, in die oberen Stengelblätter übergehend, nicht abfallend. 5–10 Kronblätter, rot, breit eiförmig, mit welligem Rand. Staubblätter zahlreich, mit roten Filamenten und gelben Staubbeuteln. 3–5 Fruchtblätter, bis 4 cm lang, behaart. Zur Fruchtzeit Bälge mit mehreren Samen.
**Standort**: Lichte Wälder, Kalkschutt.
**Verbreitung**: ZM, im Westen seltener.

## Kapernstrauch *Capparis spinosa* IV–IX

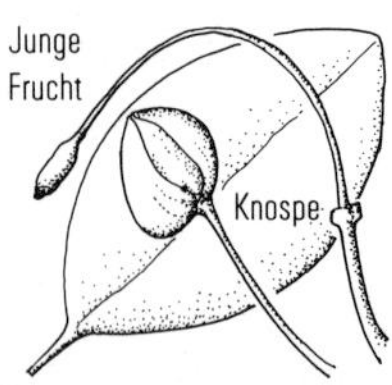


**Merkmale**: Stark verzweigter, meist dorniger, 60–150 cm hoher Strauch mit hängenden oder bogig dem Boden anliegenden Ästen. Blätter wechselständig, kurz gestielt, eiförmig bis fast kreisförmig, ganzrandig, 1–5 cm lang. Nebenblätter dornig. Blüten einzeln in den Blattachseln, lang gestielt, groß, bis 7 cm breit. 4 grüne Kelchblätter und 4 weiße bis rosa, faltige Kronblätter. Staubblätter zahlreich. Fruchtknoten in der Blüte lang gestielt (Karpophor). Frucht eine bis 5 cm lange grüne Beere an bis zu 5 cm langem Karpophor mit zahlreichen Samen und rosa Fruchtfleisch. Die in Salzlake eingelegten Knospen kommen als Kapern in den Handel.
**Standort**: Felshänge, Mauern der Küstenregion.
**Verbreitung**: M; in den südlichen Teilen, besonders in den Atlasländern und im Osten weiter verbreitet.

## Rankender Erdrauch I–VI
*Fumaria capreolata*

**Merkmale**: Einjährige, zarte, kletternde, verzweigte, hellgrüne bis blaugrüne, kahle Pflanze mit 30–100 cm langen Sprossen. Blätter wechselständig, 2- bis 3fach zusammengesetzt. Einzelne Abschnitte umgekehrt eiförmig, besonders an der Spitze grob gezähnt, bis 6 mm lang. Blütenstände dichte, 10- bis 30blütige Trauben an den Zweigenden. Blüte 10–14 mm lang, weiß, rosa oder seltener purpurn, hinten gespornt. 2 eiförmige, gezähnte Kelchblätter, breiter als die Krone. 4 Kronblätter, schmal, nach vorne gestreckt; das obere und die beiden seitlichen Kronblätter an der Spitze dunkelrot gefärbt. Fruchtknoten oberständig. Früchte kugelig, bis 4 mm breit, an gekrümmten Stielen.
**Standort**: Wegränder, Mauern, Kulturland.
**Verbreitung**: M, im Westen häufiger und bis Nordfrankreich, Südengland und Irland.

## Roter Hornmohn III–VII
*Glaucium corniculatum*

Frucht

**Merkmale:** Einjährige, selten 2jährige, 10–40 cm hohe, mäßig verzweigte, blaugrüne, locker borstig behaarte Pflanze mit gelbem Milchsaft. Blätter grundständig und wechselständig am Stengel, doppelt fiedrig geteilt mit unregelmäßig gezähnten Abschnitten, die unteren 8–35 cm lang, die oberen kürzer und mit ihrer Basis stengelumfassend. Blüten einzeln, groß, 3–5 cm breit, orange-rot. 2 Kelchblätter und 4 Kronblätter. Staubblätter zahlreich, mit gelben Stielen und dunklen Staubbeuteln. Fruchtknoten oberständig, wird eine borstige, zweiklappige, 10–22 cm lange Kapsel mit 2hörniger Griffelspitze.

**Standort:** Kulturland, Unkrautflächen.

**Verbreitung:** M, im mittleren Bereich seltener. *G. flavum* immer zweijährig, mit gelben Blüten und kahlen Kapseln, hauptsächlich an den Küsten.

## Bastard-Roemerie IV–VI
*Roemeria hybrida*

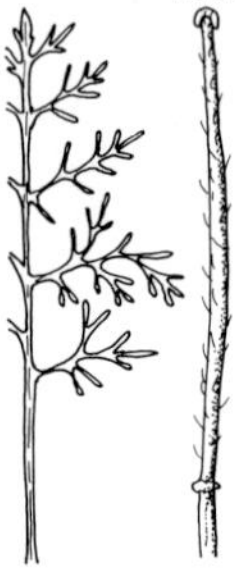

Frucht

**Merkmale:** Einjährige, 20–40 cm hohe, aufrechte, verzweigte und locker behaarte Pflanze mit gelbem Milchsaft. Blätter wechselständig, die unteren gestielt, die oberen sitzend, 3fach gefiedert, Abschnitte linealisch-lanzettlich, borstig zugespitzt. Blüten groß, violett, wenige, einzeln in den oberen Blattachseln oder endständig. 3–6 cm breit. 4 Kronblätter, rundlich, mit dunklem, basalem Fleck. 2 Kelchblätter abfallend. Staubblätter zahlreich, mit gelben Staubbeuteln und dunklen Stielen. Fruchtknoten oberständig mit sitzender, lappiger Narbe. Frucht eine schmale, borstig behaarte, 5–10 cm lange Kapsel, die sich mit 2–4 Klappen von oben her öffnet.

**Standort:** Kulturland und Unkrautflächen.

**Verbreitung:** WM, OM. In Italien selten, nach Osten bis nach Persien.

## Niederliegende Lappenblume III–VII
*Hypecoum procumbens*

Frucht

**Merkmale:** Einjährige, kriechende bis aufsteigende, 10–40 cm hohe, kahle Pflanze mit fein geripptem Stengel und ohne Milchsaft. Blätter wechselständig, blaugrün, 5–15 cm lang, 2- bis 3fach gefiedert, mit lanzettlichen bis linealischen Abschnitten. Blütenstand wenigblütig, endständig. Blüten gelb. 2 Kelchblätter, eiförmig, abfallend. 4 Kronblätter, die 2 äußeren rautenförmig und 3zähnig, die 2 inneren tief 3zipflig mit zungenförmigen Zipfeln. 4 Staubblätter, so lang wie die Kronblätter. Fruchtknoten oberständig, wird zu einer gegliederten, 4–6 cm langen, gebogenen, in einsamige Abschnitte zerbrechenden Frucht.

**Standort:** Acker- und Kulturland.

**Verbreitung:** M, in den regenarmen Gebieten. In Italien vorwiegend im Süden.

## Großblütiger Schöterich V–VII
*Erysimum grandiflorum*

Schote

**Merkmale:** Ausdauernde, mehrstengelige, bis 60 cm hohe, mit verzweigten Haaren besetzte Pflanze. Blätter wechselständig, basal etwas gehäuft, lanzettlich, basal allmählich in den Stiel verschmälert, bis 10 cm lang, ganzrandig bis leicht wellig, graugrün. Blütenstand endständig, eine tragblattlose, gedrängte Traube. Blüten relativ groß. 4 aufrechte Kelchblätter, 10 mm lang, 2 davon basal ausgesackt. 4 goldgelbe Kronblätter, bis 18 mm lang, mit schmalem, im Kelch liegendem Nagel und bis 5 mm breiter, eiförmiger, flach ausgebreiteter Platte. Fruchtknoten oberständig, länglich. Früchte schmale, bis 10 cm lange, im Querschnitt runde Schoten, die sich mit 2 Klappen öffnen.

**Standort:** Felsige, steinige Stellen.

**Verbreitung:** WM, ähnliche Arten im Osten.

Mohngewächse

Mohngewächse

Kreuzblütler

## Afrikanische Malcolmie IV–V

*Malcolmia africana*

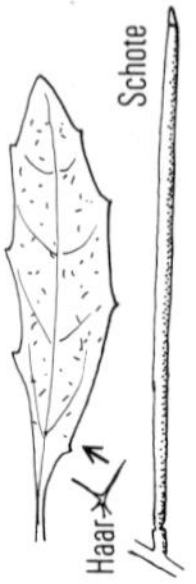


**Merkmale**: Einjährige, krautige, verzweigte, bis 40 cm hohe, mit verzweigten Haaren besetzte Pflanze. Blätter wechselständig, basal etwas gehäuft, lanzettlich, basal allmählich in den Stiel verschmälert, bis 4 cm lang, ganzrandig bis leicht wellig. Blütenstand endständig, eine tragblattlose, lockere Traube. Blüten mittelgroß. 4 aufrechte Kelchblätter, 5 mm lang, 2 davon basal ausgesackt. 4 violette Kronblätter, bis 10 mm lang, mit schmalem, im Kelch liegendem Nagel und bis 3 mm breiter, eiförmiger, flach ausgebreiteter Platte. Fruchtknoten oberständig, länglich. Früchte schmale, bis 6,5 cm lange, abstehende, ± 4kantige, dicht rauhhaarige Schoten mit spitzem, bis 1,5 mm langem Griffel.
**Standort**: Felder, Weinberge, Ödland.
**Verbreitung**: M, verwildert.

## Trübe Levkoje IV–VII

*Matthiola fruticulosa*

**Merkmale**: Ausdauernde, meist reichstengelige, basal verholzte, ± dicht graufilzig behaarte, 5–60 cm hohe Pflanze. Blätter meist in grundständiger Rosette, selten tief eingeschnitten mit schmalen Zipfeln, meist linealisch. Stengel locker mit immer ungeteilten Blättern besetzt. Blüten am Sproßende in wenigblütigen, tragblattfreien Trauben, fast sitzend. Kelchblätter bis 7 mm lang, schmal, nach oben gerichtet, Kronblätter bis 2,5 cm lang, genagelt, mit schmaler Platte und leicht gewelltem Rand, von sehr unterschiedlicher Farbe, meist violett, aber auch rostrot oder fahl bis schmutzig gelb. 6 Staubblätter, 4 lange und 2 kurze. Frucht eine bis 10 cm lange, sternhaarige, bisweilen drüsige, oben kurz 2- bis 3hörnige Schote.
**Standort**: Trockene, steinige Böden, Kalk.
**Verbreitung**: M, hauptsächlich im Westen.

## Goldlack *Cheiranthus cheiri* III–VI

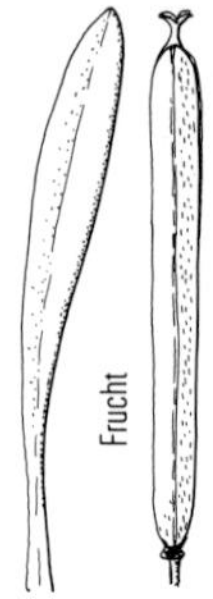


**Merkmale**: Ausdauernde, krautige, verzweigte, bis 90 cm hohe, mit verzweigten Haaren besetzte Pflanze. Blätter wechselständig, basal etwas gehäuft, lanzettlich, basal allmählich in den Stiel verschmälert, bis 10 cm lang, ganzrandig bis leicht wellig. Blütenstand endständig, eine tragblattlose, gestreckte Traube. Blüten relativ groß. 4 aufrechte Kelchblätter, zwei davon basal ausgesackt. 4 goldgelbe Kronblätter, bis 2,5 cm lang, mit schmalem, im Kelch liegendem Nagel und bis 5 mm breiter, eiförmiger, flach ausgebreiteter Platte. Fruchtknoten oberständig, länglich. Früchte schmale, bis 7,5 cm lange, schräg abstehende, zusammengedrückte Schoten an bis zu 1,5 cm langen Stielen.
**Standort**: Kalkfelsen, Mauern.
**Verbreitung**: OM, im gesamten M in vielen Farbvarianten (orange, rot, braun) kultiviert.

## Frühlings-Gänsekresse IV–V

*Arabis verna*

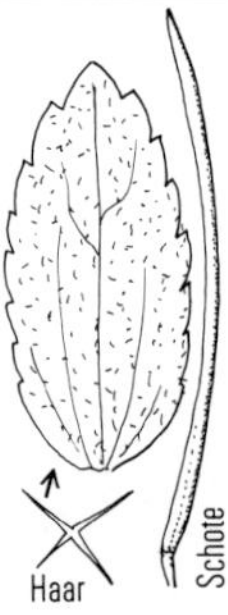


**Merkmale**: Einjährige, krautige, mehrstengelige, 5–40 cm hohe, mit Sternhaaren besetzte Pflanze. Blätter wechselständig, basal rosettig, eiförmig bis umgekehrt eiförmig, unten allmählich in den Stiel verschmälert, bis 4 cm lang, gezähnt. Wenige Stengelblätter, sitzend, herzförmig. Blütenstand endständig, eine tragblattlose, lockere, wenigblütige Traube. Blüten klein. 4 aufrechte Kelchblätter, 2 davon basal ausgesackt. 4 blaß violette oder weiße Kronblätter, bis 8 mm lang, mit schmalem, im Kelch liegendem, gelblichem Nagel und bis 2 mm breiter, zungenförmiger, ± flach ausgebreiteter Platte. Fruchtknoten oberständig, länglich. Früchte schmale, bis 6 cm lange, abstehende, behaarte Schoten an dicken, kurzen Stielen. **Standort**: Offene Stellen, bis montane Stufe. **Verbreitung**: M; ähnlich *A. recta* bis Mitteleuropa.

## Sternhaariges Blaukissen IV–VI

*Aubrieta columnae*

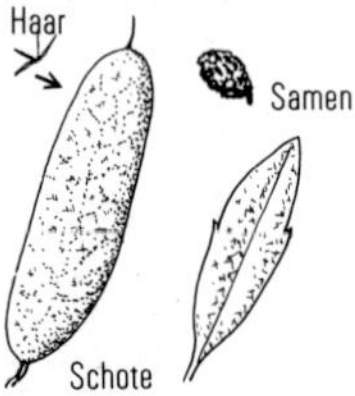


**Merkmale:** Mehrjährige, krautige, vielstengelige, behaarte, niedrige, in Boden deckenden Polstern wachsende, 5–20 cm hohe Pflanze. Blätter wechselständig, recht variabel, linealisch-spatelig bis umgekehrt eiförmig, keilförmig oder rhombisch, undeutlich gestielt, bis 2 cm lang, ± gezähnt. Blütenstand endständig, eine tragblattlose, lockere, wenigblütige Traube. Blüten mittelgroß. 4 aufrechte, bis 8 mm lange Kelchblätter. 4 tief violette Kronblätter, bis 28 mm lang, mit schmalem, im Kelch liegendem Nagel und bis 7 mm breiter, rundlicher, ausgebreiteter Platte. Fruchtknoten oberständig. Früchte ellipsoidische, bis 16 mm lange, aufrechte, sternhaarige Schoten mit netzigen Klappen; Griffel bis 1 cm lang.

**Standort:** Felsige Stellen, bis alpine Stufe.

**Verbreitung:** ZM, Italien bis Jugoslawien.

## Gemeines Blaukissen IV–VI

*Aubrieta deltoidea*

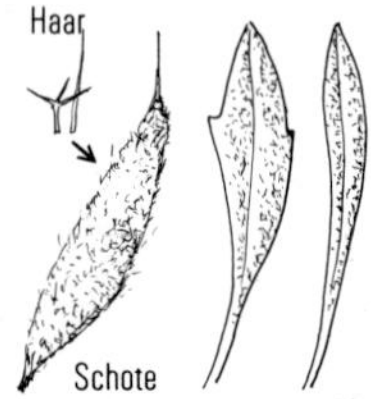


**Merkmale:** Mehrjährige, krautige, vielstengelige, behaarte, niedrige, in Boden deckenden Polstern wachsende, 5–20 cm hohe Pflanze. Blätter wechselständig, recht variabel, linealisch-spatelig bis umgekehrt eiförmig, keilförmig oder rhombisch, undeutlich gestielt, bis 2 cm lang, ± gezähnt. Blütenstand endständig, eine tragblattlose, lockere, wenigblütige Traube. Blüten mittelgroß. 4 aufrechte, bis 8 mm lange Kelchblätter. 4 tief violette, selten weiße Kronblätter, bis 28 mm lang, mit schmalem, im Kelch liegendem Nagel und bis 7 mm breiter, rundlicher, ausgebreiteter Platte. Fruchtknoten oberständig. Früchte ellipsoidische, bis 16 mm lange, aufrechte, sternhaarige und borstige Schoten; Griffel 8 mm.

**Standort:** Felsige Stellen, bis alpine Stufe.

**Verbreitung:** OM, häufig kultiviert.

## Einjähriges Brillenschötchen I–IV

*Biscutella didyma*

**Merkmale:** Einjährige, 15–40 cm hohe, ± borstig behaarte Pflanze mit einfachem oder verzweigtem, aufrechtem Stengel. Grundblätter ± rosettig, bis 2,5 cm breit und 8 cm lang, umgekehrt eiförmig bis keilförmig, ± grob gezähnt. Stengelblätter rasch reduziert. Blütenstand auch zur Fruchtzeit dicht gedrängt, Blütenstiele aufrecht. 4 2 mm lange Kelchblätter und 4 genagelte, bis 4 mm lange, schwefelgelbe Kronblätter. 6 Staubblätter, davon 4 länger und 2 kürzer. Der oberständige Fruchtknoten wird zur Fruchtzeit zu einem bis 12 mm breiten, flachgedrückten, brillenförmigen, geschlossen bleibenden Schötchen aus 2 einsamigen Hälften und kurzem Griffelrest im Einschnitt.

**Standort:** Trockene Wiesen, Ödland.

**Verbreitung:** ZM, OM, von Korsika ostwärts.

## Gewöhnliches Schildkraut II–V

*Clypeola jonthlaspi*

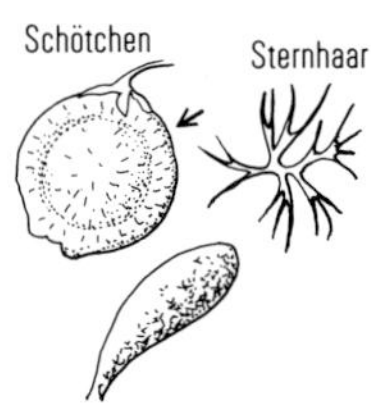


**Merkmale:** Einjährige, krautige, mehrstengelige, grauhaarige, aufrechte, 20–30 cm hohe Pflanze. Blätter wechselständig, linealisch bis umgekehrt eiförmig, klein, ganzrandig. Blütenstand endständig, eine tragblattlose, zur Fruchtzeit verlängerte Traube. Blüten klein. 4 aufrechte, bis 8 mm lange, nicht ausgesackte Kelchblätter. 4 tief gelbe Kronblätter, bis 2 mm lang, mit kurzem, im Kelch liegendem Nagel und rundlicher, ausgebreiteter Platte. Fruchtknoten oberständig. Früchte flache, kreisförmige, geflügelte, bis 5 mm breite, dicht stehende und leicht hängende, sternhaarige oder kahle, immer einsamige Schoten; Griffel sehr kurz.

**Standort:** Sandige und felsige Stellen.

**Verbreitung:** M. – Diese Art ist veränderlich und weist viele örtliche Formen auf.

Fruchtstände

## Pruitis Schleifenblume V–VIII

*Iberis pruitii*

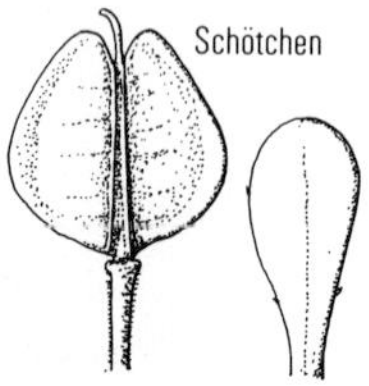


**Merkmale:** Ein- bis mehrjährige, krautige, vielstengelige, niedrige, kriechende bis aufsteigende, 3–15 cm hohe, verkahlende Pflanze. Blätter wechselständig, ziemlich fleischig, ganzrandig oder vorne mit wenigen Zähnen, stumpf, die unteren ± spatelig bis umgekehrt eiförmig, bis 3 cm lang. Blütenstand endständig, eine tragblattlose, dicht gedrängte, doldige Traube. Blüten mittelgroß. 4 weiße bis schwach violette Kronblätter mit schmalem, im Kelch liegendem Nagel und umgekehrt eiförmiger, ausgebreiteter Platte. Die beiden äußeren Kronblätter deutlich länger als die inneren. Fruchtknoten oberständig. Früchte flache, kreisförmige, bis 8 mm lange Schoten mit zwei dreieckigen Spitzen und deutlichem Griffel.

**Standort:** Felsige Stellen, montane Stufe.

**Verbreitung:** M, häufig kultiviert.

## Blasige Rauke IV–VI

*Eruca vesicaria ssp. sativa*

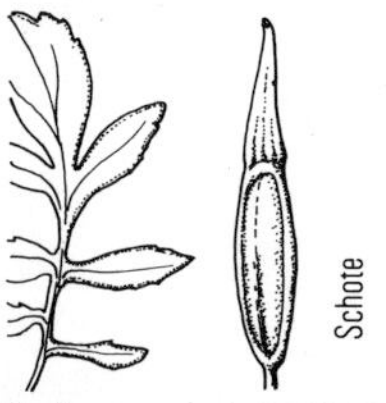


**Merkmale:** Einjährige, krautige, verzweigte, 20–100 cm hohe, rauhhaarige Pflanze. Blätter wechselständig, leierförmig fiederteilig oder seltener gefiedert mit großem Endlappen und 4–10 Zipfeln an jeder Seite. Blütenstand endständig, eine tragblattlose, zur Fruchtzeit gestreckte Traube. Blüten relativ groß. 4 aufrechte Kelchblätter, 2 davon basal ausgesackt. 4 weißliche bis blaßgelbe, violett geaderte Kronblätter, bis 2 cm lang, mit schmalem, im Kelch liegendem Nagel und rundlicher, flach ausgebreiteter Platte. Fruchtknoten oberständig, länglich. Früchte schmal tropfenförmige, bis 2,5 cm lange, geschnäbelte Schoten.

**Standort:** Wegränder, Kulturland; wächst häufig in Küstennähe. Wird mancherorts als Salatpflanze kultiviert.

**Verbreitung:** M, bis nach Mitteleuropa.

## Acker-Moricandie IV–VII

*Moricandia arvensis*

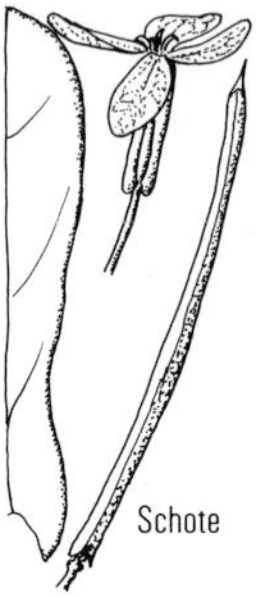


**Merkmale:** Ausdauernde, krautige, verzweigte, bis 65 cm hohe, kahle, blaugrüne Pflanze. Blätter wechselständig, fleischig; die unteren bis 5 cm lang, umgekehrt eiförmig, leicht gekerbt, stumpf, basal verschmälert; die oberen eiförmig, ganzrandig, stengelumfassend und ± spitz. Blütenstand endständig, eine tragblattlose, dichte Traube. Blüten relativ groß. 4 aufrechte Kelchblätter, 2 davon basal ausgesackt. 4 purpurne bis violette, geaderte Kronblätter, bis 2 cm lang, mit schmalem, im Kelch liegendem Nagel und eiförmiger, flach ausgebreiteter Platte. Fruchtknoten oberständig, länglich. Früchte schmale, bis 8 cm lange, aufrechte, 4kantige, zusammengedrückte Schoten mit kurzem Griffel. Samen in 2 Reihen, zahlreich.

**Standort:** Wegränder, Brachland, kalkliebend.

**Verbreitung:** SM, Griechenland bis Spanien.

## Einblütiges Erdschötchen III–V

*Morisia monanthos (hypogaea)*

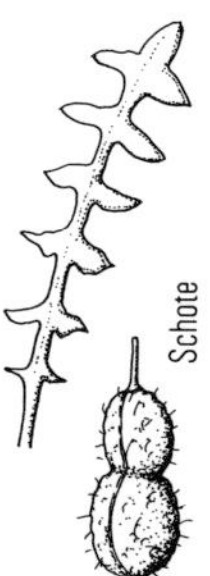


**Merkmale:** Ausdauernde, krautige, verzweigte, geduckt rosettig wachsende, behaarte Pflanze mit basalem, verdicktem Sproß. Blätter in grundständiger Rosette, löwenzahnartig fiederteilig, im Umriß lanzettlich, mit ± dreieckigen Abschnitten. Blüten zu wenigen in den Rosetten an 5–25 mm langen Stielen, relativ groß. 4 schräg aufrechte Kelchblätter, 2 davon basal ausgesackt. 4 goldgelbe Kronblätter mit schmalem, im Kelch liegendem Nagel und rundlicher, flach ausgebreiteter Platte. Fruchtknoten oberständig, länglich. Früchte an langen, zur Fruchtzeit zurückgekrümmten Stielen, bis 1 cm lang; durch eine Einschnürung in zwei ungleich große, kugelige, behaarte Abschnitte gegliedert.

**Standort:** Sandige Stellen an Felsen.

**Verbreitung:** ZM, Korsika und Sardinien.

## Weiße Resede *Reseda alba* V–IX

**Merkmale**: Ein- bis mehrjährige, oben verzweigte, 30–80 cm hohe Pflanze. Blätter wechselständig, normalerweise fiederig geteilt, mit 5–15 Fiederpaaren. Abschnitte lanzettlich bis breit linealisch. Blütenstand eine verlängerte, dichtblütige Traube, blütentragender Teil kaum länger als beblätterter Teil. 5–6 Kelchblätter, klein. 5–6 Kronblätter, cremefarben, bis 6 mm lang, deutlich genagelt, auf 1–2 Drittel ihrer Länge gelappt, seitliche Lappen oft ihrerseits geteilt. Etwa 20 Staubblätter, bis zur Fruchtzeit an der Blüte verbleibend, basal etwas ringförmig verwachsen. Fruchtknoten oberständig mit 3 Griffeln, schon jung oben etwas geöffnet. Kapsel aufrecht, elliptisch, oben verschmälert, 8–15 mm lang.

**Standort**: Kultur- und Unkrautflächen.

**Verbreitung**: M, bis Mitteleuropa.

Synonym: **Weißer Wau.**

## Rapunzel-Resede *Reseda phyteuma* IV–IX

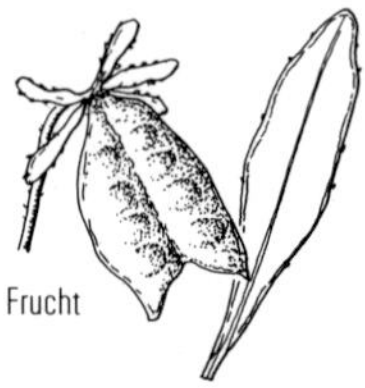


**Merkmale**: Ein- bis zweijährige, basal verzweigte, 10–50 cm hohe, locker kurzborstige Pflanze. Blätter wechselständig, normalerweise ganzrandig, spatelig bis lang keilförmig, 5–10 cm lang. Blütenstand eine relativ kurze, wenigblütige Traube. Meist 5 Kelchblätter, klein, bis 5 mm lang, zur Fruchtzeit vergrößert und bis 13 mm lang. 4 Kronblätter, weißlich, 3–5 mm lang, mit rundlicher, löffelförmiger Basis, auf deren Außenseiten in der Mitte 2 stark linealisch zerschlitzte Seitenlappen und ein kleiner, linealischer Mittellappen sitzen. Etwa 20 Staubblätter mit oben spießförmig verbreiterten Stielen. Fruchtknoten oberständig, papillös, mit 3 Griffeln, schon jung oben geöffnet. Kapsel nikkend-hängend, bis 16 mm.

**Standort**: Kultur- und Unkrautflächen.

**Verbreitung**: M, im Westen bis Frankreich.

## Pechsamenstrauch III–V
*Pittosporum tobira*

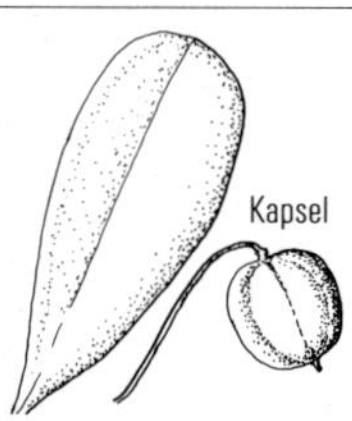


**Merkmale**: Bis 10 m hoher, verkahlender Strauch oder niedriger Baum. Blätter wechselständig, umgekehrt eiförmig, stumpf, ganzrandig, hart lederig, kahl, mit leicht nach unten gebogenen Rändern, bis 8 cm lang und 3 cm breit. Blüten an den Zweigenden in doldigen Blütenständen. Blüten weiß bis gelblich, duftend. Kelch 5teilig, mit dreieckigen, außen wolligen Zipfeln. Kronblätter stumpf elliptisch, bis 1 cm lang und 4 mm breit. 5 Staubblätter halb so lang wie die Kronblätter, mit verbreiterten Stielen. Fruchtknoten oberständig, wird eine hartschalige, 3fächerige, stumpf 3kantige bis kugelige, bis etwa 1 cm lange Kapsel. Wenige Samen, dunkelbraun, von klebriger Schicht (Name) umgeben.

**Standort**: Alleen, Parkanlagen.

**Verbreitung**: M; ursprünglich Japan und China, jetzt in Süd- und Westeuropa kultiviert.

## Aeonium *Aeonium arboreum* XII–III

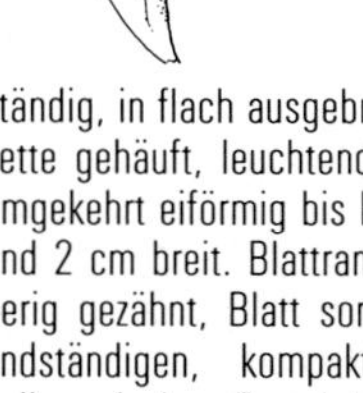

**Merkmale**: Ausdauernde, basal verholzte, aufrechte, 50–100 cm hohe, verzweigte Pflanze mit unten blattfreien, durch Blattnarben gemusterten Stengeln. Blätter wechselständig, in flach ausgebreiteter, endständiger Rosette gehäuft, leuchtend grün, dicklich, schmal, umgekehrt eiförmig bis keilförmig, bis 6 cm lang und 2 cm breit. Blattrand ganzrandig, aber wimperig gezähnt, Blatt sonst kahl. Blüten in einer endständigen, kompakten Rispe. Kronblätter gelb, zwischen 9 und 12, schmal elliptisch, bis 7 mm lang. Staubblätter doppelt so viele wie die Kronblätter. Frucht 9–12 freie, mehrsamige Bälge.

**Standort**: Hänge in Küstennähe.

**Verbreitung**: M, ursprünglich aus Nordafrika, im europäischen Bereich kultiviert und bisweilen eingebürgert; Balearen, Malta, Sardinien, Sizilien, Griechenland.

Resedagewächse

Klebsamengewächse

Dickblattgewächse

## Waagerechtes Nabelkraut IV–VIII
*Umbilicus horizontalis*

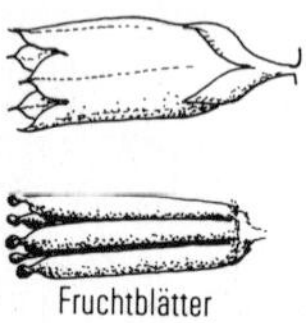


**Merkmale**: Ausdauernde, wasserspeichernde, 10–60 cm hohe, krautige, kahle Pflanze mit verdicktem Wurzelstock. Die Grundblätter ± kreis- und schildförmig, dicklich, mit in der Blattmitte auf der Unterseite ansitzendem Blattstiel. Oberseite in der Mitte etwas eingesenkt. Blattrand wellig gekerbt. Stengelblätter zahlreich, wechselständig, nierenförmig, obere linealisch. Blüten in dichter, endständiger Traube, weniger als die Hälfte der Sproßhöhe einnehmend, abstehend. Tragblätter länger als die Blütenstiele. Blüten bis 7 mm lang. 5 Kronblätter röhrig verwachsen, mit ± dreieckigen Kronzipfeln, grünlich weiß. 5 Kelchblätter, klein. 10 Staubblätter. Frucht 5 Bälge.
**Standort**: Felsen, Mauerritzen.
**Verbreitung**: M, Azoren.

## Hängendes Nabelkraut IV–VIII
*Umbilicus rupestris*

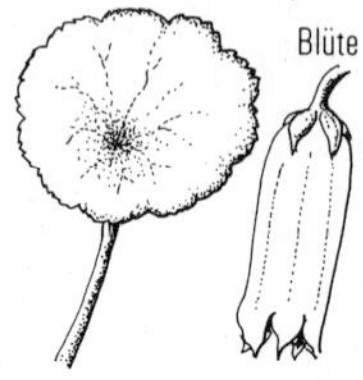


**Merkmale**: Ausdauernde, wasserspeichernde, 10–60 cm hohe, krautige, kahle Pflanze mit verdicktem Wurzelstock. Die Grundblätter ± kreis- und schildförmig, dicklich, mit in der Blattmitte auf der Unterseite ansitzendem Blattstiel. Oberseite in der Mitte etwas eingesenkt. Blattrand wellig gekerbt. Wenige Stengelblätter, wechselständig, nierenförmig und zunehmend sitzend, oberste bisweilen linealisch. Blüten in gestreckter, endständiger Traube, mehr als die Hälfte der Sproßhöhe einnehmend, hängend. Tragblätter so lang wie die Blütenstiele. Blüten bis 10 mm lang. 5 Kronblätter röhrig verwachsen, mit ± dreieckigen Kronzipfeln, grünlich weiß. 5 Kelchblätter, klein. 10 Staubblätter. Frucht 5 Bälge.
**Standort**: Felsen, Mauerritzen.
**Verbreitung**: M, im Westen bis Irland.

## Nizza-Fetthenne *Sedum sediforme* VI–VIII

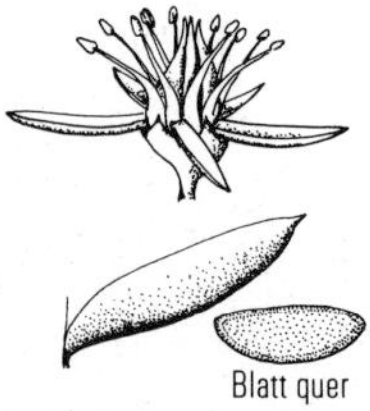


**Merkmale**: Aufrechte, ausdauernde, basal verholzte, sonst krautige, verkahlende Pflanze. Blühende Triebe je nach Standort 20–60 cm hoch, sterile Triebe kleiner. Blätter wechselständig, zylindrisch, zugespitzt, oberseits etwas abgeflacht, basal kurz gespornt, graugrün, bis 8 mm lang, dem Stengel ± nach oben gerichtet angelegt. Blütenstand endständig, zunächst kugelig, später in gabelige, zurückgebogene Äste ausgebreitet. Kronblätter weißlich bis gelb, 5–8, abstehend, leicht rinnig und bis 7 mm lang. Kelchblätter kurz schuppig. Staubblätter doppelt so viele wie die Kronblätter, mit behaarten Stielen. 5–8 freie, schmal zugespitzte und mit ihren Enden etwas spreizende Fruchtblätter werden zu mehrsamigen Bälgen.
**Standort**: Trockene, karge Böden.
**Verbreitung**: M, besonders im Westen.

## Rasige Fetthenne III–V
*Sedum caespitosum*

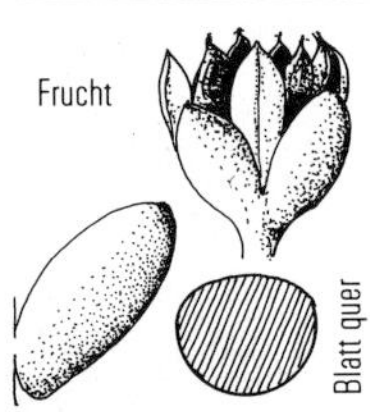


**Merkmale**: Einjährige, niedrige, 2–5 cm hohe, krautige, verzweigte, häufig rötlich überlaufene, kahle Pflanze. Blätter wechselständig, locker oder dichter dem Stengel schräg nach oben gerichtet anliegend, dicklich, umgekehrt eiförmig, undeutlich zugespitzt, basal nicht gespornt. 3–6 mm lang. Blüten klein, zu wenigen an den Zweigenden, rötlich weiß. Kelchblätter klein, 4–5. 4–5 Kronblätter, lanzettlich, zugespitzt, bis 3 mm lang. 4–5 Staubblätter. 4–5 freie Fruchtblätter, zugespitzt, ± abstehend, werden zu wenigsamigen Bälgen.
**Standort**: Trockene Böden.
**Verbreitung**: M, im Westen zerstreuter. – Zahlreiche weitere Arten im M. Zur gleichen Familie gehört die Hauswurz *(Sempervivum)* mit ihren Rosetten fleischiger Blätter (an trockenen Orten).

## Pouzinis Rose *Rosa pouzinii* V–VIII

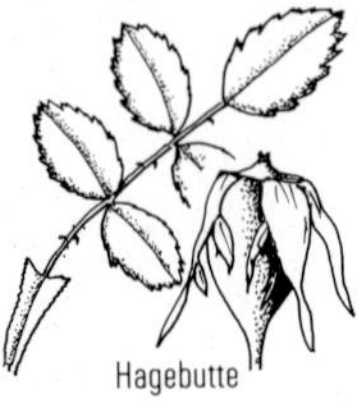


**Merkmale**: 1–2 m hoher, selten größerer, oft rot überlaufener Strauch mit relativ dünnen, biegsamen Ästen. Blätter wechselständig, unpaarig gefiedert, mit meist 6 Paaren von Blättchen, das unterste Paar am kleinsten. Blättchen 1,5–2,5 cm lang, breit eiförmig bis elliptisch, nur unterseits auf den Nerven etwas behaart, sonst kahl, fein doppelt gesägt, häufig die Zähne an der Spitze mit Kugeldrüsen. Nebenblätter schmal dreieckig. Die Blüte verhältnismäßig klein, 2,5–4 cm breit. 5 Kelchblätter, gefiedert bis ungeteilt. Kronblätter blaßrosa, seltener weiß. Staubblätter zahlreich. Griffel kahl und aus der Blüte herausragend. Hagebutte rot, breit ellipsoidisch, ohne Kelchblätter, im Inneren mit zahlreichen behaarten Nüßchen.
**Standort**: Lichtungen, Gebüsche, bis 1000 m.
**Verbreitung**: M, ähnlich **Hundsrose** *(Rosa canina)*.

## Immergrüne Rose V–VII
*Rosa sempervirens*

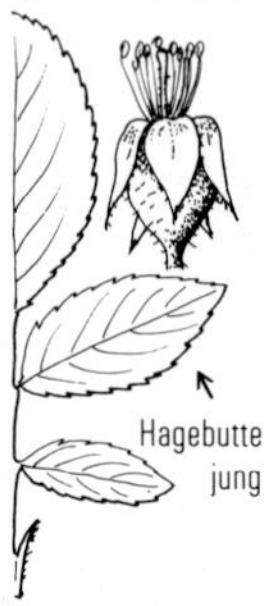


**Merkmale**: 1–5 m hoher, immergrüner, ± kletternder, rotdorniger Strauch. Blätter wechselständig, unpaarig gefiedert, mit meist nur 5 Blättchen, das unterste Paar am kleinsten. Blättchen 2,5–6 cm lang, eiförmig, kahl, auf beiden Seiten glänzend, ± lederig, fein einfach gesägt. Nebenblätter schmal dreieckig, lang mit dem Blattstiel verwachsen. Blüten 2,5–5 cm breit, einzeln oder wenige in doldigen Blütenständen an drüsigen Stielen. 5 Kelchblätter, alle gleichgestaltet, normalerweise ungeteilt, zurückgeklappt. Kronblätter weiß, breit umgekehrt eiförmig, an der Spitze ausgerandet bis eingeschnitten. Staubblätter zahlreich. Griffel behaart und zu einer Säule vereint. Hagebutte rot, bis 1 cm breit, kugelig, ohne Kelchblätter.
**Standort**: Hartlaubgebüsche, in Küstennähe.
**Verbreitung**: M, im Westen seltener.

## Dornige Bibernelle III–V
*Sarcopoterium spinosum*

**Merkmale**: Stark sperrig verzweigter, dorniger, 30–60 cm hoher, wollig behaarter Strauch. Seitenäste blattlos, in gabeligen, 5–10 mm langen Sproßdornen endend. Blätter wechselständig, schmal, an der Spitze am breitesten, unpaarig gefiedert, mit 9–15 Blättchenpaaren. Blättchen 4–6 mm lang, oben ± 3zähnig, mit nach unten umgerolltem Blattrand, oberseits verkahlend, unterseits leicht wollhaarig. Blüten sehr klein, eingeschlechtig, in Köpfchen oder kurzen Ähren, die oberen weiblich, die unteren männlich. Blütenhülle 4teilig, kelchartig, grün. 10–30 Staubblätter. Fruchtknoten mit 2 federigen Griffeln. Früchte rot, beerenartig.
**Standort**: Trockene, offene Standorte, bis 300 m.
**Verbreitung**: ZM, OM, von Sardinien und Süditalien nach Osten.

## Niederliegende Kirsche IV–V
*Prunus prostrata*

**Merkmale**: Nicht dorniger Strauch, aufgerichtet bis 1,5 m Höhe, häufig dem Boden angepreßt niederliegend wachsend. Blätter wechselständig, etwa 1 cm lang, kurz gestielt, umgekehrt eiförmig bis breit elliptisch, etwas lederig, Rand wenigstens der oberen Blatthälfte gesägt, besonders unterseits ± behaart. Blüten normalerweise einzeln, vor den Blättern erscheinend, klein. Kelch schmal becherförmig, 3mal so lang wie die 5 kurzen Zipfel. Am oberen Kelchrand 5 breit eiförmige, rötliche, bis 7 mm lange Kronblätter ansetzend. Fruchtknoten im Kelchbecher sitzend, Griffel kahl, herausragend. Frucht rot, eiförmig, kirschartig, etwas bitter im Geschmack, reift im Juli.
**Standort**: An Kalkfelsen von 1000–2400 m.
**Verbreitung**: M, sehr zerstreut. In Italien nur auf Korsika, im Atlas verbreiteter.

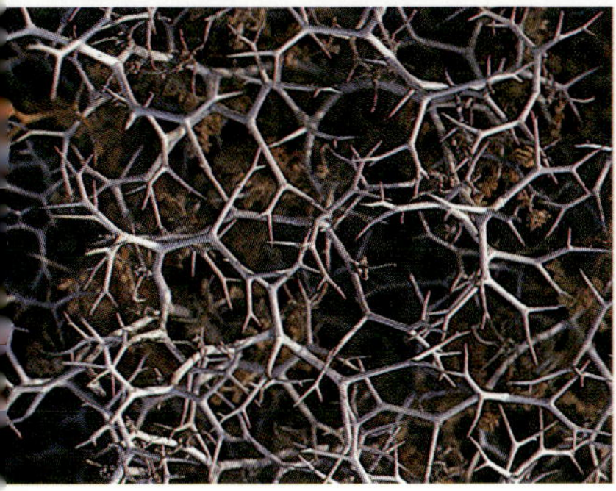

## Japanische Mispel X–IV
*Eriobotrya japonica*

**Merkmale:** Immergrüner, bis 10 m hoher Baum mit am Ende der wollhaarigen Äste gehäuften Blättern. Blätter wechselständig, groß, 12–30 cm lang, kurz gestielt, einfach, spitz elliptisch, gezähnt, hart, oberseits dunkelgrün und verkahlend, unterseits ± dicht weißlich bis rötlich wollig. Blüten duftend, zahlreich in endständiger, pyramidenförmiger Rispe, gelblich weiß, klein, bis 1 cm im Durchmesser. 5 Kelchblätter, klein, wollig. 5 Kronblätter, eiförmig. Etwa 20 Staubblätter. Fruchtknoten aus 2–5 Fruchtblättern, unterständig. Frucht im Aufbau apfelähnlich, rundlich, bis 4 cm im Durchmesser, weich saftig und druckempfindlich, von angenehmem, säuerlichem Geschmack. Im Inneren mit 1–3 glänzenden, großen, braunen Samen.
**Standort:** In Gärten, Parks häufig kultiviert.
**Verbreitung:** M, Heimat China.

## Immerblühende Akazie I–XII
*Acacia retinodes*

**Merkmale:** Bis 10 m hoher, oft strauchiger, reich verzweigter Baum mit braun berindeten Zweigen. Junge Zweige scharf dreikantig. Blattfläche ausgefallen, dafür mit blattartig verbreiterten Blattstielen (Phyllodien). Diese wechselständig, lanzettlich bis schmal obovat, bis 15 cm lang, stumpf bis spitz, ledrig, hellgrün, mit einem Längsnerv. Blüten zu schwefelgelben, runden, bis 8 mm breiten, stark duftenden Köpfchen zusammengefaßt. Diese zu 5–10 kurz gestielt in Trauben in den Blattachseln. Einzelblüten sehr klein, Kelch und Krone 4- bis 5zählig, Staubblätter zahlreich. Frucht eine hängende, bis 10 cm lange und 5 mm breite, rostbraune Hülse.
**Standort:** Hecken, Straßenränder, Parks.
**Verbreitung:** Ursprünglich aus Südaustralien, in Südeuropa häufig zur Zierde kultiviert. Mit mehradrigen Phyllodien *A. melanoxylon.*

## Schreckliche Akazie *Acacia karoo* VI–IX

**Merkmale:** Bis 4 m hoher, reich verzweigter, stark dorniger Strauch. Blätter wechselständig, doppelt gefiedert, mit 2–7 Fiederpaaren, die 5–14 Blättchenpaare tragen. Blättchen lanzettlich, bis 1 cm lang, kahl, kräftig grün, schräg nach vorne gerichtet. An der Blattbasis häufig zwei 5–10 cm lange, weißgraue Nebenblattdornen. Blüten zu leuchtend gelben, runden, bis 1 cm breiten, leicht duftenden Köpfchen zusammengefaßt. Diese zu 4–6 kurz gestielt in den oberen Blattachseln. Einzelblüten sehr klein, Kelch und Krone 4- bis 5zählig, Staubblätter zahlreich. Frucht eine hängende, bis 13 cm lange und 8 mm breite, flache, gekrümmte, eingeschnürte Hülse.
**Standort:** Hecken, Straßenränder, Parks.
**Verbreitung:** Ursprünglich aus Südafrika, in Südeuropa häufig zur Zierde kultiviert. Mit geraden runden Hülsen *A. farnesiana.*

## Silberakazie *Acacia dealbata* II–IV

**Merkmale:** Bis 30 m hoher, reich verzweigter Baum mit grauer weicher Rinde und weißfilzigen Zweigen. Blätter wechselständig, doppelt gefiedert, mit 8–20 Fiederpaaren, diese mit bis zu 50 Blättchenpaaren. Blättchen lanzettlich, bis 4 mm lang, behaart, graugrün, schräg nach vorne gerichtet; an Blattachse mit Drüsen an der Fiederbasis. Blüten zu hellgelben, runden, bis 6 mm breiten, stark duftenden Köpfchen zusammengefaßt. Diese in Trauben in den oberen Blattachseln. Einzelblüten sehr klein, Kelch und Krone 4- bis 5zählig, Staubblätter zahlreich. Hülse bis 10 cm lang und 12 mm breit, flach, ± eingeschnürt.
**Standort:** Hecken, Straßenränder, Parks. Häufig zur Bodenstabilisierung gepflanzt.
**Verbreitung:** Ursprünglich aus Australien und Tasmanien. Im Frühjahr werden Blütenzweige dieser Art als »*Mimosen*« verkauft.

Rosengewächse

Mimosengewächse

## Stinkstrauch *Anagyris foetida* I–IV

**Merkmale**: 1–4 m hoher, übelriechender Strauch; junge Zweige fein behaart, mit deutlich gestielten, 3teiligen Blättern; Teilblätter sitzend, 3–7 cm lang, 1–3 cm breit, elliptisch bis lanzettlich, ganzrandig, oberseits kahl, unterseits weichhaarig; Nebenblätter verwachsen, 4–10 mm lang; Blüten in kurzen, büscheligen Trauben, 20–25 mm lang, stumpf gelb; Fahne 10–15 mm lang, kürzer als Flügel und Schiffchen, mit dunklem Fleck; Flügel bis 2 cm, Schiffchen bis 25 mm lang, mit freien Kronblättern; Kelch glockig, bis 1 cm lang und breit, 5zähnig, angedrückt-behaart; 10 freie Staubblätter, Griffel fadenförmig, mit kleiner, kopfiger Narbe; Hülsen hängend, 10–15 cm lang, gekrümmt, abgeflacht, ledrig, kahl, mit 3–8 violetten Samen.
**Standort**: Felder, Straßenränder, Trockenhänge; über Kalk. **Verbreitung**: M, östlich bis Irak.

## Stacheliger Dornginster III–VI
*Calicotome spinosa*

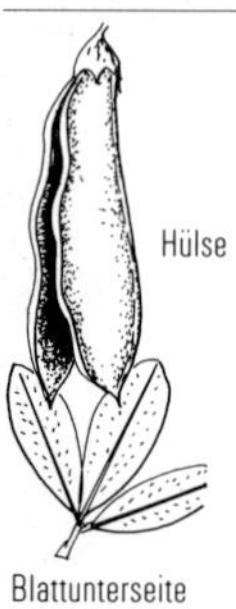


**Merkmale**: Bis 2 m hoher, aufrechter, sparrig verzweigter Strauch mit kräftigen Dornen, meist kahl oder nur spärlich behaart. Blätter 3zählig, gestielt, beim Trocknen schwärzend; Teilblättchen fast sitzend, eiförmig, 5–15 mm lang, oberseits kahl, unterseits behaart. Blüten 12–18 mm lang, goldgelb, meist einzeln oder zu 2–4 in Büscheln, auf 4–8 mm langen, spärlich behaarten Stielen in den Blattachseln; Nebenblätter ganzrandig bis 3spaltig, dicht unter dem schwach behaarten Kelch; Kelchzähne fallen zur Blütezeit ab, so daß nur die kurze, 2–3 mm lange Kelchröhre bleibt. Hülse 25–40 mm, kahl, Naht kaum verdickt, zur Reife schwarz-glänzend, mit 3–8 Samen.
**Standort**: Trockene, eher saure Böden, Kahlschläge, Brandflächen; bis über 800 m.
**Verbreitung**: WM (östlich bis Italien).

## Behaarter Dornginster I–VI
*Calicotome villosa*

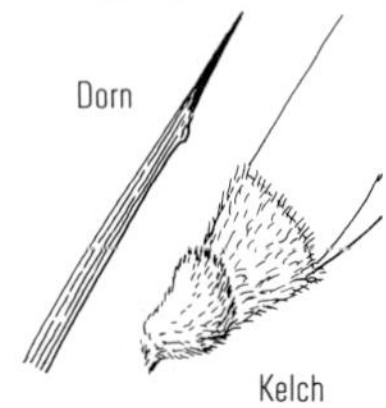


**Merkmale**: Bis 3 m hoher, sparrig verzweigter und dorniger Strauch. Junge Zweige, Blattunterseite und Kelch ± seidig-wollig behaart. Blätter 3zählig, gestielt, dunkel- bis graugrün, beim Trocknen kaum schwärzend; Teilblätter eiförmig-lanzettlich, bis 12 mm lang und 5 mm breit. Blüten 12–18 mm lang, goldgelb, zu 2–15 in doldigen Büscheln oder blattlosen Trauben, kurz gestielt; Fahne und Flügel etwa gleich lang, Schiffchen kürzer; Kelch bis 6 mm lang, mit 5 kurzen, spitzen Zähnen; beim Aufblühen hebt sich der obere Teil des Kelches ab. Hülse schmal-länglich, 25–40 mm, kräftig behaart, mit verdickter Naht, leicht geflügelt, rotbraun. 6–10 länglich-rundliche Samen.
**Standort**: Kahlschläge, steinige und trockene Felder, Macchie; bis etwa 1200 m.
**Verbreitung**: M (außer Frankreich u. Balearen).

## Dreiblütiger Geißklee III–V
*Cytisus villosus*

**Merkmale**: 1–2 m hoher, aufrechter Strauch ohne Dornen. Junge Zweige 5kantig, gegen die Enden weißlich behaart. Blätter oberseits kahl, unterseits behaart, mit 2–8 mm langen Stielen, 3zählig; Teilblättchen länglich-oval, das mittlere deutlich größer als die seitlichen; ohne Nebenblätter. Blüten auf 5–10 mm langen, behaarten Stielen zu 1–3 in den Achseln der oberen Blätter in länglich-traubigem, beblättertem Blütenstand. Krone gelb; Fahne 15–18 mm, kahl, rotbraun gestreift, deutlich kürzer als das kurzgeschnäbelte Schiffchen; Kelch kurzglockig, kürzer als Blütenstiele, behaart, 2lippig, Oberlippe 2zähnig. Hülse 2–4 cm lang, 4–6 mm breit, weißfilzig behaart, verkahlend.
**Standort**: Wälder, Gebüsch, Macchie, gerne über sauren Böden; bis über 1000 m.
**Verbreitung**: M.

## Dauerblüte *Chronanthus biflorus* IV–VI

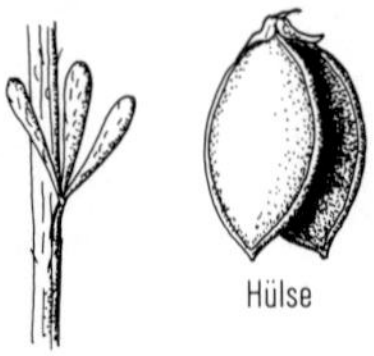


**Merkmale:** 20–50 cm hoher, aufsteigender bis aufrechter, unbedornter Strauch mit zahlreichen kahlen, 5- bis 10kantigen Zweigen und 3zähligen, kurzgestielten Blättern. Teilblätter linealisch bis schmal-lanzettlich, 4–9 mm lang, bis 1 mm breit, mit kurzen, angedrückten Haaren. Blüten gelb, bis 19 mm groß, zu 2 oder 4 (selten zu 1 oder 3) kopfig an Zweigenden, bis zur Fruchtreife nicht abfallend und die Hülse einhüllend; Fahne herzförmig, bis 15 mm lang; Schiffchen etwas kürzer als Fahne, mit abgerundetem Schnabel; Kelch glockig, behaart, 2lippig, Oberlippe 2zähnig, Unterlippe 3zähnig. Hülse kurz, 10–15 mm, eiförmig-zugespitzt, kahl, zusammengedrückt, mit 1–3 Samen.
**Standort:** Wärmeliebende Pflanze auf trockenen Böden, in offenem Gebüsch, vor allem über Kalk, bis in montane Lagen. **Verbreitung:** WM (Spanien, Balearen, Nordafrika).

## Leinblättriger Geißklee III–VI
*Teline linifolia*

**Merkmale:** 50–150 cm hoher, unbedornter, aufrechter Strauch mit zahlreichen kräftigen und kantigen, reich beblätterten Zweigen. Blätter 3zählig, fast sitzend; Teilblätter länglich-linealisch, 10–15 mm lang, bis 3 mm breit, ledrig, mit eingerolltem Rand, unterseits angedrückt behaart, oben kahl; keine Nebenblätter. Blüten gelb, zu 3–8 in kurzen, dichten, endständigen Trauben, auf 2–4 mm langen Blütenstielen; Fahne 10–18 mm, aufgerichtet, länger als das Schiffchen, leicht behaart; Flügel kahl; Kelch seidig behaart, 2lippig, röhrig-glokkig, Unterlippe 3zähnig, Oberlippe 2spaltig. Hülse 15–20 mm, schmal-länglich, dicht behaart, mit 2–3 eiförmigen Samen.
**Standort:** Wie **Montpellier-Geißklee,** oft mit ihm vergesellschaftet. **Verbreitung:** WM und Kanarische Inseln, nach Osten bis Korsika.

## Montpellier-Geißklee III–VI
*Teline monspessulana*

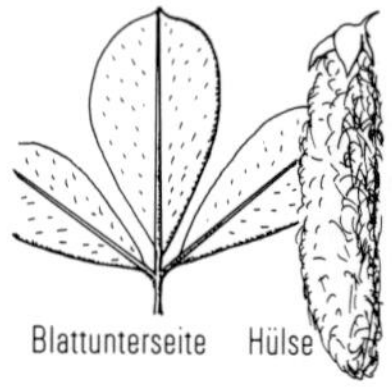


**Merkmale:** Unbedornter, bis 3 m hoher, aufrechter Strauch mit zahlreichen kantig-furchigen Zweigen, jung behaart, später verkahlend. Blätter bis 2 cm lang, kurz gestielt, 3zählig; Teilblätter fast sitzend, 6–7 mm lang, eiförmig bis lanzettlich, meist mit Spitze, seltener ausgerandet, beiderseits ± behaart, vor allem unterseits. Blüten gelb, kurz gestielt, zu 3–9 in doldigen Büscheln an Zweigenden oder in Blattachseln; Fahne 10–12 mm, breit eiförmig, kahl, ± so lang wie Schiffchen; Kelch röhrig-glockig, 5–6 mm lang, dicht behaart, mit 2spaltiger Ober- und 3zähniger Unterlippe. Hülse 2–3 cm lang, seitlich zusammengedrückt, dicht behaart, mit 3–6 Samen.
**Standort:** Lichte, immergrüne Wälder; Macchie, Schluchten, über kalkfreien Böden.
**Verbreitung:** M, Kanarische Inseln.

## Aschgrauer Ginster IV–VII
*Genista cinerea*

**Merkmale:** Reichverzweigter, aufrechter und unbedornter Strauch von 40–100 cm Höhe; Zweige biegsam, graugrün bis aschgrau, 8- bis 10kantig; alte Zweige blattlos. Blätter einfach, ganzrandig, elliptisch bis lanzettlich, 6–8 mm lang, unterseits weißlich seidenhaarig, wechselständig oder in kleinen Büscheln, ohne Nebenblätter. Blüten gelb, 10–13 mm, kurzgestielt in Blattachseln, in verlängertem, lockerem und traubigem Blütenstand; Kronblätter zusammengeneigt, Fahne und Schiffchen etwa gleich lang und ± behaart; Kelch weißfilzig behaart, 2lippig, Oberlippe mit 2 dreieckigen Zähnen, Unterlippe größer, 3zähnig; Kelchröhre kürzer als die beiden Lippen. Hülse behaart, 12–19 mm lang, mit 2–5 eiförmigen Samen.
**Standort:** Sonnige Trockenhänge, Kahlschläge.
**Verbreitung:** WM (Ostgrenze Italien).

## Dorniger Ginster *Genista acanthoclada* IV–VII

**Merkmale**: 30–100 cm hoher, dichtwüchsiger und reichverzweigter Dornenstrauch in Polsterform oder mit aufrechten Ästen. Zweige dicht, gegenständig, mit kräftigen, endständigen Dornen; ältere Zweige am Ansatz der Blattstiele deutlich angeschwollen. Blätter 3zählig, gegen- oder wechselständig; Teilblätter klein, schmal-lanzettlich, 5–10 mm lang, 1–3 mm breit. Blüten gelb, bis 12 mm lang, meist einzeln und gegenständig in den Tragblattachseln gegen die Zweigenden zu; Tragblätter den Blättern ähnlich, die obersten jedoch einfach; Fahne 6–10 mm, seidenhaarig, kürzer als das Schiffchen; Kelch 3–5 mm, behaart, 2lippig, Oberlippe 2spaltig, Unterlippe 3zähnig. Hülse eiförmig, seidenhaarig, mit 1–2 Samen.
**Standort**: Trockene, steinige Plätze, Felsen.
**Verbreitung**: OM (Griechenland bis Türkei).

## Korsischer Ginster *Genista corsica* III–VI

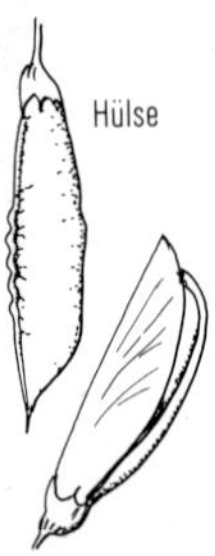


**Merkmale**: Aufrechter, 20–80 cm hoher, reichverzweigter Dornstrauch, z. T. in Polsterform. Zweige rotbraun, gefurcht, kahl oder anliegend behaart, wechselständig mit kräftigen, 3–5 mm langen, seitlich abstehenden, oft leicht zurückgebogenen Dornen. Untere Blätter 3zählig, die oberen einfach, kurzgestielt, spatelig bis länglich; Nebenblätter dornig. Blüten gelb, kahl, 7–10 mm lang, kurzgestielt, mit kleinen Tragblättern, einzeln oder zu 2–6 in kleinen Büscheln; Fahne, Flügel und Schiffchen gleich lang; Kelch wie bei anderen Ginsterarten 2lippig, Lippen fransig behaart, so lang oder länger als die kahle Kelchröhre. Hülse 15–30 mm, länglich, lanzettlich, zugespitzt, kahl, mit 3–8 Samen.
**Standort**: Macchie und Buschwerk, von Meereshöhe bis 1600 m aufsteigend.
**Verbreitung**: Korsika, Sardinien.

## Behaarter Ginster *Genista hirsuta* III–VI

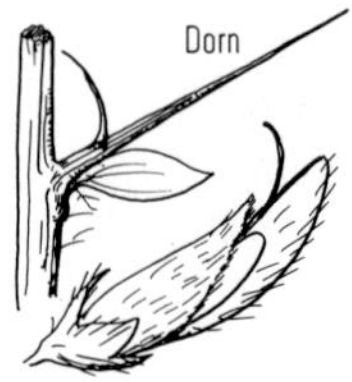


**Merkmale**: Aufrechter, bis 1 m hoher, dichtverzweigter Dornenstrauch. Zweige wechelständig, ± 5kantig; junge Zweige deutlich weißwollig behaart, biegsam; Dornen blattachselständig, steif und kräftig, bis 3,5 cm lang, einfach oder kreuzförmig verzweigt, im Querschnitt vierkantig. Blätter einfach, 6–15 mm lang, 3–5 mm breit, lanzettlich, ohne Nebenblätter, unterseits und am Blattrand langbehaart, oberseits kahl. Blüten gelb, in dichten, fast kegeligen, endständigen Trauben mit blattähnlichen Hüllblättern, die dicht unter den Tragblättern der Blüten sitzen; Kelch 9–12 mm, behaart, Oberlippe kürzer als Unterlippe, Kelchzähne länger als -röhre; Fahne eiförmig zugespitzt, kahl oder seidenhaarig, kürzer als Schiffchen. Hülse 4–6 mm, eiförmig zugespitzt, mit einem Samen.
**Standort**: Auf Sandböden, über Gneis und Granit. **Verbreitung**: WM (auch Balearen).

## Binsenblättriger Ginster *Genista spartioides* II–VII

**Merkmale**: Aufrechter, 30–150 cm hoher, vielverzweigter Strauch mit wechsel- oder gegenständigen, biegsamen und unbedornten Zweigen, die ihre Blätter leicht verlieren. Blätter 3–8 mm lang, 2–3 mm breit, elliptisch, unterseits seidenhaarig. Blüten gelb, 9–14 mm lang, in lockerer, durchbrochener Traube mit wenigblütigen Büscheln über die Zweige verteilt; Kelch 3–5 mm, seidenhaarig, 2lippig, die Lippen so lang wie die Kelchröhre, Oberlippe mit breit dreieckigen Zähnen; Fahne 7–10 mm, dreieckig-eiförmig, kahl oder spärlich behaart, deutlich kürzer als das dicht behaarte Schiffchen. Hülse 6–8 mm, eiförmig-zugespitzt, 1–2 eiförmige Samen.
**Standort**: Sonnige Lagen, Trockenhänge, über Kalk und vulkanischen Böden.
**Verbreitung**: WM (Südspanien, Nordwest-Afrika).

## Pfriemenginster *Spartium junceum* IV–VIII

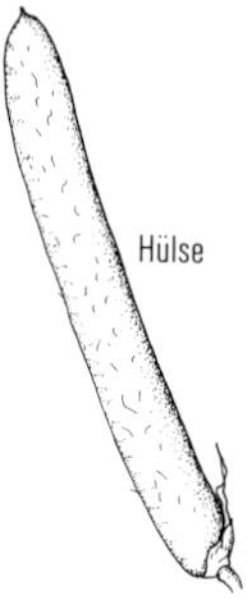


**Merkmale**: 1–3 (5) m hoher, reich verzweigter, schlanker Strauch. Stengel rund, grau- bis blaugrün, starr. Blätter klein, nur an den jungen Zweigen, lanzettlich, bis 3 cm lang, oberseits kahl, unterseits seidenhaarig. Blüten in endständigen Trauben, leuchtend gelb, bis 2,5 cm groß, duftend. Kelch ringförmig, nur der unterste Zipfel zahnartig verlängert. Fahne senkrecht aufgerichtet, steif, über 2 cm lang, die beiden Flügel nach vorn gerichtet, schmal elliptisch, kurz genagelt, zwischen ihnen das spitze Schiffchen; in diesem 10 röhrig verwachsene Staubblätter und der Fruchtknoten eingeklemmt, nach Bestäubung herabgeklappt. Hülse bis 7 cm lang, zweiklappig, bei der Reife schraubig gedreht, ± behaart, dunkel. Samen gelbrot. *Giftig!*
**Standort**: Macchien, Straßenränder; auf Kalk.
**Verbreitung**: M, Kanaren, oft kultiviert.

## Kleiner Stechginster *Ulex minor* VII–X

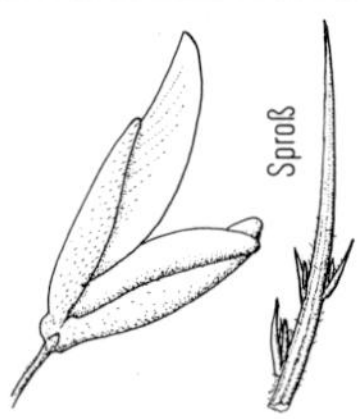


**Merkmale**: 10–100 cm hoher Dornstrauch in leuchtendem Grün (ausgenommen junge Zweige und Dornen). Hauptäste oft niederliegend, Zweige mit Längsrillen, rotbraun behaart. Blätter 3–6 mm lang, zu spitzen, jedoch kaum stechenden Dornen umgebildet (Verdunstungsschutz), behaart. Dornen meist dünn und weich, gerade oder leicht gebogen, am Grund behaart, paarweise oder büschelig an den Zweigen, die endständigen 8–15 mm lang. Blüten hellgelb, 7–11 mm lang, einzeln oder paarweise in den Achseln der Blattdornen, mit behaartem Kelch und Blütenstiel. Flügel und Schiffchen gleich lang wie der 6–10 mm lange Kelch, Fahne länger als Kelch, meist rotbraun geadert. Hülse eiförmig, 8 mm lang, behaart, mit 2–6 Samen.
**Standort**: Heiden, Sandböden, Küsten; bevorzugt atlantisch getöntes Klima und saure Böden.
**Verbreitung**: WM (bis England).

## Blauer Stachelginster V–VI
*Erinacea anthyllis*

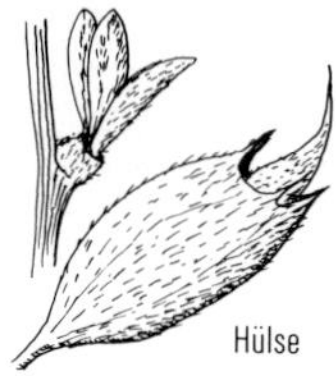


**Merkmale**: Niedriger, polsteriger Zwergstrauch, 10–30 cm hoch, mit zahlreichen steifen, stark bedornten und wenigblättrigen, längsrilligen Ästen; junge Zweige weißlich-seidenhaarig. Blätter einfach, 5 mm lang, schmal-lanzettlich, feinhaarig, gegenständig bis wechselständig, leicht abfallend, ohne Nebenblätter. Blüten blauviolett, 15–20 mm lang, zu 1–3 an kurzen Stielen in den Achseln der oberen Blätter oder in endständigen Büscheln; Kelch röhrig-glockig, behaart, zur Fruchtzeit blasig, die Hülse einhüllend, 2lippig, die Lippenzähne etwa gleich lang. Hülse 15–20 mm lang, 5 mm breit, drüsig behaart, braun, deutlich zugespitzt, länger als der Kelch, mit 4–6 Samen ohne Nabelwulst.
**Standort**: Steinige Böden, Trockenhänge, vor allem in montanen Lagen, über Kalk.
**Verbreitung**: WM (auch Nordwest-Afrika)

## Drüsenginster V–VIII
*Adenocarpus decorticans*

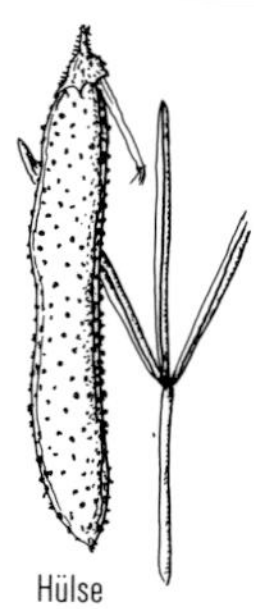


**Merkmale**: Hübscher, 1–3 (5) m hoher, unbedornter Strauch bzw. Baum; Stamm mit weißgelblicher Rinde, Äste und Zweige wechelständig; junge Zweige sowie Blätter dicht seidenhaarig. Blätter 3zählig, deutlich gestielt, dicht büschelig wachsend; Teilblätter 7–18 mm lang, 1–1,5 mm breit, linealisch, mit deutlich eingerolltem Rand, vor allem unterseits behaart. Blüten goldgelb, 12–18 mm lang, an 4–8 mm langen Stielen in ± eiförmigen, endständigen Trauben, ohne Tragblätter; Kelch 2lippig, Oberlippe tief 2spaltig, Unterlippe mit 3 breit zugespitzten Zähnen, dicht seidenhaarig, ohne Drüsenhaare; Fahne breit eiförmig, behaart, etwa so lang wie das Schiffchen. Hülse 2–6 cm lang, 8–10 mm breit, mit Drüsenknöllchen besetzt.
**Standort**: Frische Böden, schattige Lagen; über Kalk, bis ins Bergland. **Verbreitung**: WM

## Behaarte Lupine *Lupinus micranthus* IV–VI

**Merkmale**: Einjährige, 10–40 cm hohe, ganz mit abstehenden, grauen bis bräunlichen Haaren bedeckte Pflanze. Blätter mit 3–6 cm langem Stiel, gefingert, 5–7 Teilblätter, 15–80 mm lang, 5–15 mm breit, länglich-eiförmig bis keilförmig, stumpf oder mit aufgesetzter Spitze; Nebenblätter linealisch, 1–2 cm lang. Blüten 10–14 mm lang, leuchtend blau, kurzgestielt in ± verlängerten, 3–12 cm langen Trauben, oft vom Blattwerk überragt; untere Blüten wechselständig, die oberen unregelmäßig quirlständig; Kronblätter ± gleich lang und kahl; Fahne mit 2 Längsfalten, in der Mitte weiß; Schiffchen mit dunkelvioletter Spitze; Kelch 2lippig, Unterlippe 10–12 mm, 3zähnig, Oberlippe kürzer; Hülse 25–50 mm lang, rotbraun, dicht behaart; 3–4 rundlich-eckige Samen.
**Standort**: Trockene Felder, Macchie.
**Verbreitung**: M. Synonym: *Lupinus hirsutus.*

## Schmalblättrige Lupine IV–VI
*Lupinus angustifolius*

**Merkmale**: Aufrechte, ein- oder zweijährige, 20–80 cm hohe, kurzbehaarte Pflanze. Blätter mit 1–5 cm langem Stiel, gefingert, 5–7 linealische bis schmal spatelige Teilblätter, 1–5 cm lang, 1–6 mm breit, oberseits kahl, unterseits spärlich behaart; Nebenblätter linealisch. Blüten blau, 11–14 mm lang, kurzgestielt, wechselständig, in lockeren, 5–20 cm langen Trauben, die das Blattwerk überragen; Kronblätter kahl; Fahne oft mit Purpurton im Blau, Flügel so lang wie das blassere Schiffchen, das an der Spitze oft dunkelviolett ist; Kelch 2lippig, Unterlippe 6–7 mm, seicht 3zähnig, Oberlippe kürzer. Hülse 4–5 cm lang, gelb bis schwarz, behaart, 4–6 Samen. *Giftig!*
**Standort**: Kultur- und Brachland, Garriguen und Macchie, auf sandigen und sauren Böden.
**Verbreitung**: M und Kanaren.

## Bunte Lupine *Lupinus varius* III–V

**Merkmale**: Einjährige, 20–50 (70) cm hohe, aufrechte, dicht behaarte Pflanze, der **Behaarten Lupine** ähnlich. Blätter gefingert, 9–11 Teilblätter, 2–3 cm lang, 6–9 mm breit, lanzettlich bis länglich-eiförmig, mit aufgesetzter Spitze, beidseits seidenhaarig; Nebenblätter linealisch. Blüten 15–17 mm lang, blau, an 1–4 cm langen Stielen quirlständig in ± lockerem, bis 10 cm langem, traubigem Blütenstand. Fahne mit weißem, gelbem oder blaßpurpurnem Fleck; Kelch behaart, 2lippig, Oberlippe 8 mm, 2teilig, Unterlippe bis 12 mm, seicht 3zähnig bis fast ganzrandig. Hülse 4–5 cm lang, 1–2 cm breit, dunkelrotbraun, weichhaarig. 3–4 rundliche, zusammengedrückte Samen, braunschwarz marmoriert.
**Standort**: Brachland, trockene, saure Böden.
**Verbreitung**: WM (*ssp. varius,* bis Italien), OM (*ssp. orientalis,* Griechenland bis Westasien).

## Silberhülse *Argyrolobium zanonii* IV–VII

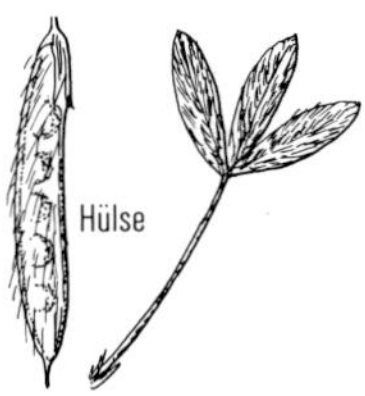


**Merkmale**: 10–30 cm hoher, am Grund verholzter Halbstrauch mit niederliegenden bis aufsteigenden, silber- bis seidenhaarigen Stengeln. Blätter 3zählig, gestielt; Teilblätter elliptisch bis lanzettlich, 5–20 mm lang, 3–6 mm breit, oberseits kahl oder spärlich behaart, unterseits dicht seidig behaart; Nebenblätter linealisch-lanzettlich, frei. Blüten goldgelb, 9–15 mm lang, am Grund mit 3 kleinen Hochblättern, zu 1–4 in endständiger, kopfiger Traube; Kelch tief 2lippig, Lippen länger als Röhre; seidenhaarig, länger als die halbe Krone; Fahne außen behaart, länger als das stumpfe Schiffchen; Flügel frei. Hülse 15–35 mm lang, 5 mm breit, flach, seidenhaarig-zottig.
**Standort**: Trockenweiden, Garriguen, Felsfluren, Kiefernwälder; vor allem über Kalk.
**Verbreitung**: WM und ZM, ostwärts bis Jugoslawien und Albanien. Synonym: Silberklee.

## Hakiger Tragant *Astragalus hamosus* II–V

**Merkmale:** Ein- oder zweijährige, niederliegende bis aufsteigende Pflanze mit 10–50 cm hohen, angedrückt-behaarten Stengeln. Blätter 5–15 cm lang, unpaarig gefiedert, mit 8–12 Blattpaaren; Teilblätter keilförmig bis länglich-eiförmig, an der Spitze ausgerandet oder gestutzt, unterseits behaart. Blüten zu 5–14 in dichter, ovaler und gestielter Traube, Stiele halb so lang wie die Blätter; Krone weißlich bis gelblich; Fahne 6–8 mm, länger als Flügel und Schiffchen; 10 Staubblätter. Hülse 2–5 cm lang, 3 mm breit, seitlich zusammengedrückt, zugespitzt und sichelförmig gekrümmt (Name), mit kurzem Schnabel.

**Standort:** Meereshöhe bis über 1200 m; Felder, Brachland, Wegränder, auch steinige Hänge in Meeresnähe.

**Verbreitung:** Gesamtes Mittelmeergebiet, ostwärts bis Persien.

## Marseille-Tragant IV–VI
*Astragalus massiliensis*

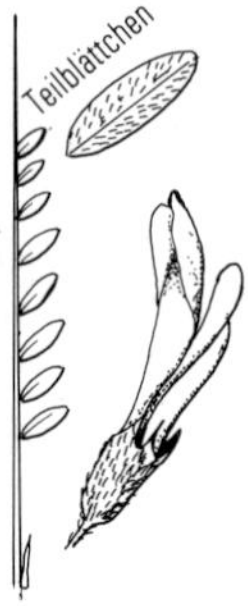


**Merkmale:** 10–30 cm hoher, lockerer Dornpolster-Strauch mit zahlreichen, verzweigten, unten verholzten Stengeln. Blätter leicht abfallend, 2–7 cm lang, paarig gefiedert, mit 12–24 schmal eiförmigen, 4–6 mm langen Teilblättchen, unterseits dicht behaart, Haare jeweils in der Mitte befestigt; Nebenblätter unten mit dem Blattstiel verwachsen, lanzettlich, behaart; Blattspindel endet in einem Dorn. Blüten zu 3–8 in kopfiger, gestielter Traube; Krone weiß, Fahne 13–17 mm, Flügel 11–15 mm, Schiffchen 9–13 mm; Kelch 5–7 mm, röhrig, angedrückt-behaart, Röhre 3- bis 4mal so lang wie die lanzettlichen Zipfel. Hülse 9–10 mm, länglich, zugespitzt, kurzhaarig, mit 4 Samen.

**Standort:** Meereshöhe bis 300 m; in Meeresnähe auf sandigen und felsigen Böden.

**Verbreitung:** WM bis Sardinien und Korsika.

## Portugiesischer Tragant II–V
*Astragalus lusitanicus*

**Merkmale:** 30–100 cm hohe, dicht angedrückt-behaarte Pflanze mit kräftigem, längsgeripptem Stengel. Blätter 10–20 cm lang, 4–7 cm breit, kurz gestielt, unpaarig gefiedert, mit 13–25 länglich-lanzettlichen bis elliptischen Teilblättern, oberseits oft mit sitzenden, braunen Drüsenhaaren. Stiele der länglichen, vielblütigen Blütentraube kürzer als die Blätter. Krone cremeweiß oder grünlichweiß; Fahne 20–35 mm, Flügel bis 16 mm und Schiffchen bis 17 mm lang; Kelch glockig, 10–15 mm lang, bräunlich behaart, Röhre 2- bis 4mal so lang wie die Zipfel. Hülse 5–7 cm lang, blasig, ledrig, mit nierenförmigen Samen.

**Standort:** 300–1500 m; trockene Berghänge.

**Verbreitung:** In 2 getrennten Gebieten; Nordwest-Afrika, Iberische Halbinsel und Peloponnes bis Südwest-Asien.

## Immergrüner Tragant VI–VIII
*Astragalus sempervirens*

**Merkmale:** 5–20 cm hoher Strauch mit niederliegenden, spalierartig ausgebreiteten, holzigen Stengeln, dicht mit den verdornten Blattmittelrippen vorjähriger Blätter besetzt. Blätter paarig gefiedert, mit kräftigem Enddorn; 12–20 Teilblätter, bis 1 cm lang, lanzettlich, seidenhaarig; Nebenblätter lang zugespitzt, etwa bis zur Mitte mit dem Blattstiel verwachsen. Blüten aufrecht, bis 15 mm lang, zu 3–8 in kurzgestielter Traube, fast in den Blättern versteckt; Krone weißlich bis rosa oder lila; Fahne länger als Flügel oder Schiffchen; Kelch kürzer als Fahne, weißhaarig, mit pfriemlichen Zipfeln.

**Standort:** 600–2700 m; Kalkböden, Schutt, steinige Rasen, Föhrenwälder; in warmen Lagen.

**Verbreitung:** Spanische Gebirge, Pyrenäen, Westalpen (bis Rätikon), Apennin.

### Fuchsschwanz-Tragant V–VII
*Astragalus alopecuroides*

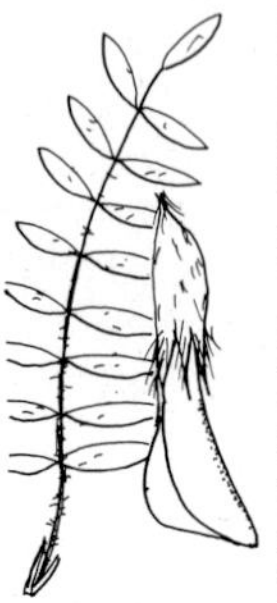

**Merkmale**: 20–100 cm hohe Pflanze mit aufrechtem, festem, meist weißwollig behaartem Stengel. Blätter unpaarig gefiedert, bis 20 cm lang, mit 12–20 Blattpaaren; Teilblätter länglich-elliptisch bis länglich-linealisch, oberseits kahl; Nebenblätter frei. Blüten aufrecht, zahlreich in kopfiger, kurzgestielter Traube; Krone hellgelb, 22–27 mm; Fahne deutlich länger als Kelch, Flügel und Schiffchen, Flügel etwas kürzer als Schiffchen; Kelch 12–17 mm, behaart, Zipfel länger als Kelchröhre, zur Fruchtzeit aufgeblasen; Hülse eiförmig-dreikantig, zusammengedrückt, furchig auf dem Rücken, mit 2–4 Samen.

**Standort**: Trockenhänge und -rasen, warme Lagen.

**Verbreitung**: Süd-, Mittel- und Ostspanien bis Südfrankreich (Hérault, Aude).

### Asphaltklee, Harzklee IV–VII
*Psoralea bituminosa*

**Merkmale**: Ausdauernde, aufrechte Pflanze mit verholztem Grund; Stengel 20–100 cm, ± dicht behaart, mit ausgeprägtem Teergeruch. Blätter 3teilig, lang gestielt; Teilblätter 1–6 cm lang, 5–30 mm breit, linealisch-lanzettlich bis eiförmig-rundlich, ganzrandig. Blüten in dichten, vielblütigen, Köpfchen von 20–35 mm ∅, die auf 10–30 cm langen Stielen sitzen; Krone blauviolett, auch blasser, meist ungestielt; Fahne länger als Flügel und Schiffchen; Kelch 12–18 mm lang, 3–5 mm breit, behaart; Kelchzipfel etwa so lang wie Röhre, nicht alle gleich. Hülse zusammengedrückt, mit sichelförmigem, bis 15 mm langem Schnabel.

**Standort**: Von Meereshöhe bis über 1000 m; trockene, steinige Wiesen, Wegränder, Brachland, Unkrautfluren.

**Verbreitung**: M mit Kanarischen Inseln.

### Esparsetten-Wicke V–VII
*Vicia onobrychioides*

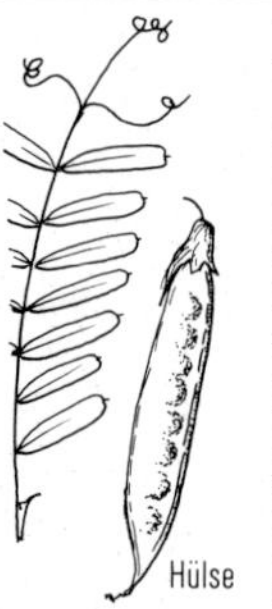


**Merkmale**: Ausdauernde, bis 100 cm hohe Pflanze, kahl oder kurz behart, mit aufsteigendem, verzweigtem und kantigem, beblättertem Stengel. Blätter 3–8 cm lang, mit 4–7 Blattpaaren, am Ende mit verzweigter Ranke; Teilblätter 15–30 mm lang, 2–4 mm breit, linealisch bis länglich-lanzettlich; Nebenblätter spitz, am Grund gezähnt. Blüten 17–24 mm, abstehend bis nickend, kurz gestielt, in 4- bis 12blütigen, lockeren Trauben. Krone blauviolett, bis 4mal so lang wie der ungleichzähnige Kelch; Fahne länger als Flügel und Schiffchen; Hülse flach, kahl, hängend.

**Standort**: Vorwiegend montan, bis 1700 m; in warmen Lagen; Trockenrasen, lichte Wälder.

**Verbreitung**: WM bis Rhodos, nordwärts bis Pyrenäen, Auvergne und westalpine Trockentäler aufsteigend, Istrien, Serbien.

### Bengalische Wicke III–VI
*Vicia benghalensis*

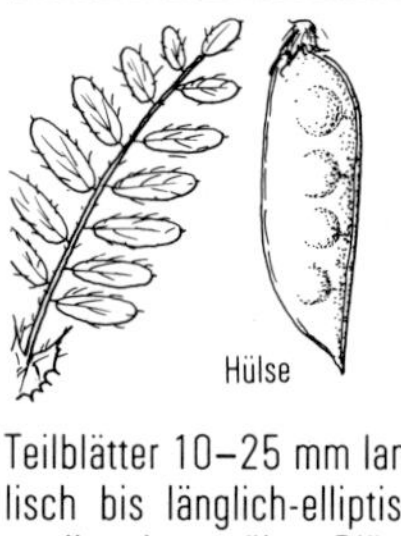


**Merkmale**: Einjährige oder ausdauernde, 30–80 cm hohe Pflanze mit aufsteigenden, oben behaarten Stengeln. Blätter mit 5–9 Fiederpaaren und verzweigten Ranken; Teilblätter 10–25 mm lang, 2–6 mm breit, linealisch bis länglich-elliptisch; Nebenblätter ganzrandig oder gezähnt. Blüten zu 3–10 in rautenförmiger bis länglicher Traube, öffnen sich fast gleichzeitig; Krone 10–18 mm, rötlich-purpurn, an der Spitze schwarzpurpurn; Fahnenspreite halb so lang wie Nagel der Fahne. Hülse 2,5–4 cm lang, 1 cm breit, braun, behaart, am Grund in eine Spitze zusammengezogen, die kürzer als die Kelchröhre ist; 3–5 Samen, Nabel ⅕ des Samenumfangs.

**Standort**: Felder, Brachland, trockene Weiden.

**Verbreitung**: M, ostwärts bis Griechenland, Azoren.

## Ranken-Platterbse *Lathyrus aphaca* II–VI

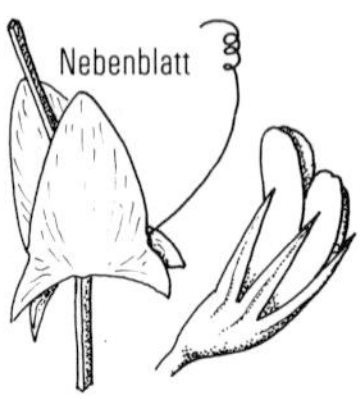


**Merkmale**: Einjährige, 10–50 (100) cm hohe, kahle, blaugrüne Kletterpflanze. Stengel dünn, 4kantig, ungeflügelt, besonders am Grund reich verzweigt. Blätter meist nur aus einfachen oder verzweigten Ranken bestehend; auffälliger sind die großen, blattartigen und gegenständigen Nebenblätter, breit eiförmig mit pfeilförmigem Grund, bis 5 cm lang und 4 cm breit. Blüten hellgelb, 10–18 mm lang, einzeln oder selten paarweise an 2–5 cm langen Stielen; Kelch bis 6 mm, Zähne linealisch-lanzettlich, bis doppelt so lang wie Kelchröhre, längsnervig; Fahne länger als Flügel und Schiffchen, mit rundlicher, ausgerandeter Spreite, oft violett gestreift. Hülse 20–35 mm lang, 3–8 mm breit, flach, braun, kahl, mit 4–8 Samen.
**Standort**: Kulturland, Felder, Straßenränder, Pinienwälder, steinige Hänge; bis 1500 m.
**Verbreitung**: M, Kanaren, Südwest-Asien.

## Purpur-Platterbse IV–VI
*Lathyrus clymenum*

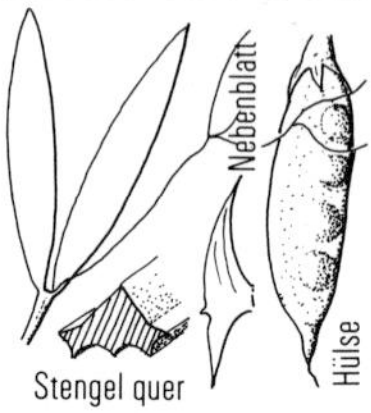


**Merkmale**: Einjährige, 30–100 cm hohe, kahle Pflanze mit geflügelten, kletternden Stengeln. Untere Blätter einfach, bis auf den geflügelten Blattstiel zurückgebildet; mittlere und obere mit 2–4 Paaren von linealischen bis elliptisch-lanzettlichen, 2–6 cm langen und 3–11 mm breiten Fiederblättchen sowie geflügelten Blattachsen mit verzweigten Ranken; Nebenblätter linealisch bis eiförmig, mit pfeilförmigem Grund. Blüten 15–20 mm, zu 1–5 an langen Stielen; Fahne violett- bis karminrot, länger als die violetten bis blaßlila Flügel, Fahnenspreite ausgerandet, am Grund gehöckert; Kelchzähne gleich, kürzer als Röhre. Hülse 3–7 cm lang, 5–12 mm breit, kahl, braun, mit gefurchter Rükkennaht und 4–7 Samen.
**Standort**: Kultur- und Brachland, Wegränder.
**Verbreitung**: M, Kanaren.

## Flügel-Platterbse *Lathyrus ochrus* III–VI

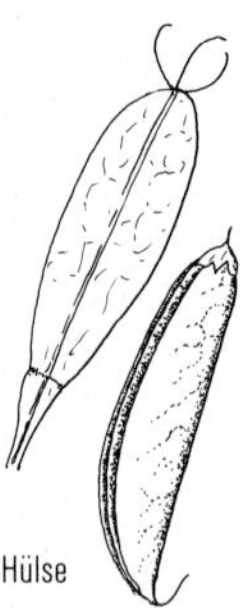


**Merkmale**: Einjährige, 20–60 cm hohe, kahle und blaugrüne Pflanze. Stengel nicht oder nur spärlich verzweigt, 1–5 mm breit geflügelt, kletternd. Blätter mit blattartig verbreitertem, länglich-eiförmigem Blattstiel, untere und mittlere mit 3 einfachen Ranken, die oberen mit 1–2 Paaren eiförmiger Fiederblättchen und verzweigter Ranke; Nebenblätter lanzettlich, vom herablaufenden Blatt und Stengelflügel oft zugedeckt. Blüten blaßgelb, 15–18 mm lang, zu 1–2 an 1–3 cm langen Stielen in Blattachseln; Kelchzähne ungleich, ± so lang wie Röhre; Fahnenspreite vorne ausgerandet, am Grund mit 2 Höckern; Flügel und Schiffchen nur wenig kürzer als Fahne. Hülse 4–6 cm lang, 1 cm breit, zusammengedrückt, mit 2 Flügeln auf der Rückennaht; Samen kugelig.
**Standort**: Kulturland, Getreidefelder, bis 1000 m.
**Verbreitung**: M, Kanaren; früher angebaut.

## Breitblättrige Platterbse V–VIII
*Lathyrus latifolius*

**Merkmale**: Ausdauernde, 50–300 cm hohe, kräftige und farbenprächtige Pflanze mit niederliegenden bis aufsteigenden oder rankenden, geflügelten Stengeln. Blätter mit geflügelter, berankter Blattspindel; nur mit 2 eiförmig- bis schmal-lanzettlichen, 5nervigen Teilblättern, 4–15 cm lang, bis 5 cm breit, unterseits blaugrün; Nebenblätter 3–6 cm lang, bis 1 cm breit, lanzettlich bis eiförmig, mit pfeilförmigem Grund. Blüten 2–3 cm, rosapurpurn bis karminrot, zu 5–15 in langgestielter Traube, die meist die Blätter überragt; Fahne länger als Flügel und Schiffchen; Flügel und Schiffchen 10–12 mm; Kelchzähne ungleich, die unteren oft mehrfach länger. Hülse 5–11 cm lang, braun, kahl, auf Rückennaht mit Längsrippen. 10–15 Samen.
**Standort**: Wegränder, Gebüsch; Zierpflanze.
**Verbreitung**: M, bis Mitteleuropa.

## Tanger-Platterbse IV–V
*Lathyrus tingitanus*

**Merkmale**: Einjährige, 60–120 cm hohe, kahle Pflanze mit schmal geflügelten, niederliegenden bis aufsteigenden Stengeln. Alle Blätter nur mit 2 linealisch-lanzettlichen bis eiförmigen Teilblättern (2–8 cm lang, 4–18 mm breit), oft mit aufgesetzter Spitze; Blattspindel mit verzweigten Ranken; Nebenblätter 12–15 mm lang, 3–12 mm breit, eiförmig bis lanzettlich, mit halbspießförmigem Grund. Blüten 20–35 mm lang, leuchtend purpurrosa, zu 1–3 in langgestielter Traube, die meist die Blätter überragt; Fahne bis 3mal so lang wie der Kelch, länger als Flügel und Schiffchen, mit aufgerichteter Spreite; Kelchzähne ± gleich, etwas kürzer als Röhre. Hülse 6–10 cm lang, 8–10 mm breit, kahl, braun, mit 6–8 kantigen Samen. **Standort**: Hecken; bis 600 m.
**Verbreitung**: WM (bis Sardinien), Azoren.

## Strauchige Hauhechel VI–VIII
*Ononis fruticosa*

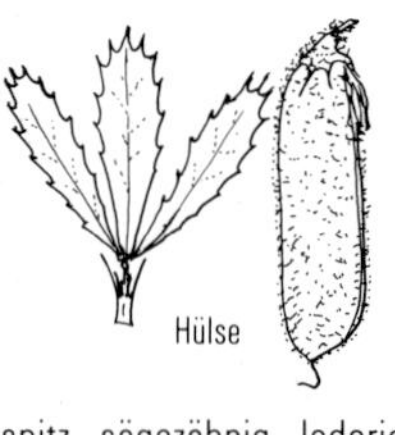


**Merkmale**: Aufrechter, 25–100 cm hoher, unbedornter Zwergstrauch, junge Stengel behaart. Blätter 3zählig, kahl, sitzend oder kurzgestielt; Teilblätter länglich-lanzettlich, spitz, sägezähnig, lederig, 7–25 mm lang; Nebenblätter länger als Blattstiel, den Stengel scheidenförmig umhüllend. In Blattachseln der oberen Blätter gestielte Blütentrauben mit 1–3 Blüten auf 2–5 mm langen Stielen; Blütenstand, Kelch, Fahne und Hülse sind drüsig behaart. Krone 1–2 cm lang, rosa, Fahne länger als Schiffchen, mit roten Nerven, bis 3mal so lang wie Kelch; Hülse hängend, blasig, 18–25 mm, bis 6mal so lang wie Kelch, mit 2–6 Samen.
**Standort**: Von Tallagen bis 1800 m; trockene, kalkreiche Böden, Felsen, lichte Wälder.
**Verbreitung**: Atlas, spanische Gebirge, Pyrenäen, Südwest-Alpen.

## Gelbe Hauhechel *Ononis natrix* IV–VII

**Merkmale**: 20–60 cm hohe, dicht drüsenhaarige, klebrige und reich verzweigte Pflanze mit aufsteigenden bis aufrechten, am Grund verholzten Stengeln. Blätter gestielt, bis auf die obersten 3zählig, selten gefiedert; Teilblättchen 12–30 mm lang, veränderlich, schmal-lanzettlich bis eiförmig, schwach gezähnt; Nebenblätter eiförmig-lanzettlich, kürzer als Blattstiel. Blüten 6–20 mm, gelb, rot oder violett geadert, einzeln an gegliederten Stielen in lockeren, beblätterten Trauben; Kelchzähne 2- bis 4mal so lang wie Röhre, schmal-lanzettlich. Hülse 10–25 mm lang, 3–5 mm breit, zusammengedrückt, behaart, hängend, mit 4–10 dunkelbraunen Samen.
**Standort**: Trockenhänge, steinige Böden, bis 1700 m, gerne über Kalk.
**Verbreitung**: Vorwiegend WM, auch ZM, nordwärts bis Nordfrankreich, ostwärts bis Balkan.

## Sizilianischer Steinklee III–V
*Melilotus messanensis*

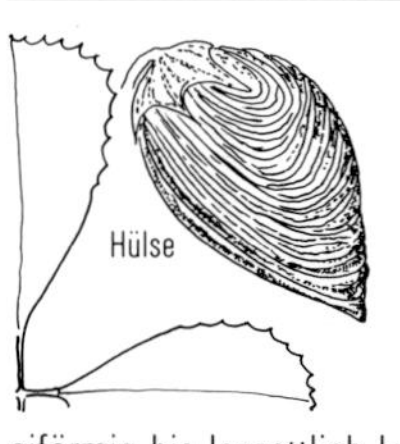


**Merkmale**: Einjährige, 10–40 cm hohe, verzweigte, ± kahle Pflanze mit niederliegenden bis aufsteigenden oder aufrechten Stengeln. Blätter 3zählig, gestielt; Teilblätter eiförmig bis lanzettlich-keilförmig, mit sägezähnigem Rand, 8–13 mm lang, 3–5 mm breit; Nebenblätter 3–5 mm lang, dreieckig- bis schmallanzettlich, einfach oder am Grund gezähnt. Blüten klein, 4–5 mm lang, gelb, zu 3–12 in lockerer, kurzgestielter, blattachselständiger Traube, die kürzer als das zugehörige Blatt ist; Fahne und Schiffchen ± gleich lang, Flügel kürzer; Kelchzähne gleich lang, Röhre so lang wie Blütenstiele, 10nervig. Hülse 5–8 mm lang, 3–4 mm breit, eiförmig-zusammengedrückt, gelbbraun, mit konzentrischen Streifen; 1–2 Samen.
**Standort**: Felder, feuchte Plätze, gerne in Meeresnähe; bis 600 m. **Verbreitung**: M.

## Strauch-Schneckenklee III–VI

*Medicago arborea*

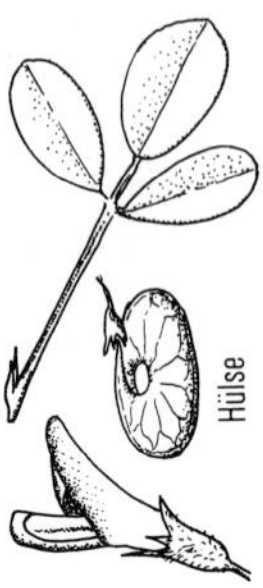


**Merkmale:** Dicht beblätterter, 1–4 m hoher Strauch mit längsrilligen, seidenhaarigen Zweigen. Blätter 3zählig, deutlich gestielt, seidig bis weißfilzig behaart, besonders unterseits; Teilblätter eiförmig, mit keiligem Grund, ganzrandig oder an der Spitze gezähnt, 15–24 mm lang, 5–8 mm breit; Nebenblätter lanzettlich, ganzrandig. Blüten 12–15 mm lang, goldgelb, zu 4–10 (20) in blattachselständigen, kopfigen Trauben; Kelch seidenhaarig, mit 5 schmalen Zähnen. Frucht 12–15 mm Durchmesser, 1- bis 1,5mal spiralig gedreht, in der Mitte ein Loch freilassend, zusammengedrückt.
**Standort:** Mauern, felsige und steinige Böden; in niederen und warmen Lagen, gerne über Kalk.
**Verbreitung:** M, vor allem im südlichen Bereich, nicht in Frankreich, Portugal, Jugoslawien; der einzige strauchige Vertreter der Gattung im M.

## Strand-Schneckenklee III–VIII

*Medicago marina*

**Merkmale:** Ausdauernde, 10–50 cm hohe, dicht weißfilzige Pflanze mit kriechenden bis aufsteigenden Stengeln. Blätter wechselständig, mit 6–12 mm langem Stiel, 3zählig; Teilblätter 6–11 mm lang, breit-eiförmig mit keiligem Grund, oben kurz bespitzt; Nebenblätter eiförmig, zugespitzt, ganzrandig oder gezähnt, 4–10 mm lang. Blüten 7–10 mm lang, schwefel- bis goldgelb, zu 5–12 in gestielter, kopfiger Traube; Fahne länger als Flügel und Schiffchen; Kelch 4–6 mm lang, röhrig, Zähne pfriemlich, kürzer als Röhre. Früchte 5–8 mm im Durchmesser, schneckenförmig mit 2–3 Windungen, in der Mitte mit Loch, auf dem Rücken mit 2 Reihen kurzer, kegeliger Stacheln, die aus der Behaarung herausragen; Samen 3–5 mm lang.
**Standort:** Dünen, Sandstrände. **Verbreitung:** M. – Kanaren, Atlantikküste (nördlich bis Bretagne)

## Scheiben-Schneckenklee IV–VI

*Medicago orbicularis*

**Merkmale:** Einjährige, 10–80 cm hohe, kahle oder zerstreut behaarte Pflanze mit niederliegenden, rillig-kantigen Stengeln. Blätter 3zählig, mit 1–5 cm langem Stiel; Teilblätter 6–15 mm lang, ei- bis herzförmig mit keiligem Grund, gegen die Spitze zu gezähnelt; Nebenblätter 2–6 mm lang, mit zerschlitztem Rand. Blüten 2–5 mm lang, gelb, zu 1–5 in kleinen, gestielten Trauben im oberen Stengelteil; Fahne 4–5 mm, etwas länger als das Schiffchen; Flügel kürzer als die anderen Kronblätter; Kelch 3–4 mm lang, röhrig-glockig, kahl oder nur dünn behaart, mit pfriemlichen Zähnen. Frucht 10–17 mm im Durchmesser, flach scheibenförmig, kahl oder etwas drüsig behaart, mit 4–6 Windungen und undeutlichen Nerven.
**Standort:** Kulturland, steinige Böden.
**Verbreitung:** M, Kanaren, Südwest-Asien.

## Arabischer Schneckenklee III–VII

*Medicago arabica*

**Merkmale:** Einjährige, 20–60 cm hohe, kahle oder spärlich behaarte Pflanze mit niederliegenden, kantigen Stengeln. Blätter 3zählig, mit 2–10 cm langem Stiel; Teilblätter ei- bis herzförmig, 7–20 mm lang, mit keilförmigem Grund, gegen die Spitze zu gezähnelt, in der Mitte mit auffallendem dunklem Fleck; Nebenblätter eiförmig, zugespitzt, mit tief gezähntem Rand. Blüten 5–7 mm, gelb, zu 1–6 in kurz gestielten Trauben; Flügel kürzer als Schiffchen, beide überragt von der Fahne; Kelch glockig, länger als die Blütenstiele, dünn behaart, mit pfriemlichen Zähnen. Frucht 5–7 mm im Durchmesser, ± kugelig, an beiden Enden abgeflacht, braungrün, kahl, mit bis 4 mm langen Stacheln und 3–7 Windungen, undeutlich netznervig.
**Standort:** Kultur- und Brachland, Wegränder.
**Verbreitung:** M. – Nordwest-Europa bis Krim.

## Filziger Klee *Trifolium tomentosum* III–VI

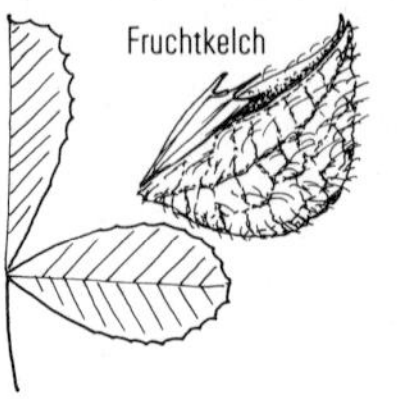


**Merkmale**: Einjährige, niederliegende, kahle Pflanze mit 5–25 cm langen, reich verzweigten Stengeln. Blätter gestielt, 3zählig; Teilblätter eiförmig, scharf gezähnt, mit deutlichen Nerven, unterseits behaart, oberseits kahl. Blüten rosa, klein, ± sitzend, gedreht (Fahne zeigt nach unten, Schiffchen nach oben), in achselständigen, kurzgestielten, kugeligen, 6–9 mm dicken Blütenköpfen, zur Fruchtzeit auf 8–15 mm blasig vergrößert; Fahne 3–4 mm; Kelch 2–3 mm, 2lippig, Zähne bis 1 mm lang, Röhre weißfilzig, zur Fruchtzeit mit stark aufgeblasener, netzig geaderter Oberlippe und kaum sichtbaren Zähnen. Hülse häutig, einsamig.

**Standort**: Grasfluren, Wegränder; bis 1500 m.

**Verbreitung**: M, Kanaren, Südwest-Asien. – Ähnlich ist *T. resupinatum*: Blütenköpfe dicker, Fahne 5–7 mm, Kelche zur Fruchtzeit mehr zugespitzt, kahl oder dünn behaart, Zähne deutlich.

## Sternklee *Trifolium stellatum* III–VII

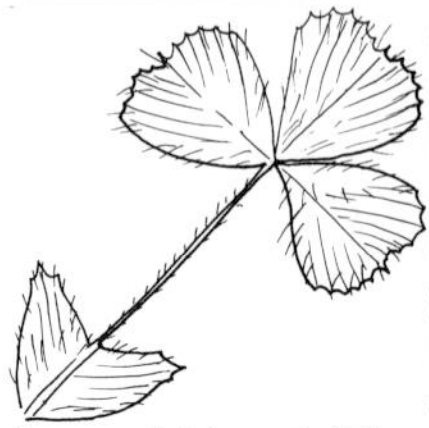

**Merkmale**: Einjährige, 5–30 cm hohe, abstehend seidenhaarige Pflanze mit einfachem oder vom Grund an verzweigtem Stengel. Blätter alle wechselständig, an 2–8 cm langen Stielen, 3zählig; Teilblätter 4–15 mm lang, verkehrt-herzförmig bis keilig, gezähnt; Nebenblätter 5–15 mm lang, eiförmig, häutig, deutlich genervt, ganzrandig oder gezähnt. Blüten 9–12 mm lang, weißlich bis rosa, in rundlichen bis eiförmigen, 15–30 mm großen, langgestielten, endständigen Köpfchen; Kelch schmal glokkenförmig, ± so lang wie Blüte, seidenhaarig, 10nervig; kennzeichnend sind die lang zugespitzten, schmal-lanzettlichen, 3nervigen Kelchzähne, doppelt so lang wie die Kelchröhre, zuerst aufrecht, zur Fruchtzeit weit sternförmig abstehend. Hülse vom Kelch umhüllt, mit einem Samen.

**Standort**: Felder, Brachland, Wegränder.

**Verbreitung**: M, Kanaren, ostwärts bis Persien.

## Schmalblättriger Klee IV–VII
*Trifolium angustifolium*

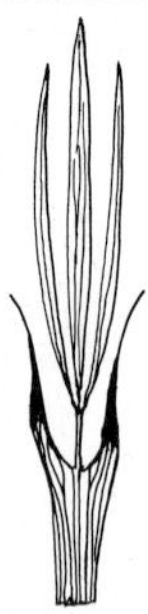

**Merkmale**: Einjährige, 10–50 cm hohe Pflanze mit aufrechten, steifen, am Grund verzweigten, anliegend behaarten Stengeln, die seitlichen Triebe kürzer und aufsteigend. Blätter gestielt, 3zählig; Teilblätter 2–8 cm lang, 2–4 mm breit, linealisch-lanzettlich, spitz, ganzrandig, beidseits behaart; Nebenblätter lanzettlich mit Pfriemenspitze, deutlich geadert, am Grund röhrig verwachsen. Blüten rosa, 10–12 mm, öffnen sich alle gleichzeitig, in 2–8 cm langen, schmaleiförmigen bis walzlichen, dichten und gestielten Blütenständen; Kelch ± so lang wie Blüten, 10nervig, außen dicht behaart, innen kahl; Kelchzähne ± gleich, pfriemlich, bewimpert, zur Fruchtzeit sternförmig ausgebreitet; Hülse vom Kelch eingeschlossen.

**Standort**: Bevorzugt saure Böden; bis 1300 m.

**Verbreitung**: M, Kanaren, Südwest-Asien.

## Einblütiger Klee *Trifolium uniflorum* III–V

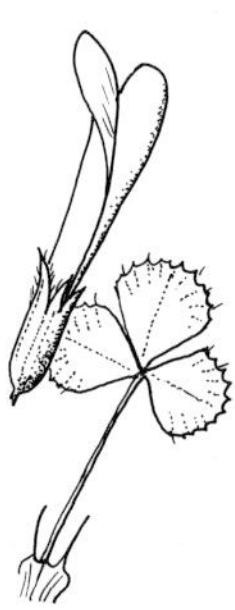

**Merkmale**: Ausdauernde, sehr veränderliche, rasen- oder polsterbildende Pflanze mit 1–5 cm hohen, niederliegenden, kurzgliedrigen Stengeln. Blätter mit 1–7 cm langen, kahlen oder angedrückt behaarten Stielen, 3zählig; Teilblätter 4–10 mm lang, rundlich bis eiförmig, stumpf bis spitz, deutlich geadert, buchtig gezähnt; Nebenblätter breit dreieckig, mit langer, pfriemlicher Spitze, häutig. Blüten 12–25 mm lang, weiß, creme- bis purpurfarben, an 1–7 mm langen Stielen in 1- bis 3blütigen, blattachselständigen Köpfen; Kelchröhre 6–7 mm, länger als die Blütenstiele, kahl oder flaumhaarig; Kelchzähne ± gleich, schmal-lanzettlich, kürzer als Röhre; Fahne nach oben gekrümmt, meist länger als Flügel und Schiffchen. Hülse linealisch, spitz, behaart, mit 3–10 Samen.

**Standort**: Trockenwiesen, steinige Böden.

**Verbreitung**: OM, nach Westen bis Sizilien.

Fruchtkelche

abgeblüht mit Fruchtkelchen

## Behaarter Backenklee IV–VII
*Dorycnium hirsutum*

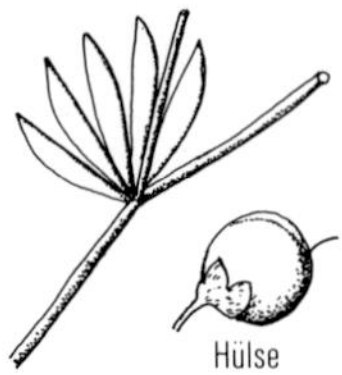


**Merkmale**: Aufrechter, 20–50 cm hoher, ± dicht abstehend behaarter, am Grund verholzter Halbstrauch. Blätter sitzend, 5zählig; Blattspindel fehlend oder sehr kurz; Teilblätter 7–25 mm lang, 3–8 mm breit, länglich-eiförmig. Blüten 1–2 cm lang, zu 4–12 in kurzgestielten Köpfen; Fahne und Flügel weiß bis rosa; Schiffchen kürzer, mit dunkelroter, abgestumpfter Spitze; Kelch halb so lang wie Krone, schwach 2lippig, mit fast gleichen Zähnen. Hülse länglich eiförmig, 6–12 mm lang, mit kugeligen Samen. **Standort**: Trockenwiesen, Macchie. **Verbreitung**: M. – Im M bis Mitteleuropa wächst die formenreiche *D. pentaphyllum*: Blüten 5–7 mm, Fahne und Flügel weiß; Blütenköpfe mit 5–25 Blüten; die unteren Kelchzähne deutlich länger als die beiden oberen; Hülse 3–5 mm, eiförmig-kugelig; Teilblätter schmal-lanzettlich.

## Kies-Hornklee *Lotus glareosus* VII–VIII

**Merkmale**: Ausdauernde, in lockeren Rasen oder flachen Polstern wachsende Pflanze mit 10–20 cm langen, zarten, niederliegenden bis aufsteigenden Stengeln, spärlich bis dicht angedrückt seidenhaarig. Blätter 5zählig, unpaarig gefiedert, ± dicht seidenhaarig; Teilblätter 2–10 mm lang, 1,5–5 mm breit, eiförmig. Blüten 8–10 mm lang, sattgelb bis rötlich, an kurzen, bis 1,5 mm langen Stielen in 1- bis 6blütigen Köpfen; Fahne aufwärts gekrümmt, Schiffchen länger als Flügel; Kelch behaart, 2lippig, Kelchzähne ungleich, länger als Röhre, aus dreieckigem Grund linealisch-pfriemlich zugespitzt, die seitlichen und oberen aufwärts gebogen. Hülse 15–25 mm lang, 2–2,5 mm breit, linealisch, gerade, vielsamig.
**Standort**: Schafweiden, saure, kiesige und schiefrige Böden in höheren Berglagen.
**Verbreitung**: WM (Gebirge).

## Geißkleeartiger Hornklee III–VI
*Lotus cytisoides*

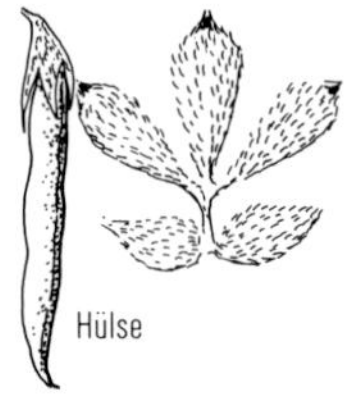


**Merkmale**: Ausdauernde, oft in großen Rasen oder flachen Polstern wachsende Pflanze mit niederliegenden bis aufsteigenden, 20–30 cm langen, reich verzweigten und am Grund verholzten Trieben. Blätter 5zählig, meist dicht seidenhaarig, oft fleischig; Teilblätter 4–14 mm lang, 2–8 mm breit, eiförmig bis lanzettlich, die beiden unteren kleiner und nebenblattähnlich. Blüten gelb, 8–14 mm lang, in 2- bis 8blütigen, langgestielten Köpfen; Fahne gestutzt oder ausgerandet, Schiffchen kürzer als Flügel, mit kurzem, gebogenem, meist dunkelpurpurnem Schnabel; Kelch röhrig, 6–8 mm lang, 2–3 mm breit, 2lippig, mit ungleichen Zähnen; die oberen 2 Zähne aufwärts gebogen, Hülse 2–4 cm, linealisch, zusammengedrückt.
**Standort**: Sandige und felsige Böden in Strandnähe. **Verbreitung**: M.

## Rote Spargelbohne III–VI
*Tetragonolobus purpureus*

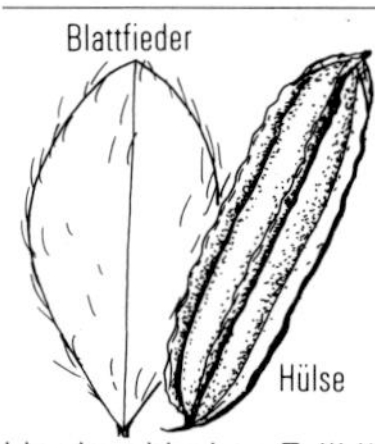


**Merkmale**: Einjährige, 10–40 cm hohe, weich abstehend behaarte Pflanze mit niederliegenden bis aufsteigenden Stengeln. Blätter 3zählig, gestielt, mit eiförmigen bis rhombischen Teilblättern, 4 cm lang, bis 25 mm breit; Nebenblätter eiförmig-lanzettlich, so lang wie der Blattstiel. Blüten 15–22 mm lang, scharlachrot, zu 1–2 in gestieltem, blattachselständigem Blütenstand, am Grund mit 3zähligem, sitzendem Blättchen; Blütenstiele 10–45 mm, meist kürzer als das zugehörige Laubblatt; Fahne aufgerichtet, ausgerandet, länger als die kurz verwachsenen Flügel und das Schiffchen; Kelch glockig, Zähne 1- bis 2mal so lang wie die Röhre. Hülse 3–9 cm lang, 6–8 mm breit, kahl, braun, mit 4 gewellten, deutlichen Flügeln.
**Standort**: Felder, Brachland, Wegränder; bis 1200 m. **Verbreitung**: M, Kanaren.

## Blasen-Wundklee III–VI
*Anthyllis tetraphylla*

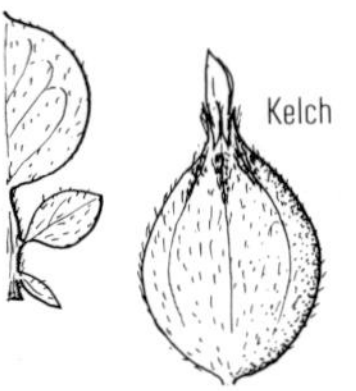


**Merkmale**: Einjährige, bis 50 cm hohe Pflanze mit niederliegenden bis aufsteigenden, gefurchten und abstehend behaarten Stengeln. Blätter unpaarig gefiedert, mit 5 (selten mit 1–3) Teilblättern, beidseits behaart; endständiges Teilblatt deutlich größer als die seitlichen, 1–3 cm lang, 6–25 mm breit, eiförmig bis lanzettlich. Blüten 15–20 mm, in 1- bis 8blütigen, lockeren, achselständigen Büscheln; Fahne länger als Flügel und Schiffchen, weißlich bis schwefelgelb; Flügel dunkler gelb, Schiffchen an Spitze oft rot gefärbt; Kelch häutig, dicht seidig behaart, 12–15 mm lang, 4–5 mm breit, zur Fruchtzeit deutlich aufgeblasen, dann bis 2 cm lang und 12 mm breit, rötlich gegen die Spitze zu; Kelchmündung gerade, mit 5 kurzen, spitzen Zähnen. Hülse 2samig. **Standort**: Kultur- und Brachland; bis 1000 m. **Verbreitung**: M.

## Dorniger Wundklee V–VII
*Anthyllis hermanniae*

**Merkmale**: 10–50 cm hoher Strauch mit zahlreichen gedrehten, holzigen und braunrindigen Zweigen, anfangs behaart, älter ± verkahlend und in einen Dorn auslaufend. Blätter einfach oder 3teilig; Teilblätter 1–2 cm lang, länglich-lanzettlich bis schmal-spatelig, oft um den Mittelnerv gefaltet, besonders unterseits dicht seidenhaarig. Blüten gelb, klein, 6–9 mm lang, einzeln oder büschelig zu 2–5 in den Blattachseln in ± langem, unterbrochenem Blütenstand; Schiffchen kaum gebogen, mit abgestumpfter Spitze; Kelch 3–5 mm lang, röhrig, nicht aufgeblasen, seidenhaarig, mit 5 gleichen Zähnen, die kürzer als die Röhre sind. Hülse eiförmig-zugespitzt, kahl, einsamig.

**Standort**: Sonnige Hänge bis 1600 m.

**Verbreitung**: ZM, OM. Balearen ostwärts bis Kleinasien; fehlt in Frankreich und WM.

## Ruten-Wundklee IV–VI
*Anthyllis cytisoides*

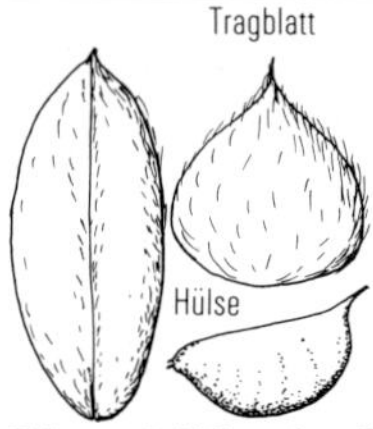


**Merkmale**: 30–90 cm hoher, dornenloser Halbstrauch mit zahlreichen aufrechten, rutenförmigen, grau- bis weißfilzigen Zweigen. Untere Blätter einfach, kurz gestielt; obere Blätter 3zählig, das Endblatt schmal-elliptisch, deutlich größer als die seitlichen Teilblätter, ± behaart. Blüten 5–8 mm lang, blaßgelb, zu 1–3 in Achseln von einfachen, eiförmig-zugespitzten Tragblättern in langem, ährigem Blütenstand; Kelch zottig behaart, 4,5–7 mm lang, kaum aufgeblasen; 5 gleiche Kelchzähne, kürzer als Kelchröhre. Hülse eiförmig, zugespitzt, kahl, einsamig.

**Standort**: Garriguen, Trockenhänge, vor allem über kalkreichen Böden in Meeresnähe und niederen Lagen.

**Verbreitung**: WM. – Süd- und Ostspanien, Balearen, Südfrankreich, Nordwest-Afrika.

## Spruners Wundklee III–VII
*Anthyllis vulneraria ssp. praepropera*

**Merkmale**: Meist ein-, seltener zweijährige, 10–40 cm hohe, seidenhaarige Pflanze mit niederliegenden bis aufrechten Stengeln. Unterste Blätter 3- bis 5zählig, mit vergrößertem, eiförmigem, 2–4 cm langem Endblatt, oft auch nur aus diesem Endblatt bestehend; andere Stengelblätter 7- bis 13zählig, die mittleren mit ungleichen, die oberen mit gleichen, schmalen Fiederblättchen. Blüten 15–18 mm lang, cremefarben bis purpurrot, in 1–2 dichten, endständigen Köpfchen, umhüllt von 2 stark zerschlitzten Hochblättern am Köpfchengrund; Schiffchen scharlachrot, trocken orangebraun; Kelch 11–14 mm lang, dicht seidenhaarig, leicht aufgeblasen, ungleich 5zähnig, mit purpurner Spitze und schiefer Mündung. Hülse 1- bis 2samig.

**Standort**: Gras- und Felsfluren, bis 2400 m.

**Verbreitung**: ZM, OM.

## Blaue Kronwicke II–VI
*Coronilla valentina ssp. glauca*

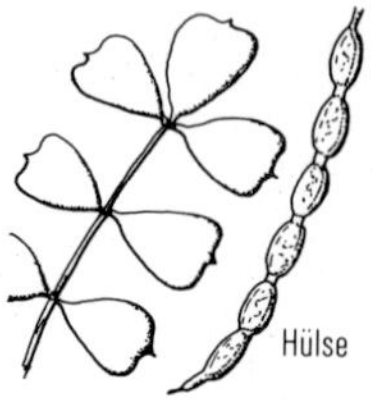


**Merkmale**: 50–100 cm hoher, aufrechter, reich verzweigter Strauch; junge Zweige krautig, kahl. Blätter unpaarig gefiedert; immergrüne Fiederblättchen in 2–3 Paaren, mit größerem Endblatt, bis 2 cm lang, ausgerandet bis gestutzt und kurz bespitzt, blaugrün; Nebenblätter frei, 2–6 mm lang, eiförmig bis lanzettlich, häutig, bald abfallend. Blüten 7–12 mm lang, gelb, kurzgestielt zu 4–12 in dichten, kronenartigen Dolden, deren Stiele die Blätter deutlich überragen; Fahne und Flügel länger als Schiffchen; Kelch glockig, kürzer als die Blütenstiele, mit 5 sehr kleinen Zähnen, die 2 oberen miteinander verwachsen. Hülse 1–5 cm lang, hängend, zusammengedrückt, mit 1–10 eingeschnürten Gliedern, die sich leicht trennen lassen.
**Standort**: Steinige und felsige Böden, gern über Kalk, bis 1500 m. **Verbreitung**: M.

## Binsen-Kronwicke IV–VI
*Coronilla juncea*

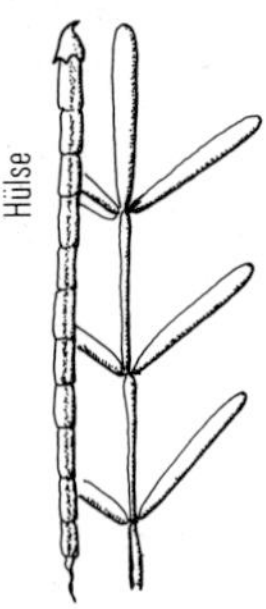


**Merkmale**: 20–100 cm hoher Halbstrauch mit binsenartigen, gefurchten Zweigen und verlängerten Stengelgliedern. Blätter abfallend, unpaarig gefiedert; 5–7 Teilblättchen, 5–25 mm lang, länglich bis linealisch, gleich groß, fleischig; Nebenblätter 1–5 mm lang, frei, häutig. Blüten 6–12 mm lang, gelb, zu 5–12 in kronenförmiger, achselständiger Dolde, deren Stiele die Blätter überragen. Kelch kurzglokkig, halb so lang wie die Blütenstiele, fast 2lappig. Hülsen hängend, 1–5 cm lang, kaum gebogen, in 2–11 längliche, stumpf 4kantige Abschnitte gegliedert.

**Standort**: Offenes Buschwerk, steinige und felsige Böden, trockene Lagen, wächst bevorzugt über Kalkgestein.

**Verbreitung**: WM, ZM, ostwärts bis Dalmatien; Nordwest-Afrika.

## Skorpions-Kronwicke III–VI
*Coronilla scorpioides*

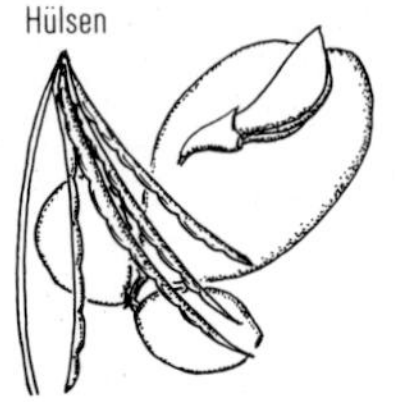


**Merkmale**: Einjährige, 10–40 cm hohe, kahle, bläulichgrüne Pflanze mit niederliegenden bis aufsteigenden oder aufrechten Stengeln. Blätter sitzend, etwas fleischig, die unteren einfach, die übrigen 3zählig; seitliche Teilblätter ohrenförmig bis rundlich, 2–15 mm breit, Endblatt viel größer, 1–4 cm lang, eiförmig bis rundlich; Nebenblätter klein, 1–4 mm lang, häutig und verwachsen. Blüten 4–8 mm lang, gelb, kurzgestielt zu 2–5 in kronenartigen Köpfchen, die auf etwa blattlangen Stielen in den Blattachseln sitzen; Fahne etwas länger als Flügel und Schiffchen; Kelch becherförmig, seicht ausgebuchtet, länger als die Blütenstiele. Hülse 2–6 cm lang, fast horizontal abstehend, mit 2–11 länglichen, ± geraden Gliedern.
**Standort**: Kultur- und Brachland, Garriguen.
**Verbreitung**: M, Südwest-Asien.

## Einhülsiger Hufeisenklee III–V
*Hippocrepis unisiliquosa*

**Merkmale**: Einjährige, niederliegende bis aufsteigende, verkahlende Pflanze mit vielen zarten, bis 30 cm langen Stengeln. Blätter wechselständig, unpaarig gefiedert, mit 7–15 Teilblättern, die blaugrün, bis 12 mm lang, umgekehrt eiförmig, gestutzt bis ausgerandet sind. Blüten meist einzeln, gelb, bis 6 mm lang, in Blattachseln sitzend oder kurz gestielt. Hülse bis 5 cm lang und 5 mm breit, seitlich zusammengedrückt, nur schwach gebogen, aus 3–7 hufeisenförmigen Gliedern zusammengesetzt, nervig geadert und spärlich warzig.

**Standort**: Kultur- u. Brachland, Trockenwiesen.

**Verbreitung**: ZM, OM, im Westen seltener, im Osten bis nach Persien. – *H. multisiliquosa* mit gestielten, 2- bis 6blütigen Köpfen auch im Westen häufig. *H. comosa* ist ausdauernd, M, bis nach Mitteleuropa reichend.

## Stacheliger Skorpionsschwanz III–VII
*Scorpiurus muricatus*

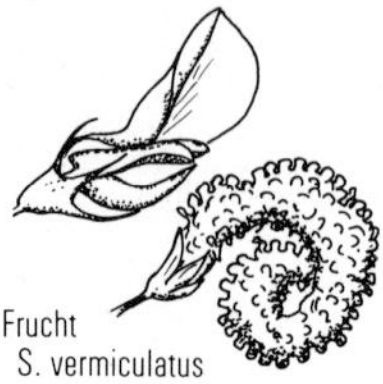

Frucht S. vermiculatus

**Merkmale:** Einjährige, 5–80 cm hohe, ± behaarte Pflanze mit niederliegenden bis aufsteigenden Stengeln. Blätter einfach, spatelig bis lanzettlich, in den Stiel verschmälert, 3–10 cm lang, 1–2 cm breit, 3- bis 5nervig. Blüten 5–10 mm lang, gelb, zu 2–5 in langgestielten, blattachselständigen Köpfchen; Kelch glockig, 3–5 mm lang, mit scharf zugespitzten Zähnen; Kronblätter ± gleich lang. Hülse 2–5 cm lang, spiralig gewunden, die deutlichen Rippen mit Höckern oder Stacheln besetzt; Samen halbmondförmig.

**Standort:** Kultur- und Brachland, Wegränder.

**Verbreitung:** M, Südwest-Asien, Kanaren. – Mehr im WM findet sich *S. vermicularis* mit einzelnen, 1–2 cm großen Blüten; Hülse auf äußeren Rippen mit kräftigen, kopfigen Höckern; Samen elliptisch.

## Dorniger Süßklee II–V
*Hedysarum spinosissimum*

Hülse — Blattfieder

**Merkmale:** Einjährige, 10–40 cm hohe, zierliche Pflanze mit niederliegenden, angedrückt behaarten Stengeln. Blätter gestielt, behaart, unpaarig gefiedert; 9–17 schmale Teilblätter, 5–17 mm lang, 2–5 mm breit. Blüten 8–11 mm lang, weiß bis blaß rosapurpurn, zu 2–10 in lang gestielten, kopfigen und blattachselständigen Trauben; Fahne wenig länger als Flügel und Schiffchen; Kelch ± halb so lang wie Krone, glockig, Zähne schmal-lanzettlich, etwas länger als Röhre. Hülse 2–3 cm lang, zwischen den 2–4 Samen eingeschnürt, die rundlichen Glieder behaart, mit hakigen Stacheln.

**Standort:** Garriguen, steinige u. sandige Böden.

**Verbreitung:** M – wie auch der ähnliche *H. glomeratum:* 17–21 breitere Teilblättchen, Blüten 14–20 mm, rosapurpurn, bis 5mal so lang wie Kelch, Hülse meist 2samig; oft rasig wachsend.

## Kronen-Süßklee III–V
*Hedysarum coronarium*

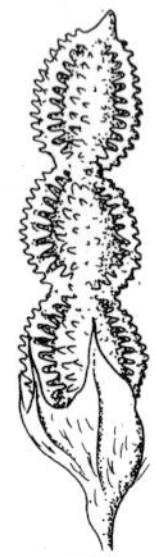

Hülse

**Merkmale:** Ausdauernde, 30–100 cm hohe, kräftige Pflanze mit aufsteigenden bis aufrechten, spärlich behaarten Stengeln. Blätter unpaarig gefiedert, die 5–11 Teilblätter 15–35 mm lang, breit eiförmig, unterseits angedrückt behaart; Nebenblätter frei, dreieckig-zugespitzt, 4–6 mm lang, 1–2 mm breit. Blüten 12–15 mm lang, karmin- bis purpurrot, zu 10–35 aufrecht-abstehend in dichter, lang gestielter, eiförmiger bis länglicher, achselständiger Traube; Kelch 7–8 mm, zerstreut bis dicht behaart, die 5 Zähne ± so lang wie die Kelchröhre. Hülse flach, eingeschnürt, mit 2–4 scheibenförmigen, meist dornigen Gliedern.

**Standort:** Kultur- und Brachland, Wegränder; auch als Futter- und Zierpflanze angebaut, oft verwildert; bis 1200 m aufsteigend.

**Verbreitung:** WM, ZM; im OM eingebürgert.

## Felsen-Esparsette V–VIII
*Onobrychis saxatilis*

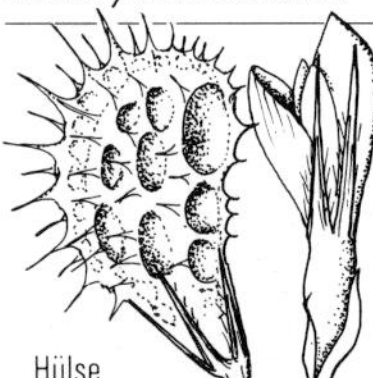

Hülse — O. caput-galli

**Merkmale:** Ausdauernde, rasig wachsende und angedrückt behaarte Pflanze mit kurzen, verholzten Stengeln und aufrechten, krautigen, 10–40 cm hohen, blütentragenden Stielen. Blätter unpaarig gefiedert, mit 13–31 linealischen, 7–25 mm langen, 1–3 mm breiten Teilblättern; Nebenblätter verwachsen. Blüten 9–14 mm lang, blaßgelb, rötlich geadert, zu 20–30 in schmallänglicher Traube; Fahne kahl, ± so lang wie das Schiffchen, Flügel kürzer, jedoch länger als der zerstreut behaarte Kelch, dessen Zähne bis doppelt so lang wie die Röhre sind. Hülse 5–8 mm lang, ohne Zähne.

**Standort:** Felsen, steinige Böden; bis 1800 m.

**Verbreitung:** WM; in M die ähnliche O. caput-galli: 9–17 Teilblätter, 2–5 purpurne Blüten; Kelchzähne bis 4mal so lang wie Röhre; Hülse mit Netzleisten u. pfriemlichen Zähnen.

## Nickender Sauerklee XI–V
*Oxalis pes-caprae*

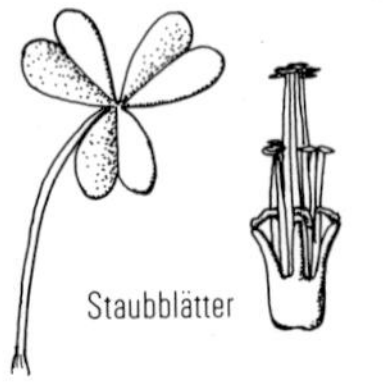


**Merkmale:** Gruppenweise wachsende, krautige, locker behaarte, 5–15 cm hohe Pflanze mit tief im Boden sitzender Knolle. Aus der Knolle entwikkelt sich alljährlich ein Sproß, der kleine Tochterknollen bildet und an der Erdoberfläche eine Blattrosette trägt. Blätter lang (bis 20 cm) gestielt. Blattfläche mit 3 umgekehrt herzförmigen Blättchen. Blütenschaft behaart, blattlos, trägt am Ende 5–12 doldig angeordnete, ± nickende Blüten. Blüten trichterig, gelb. 5 Kelchblätter, frei. 5 Kronblätter, frei, bis 2,5 cm lang, umgekehrt eiförmig. 10 Staubblätter, 5 kürzere, 5 längere. Fruchtknoten mit 5 kopfigen Griffeln wird zur kurzen Kapsel, die aber selten entwickelt wird.
**Standort:** Felder, Gärten.
**Verbreitung:** Heimat Südafrika, im M in weiten Teilen eingebürgert.

## Steppenraute *Peganum harmala* V–VIII

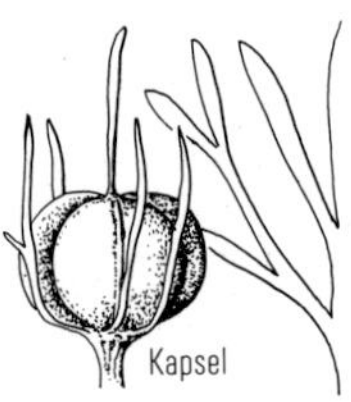


**Merkmale:** Ausdauernde, kahle, 30–60 cm hohe, basal verholzte, sonst krautige, reich verzweigte Pflanze mit oben geflügeltem Stengel. Blätter wechselständig, etwas fleischig, unregelmäßig und tief fiederteilig in 3–5 schmale, ihrerseits 3teilige Abschnitte unterteilt. Basal mit 2 schmalen, zugespitzten Nebenblättern. Blüten einzeln in den Blattachseln, 1–2 cm groß, weißlich grün. 4–5 Kelchblätter, lanzettlich, nicht abfallend. 4–5 löffelförmige Kronblätter, doppelt so lang wie die Kelchblätter. 12–15 Staubblätter. Fruchtknoten oberständig, wird zu einer bis 1 cm langen Kapsel.
**Standort:** Typische Steppenpflanze der mediterranen Trockengebiete.
**Verbreitung:** M, in den Trockengebieten bis nach Tibet, in Südfrankreich eingebürgert. Wird als Heilpflanze verwendet und ist in größeren Mengen *giftig.*

## Korsischer Reiherschnabel IV–X
*Erodium corsicum*

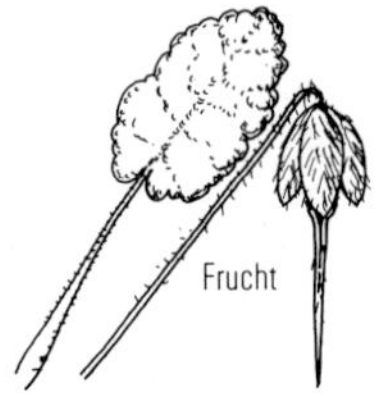


**Merkmale:** Ausdauernde, krautige, weichhaarige Pflanze von bis zu 25 cm Höhe. Aus der verholzten Basis mehrere krautige, aufsteigende Sprosse. Blätter, besonders die unteren, lang gestielt. Blattfläche fast kreisförmig bis stumpf eiförmig, kerbig gezähnt. Die oberen Blätter bisweilen etwas fiederteilig, alle graugrün und ziemlich dicht behaart. Blüten in den Blattachseln einzeln oder in 2- bis 3blütigen Dolden. 5 Kelchblätter, frei. 5 Kronblätter, frei, bis 10 mm, umgekehrt herzförmig, weiß oder rosa. 5 Staubblätter. Fruchtknoten oberständig. Frucht geschnäbelt, in 5 einsamige, lang weißhaarige Teilfrüchte mit gedrehtem Fortsatz zerfallend.
**Standort:** Felsen in Meeresnähe.
**Verbreitung:** WM, Sardinien und Korsika. Weitere Arten der Gattungen *Erodium* und *Geranium* im Mittelmeerraum.

## Bohnen-Jochblatt V–VIII
*Zygophyllum fabago*

**Merkmale:** Ausdauernde, kahle, 30–100 cm hohe, basal verholzte, sonst krautige, reich verzweigte Pflanze mit tief reichenden, fleischigen Wurzeln. Blätter gegenständig, ziemlich fleischig, gestielt, in 2 ± umgekehrt eiförmige Blättchen aufgeteilt, zwischen diesen ein Fortsatz der Blattachse. Nebenblätter krautig. Blüten klein, horizontal abstehend, gestielt. Die 5 eiförmigen Kelchblätter fallen ab. 5 Kronblätter röhrig zusammenneigend, stumpf oder etwas ausgerandet, oben weißlich, unten orange. 10 Staubblätter weit aus der Blüte herausragend mit orangen Staubbeuteln. Frucht hülsenartig, bis 3,5 cm lang, zylindrisch, durch den Griffelrest zugespitzt.
**Standort:** Trockene, oft unbewachsene Plätze.
**Verbreitung:** M, ursprünglich aus dem östlichen Bereich. Die Knospen dienen als Kapernersatz.

Sauerkleegewächse

Storchschnabelgew.

Jochblattgewächse

## Kretische Fagonie *Fagonia cretica* III–VI

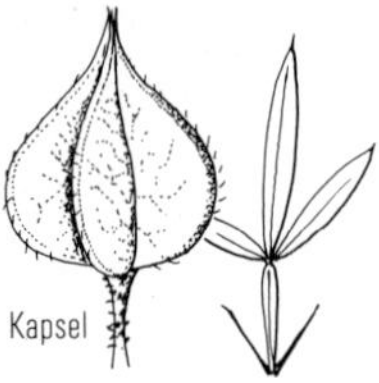


**Merkmale:** Ausdauernde, nahezu kahle, 10–40 cm ausgedehnte, basal verholzte, sonst krautige, niederliegende, reich verzweigte Pflanze mit geripptem bis geflügeltem Stengel. Blätter gegenständig, ziemlich lederig, aus 3 bis 15 cm langen, spitz elliptischen Blättchen zusammengesetzt, mit 2 basalen, etwas stechenden Nebenblättern. Blüten flach ausgebreitet, bis über 1 cm breit, einzeln in den Blattachseln. 5 Kelchblätter abfallend. 5 rosaviolette, rundliche, basal genagelte Kronblätter. 10 gelbe Staubblätter. Fruchtknoten oberständig. Frucht eine sternartige, 5zackige Kapsel, mit dem bleibenden Griffel etwa 1 cm lang, an den hervorstehenden Kanten wimperig behaart.
**Standort:** Trockene, steinige Orte.
**Verbreitung:** SM, Ostspanien, Balearen, Sizilien, Griechenland, Kreta, Zypern.

## Erd-Burzeldorn *Tribulus terrestris* VI–IX

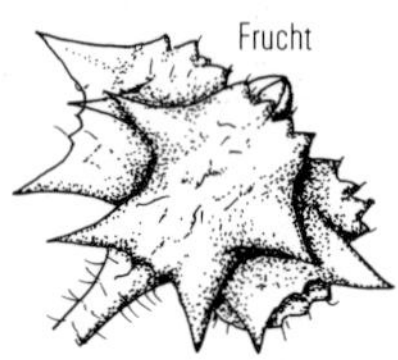


**Merkmale:** Einjähriges, niederliegendes, ± silbrig behaartes Kraut mit mehreren schwach verzweigten, bis 50 cm langen Sprossen. Blätter bis auf die untersten gegenständig, paarig gefiedert, mit bis zu 8 spitz-eiförmigen, leicht schiefen, bis 5 mm langen Fiedern, an der Basis mit kleinen, schmal dreieckigen Nebenblättern. Blüten klein, einzeln in den Blattachseln, gelb, bis 1 cm im Durchmesser. 5 schmale, hinfällige Kelchblätter und 5 rundliche Kronblätter, 10 Staubblätter und ein behaarter oberständiger Fruchtknoten. Frucht sternförmig, in 5 Teilfrüchte gegliedert. Teilfrüchte warzig und kurzhaarig, mit 2 Dornenpaaren, einzeln als Klettfrüchte abfallend.
**Standort:** Äcker, Unkrautflächen.
**Verbreitung:** M, bis südliches Mitteleuropa, in die Subtropen und Tropen verschleppt.

## Strauchiger Lein *Linum suffruticosum* VI–VII

**Merkmale:** 10–40 cm hohe, basal verholzte Pflanze mit zahlreichen, schräg aufgerichteten, verzweigten Sprossen. Blätter wechselständig, sitzend, linealisch, 1nervig, mit stark eingerollten, fein gesägten Rändern, bis 1 mm breit. Blüten an den Sproßenden in den Blattachseln, relativ groß, trichterig. 5 Kelchblätter, frei, 3nervig. 5 Kronblätter, frei, 3- bis 4mal so lang wie die Kelchblätter, weiß oder zart rosa, an der Basis ± violett, breit umgekehrt eiförmig, in der Knospe gedreht. 5 Staubblätter, zwischen ihnen 5 kurze Zähne, ihre Stiele basal verwachsen. Fruchtknoten oberständig, mit 5 freien Griffeln. Frucht eine 10klappige Kapsel. Samen zahlreich, flach.
**Standort:** Trockene, steinige Wiesen.
**Verbreitung:** WM, von Zentralspanien über Südfrankreich bis nach Nordwest-Italien.

## Gelber Lein *Linum flavum* VI–VII

**Merkmale:** 20–40 cm hohe, basal verholzte, kahle Pflanze mit zahlreichen, schräg aufgerichteten, verzweigten Sprossen. Blätter wechselständig, sitzend, spatelig-lanzettlich, 3nervig, bis 6 cm lang und 12 mm breit, flach, ganzrandig. Blüten relativ groß, bis 2 cm breit, trichterig, in endständigen, verzweigten, 25–40 Blüten tragenden Blütenständen. 5 Kelchblätter, frei. 3nervig, zugespitzt, am Rand fein gesägt, bis 8 mm lang. 5 Kronblätter, frei, bis 2 cm lang, gelb, breit umgekehrt eiförmig, in der Knospe gedreht. 5 Staubblätter, zwischen ihnen 5 kurze Zähne, ihre Stiele basal verwachsen. Fruchtknoten oberständig, mit 5 freien Griffeln. Frucht eine 10klappige, bis 6 mm lange, bespitzte Kapsel. Samen zahlreich.
**Standort:** Trockene, steinige Wiesen.
**Verbreitung:** ZM, OM; im Osten weit im Norden.

Jochblattgewächse

Leingewächse

## Glockenlein *Linum campanulatum* VI–VII

**Merkmale:** 15–25 cm hohe, basal verholzte, kahle Pflanze mit zahlreichen, schräg aufgerichteten, verzweigten Sprossen. Blätter wechselständig, spatelig-lanzettlich, 1nervig, bis 4 cm lang und 1 cm breit, flach, ganzrandig. Blüten relativ groß, bis 3 cm breit, trichterig, in endständigen, doldigen, 3–5 Blüten tragenden Blütenständen. 5 Kelchblätter, frei, 3nervig, zugespitzt, zur Fruchtzeit verlängert und die Kapsel überragend. 5 Kronblätter, frei, 2,5–3,5 cm lang, gelb, breit umgekehrt eiförmig, basal lang genagelt. 5 Staubblätter, zwischen ihnen 5 kurze Zähne, ihre Stiele basal verwachsen. Fruchtknoten oberständig, mit 5 Griffeln. Frucht eine 10klappige, deutlich bespitzte Kapsel. Samen zahlreich.
**Standort:** Felsige Orte, besonders Serpentin.
**Verbreitung:** WM, Spanien bis Nordwest-Italien.

## Weichhaariger Lein IV–VI
*Linum pubescens*

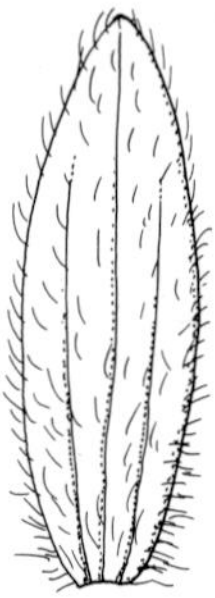

**Merkmale:** 7–20, selten bis 35 cm hohe, zarte, einjährige, behaarte Pflanze mit 1–2 Stengeln. Blätter wechselständig, sitzend, lanzettlich, 1nervig, bis 2 cm lang und 5 mm breit, flach, ganzrandig. Blüten relativ klein, trichterig, in endständigen, wenigblütigen, 3–5 Blüten tragenden Blütenständen. 5 Kelchblätter, frei, 1nervig, zugespitzt, 8–10 mm lang, am Rand drüsig bewimpert. 5 Kronblätter, frei, bis 2 cm lang, rosa, breit umgekehrt eiförmig, in der Knospe gedreht. 5 Staubblätter, zwischen ihnen 5 kurze Zähne, ihre Stiele basal verwachsen. Fruchtknoten oberständig, mit 5 fädigen Griffeln. Frucht eine 10klappige, kugelige, bespitzte Kapsel. Samen zahlreich, flach.
**Standort:** Auf trockenen Hügeln.
**Verbreitung:** OM, Albanien bis Kreta.

## Südfranzösischer Lein VI–VII
*Linum narbonense*

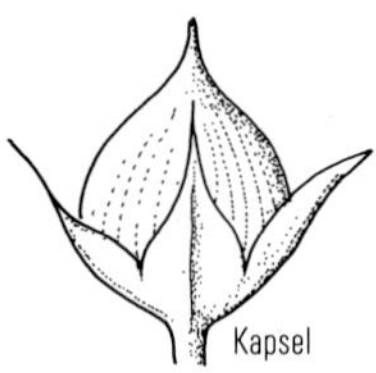


**Merkmale:** Bis 50 cm hohe, ausdauernde, kahle Pflanze mit aufsteigenden bis aufrechten, wenig verzweigten Sprossen. Blätter wechselständig, sitzend, linealisch bis lanzettlich 1- bis 3nervig, selten 5nervig, bis 5 mm breit, selten breiter. Blüten relativ groß, trichterig, in endständigen, 3–5 Blüten tragenden Blütenständen. 5 Kelchblätter, frei, lang zugespitzt, bis 14 mm lang, mit sehr fein borstig bewimperten, trockenhäutigen Rändern. 5 Kronblätter, frei, bis 3 cm lang, himmelblau mit dunkleren Längsstreifen, breit umgekehrt eiförmig. 5 Staubblätter, zwischen ihnen 5 kurze Zähne, ihre Stiele basal verwachsen. Fruchtknoten oberständig, mit 5 fädigen Griffeln. Frucht eine 10klappige, kugelige, bis 9 mm lange Kapsel.
**Standort:** Felsige Orte, trockene Wiesen.
**Verbreitung:** WM, ZM, bis Jugoslawien.

## Rizinusstrauch *Ricinus communis* VII–X

**Merkmale:** Meist einjährig kultivierte, aber auch ausdauernde, krautige bis strauchige, verzweigte, bis zu 4 m hohe, selten höhere, ± rötliche Pflanze. Blätter wechselständig, gestielt, schildförmig, groß, tief handförmig in 5–9 lanzettliche, gezähnte Abschnitte geteilt. Blattfläche bis 30 cm breit, selten auch breiter. Blüten eingeschlechtig, in rispig-traubigen, blattachselständigen Blütenständen, diese unten männlich, oben weiblich. Männliche Blüten mit reduzierter, häutiger Blütenhülle und zahlreichen, verzweigten Staubblättern. Weibliche Blüten mit abfallender Blütenhülle und oberständigem Fruchtknoten, der 3, 2spaltige Griffel trägt. Kapsel kugelig, bis 2 cm breit, stachelig, mit 3 bis 2 cm langen, marmorierten Samen.
**Standort:** Kulturland, Zier- und Nutzpflanze.
**Verbreitung:** M, in vielen tropischen Ländern verbreitet.

Leingewächse

Leingewächse

Wolfsmilchgew.

## Baum-Wolfsmilch III–V
*Euphorbia dendroides*

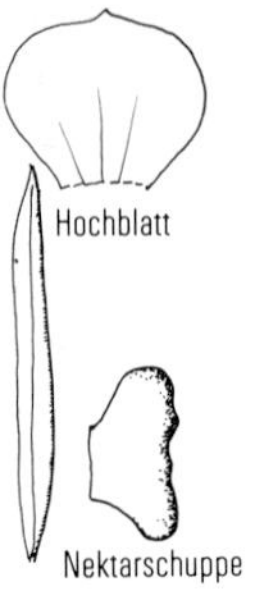


**Merkmale**: Kugeliger, reich regelmäßig verzweigter, rotberindeter Strauch von bis zu 2 m Umfang mit basal bis 15 cm dickem Sproß und weißem Milchsaft. Blätter an den Zweigenden gebüschelt, lanzettlich bis schmal elliptisch, stumpf mit aufgesetzter Spitze, bis 6,5 cm lang und 8 mm breit. Doldenstrahlen in endständiger, 5- bis 8strahliger Dolde, gabelig verzweigt, mit kürzeren und breiteren Tragblättern. Obere Hüllblätter breit, gelb. Scheinblüte becherförmig, gelblich grün mit einem heraushängenden Fruchtknoten mit 3 gabeligen Narben, am Rand mit 4 rundlichen, ± gelappten, gelblichen bis rötlichen Nektarschuppen und zahlreichen Staubblättern im Inneren. Kapsel kahl, 3fächrig. Die Blätter fallen bei Trockenheit ab.
**Standort**: Meernahe steinige Hänge, Felsen.
**Verbreitung**: ZM, Balearen bis Kreta.

## Dornbusch-Wolfsmilch III–V
*Euphorbia acanthothamnos*

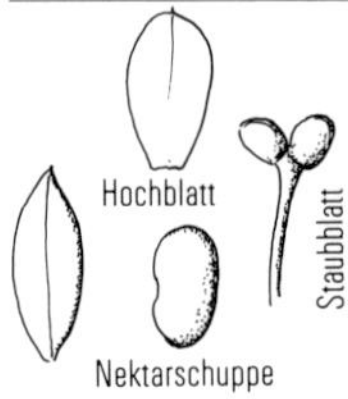


**Merkmale**: Kugeliger, reich regelmäßig verzweigter, kahler, dorniger Strauch von 10–30 cm Umfang mit weißem Milchsaft. Blätter elliptisch bis eiförmig, stumpf bis spitz. Doldenstrahlen in endständiger, 3- bis 4strahliger Dolde, gabelig verzweigt. Vorjährige Dolden verholzen zu den gabeligen Dornenpaaren. Obere Hüllblätter breiter, gelb. Scheinblüte becherförmig, gelblich mit einem heraushängenden Fruchtknoten mit 3 gabeligen Narben, am Rand mit 4 breit elliptischen, stumpfen, gelblichen Nektarschuppen und zahlreichen Staubblättern im Inneren. Kapsel rinnig, kurz warzig, 3fächrig, im Inneren mit 3 glatten, braunen Samen.
**Standort**: Trockene Felsdriften.
**Verbreitung**: OM; im Westen *E. spinosa* mit stumpfen, alten Doldenstrahlen.
Synonym: Igel-Wolfsmilch.

## Pithyusen-Wolfsmilch IV–VII
*Euphorbia pithyusa*

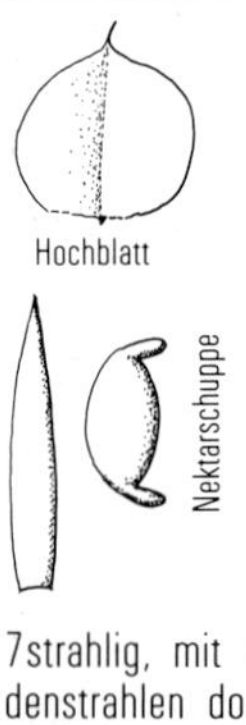


**Merkmale**: Ausdauernde, basal etwas verholzte und vielstengelige, krautige, kräftige, kahle, blaugrüne Pflanze mit aufsteigenden, 10–90 cm hohen Stengeln und weißem Milchsaft. Blätter aufrecht, dicht, lanzettlich bis schmal elliptisch, ziemlich fleischig, bis 3,5 cm lang. Doldenstrahlen in den oberen Blattachseln und endständig. Enddolde 5- bis 7strahlig, mit ± eiförmigen Tragblättern. Doldenstrahlen doppelt gabelig verzweigt. Scheinblüte becherförmig, gelblich grün mit einem heraushängenden Fruchtknoten mit 3 gabeligen Narben, am Rand mit 4 nierenförmigen ± 2hörnigen, gelblichen Nektarschuppen und zahlreichen Staubblättern im Inneren. Kapsel kahl, 3fächrig, mit 3 glatten Samen.
**Standort**: Meernahe steinige Hänge, Felsen.
**Verbreitung**: WM, Italien, Südost-Frankreich.

## Zweidrüsige Wolfsmilch IV–V
*Euphorbia rigida (biglandulosa)*

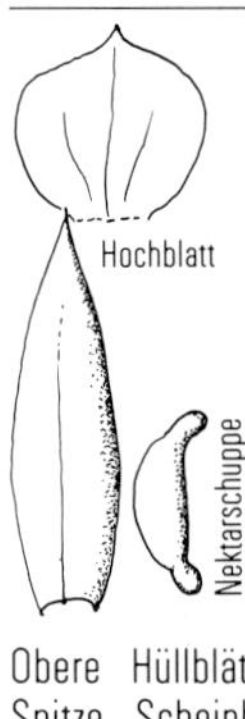


**Merkmale**: Ausdauernde, kahle, basal verholzte, intensiv blaugrüne Pflanze mit 30–50 cm hohen, aufsteigenden, unverzweigten, unten dicht abstehend, oben dachig belaubten, milchsaftführenden Sprossen. Blätter lanzettlich, dicklich, zugespitzt. Doldenstrahlen in den oberen Blattachseln oder in endständiger, 6- bis 12strahliger Dolde, gabelig verzweigt. Obere Hüllblätter fast rund, mit aufgesetzter Spitze. Scheinblüte becherförmig, gelblich grün mit einem heraushängenden Fruchtknoten mit 3 gabeligen Narben, am Rand mit 4 rundlichen, mit je 2 deutlich abgesetzten, kopfigen Hörnern versehenen, gelblichen Nektarschuppen und zahlreichen Staubblättern im Inneren. Kapsel 3kantig.
**Standort**: Trockene Kalkfelsen, bis 1000 m.
**Verbreitung**: M, zerstreut. Im Osten häufiger.
Synonym: Blaugrüne Wolfsmilch.

## Myrten-Wolfsmilch V–VI
*Euphorbia myrsinites*

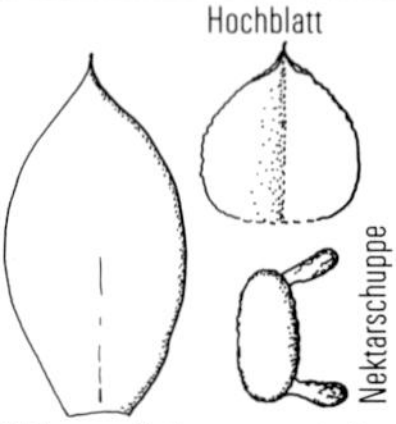


**Merkmale:** Ausdauernde, basal etwas verholzte, sonst krautige, kräftige, kahle Pflanze mit aufsteigenden, 20–30 cm hohen, unverzweigten Stengeln und weißem Milchsaft. Blätter dicht, umgekehrt eiförmig bis fast kreisförmig, zugespitzt, ziemlich fleischig, bis 1 cm lang. Blütenstand endständig, doldig, 5- bis 7strahlig, basal mit fast quirligen, bis 16 mm langen Tragblättern. Doldenstrahlen einfach oder doppelt gabelig verzweigt. Scheinblüte becherförmig, gelblich grün mit einem heraushängenden Fruchtknoten mit 3 gabeligen Narben, am Rand mit 4 nierenförmigen, 2hörnigen, gelblichen bis bräunlichen Nektarschuppen und zahlreichen Staubblättern im Inneren. Kapsel kahl, 3fächrig, mit 3 großen, etwas runzeligen Samen.
**Standort:** Steinige Hänge, überhängender Fels.
**Verbreitung:** M, von den Balearen an östlich.

## Gefranste Raute *Ruta chalepensis* IV–VII

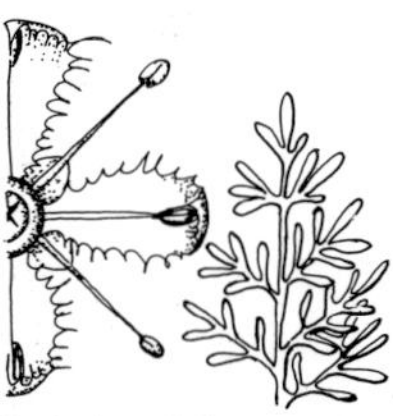

**Merkmale:** Ausdauernde, basal etwas verholzte, 20–60 cm hohe Pflanze mit aufrechten, kahlen Stengeln und Rosmaringeruch. Blätter wechselständig, 2- bis 3fach fiederig geteilt mit schmal umgekehrt eiförmigen, bis 6 mm breiten Abschnitten. Blütenstand locker, rispig, mit breiten Tragblättern. Meist 4 freie Kelch- und Kronblätter, zentrale Blüten jedoch auch 5zählig. Kelchblätter kahl, dreieckig-eiförmig, 2 mm lang, Kronblätter gelb, elliptisch bis obovat, bis 4 mm breit und 6 mm lang, kahnförmig ausgehöhlt und am Rand mit groben, zahnartigen Fransen, die kürzer als die breite des Kronblattes sind. 8 oder 10 Staubblätter. Fruchtknoten oberständig, wird zu einer 4- oder 5zipfligen Kapsel.
**Standort:** Mauern, Felsen, trockene Wiesen.
**Verbreitung:** M. – *R. graveolens* mit starkem Geruch und gezähnten Kronblättern.

## Palisaden-Wolfsmilch I–IV
*Euphorbia characias*

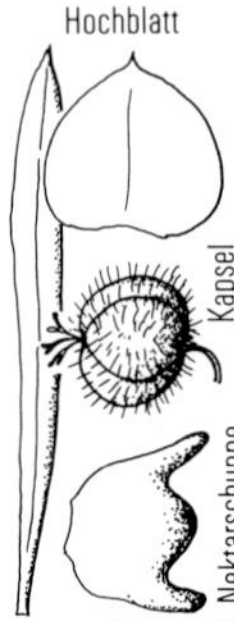


**Merkmale:** Ausdauernde, basal etwas verholzte, sonst krautige, kräftige, dicht samthaarige Pflanze mit aufrechten, 60–120 cm hohen, unverzweigten Stengeln und weißem Milchsaft. Blätter dicht, umgekehrt lanzettlich bis linealisch, selten breiter, weich, 3–13 cm lang, besonders die unteren, langen zurückgeschlagen. Doldenstrahlen in den Achseln der oberen Blätter und endständig. Enddolde 10- bis 20strahlig. Doldenstrahlen doppelt, selten mehrfach gabelig verzweigt. Scheinblüte becherförmig, gelblich grün mit einem heraushängenden Fruchtknoten mit 3 gabeligen Narben, am Rand mit 4 nierenförmigen 2hörnigen, meist bräunlichen Nektarschuppen und zahlreichen Staubblättern im Inneren. Kapsel behaart, 3fächrig, mit 3 glatten Samen.
**Standort:** Offene Macchien. **Verbreitung:** M.

## Schmalblättrige Raute IV–VII
*Ruta angustifolia*

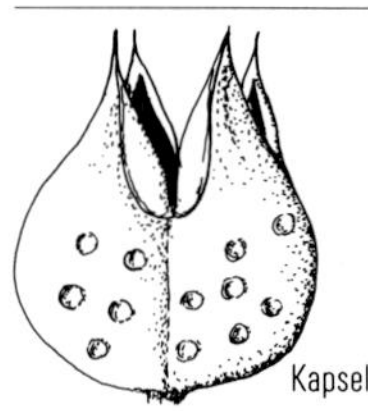


**Merkmale:** Ausdauernde, basal etwas verholzte, 25–75 cm hohe Pflanze mit aufrechten, unten kahlen Stengeln. Blätter wechselständig, 2- bis 3fach fiederig geteilt mit lanzettlichen, bis 3,5 mm breiten Abschnitten. Blütenstand locker, rispig, drüsig mit lanzettlichen Tragblättern. Meist 4 freie Kelch- und Kronblätter, zentrale Blüten jedoch auch 5zählig. Kelchblätter kahl, dreieckig-eiförmig, 2 mm lang, Kronblätter gelb, elliptisch bis obovat, bis 4 mm breit und 6 mm lang, kahnförmig ausgehöhlt und am Rand mit fädigen Fransen, die so breit wie die Breite des Kronblattes sind. 8 oder 10 Staubblätter. Fruchtknoten oberständig, wird zu einer 4- oder 5zipfligen Kapsel.
**Standort:** Trockene Wiesen, Garriguen.
**Verbreitung:** WM–ZM, bis Nordwest-Jugoslawien.

Wolfsmilchgew.

Rautengewächse

## Dreibeeriger Zeiland IV–V
*Cneorum tricoccon*

Frucht

**Merkmale:** Weitgehend kahler, niedriger, 30–100 cm hoher, stark verzweigter, immergrüner Strauch. Blätter wechselständig, lederig, intensiv grün, 1–5 cm lang und 3–7 mm breit, umgekehrt eiförmig bis lanzettlich, lederig, einnervig, sitzend. Blüten gelb, in wenigblütigen, gabeligen, achselständigen Blütenständen, zwittrig, mit nicht verwachsener, je 3- bis 4zähliger Hülle. Kelchblätter bis 1 mm lang, eiförmig, nicht abfallend. Kronblätter 5 mm lang. 3 oder 4 Staubblätter kürzer als die Kronblätter. Fruchtknoten 3-, selten 4fächrig, zur Fruchtzeit etwas gestielt, mit 3–4 freien Griffeln. Früchte meist rot, beerenartig, mit meist 3 aufgewölbten, jeweils 2samigen, leicht trennbaren Fächern.
**Standort:** Trockene Felsfluren, oft küstennah.
**Verbreitung:** WM, Spanien bis Italien.

## Nizza-Kreuzblume IV–VI
*Polygala nicaeensis*

**Merkmale:** Ausdauernde, krautige, aufsteigende bis aufrechte, 15–40 cm hohe Pflanze mit mehreren Stengeln. Blätter wechselständig, kahl, ganzrandig, die unteren spatelig bis linealisch-lanzettlich, die oberen lanzettlich bis linealisch, bis 1,5 cm lang und 5 mm breit. Blütenstand eine endständige, reichblütige Traube. Blüten violett, rosa oder fast weiß. Kelchblätter sehr unterschiedlich, die beiden seitlichen groß und flügelartig, bis 10 mm lang, elliptisch, später vergrünend, die 3 übrigen klein und lanzettlich. Blütenkrone mit 3 Kronblättern, diese basal 4 mm röhrig verwachsen, am Ende frei und eines bürstig zerschlitzt. Fruchtknoten oberständig, wird zu einer zusammengedrückten Kapsel.
**Standort:** Trockene Weiden, Garriguen.
**Verbreitung:** M, bis Mitteleuropa – wird in mehrere Unterarten aufgetrennt.

## Gerberstrauch *Coriaria myrtifolia* IV–VI

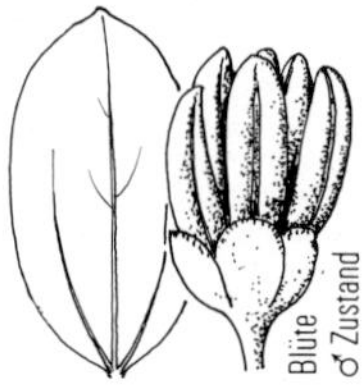


**Merkmale:** Strauch mit bogig aufsteigenden, 4kantigen, 1–3 m hohen, kahlen Sprossen. Blätter gegenständig, selten quirlig, 3–6 cm lang, eiförmig bis lanzettlich, spitz, sitzend. Blüten in 2-5 cm langen achselständigen oder an den Enden der Seitenzweige stehenden, sich zur Fruchtzeit verlängernden Trauben. Blüten männlich, weiblich oder zwittrig, mit 5 freien Kelch- und Kronblättern. Kelchblätter eiförmig zugespitzt, nicht abfallend, Kronblätter kürzer, dunkel rotbraun, innen scharf gekielt, zur Fruchtzeit fleischig. 10 fruchtbare Staubblätter aus den Blüten herausragend. 5 Fruchtblätter oberständig, nicht verwachsen, einsamig, jeweils mit einem lang herausragenden Griffel. Teilfrüchte blauschwarz glänzend, längsrippig.
**Standort:** Hecken, trockene Wälder.
**Verbreitung:** WM, von Spanien bis Nordwest-Italien.

## Gelbe Kreuzblume IV–VI
*Polygala flavescens*

**Merkmale:** Ausdauernde, krautige, aufsteigende bis aufrechte, 15–40 cm hohe Pflanze mit mehreren Stengeln. Blätter wechselständig, kahl, ganzrandig, die unteren umgekehrt eiförmig, bis 1,5 cm lang, die oberen lanzettlich bis linealisch-lanzettlich, bis 3 cm lang. Blütenstand eine endständige, 12- bis 25blütige Traube. Kelchblätter sehr unterschiedlich, die beiden seitlichen groß und flügelartig, bis 9 mm lang, elliptisch, zur Blütezeit gelb, später vergrünend, die 3 übrigen klein und lanzettlich. Blütenkrone gelb, 6 mm lang, mit 3 Kronblättern, diese basal röhrig verwachsen, am Ende frei und eines bürstig zerschlitzt. Fruchtknoten oberständig, wird zu einer hängenden, 6–7 mm langen, zusammengedrückten Kapsel.
**Standort:** Trockene Wiesen, Wegränder.
**Verbreitung:** ZM, auf Italien beschränkt.

Fruchtstand

## Echte Pistazie *Pistacia vera* V–VI

**Merkmale:** Sommergrüner, 2häusiger Baum bis 5 (10) m Höhe. Junge Zweige behaart. Blätter wechselständig, unpaar gefiedert. 1–5, meist 3 ovale Fiederblättchen, bis 10 cm lang und bis 8,5 cm breit, oberseits dunkelgrün, unterseits graugrün, jung behaart, dünn. Blattstiel behaart. Blüten sehr klein, bräunlich, eingeschlechtig, in wenigblütigen, seitenständigen Trauben. Kronblätter fehlen. Männliche Blüten mit 5 Staubblättern, weibliche mit oberständigem Fruchtknoten und 3narbigem Griffel. Steinfrucht dünnwandig, 2–3 cm lang, sich oben 2spaltig öffnend, Samen rotviolett behäutet, innen grün, eßbar. – Ähnlich *P. terebinthus* im M. Blätter unpaar gefiedert, mit meist 9 bis 4,5 cm langen Blättchen. Blattstiel kahl. Blütenstand dicht, pyramidenförmig.

**Standort:** Meist kultiviert, Macchien.

**Verbreitung:** OM, Südeuropa. Heimat Asien.

## Perückenstrauch *Cotinus coggygria* V–VII

**Merkmale:** Sommergrüner, kahler, harzig riechender Strauch, bis 5 m Höhe. Äste ausgebreitet, braunrot. Blätter wechselständig, 3–7 cm lang gestielt. Spreite ± kreisförmig bis verkehrt eiförmig, 3–8 cm lang, kahl, graugrün. Blüten sehr klein, gelblich weiß, 5zählig, lang gestielt, viele unfruchtbar, einzeln in den Achseln kleiner Tragblätter, in 15–20 cm langen, endständigen, rispigen Blütenständen. Kelchblätter eiförmig, bis 2 mm lang, stumpf, 1,5–2 mm lang, bis 0,8 mm breit, kahl – grünlich. Kronblätter eiförmig, 5 Staubblätter. Steinfrucht schief birnenförmig, leicht zusammengedrückt, 4–5 mm lang. Die Stiele der sterilen Blüten sind im Herbst lang, purpurrot, federig behaart und verleihen dem Fruchtstand ein perückenartiges Aussehen.

**Standort:** Felsige Sonnenhänge, Macchien, lichte Wälder.

**Verbreitung:** M, Südeuropa bis Mittelchina.

## Mastixstrauch *Pistacia lentiscus* III–VI

**Merkmale:** Immergrüner, 2häusiger, reich verzweigter Strauch bis 3 m oder kleiner Baum bis 6 m Höhe. Rinde gräulich, an jüngeren Zweigen rötlich. Blätter wechselständig, paarig gefiedert, mit breit geflügelter Blattspindel. 2–12 ± elliptische Fiederblättchen, 1–3 (5) cm lang, 5–15 mm breit, spitz oder stumpf, dunkelgrün, lederig. Blüten nur 2–3 mm breit, eingeschlechtig, in kurzen, dichten, seitenständigen Ähren. Männliche Blüten mit 5zipfeligem Kelch und 5 kurzen, dunkelroten Staubblättern. Weibliche Blüten gelblich grün, mit 3- bis 4zipfeligem, bisweilen etwas behaartem Kelch und 3narbigem Griffel. Steinfrucht klein, 4 mm lang, rot bis schwarz. Aus dem Stamm wird das Mastixharz gewonnen, und in Spezialkitten oder als Klebemittel für Wundverbände verwendet.

**Standort:** Macchie, auf allen Bodenarten.

**Verbreitung:** M.

## Peruanischer Pfefferbaum *Schinus molle* V–VIII

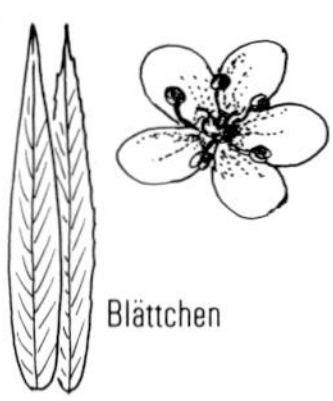


**Merkmale:** Immergrüner, breitkroniger Baum, meist 6–8 m, seltener 13 m hoch mit schlanken, hängenden Ästen. Blätter groß, unpaar gefiedert, aus 15–20 wechselständig angeordneten, linealisch-lanzettlichen, 2,5–6 cm langen und 3–8 mm breiten Blättchen. Blüten ein- oder 2geschlechtig, sehr klein, zu vielen in end- oder achselständigen, hängenden Rispen. Kelch 5zipfelig. 5 gelbliche Kronblätter, 10 Staubblätter, Fruchtknoten oberständig, mit 3spaltigem Griffel. Frucht beerenartig, rosa, glänzend, von Größe und Geschmack eines Pfefferkorns, den Winter über am Baum bleibend.

**Standort:** In Südeuropa kultiviert als Park- und Straßenbaum, verträgt Trockenheit.

**Verbreitung:** Herkunft pazifische Küste von Südmexiko bis Nordchile, heute überall im Mittelmeerraum angepflanzt.

## Zickzackdorn *Ziziphus lotus* IV–VII

**Merkmale**: Sommergrüner, 1–3 m hoher, sehr dorniger Strauch. Zweige weißgrau, zickzackförmig wachsend, ineinander verflochten. Blätter wechselständig, ± elliptisch, 1–2 cm lang, ca. 7 mm breit, etwas lederig, oberseits glänzend, deutlich 3nervig; Nebenblätter in einen gekrümmten und einen geraden Dorn umgewandelt. Blüten 5zählig, zwittrig, klein, gelb, in kleinen, blattachselständigen Trugdolden. Kelchblätter sternförmig geöffnet. Kronblätter klein. Fruchtknoten oberständig. Frucht eine gelbbraune, ± kugelige Steinfrucht, 1–1,5 cm lang, eßbar, jedoch fade schmeckend. – Ähnlich *Z. jujuba,* bis 8 m hoher Strauch oder Baum, Blätter 2–6 cm lang, 1–3 cm breit, Früchte 1,5–3 cm lang, braunrot, süß. Im M kultiviert und verwildert.
**Standort**: Trockene, steinige Hügel, bevorzugt auf Kalkgestein.
**Verbreitung**: Spanien, Sizilien, Griechenland.

## Teufelszwirn-Kreuzdorn III–VI
*Rhamnus lycioides*

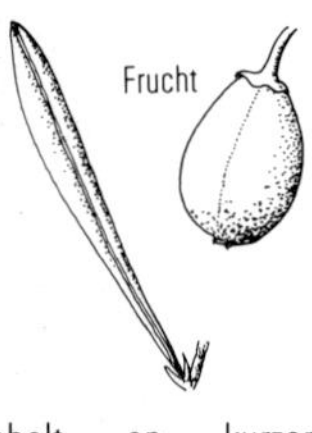


**Merkmale**: Immergrüner, dorniger, kahler, bis 1,5 m hoher, reich verzweigter Strauch. Zweige grau berindet, ein dichtes Gestrüpp bildend. Blätter wechselständig oder gebüschelt an kurzen Seitentrieben, linealisch-länglich, bis 3 cm lang und 5 mm breit, etwas lederig, glatt; Nerven oberseits wenig deutlich. Blüten sehr klein, meist zwittrig, einzeln oder in kleinen blattachselständigen Büscheln stehend. Kelch grünlich gelb, becherförmig, mit 4 dreieckigen Zipfeln. Kronblätter verkümmert oder fehlend. 4 Staubblätter mit kurzen Filamenten. Frucht kugelig, beerenartig, 2- bis 3samig, wenig fleischig, 4–6 mm im Durchmesser, zunächst grün, reif schwarz.
**Standort**: Steinige, trockene Böden, Macchie, fast immer auf Kalk.
**Verbreitung**: WM, Balearen, Nordafrika.

## Immergrüner Kreuzdorn II–IV
*Rhamnus alaternus*

**Merkmale**: Immergrüner, nicht dorniger, kleiner Baum oder Strauch bis zu 5 m Höhe. Rinde grau. Blätter wechselständig, kahl, lederig, glänzend, von unterschiedlicher Gestalt, lanzettlich bis eiförmig, verschieden groß, 1–6 cm lang, deutlich gestielt. Weibliche Blüten in aufrechten, männliche Blüten in hängenden, blattachselständigen, kleinen Blütenständen. Kelch grünlich gelb, becherförmig, mit 5, seltener 4 4 mm langen, lanzettlichen Zipfeln. Diese bei den weiblichen Blüten aufrecht. Frucht kugelig, 4–6 mm im Durchmesser, wenig fleischig, 3kernig, zunächst rot, dann schwarz. Blätter und Rinde enthalten adstringierende Wirkstoffe.
**Standort**: Immergrüne Macchie, auf Kalk oder Silikat, wenig anspruchsvoll.
**Verbreitung**: M.

## Ölbaum-Kreuzdorn III–V
*Rhamnus oleoides*

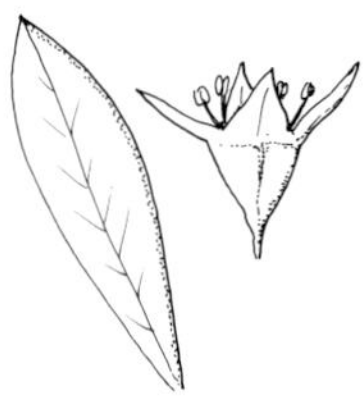

**Merkmale**: Immergrüner, dorniger, reich verzweigter, kahler Strauch bis 1 (2) m Höhe. Zweige grau, bisweilen rötlich braun berindet, oft ineinander verflochten. Blätter wechselständig oder gebüschelt am Ende von Kurztrieben, verkehrt eiförmig, 1–4 cm lang und 3–10 mm breit, ganzrandig oder am oberen Ende mit 1–2 Zähnen, etwas lederig, oberseits grün und glänzend, unterseits matt; Nervatur oberseits deutlich erkennbar. Blüten grünlich gelb, sehr klein, eingeschlechtig, zu wenigen in Blattachseln stehend. Kelch ca. 2 mm lang, becherförmig, mit 4 lanzettlichen Zipfeln. Kronblätter winzig oder fehlend. Frucht eiförmig bis kugelig, beerenartig, 2- bis 3samig, wenig fleischig, 5–6 mm lang, zunächst grünlich, reif gelb bis schwarzrot.
**Standort**: Trockene, sonnige, steinige Hänge.
**Verbreitung**: M, bis nach Portugal.

## **Christusdorn** *Paliurus spina-cristi* V–VII

**Merkmale:** Sommergrüner, vielästiger, dorniger Baum oder Strauch bis 4 m Höhe, grau berindet, junge Äste behaart. Blätter wechselständig, fast 2zeilig, kurz gestielt, ± eiförmig, 2–4 cm lang, oberseits glänzend, hellgrün, unterseits matt. Nebenblätter an der Blattbasis in einen langen, geraden und einen gekrümmten, kurzen Dorn umgewandelt. Blüten 5zählig, grünlich gelb, 2 mm breit, zwittrig, in achselständigen, kleinen Trauben. Kelch sternförmig geöffnet. Kronblätter klein, kapuzig. 5 Staubblätter. Fruchtknoten oberständig, Griffel 3teilig. Frucht unverwechselbar, gelblich, trocken, abgeflacht, rundherum mit einem breiten, häutigen, gewellten Flügel berandet, 1,5–3 cm im Durchmesser. Äste angeblich für die Dornenkrone Christi verwendet.

**Standort:** Trockene Hänge, Gebüsche.

**Verbreitung:** M, fehlt auf den großen Inseln.

## **Chinesischer Roseneibisch** IV–IX
*Hibiscus rosa-sinensis*

**Merkmale:** Sommergrüner Strauch oder kleiner Baum von 1–5 m Höhe. Blätter breit eiförmig, zugespitzt, kahl, oberseits glänzend, unregelmäßig grob gesägt, verschieden groß, bis 11 cm lang. Blüten groß, etwa 10 cm breit, lang gestielt, einzeln in den Blattachseln. Kelch glockig, 5zähnig, mit 7 freien, pfriemlichen Außenkelchblättern. 5 scharlachrote Kronblätter. Griffel und Staubblattsäule weit herausragend. Fruchtknoten oberständig, wird zur Kapsel. Viele Gartenformen mit rosa, weißen oder gelben, bisweilen gefüllten Blüten.

**Standort:** Zierstrauch, zum Teil verwildert.

**Verbreitung:** M, weltweit. Heimat vermutlich China. Als Wildpflanze nicht nachgewiesen. Im OM, ZM als Zierstrauch *H. syriacus,* bis in den Herbst blühend. Blüten weiß bis rotviolett, am Grund dunkler. Blätter 3lappig.

## **Behaarte Baumwolle** VI–VIII
*Gossypium hirsutum*

**Merkmale:** In Kultur einjährige, verholzende, bis 1,5 m hohe Pflanze. Stengel aufrecht, vom Grund an verzweigt, behaart, mit schwarzen Öldrüsen. Blätter langgestielt, breit herzförmig, mit 3–7 breit dreieckigen, zugespitzten Lappen. Blüten bis 5 cm lang, kurz gestielt, einzeln in den Blattachseln. Kelch 5zipfelig, mit 3 freien, breit eiförmigen, lang gezähnten Außenkelchblättern, bis 4,5 cm lang. 5 rein gelbe Kronblätter. Staubblätter 4–6 mm lang, die oberen länger. Narben endständig, kopfig. Kapsel 4–6 cm lang, 3- bis 5klappig, mit 8–10 dicht, lang, weiß behaarten Samen. Die Samenhaare werden zu Baumwolle verarbeitet.

**Standort:** Kultiviert, bisweilen verwildert.

**Verbreitung:** M, Südeuropa, Heimat wohl Peru. Im OM *G. herbaceum* mit gelben, am Grund purpurnen Blüten, Außenkelch bis 2,5 cm lang.

## **Stundenblume** *Hibiscus trionum* VI–IX

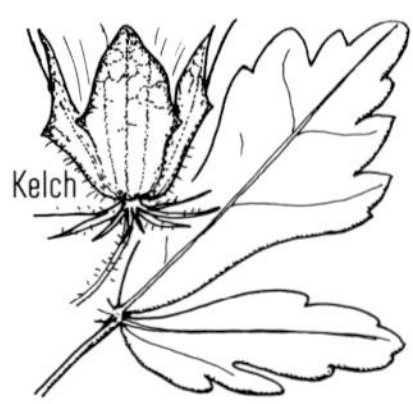


**Merkmale:** Einjährige, 10–60 cm hohe, krautige Pflanze. Stengel ± abstehend borstig behaart, bereits am Grund verzweigt, aufsteigend, untere Äste bisweilen ausgebreitet. Unterste Blätter ungeteilt, obere fast bis zum Mittelnerv in 3–5 länglich-lanzettliche, ± tief gelappte Abschnitte zerteilt, 4–7 cm lang. Blüten 3–4 cm breit, lang gestielt, einzeln in den Blattachseln, nur vormittags geöffnet. Kelch häutig, auffällig violett geadert; Nerven steif behaart. 10–13 pfriemliche, bis 1 cm lange, borstige Außenkelchblätter. 5 blaßgelbe, am Grund rotviolette Kronblätter, etwa 2 cm lang. Staubblätter zahlreich, Staubfäden wie bei allen Malvengewächsen zu einer den Griffel umgebenden Säule verwachsen. Kapsel behaart, vom aufgeblasenen Kelch umgeben.

**Standort:** Feuchte Böden, Kultur- und Ödland.

**Verbreitung:** OM, M, im Westen eingebürgert.

## Kretische Strauchpappel III–VI
*Lavatera cretica*

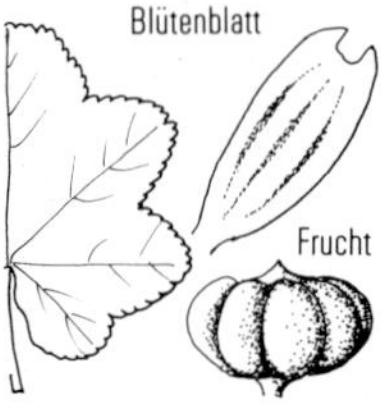


**Merkmale:** Ein- oder zweijährige, krautige, 20–150 cm hohe Pflanze. Stengel aufrecht, oft rot überlaufen, borstig. Blätter wechselständig, 4–7 cm lang gestielt, Spreite ± kreisförmig, bis 9 cm lang. 5- bis 7lappig, am Grund herzförmig, beiderseits behaart. Lappen breit, kurz, stumpf. Blüten 3–4 cm breit, zu 2–8, achselständig. 5 Kelchblätter, 6–8 mm lang, breit dreieckig. 3 Außenkelchblätter, breit eiförmig, 6 mm lang, 5 mm breit, spitz, am Grund verbunden. 5 lila bis violette Kronblätter, tief ausgerandet. 7–11 ± glatte Teilfrüchte.
**Standort:** Trockenes Brach- und Kulturland.
**Verbreitung:** M, Westeuropa bis Südengland. Zu verwechseln mit der formenreichen **Wilden Malve,** *Malva sylvestris,* Außenkelchblätter völlig frei, lanzettlich, schmaler als bei *L. cretica.* Teilfrüchte scharfkantig, runzelig.

## Dreimonats-Strauchpappel IV–VIII
*Lavatera trimestris*

**Merkmale:** Einjährige, frische grüne, bis 120 cm hohe Pflanze. Stengel aufrecht bis aufsteigend, mit einfachen und wenigen Sternhaaren, jung dicht behaart. Blätter wechselständig, lang gestielt, untere kreis-herzförmig, obere ei-herzförmig, undeutlich 3- bis 7lappig, 3–7 cm lang, 2,5–6 cm breit. Blüten groß, 5–7 cm breit, langgestielt, einzeln in den Blattachseln. 5 Kelchblätter, bis 14 mm lang, länglich-lanzettlich, spitz, sich über der Frucht zusammenneigend. Außenkelch kürzer als Kelch, bis auf halbe Höhe verwachsen, mit 3 eiförmigen, bespitzten Zipfeln. 5 Kronblätter, leuchtend rosa, 4mal so lang wie der Kelch. Frucht aus 12 kahlen Teilfrüchten, von der scheibenförmigen, zentralen Fruchtachse bedeckt.
**Standort:** Meist in Gärten kultiviert, Ödland.
**Verbreitung:** M.

## Baumförmige Strauchpappel IV–IX
*Lavatera arborea*

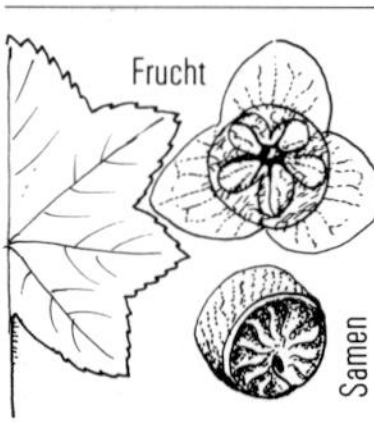


**Merkmale:** 2jährige, baum- oder strauchförmig wachsende, bis 3 m hohe Pflanze. Stengel dick, zumindest am Grund verholzt, jung filzig behaart. Blätter wechselständig, 3–8 cm lang gestielt, Spreite ± kreisförmig, 5- bis 7lappig, am Grund herzförmig, unterseits graufilzig. Lappen breit, spitz. Blüten 3–4 cm breit, zu 2–7 in den Blattachseln. 5 Kelchblätter, 4 mm lang, dreieckig, spitz, umgeben von 3 doppelt so langen, zumindest am Grund verwachsenen, eiförmigen, stumpfen Außenkelchblättern. 5 Kronblätter, purpurviolett, dunkelgeadert, am Grund schwarzviolett, oben ausgerandet. Frucht aus 6–8 kahlen oder filzigen, kantigen Teilfrüchten, vom vergrößerten ausgebreiteten Außenkelch umgeben.
**Standort:** Strandfelsen, auch als Zierpflanze.
**Verbreitung:** M, Küsten Westeuropas.

## Südfranzösische Strauchpappel III–VI
*Lavatera olbia*

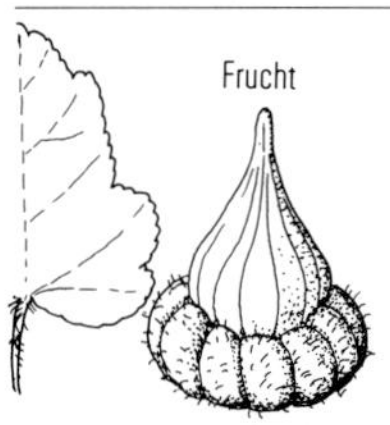


**Merkmale:** Ausdauernder Strauch, bis 2 m hoch. Stengel aufrecht, verholzt, oft braunviolett, jüngere Teile rauhhaarig und sternhaarig filzig. Blätter wechselständig, langgestielt, insgesamt bis 15 cm lang, beiderseits locker behaart. Untere ± kreisförmig, obere eiförmig, spitz, 3- bis 5lappig, mit etwas längerem Endlappen. Blüten 1,5–3 cm breit, kurz gestielt, einzeln in den Blattachseln, einen langen, ährenartigen Blütenstand bildend. 5 Kelchblätter, 10–14 mm lang, schmal eiförmig, lang zugespitzt, umgeben von 3 ebenso langen, breiteren, nur am Grund verbundenen Außenkelchblättern. 5 Kronblätter, rosa bis purpurn. Frucht aus etwa 18 filzig oder rauh behaarten, reif gelblichen Teilfrüchten.
**Standort:** Küstennahe Sande, auf Kalkfelsen.
**Verbreitung:** WM, östlich bis Italien.

## Kretische Malve III–VI
*Malva cretica ssp. althaeoides*

**Merkmale:** Einjährig, meist zierlich, krautig. Stengel aufrecht, abstehend rauh behaart, 6–40 cm hoch. Untere Blätter ± kreisförmig, 8–25 (35) mm breit, gekerbt, obere tief in 3–5 längliche, gezähnte bis gesägte Lappen geteilt. Blüten einzeln in den Blattachseln, langgestielt. Blütenstiele nur mit einfachen Haaren. 5 Kelchblätter bis 1 cm lang, pfriemlich, mehr als 3mal so lang wie breit. Ähnlich die 3 freien Außenkelchblätter. 5 Kronblätter rosa, 2mal so lang wie der Kelch. Staubblattröhre kahl. Narben seitlich, fädig. Teilfrüchte kahl, Kanten etwas geflügelt.
**Standort:** Steiniges, trockenes Brachland.
**Verbreitung:** Spanien. Im M, außer Spanien, *M. cretica ssp. cretica.* Blütenstiel einfach- und sternhaarig. Kronblätter blaulila bis rosa, 1- bis 1,5mal so lang wie der Kelch.

## Balearen-Johanniskraut V–IX
*Hypericum balearicum*

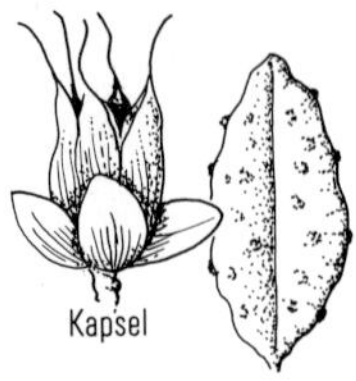


**Merkmale:** Reich verzweigter, bis 120 cm hoher Strauch. Zweige aufsteigend, dicht gegenständig beblättert, jung 4kantig, ebenso wie die Blätter mit großen, harzreichen Drüsen besetzt, Oberfläche dadurch warzig. Blätter sitzend, schmal eiförmig, 10–12 mm lang, 6–8 mm breit, am Rand wellig. Blüten einzeln, endständig, leuchtend gelb, etwa 4 cm breit, wie bei allen Johanniskrautarten mit 5 freien Kelch- und Kronblättern. Kelchblätter bis 6 mm lang, zur Fruchtzeit abstehend. Kronblätter etwa 3mal so lang wie der Kelch. Staubblätter gelb, zahlreich, in 5 Bündeln. Fruchtknoten oberständig, 5griffelig. Frucht eine klebrig glänzende, eiförmige, spitze Kapsel.
**Standort:** Lichte, trockene Wälder, auf Fels.
**Verbreitung:** Nur auf den Balearen, außer Formentera. In Italien (Ligurien) verwildert.

## Bocks-Johanniskraut V–IX
*Hypericum hircinum*

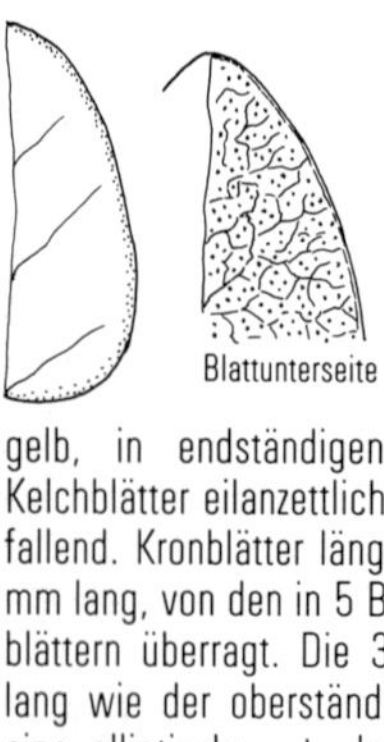


**Merkmale:** Immergrüner Strauch bis 1,5 m Höhe. Blätter gegenständig, ± sitzend, lanzettlich bis breit eiförmig, 2–7,5 cm lang, zerrieben oft mit Bocksgeruch. Blüten gelb, in endständigen, lockeren Trugdolden. Kelchblätter eilanzettlich, 3–6 mm lang, früh abfallend. Kronblätter länger als der Kelch, 10–18 mm lang, von den in 5 Bündeln stehenden Staubblättern überragt. Die 3 Griffel 3- bis 5mal so lang wie der oberständige Fruchtknoten. Frucht eine elliptische, ± lederige, rote oder grüne Kapsel, 8–13 mm lang. Immergrün das großblättrige *H. androsaemum.* Kronblätter 6–12 mm lang, den ausdauernden Kelch nicht überragend. Griffel kürzer als der Fruchtknoten. Frucht fleischig, rot bis schwarz.
**Standort:** Feuchte, schattige Plätze. Flußufer.
**Verbreitung:** M, in Westeuropa verwildert.

## Krähenbeerenblättriges Johanniskraut V–VI
*Hypericum empetrifolium*

**Merkmale:** Niedriger, rasenartig wachsender Strauch bis 50 cm Höhe. Zweige entweder aufsteigend bis aufrecht oder niederliegend, sich kriechend bewurzelnd. Blätter zu 3 quirlständig, sitzend, linealisch, 2–12 mm lang, an den Rändern nach unten eingerollt, kahl, grün, unterseits heller. Blüten gelb, in endständigen, langen Rispen oder einzeln. Die 5 Kelchblätter schmal eiförmig, nur bis 3 mm lang, am Rand mit sitzenden, schwarzen Drüsen. Die 5 Kronblätter etwa 7 mm lang, den Kelch deutlich an Länge überragend. Kelch- und Kronblätter leicht abfallend. Staubblätter gelb, zahlreich, in 3 Bündeln. Fruchtknoten oberständig. Frucht eine Kapsel mit schrägen, drüsigen Flecken.
**Standort:** Steinige Böden, felsiger Untergrund.
**Verbreitung:** OM.

## Herbst-Seidelbast *Daphne gnidium* VI–X

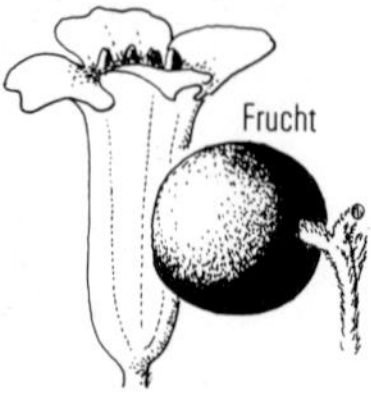


**Merkmale**: Immergrüner, aufrechter, wenig verzweigter, bis 1,5 m hoher Strauch. Zweige dünn, im oberen Teil regelmäßig, dicht beblättert. Blätter wechselständig, linealisch bis länglich, sehr spitz, 2–5 cm lang, 3–10 mm breit, ± lederig, grün, unterseits heller und mit weißlichen Drüsen, kahl. Blüten gelblich weiß, 2,5–4 mm lang, zu vielen zwischen den Blättern am Ende der Zweige. Blütenstiel und Blütenbecher behaart. Kronblätter wie bei allen **Seidelbast**-Arten fehlend. Blütenhülle aus einem röhrigen Achsenbecher und dem gefärbten 4zipfeligen Kelch bestehend. 8 kurze Staubblätter in 2 Reihen. Frucht orange bis rot, beerenartig, eiförmig, 7–8 mm lang, einsamig. Alle **Seidelbast**-Arten sind *giftig!*

**Standort**: Garriguen, immergrüne Macchien, als Unterwuchs in Wäldern. Auf allen Bodenarten.

**Verbreitung**: M, Süd- und Westeuropa.

## Lorbeer-Seidelbast *Daphne laureola* II–V

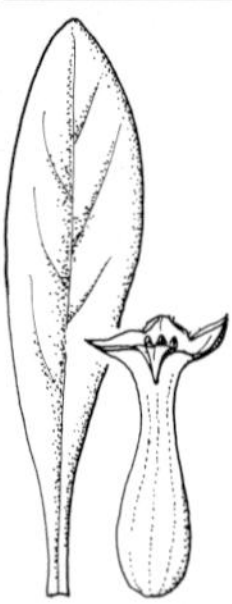

**Merkmale**: Immergrüner, 40–120 cm hoher, wenig verzweigter Strauch. Zweige aufrecht, jung hellgrün, später hellbraun, mit querverlaufenden Narben. Blätter an den Zweigenden gehäuft, wechselständig, verkehrt eiförmig bis lanzettlich, 3–13 cm lang, 1–4 cm breit, lederig, oberseits dunkelgrün und etwas glänzend, unterseits heller, kahl. Blütenstände traubig, 5-, selten 10blütig, blattachselständig, sitzend oder kurz gestielt, zuletzt überhängend. Blüten gelblich grün, bis 12 mm lang, kahl, wenig duftend. Achsenbecher 2- bis 3mal so lang wie die 4 spitzen Kelchzipfel. Staubblätter an der Innenwand des Achsenbechers 2reihig zu je 4 angewachsen. Frucht blauschwarz, beerenartig, eiförmig, leicht zugespitzt, 8 mm lang.

**Standort**: Feuchte, steinige Böden, Laubwälder, auf Kalk. Als Zierpflanze im Steingarten.

**Verbreitung**: M, West- und Südeuropa.

## Ölbaum-Seidelbast *Daphne oleoides* IV-VI

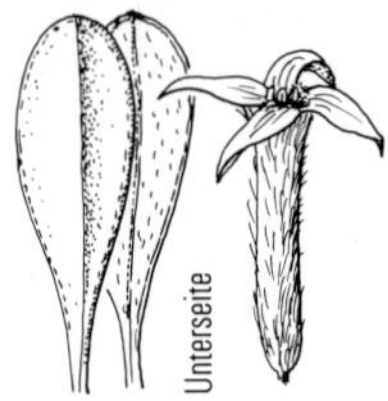


**Merkmale**: Immergrüner, sparrig verzweigter, bis 50 cm hoher Zwergstrauch mit vielen aufrechten, jung behaarten Zweigen. Blätter an den Zweigenden gehäuft, wechselständig, verkehrt eiförmig oder elliptisch, spitz oder stumpf, 1–4,5 cm lang, 3–12 mm breit, lederig glänzend, jung oft zottig behaart, später verkahlend, unterseits mit schwarzen, punktförmigen Drüsen. Blüten weiß oder gelbweiß, selten außen tiefrosa, 1–1,5 cm lang, jung behaart, duftend, zu 3–6 in köpfchenartigen, hochblattlosen Blütenständen an den Zweigenden sitzend. Frucht rot, beerenartig, behaart, bis zur Reife im Achsenbecher eingeschlossen. Ähnlich in Gebirgen Südeuropas auf Kalk die sommergrüne *D. alpina* mit ± niederliegenden Zweigen. Blüten weiß, nach Vanille duftend.

**Standort**: Felsen, felsige Wiesen, auf Kalk.

**Verbreitung**: Gebirge im M.

## Seidenhaariger Seidelbast II–IV
*Daphne sericea*

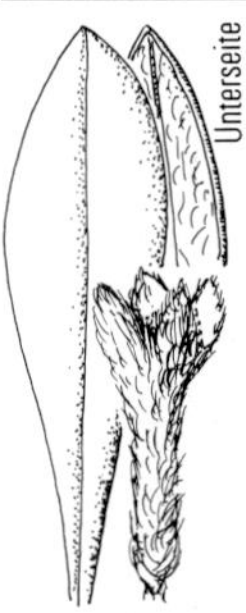


**Merkmale**: Immergrüner, bis 1,5 m hoher, unregelmäßig gabelig verzweigter Strauch. Zweige niederliegend oder aufrecht, jung behaart. Blätter wechselständig, länglich bis verkehrt eiförmig, spitz oder stumpf, 2–6 cm lang, 6–20 mm breit, am Rand etwas umgerollt, lederig, unterseits dicht anliegend weiß behaart, oberseits fast kahl, glänzend. Blüten rosa bis lila, bis 14 mm lang, außen dicht weiß behaart, stark duftend, zu 5–15 köpfchenartig an den Zweigenden gehäuft, umgeben von kleinen, eiförmigen, seidig weiß behaarten Hochblättern, halb so lang wie der Achsenbecher. Die 4 Kelchzipfel stumpf. Fruchtknoten oberständig. Frucht beerenartig, rötlichbraun.

**Standort**: Macchien, Wälder, vor allem im Küstenbereich, bevorzugt auf Kalk.

**Verbreitung**: OM, westlich bis Italien.

## Silberweiße Spatzenzunge III–V
*Thymelaea tartonraira*

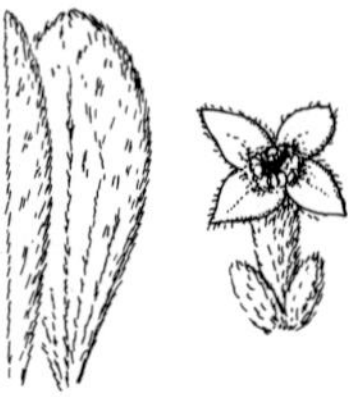

**Merkmale:** Immergrüner, ausdauernder, 20–50 cm hoher Halbstrauch. Zweige niederliegend bis aufrecht, jung seidig behaart, im oberen Teil dicht, abstehend beblättert. Blätter wechselständig, sitzend, verkehrt eiförmig bis länglich, 10–18 mm lang, 2–7 mm breit, beiderseits dicht seidenhaarig. An einer Pflanze oft eingeschlechtige und zwittrige Blüten, büschelig zu 2–5 in den Blattachseln, umgeben von kleinen, eiförmigen Hochblättern. Blüten außen weiß behaart, innen gelblich, 5–6 mm lang, aus einem krugförmigen Achsenbecher mit 4 Kelchzipfeln bestehend. Kronblätter fehlen. 8 Staubblätter. Reife Frucht eine einsamige Kapsel, kahl, im Achsenbecher eingeschlossen.
**Standort:** Trockene, sandige und felsige Plätze in Küstennähe, Garriguen.
**Verbreitung:** M.

## Graubehaarte Zistrose IV–VI
*Cistus incanus*

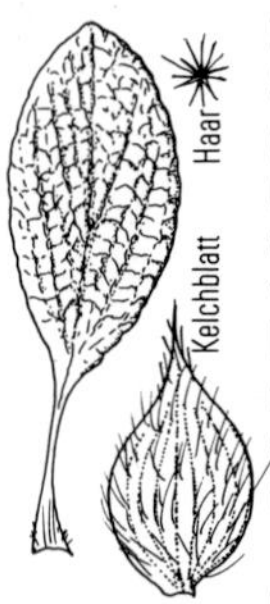


**Merkmale:** 30–100 cm hoher Strauch mit aufrechten bis ausgebreiteten, behaarten Zweigen. Blätter 3–15 mm lang gestielt, eiförmig, elliptisch oder verkehrt eiförmig, 2–5 (7) cm lang, 8–30 mm breit, flach oder am Rand gewellt, unterseits erhaben, oberseits eingedrückt fiedernervig, beiderseits ± dicht sternhaarig filzig, graugrün. Blüten 5zählig, rosarot, 4–6 cm breit, 3–15 mm lang gestielt, einzeln oder bis zu 7 doldig am Zweigende. 5 eiförmig-lanzettliche, zugespitzte, behaarte Kelchblätter. Griffel fädig, so lang wie die Staubblätter. Formenreich. *C. incanus ssp. creticus* stets mit welligen, nur bis 2,5 cm langen Blättern, *C. incanus ssp. incanus* mit langer, weißer Behaarung an Stengel und Kelch.
**Standort:** Garriguen, auf Kalk und Silikat.
**Verbreitung:** M, im Westen selten.

## Weißliche Zistrose *Cistus albidus* IV–VI

**Merkmale:** Dichter, vielästiger, schwach aromatischer, aufrechter Strauch bis 1,5 m Höhe. Blätter kreuzgegenständig, sitzend, halbstengelumfassend, eiförmig bis elliptisch, 1,5–7 cm lang, bis 2 (3) cm breit, flach, unterseits mit 3 erhabenen Nerven, beiderseits dicht sternhaarig filzig, weißlich grün. Blüten 5zählig, rosa bis purpurn, 4–6 cm im Durchmesser, bis 2 cm lang gestielt, einzeln oder doldig zu 1–7 an den Zweigenden. 5 ± gleich große Kelchblätter, breit eiförmig, weißfilzig. Kronblätter 2- bis 3mal so lang wie der Kelch, zerknittert, wie bei allen Zistrosen leicht abfallend. Griffel fast so lang wie die zahlreichen, gelben Staubblätter. Frucht eine Kapsel, eiförmig, 6–8 mm lang, 5klappig.
**Standort:** Sonnige Hänge, Garriguen. Auf allen Bodenarten, bevorzugt felsigen Kalk.
**Verbreitung:** WM, bis Norditalien.

## Kleinblütige Zistrose IV–V
*Cistus parviflorus*

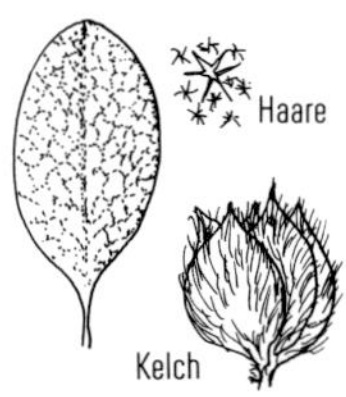


**Merkmale:** Reich verzweigter, bis 1 m hoher, halbkugeliger Strauch. Junge Zweige dicht mit langen, weißen, einfachen Haaren besetzt. Blätter gegenständig, gestielt, eiförmig bis elliptisch, 1–3 cm lang, in der unteren Hälfte undeutlich parallel 3nervig, beiderseits oder zumindest unterseits dicht sternhaarig graufilzig. Blüten 5zählig, hellrosa, 2–3 cm im Durchmesser, bis 1 cm lang gestielt, ± dicht zu 1–6 stehend. 5 eiförmige, bespitzte, bis 8 mm lange, lang weiß behaarte Kelchblätter. Griffel fast fehlend, Narbe daher sitzend, von den zahlreichen Staubblättern überragt. Frucht eine Kapsel, breit eiförmig, etwa 8 mm lang, mit zahlreichen, tetraedrischen, schwarzbraunen, ca. 1 mm großen Samen.
**Standort:** Macchie in Küstennähe, oft auf Kalk.
**Verbreitung:** OM, westlich bis Lampedusa.

## Französische Zistrose IV–VI
*Cistus monspeliensis*

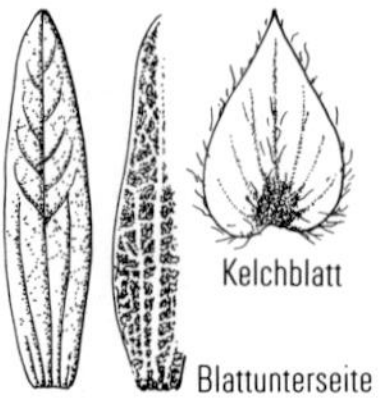


**Merkmale:** Bis 1 m hoher, reich verzweigter, aromatisch duftender, immergrüner Strauch mit braunrötlicher Rinde. Blätter kreuzgegenständig, sitzend, lanzettlich, meist 4–8 cm lang, mit drei Hauptnerven; oberseits glänzend dunkelgrün, netzig gefeldert und leicht klebrig, unterseits heller, dicht sternhaarig, mit hervortretenden Adern. Blüten weiß, bis 3 cm im Durchmesser, zu 2–8 in endständigen, einseitswendigen, traubigen, jung eingerollten Blütenständen ohne Tragblätter. 5 Kelchblätter, rot geadert, die äußeren etwas größer, Kronblätter zart, leicht ausgerandet. Die zahlreichen Staubblätter gelb, der Fruchtknoten oberständig mit kurzem Griffel und 5lappiger, kopfiger Narbe. Frucht eine Kapsel.
**Standort:** Macchien, auf saurem Untergrund.
**Verbreitung:** M, verstärkt im Westen.

## Lack-Zistrose *Cistus ladanifer* IV–VI

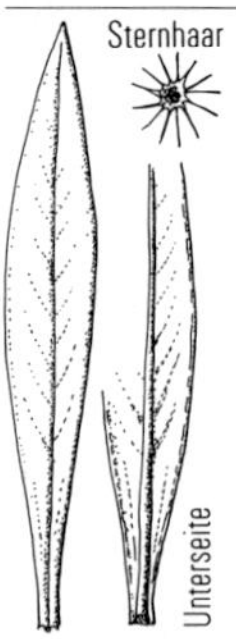


**Merkmale:** Sehr stark drüsig-klebriger, bis 2,5 m hoher Strauch mit harzig-aromatischem Geruch. Blätter gegenständig, fast sitzend, linealisch bis lanzettlich, 4–8 (12) cm lang und 6–25 mm breit, oberseits dunkelgrün, glänzend und kahl, unterseits dicht weißfilzig. Blüten weiß, am Grunde oft dunkelrot oder gelb gefleckt, 7–10 cm im Durchmesser, einzeln stehend. Nur 3 drüsig-klebrige, kahle, am Rand lang weiß bewimperte Kelchblätter. 5 Kronblätter. Griffel sehr kurz. Kapsel kugelig, 6- bis 10fächerig. Ähnlich *C. laurifolius.* Blätter breiter, eiförmig, 3–8 cm lang, 1–3 cm breit, am Rand gewellt. Blüten weiß mit gelbem Grund, in doldenartigen Büscheln zu 3–12. Kelchblätter behaart. Kapsel 5klappig.
**Standort:** Kiefernwälder, Macchie, trockene Hügel. Auf sauren Böden, nie auf Kalk.
**Verbreitung:** WM, Nordwest-Afrika, Kanaren.

## Salbeiblättrige Zistrose IV–VI
*Cistus salvifolius*

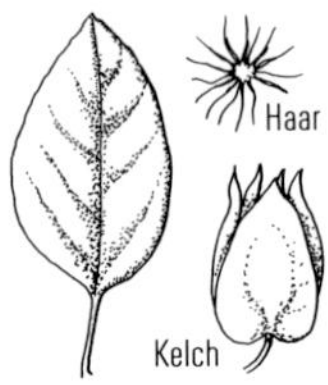


**Merkmale:** Meist immergrüner, buschiger, 30–60 (100) cm hoher, meist aufrechter Strauch, mit vielstrahligen Sternhaaren kurzfilzig behaart. Blätter gegenständig, gestielt, eiförmig bis elliptisch, 1–4 cm lang, 6–20 mm breit, oberseits runzelig, rauh, beiderseits behaart, graugrün. Blüten 5zählig, weiß mit gelbem Grund, 3–5 cm breit, langgestielt, einzeln oder zu 2–4 büschelartig in den Achseln laubblattähnlicher Tragblätter. Kelchblätter ca. 1 cm lang, behaart, die 2 äußeren am Grund herzförmig, die 3 inneren, breit eiförmigen einhüllend. Kronblätter verkehrt ei-keilförmig, 1,5–2 cm lang, 12–18 mm breit. Griffel sehr kurz. Kapsel 5–8 mm lang, behaart.
**Standort:** Felshänge, Trockenwiesen; bevorzugt sonnige Lagen, nährstoffarme, kalkige Böden.
**Verbreitung:** M, Nordafrika.

## Clusius-Zistrose *Cistus clusii* VI–VII

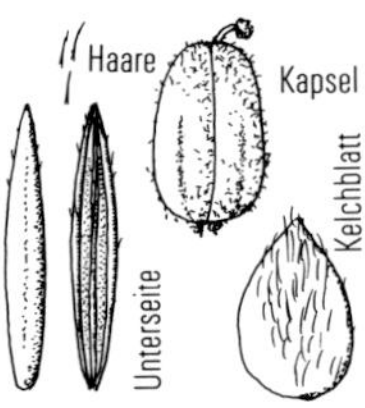


**Merkmale:** Kleiner, vielästiger, bis etwa 1 m hoher Strauch mit aromatisch-harzigem Geruch. Junge Zweige und Blütenstiele lang weiß behaart. Blätter gegenständig, sitzend, schmal linealisch, am Rand nach unten eingerollt, 1–3 cm lang, 1–3 mm breit, oberseits dunkelgrün und kahl, unterseits weißfilzig und mit deutlichem Mittelnerv. Blüten weiß, 2–3 cm breit, bis 1,5 cm lang gestielt, zu 3–12 in doldenähnlichen Blütenständen am Zweigende. Nur 3 eiförmige, 4–8 mm lange, weiß behaarte Kelchblätter. 5 Kronblätter, 2- bis 3mal so lang wie der Kelch. Staubblätter zahlreich. Griffel kurz. Fruchtknoten oberständig. Kapsel bräunlich, 5klappig. Sehr ähnlich in Spanien und Portugal *C. libanotis* mit kahlen, drüsig klebrigen Zweigen und 8–10 mm langem Kelch. **Standort:** Trokkene, sonnige Hänge, auf Kalk. **Verbreitung:** WM, ZM, bis nach Südost-Italien.

## Gelbe Zistrose III–VI
*Halimium halimifolium*

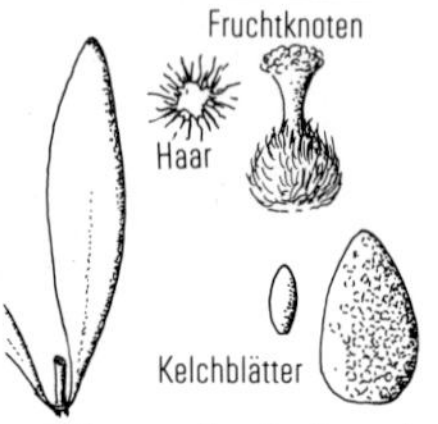


**Merkmale:** Aufrechter, vielästiger, bis 1,5 m hoher, silbergrauer Strauch. Junge Zweige weiß silbrig, ältere braunrot. Blätter kreuzgegenständig, elliptisch oder lanzettlich-spatelig, 1–4 cm lang, 5–20 mm breit, jung weißfilzig, dann oberseits graugrün, mit schildförmigen Schuppen und Sternhaaren. Blütenstand rispig. Blüten goldgelb, am Grunde meist dunkel gefleckt, 3–4 cm breit. 5 Kelchblätter, 2 sehr klein, innere 3–10 mm lang, dicht beschuppt, bisweilen behaart. 5 breit keilförmige Kronblätter. Fruchtknoten oberständig, Griffel keulig. Kapsel eiförmig, 8 mm lang, 2- bis 3klappig, im bleibenden Kelch eingeschlossen. Die Art ist besonders formenreich.

**Standort:** Auf Sand, Dünen, stets küstennah. Macchie, Garriguen, zum Teil bestandbildend.

**Verbreitung:** WM, außer Frankreich.

## Katzenkopf-Sonnenröschen III–IV
*Helianthemum caput-felis*

**Merkmale:** Dichter, reich verzweigter, 10–30 cm hoher, weiß-graufilziger Zwergstrauch. Stengel aufrecht, dicht kreuzgegenständig beblättert. Blätter kurz gestielt, elliptisch bis lanzettlich, 6–15 mm lang, 2–10 mm breit, an den Rändern stark umgerollt; dick, dicht weißfilzig; Nebenblätter 1–3 mm lang, leicht abfallend. Blütenstand traubig, 2- bis 5blütig. Blüten gelb, gestielt. Kelch dicht zottig weiß behaart, die 2 äußeren Kelchblätter kleiner als die 3 inneren. 5 Kronblätter, 9–12 mm lang, länger als der Kelch. Staubblätter zahlreich, alle fertil. Griffel fädig. Kapsel eiförmig, 3klappig, behaart. Die zurückgebogenen äußeren 2 Kelchblätter geben der Knospe ein katzenkopfähnliches Aussehen.

**Standort:** Trockene Plätze, Garriguen, auf Kalk.

**Verbreitung:** Spanien, Balearen, Sardinien.

## Lavendelblättriges Sonnenröschen IV–VI
*Helianthemum lavandulifolium*

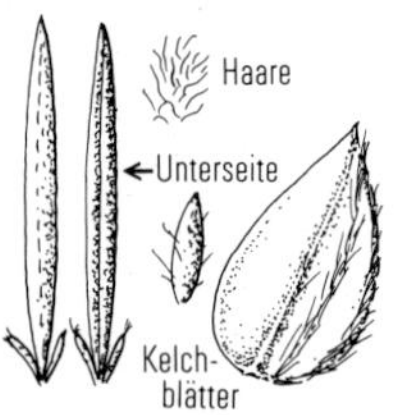


**Merkmale:** Aufrechter, an der Basis verholzter, oben dicht graufilzig behaarter, 10–50 cm hoher Halbstrauch. Blätter kreuzgegenständig, linealisch-lanzettlich, 1–5 cm lang, 3–8 mm breit, spitz, am Rand umgerollt, oberseits grau-, unterseits weißfilzig; Nebenblätter linealisch, 4–6 mm lang, bisweilen abfallend. Blütenstände vielblütig, charakteristisch in 2–5, ± einseitswendige Trauben gegabelt; Blütenstengel jung eingerollt, später gestreckt. Blüten gelb, gestielt. Kelchblätter graufilzig, weiß bewimpert, die 2 äußeren viel kleiner als die 3 bis 9 mm langen inneren. 5 Kronblätter, 6–10 mm lang, Staubblätter zahlreich, alle fertil. Griffel fädig. Fruchtknoten oberständig. Kapsel behaart, kürzer als der Kelch.

**Standort:** Garriguen, Felsfluren, meist auf Kalk.

**Verbreitung:** M, nicht auf Inseln im Westen.

## Apeninnen-Sonnenröschen IV–VI
*Helianthemum apeninnum*

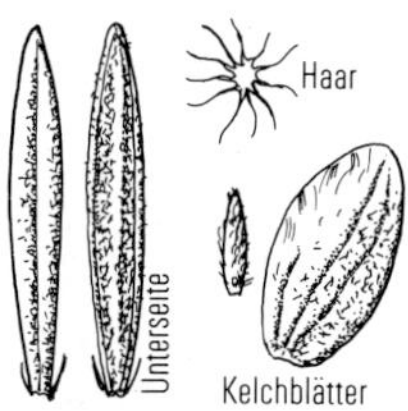


**Merkmale:** Lockerer, von Grund an reich verzweigter, bis 50 cm hoher Halbstrauch. Stengel ausgebreitet, unten verholzt, oben dicht weiß weichhaarig. Blätter kreuzgegenständig, kurz gestielt, linealisch bis länglich, 8–30 mm lang, 2–8 mm breit, an den Rändern etwas umgerollt, oberseits grün bis graufilzig, unterseits dicht sternhaarig bis weiß-graufilzig; Nebenblätter linealisch, bis 5 mm lang, sternhaarig, bleibend. Blütenstand 3- bis 10blütig. Blüten weiß, selten rosa, am Grund gelb, gestielt, Kelchblätter außen dicht sternhaarig, die 2 äußeren viel kleiner als die 3 bis 1 cm langen inneren. 5 Kronblätter, bis 1,5 cm lang. Staubblätter zahlreich, alle fertil. Kapsel 3klappig, so lang wie der Kelch.

**Standort:** Steinige, trockene Hänge, Felsen.

**Verbreitung:** M, Westeuropa, bis Südengland.

## Graues Sonnenröschen IV–V
*Helianthemum cinereum*

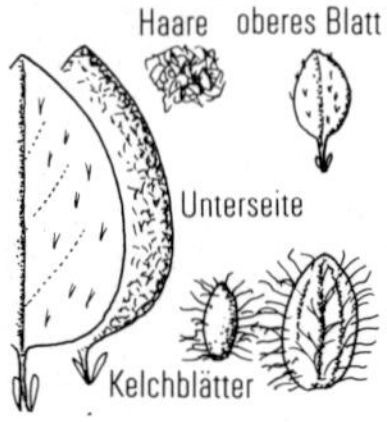


**Merkmale**: Gewöhnlich lockere Rasen bildender, bis 20 cm hoher Halbstrauch. Stengel aufrecht, an der Basis verholzt, zumindest oben sternhaarig weißfilzig, oft rot überlaufen. Blätter kreuzgegenständig, sehr kurz gestielt, eiförmig bis lanzettlich, mit abgerundetem oder herzförmigem Blattgrund, 5–18 mm lang, 2–15 mm breit, flach, oberseits grün und kahl bis graufilzig, unterseits graufilzig; untere und Blätter der sterilen Stengel am größten. Nebenblätter klein oder groß, bleibend oder abfallend. Blütenstand vielblütig, verzweigt. Blüten gelb. Kelchblätter lang, weiß, abstehend behaart, die 2 äußeren viel kleiner als die 3 4–6 mm langen inneren. 5 Kronblätter, 4–6 mm lang. Griffel schlank, kürzer als die zahlreichen Staubblätter. Kapsel 3klappig. **Standort**: Steinige Hänge. **Verbreitung**: Spanien, Italien, Griechenland.

## Thymianblättriges Nadelröschen IV–VI
*Fumana thymifolia*

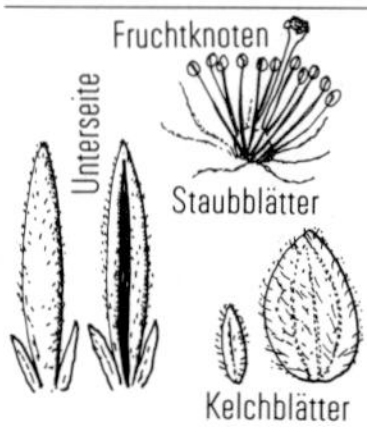


**Merkmale**: 10–30 cm hoher Zwergstrauch. Zweige bis auf halbe Höhe gegen-, dann wechselständig geblättert. Blätter nadelartig, 5–11 mm lang, bis 1 mm breit, am Rand umgerollt, kahl, behaart oder drüsenhaarig, mit Nebenblättern; in den Achseln mit kleinen beblätterten Kurztrieben. Tragblätter im 3- bis 9blütigen Blütenstand deutlich kleiner als Stengelblätter, nur 2–3 mm lang. Blüten gelb. 5 Kelchblätter, 2 klein, 3 größer, bis 4 mm lang, häutig, mit grünen Nerven. 5 Kronblätter, 5–8 mm lang. Staubblätter zahlreich, die äußeren steril. Griffel fädig. Kapsel 3klappig, 4–5 mm lang, 6samig. Ähnlich *F. laevipes* mit nur wechselständigen, bis 4 mm breiten Blättern.
**Standort**: Auf trockenen, steinigen, sandigen oder felsigen Böden, auf Kalk. Garriguen.
**Verbreitung**: M, Portugal.

## Holziges Sandröschen IV–V
*Tuberaria lignosa*

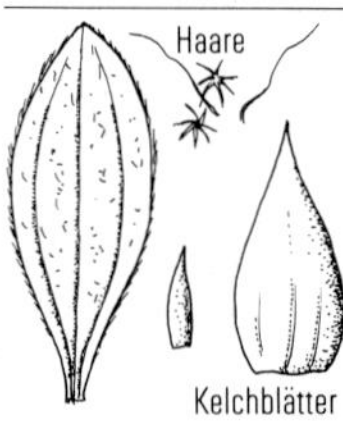


**Merkmale**: Ausdauernde, bis 40 cm hohe Pflanze mit verzweigtem, holzigem Rhizom und wegerich-ähnlichen Blattrosetten. Blätter verkehrt eiförmig bis elliptisch, zu einem undeutlichen Blattstiel verschmälert, 3nervig, 2–2,5 cm lang, 8–25 mm breit, oberseits ± kahl, glänzend, unterseits lang flaumhaarig bis weißfilzig; Nebenblätter fehlen. Blütentragende Stengel unverzweigt, 3- bis 8blütig mit lanzettlichen Tragblättern. Blüten etwa 3 cm im Durchmesser, bis 2 cm lang gestielt. Kelchblätter kahl, die 2 äußeren deutlich kleiner als die 3 bis 1,5 cm langen inneren. 5 gelbe, ungefleckte Kronblätter. Staubblätter zahlreich. Fruchtknoten oberständig mit sitzender Narbe. Kapsel behaart, 3klappig.
**Standort**: Auf sauren, sandigen Böden.
**Verbreitung**: WM bis Südost-Italien.

## Geflecktes Sandröschen III–VI
*Tuberaria guttata*

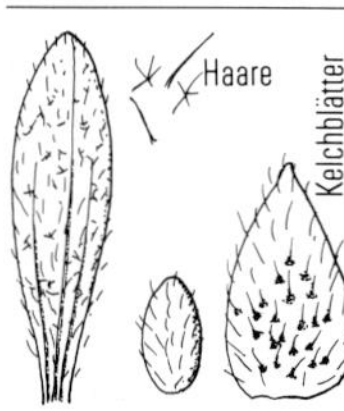


**Merkmale**: Einjährige, zottig abstehend behaarte, bis 30 cm hohe, aufrechte Pflanze mit grundständiger, zur Blütezeit oft schon welker Blattrosette. Stengelblätter gegenständig, untere elliptisch oder verkehrt eiförmig, ohne Nebenblätter, obere länglich bis linealisch-lanzettlich, bis 3 cm lang, 1–3 mm breit, oft mit Nebenblättern. Alle Blätter 3nervig, beiderseits sternhaarig. Blüten 5zählig, 1–2 cm breit, lang gestielt in lockeren, endständigen Trauben. Kelchblätter lang behaart, schwarz gefleckt, die 2 äußeren viel kleiner und schmaler als die 3 inneren. 5 hellgelbe bis weiße Kronblätter, am Grund dunkelbraun gefleckt. Kapsel kahl, 3klappig. Variiert in Behaarung, Blatt- und Blütengröße.
**Standort**: Sonnige, trockene, sandige Plätze.
**Verbreitung**: M, Westeuropa, Kanaren.

## Afrikanische Tamariske III–VII
*Tamarix africana*

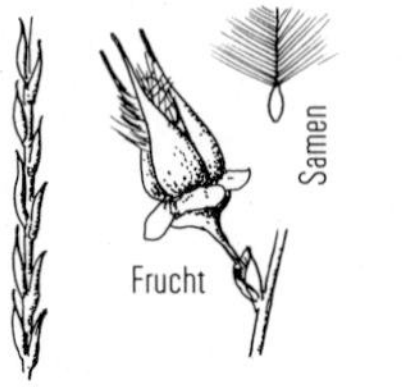


**Merkmale:** Kleiner Baum oder Strauch bis 5 m Höhe mit langen, dünnen Ästen. Rinde braunrot bis dunkelpurpurn. Blätter wechselständig, anliegend, sehr klein, 1,5–4 mm lang, schuppig, am Ansatz stengelumfassend, ± durchscheinend häutig berandet. Blüten 5zählig, sehr klein, weiß bis blaßrosa, in dichten, 3–6 cm langen, 5–8 mm breiten Ähren, die an den vorjährigen Zweigen entstehen. Tragblätter dreiekkig, länger als die 1,5 mm langen, freien Kelchblätter. Kronblätter frei, 2–3 mm lang, meist an der Frucht, einer eiförmigen Kapsel, bleibend. Samen lang schopfig behaart. Ähnlich im WM *T. canariensis* und *T. gallica* mit blaugrünen Blättern, lockeren Ähren und bis 2 mm langen, abfallenden Kronblättern.
**Standort:** Feuchte, salzhaltige Böden. Flußufer.
**Verbreitung:** WM, ZM, Kanaren.

## Myrte *Myrtus communis* VI–VIII

**Merkmale:** Immergrüner, aromatischer Strauch oder kleiner Baum bis 5 m Höhe mit hellbraunen, jung drüsig behaarten Zweigen. Blätter gegenständig, fast sitzend, eilanzettlich, spitz, bis 3 (5) cm lang, lederig, oberseits dunkelgrün glänzend, unterseits heller, drüsig durchscheinend punktiert. Blüten 5zählig, weiß, wohlriechend, bis 3 cm breit, lang gestielt, einzeln in den Blattachseln. Kelchblätter und die wesentlich längeren, fast kreisförmigen Kronblätter frei. Staubblätter zahlreich. Griffel fädig, Fruchtknoten unterständig. Frucht eine ± kugelige, 7–10 mm lange, reif blauschwarze Beere, vom bleibenden Kelch gekrönt. Verwendung der ätherischen Öle gegen Atemwegserkrankungen.
**Standort:** Feuchte Böden, lichte Gebüsche, kalkmeidend, von alters her als Zierpflanze.
**Verbreitung:** M, Kanaren, im Osten bis Zentralasien.

## Frankenie *Frankenia laevis* IV–VI

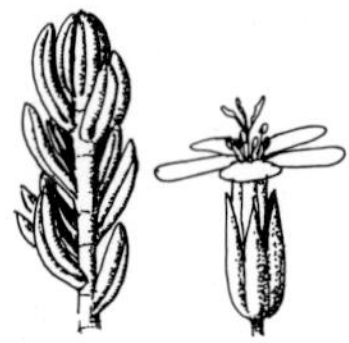

**Merkmale:** Ausdauernde, reichverzweigte, mattenbildende Pflanze, am Grund verholzt. Stengel niederliegend, bis 40 cm lang, ± behaart. Blätter gegenständig, ± linealisch-lanzettlich, 2–5 mm lang, am Rand umgerollt, graugrün, oberseits kahl, unterseits behaart, bisweilen weiß verkrustet. Blüten rosa, am Grund gelb, sitzend, im gesamten oberen Teil der Zweige verteilt, einzeln oder zu wenigen gehäuft. Kelch 3–5 mm lang, 5teilig. 5 Kronblätter, 4–6 mm lang, in einen Nagel verschmälert. Äußere 3 Staubblätter kürzer als die 3 inneren. Frucht eine Kapsel, im bleibenden Kelch eingeschlossen. Ähnlich *F. hirsuta* im M, außer Spanien, Blüten jedoch in dichten, doldenähnlichen, endständigen Büscheln, Blätter unterseits nie weiß verkrustet.
**Standort:** Meernahe Sandböden, Salzsümpfe.
**Verbreitung:** WM, bis Südost-Italien.

## Camaldoli-Fieberbaum I–XII
*Eucalyptus camaldulensis*

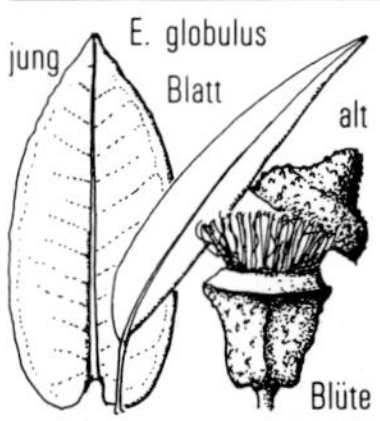


**Merkmale:** Kräftiger, bis 20 (40) m hoher, aromatisch riechender Baum mit hängenden Ästen. Rinde sich jährlich erneuernd, unregelmäßig abblätternd, neu weißlich. Junge Pflanzen mit kreuzgegenständigen, lanzettlichen, oft weiß-graubläulichen Blättern. Folgeblätter wechselständig, länglich-lanzettlich, bis 22 mm lang, bis 15 mm breit, grün. Blüten zu 5–10 in kleinen, blattachselständigen, gestielten Dolden. Kelch- und Kronblätter verwachsen, den becherförmigen Fruchtknoten bedeckend, als geschnäbeltes Deckelchen abfallend, zahlreiche gelbweiße Staubblätter freigebend.
**Standort:** Gedeiht in fast allen Lagen.
**Verbreitung:** M, kultiviert. Heimat Australien. Viele weitere *E.*-Arten im M kultiviert. *E. globulus* unterscheidet sich durch einzeln stehende Blüten und oft sichelförmige Blätter.

Tamariskengew.

Frankeniagewächse

Myrtengewächse

## Granatapfelbaum *Punica granatum* V–IX

**Merkmale:** Sommergrüner, dorniger Strauch oder kleiner Baum bis 7 m Höhe. Rinde graubraun. Junge Zweige 4kantig. Blätter gegenständig, lederig, 2–8 cm lang, glänzend, grün, kahl. Blüten rot, 3–4 cm breit, einzeln oder zu 2–3 am Ende der Zweige. 5–8 Kelch- und Kronblätter auf einem fleischigen, lederigen, rot glänzenden Achsenbecher. Kronblätter leicht abfallend, etwas zerknittert, 2–3 cm lang. Staubblätter zahlreich. Frucht grün bis rötlich braun, ± kugelig, etwas abgeflacht, mit dicker, lederiger Schale, oben vom Kelch gekrönt, mit vielen harten Samen, die von einem eßbaren, gallertig-saftigen, rötlich durchscheinenden Samenmantel umgeben sind. Kultivierte Formen süß, Wildformen oft sehr bitter.
**Standort:** Kultiviert in Gärten als Frucht- und Zierbaum, als Hecke. Oft verwildert.
**Verbreitung:** M, Ursprung Südwest-Asien.

## Echter Feigenkaktus IV–VII
*Opuntia ficus-indica*

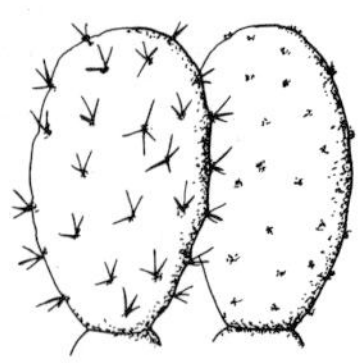

O. tuna O. ficus-indica

**Merkmale:** Ausdauernde, 2–5 m hohe, stark verzweigte, graugrüne Pflanze. Stengel in flache 20–50 cm lange, 10–20 cm breite, schwer abzulösende, fleischige Abschnitte gegliedert. Blätter winzig, früh abfallend. Blattachselständig kleine Höcker mit gelblichen, brüchigen Borsten mit Widerhaken, selten mit 1–2 kräftigen Dornen. Blüten gelb, 6–8 cm breit. Zahlreiche Kelch- und Kronblätter basal zu einem Becher verwachsen. Frucht 5–9 cm lang, reif gelb bis rotviolett, geschält eßbar, saftig, mit hellen, harten Samen. 5 weitere *O.*-Arten in Südeuropa, alle gelbblütig. *O. tuna* besitzt leicht ablösbare Stengelglieder mit 2–3 kräftigen, bleibenden Dornen je Höcker.
**Standort:** Wegen der Früchte kultiviert, auch als Hecke, oft verwildert. Trockene Orte.
**Verbreitung:** M, Heimat tropisches Amerika.

## Spritzgurke *Ecballium elaterium* III–IX

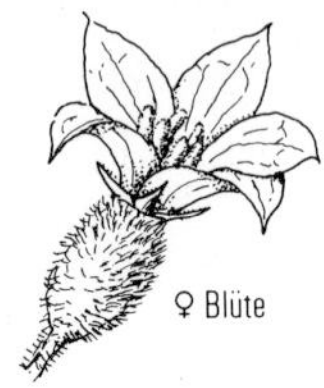


**Merkmale:** Ausdauerndes, einhäusiges, niederliegendes, gurkenartiges Kraut, bis 1 m lang. Stengel fleischig, abstehend steif behaart. Blätter lang gestielt, dicklich, Spreite herzförmig bis dreieckig, 4–10 cm lang, rauh behaart, gezähnt und gewellt, selten seicht gelappt. Blüten eingeschlechtig, blattachselständig, männliche zu mehreren, weibliche einzeln. Kelch 5spaltig. Krone blaßgelb, trichterig, tief 5teilig, 1,5–2 cm lang, mit 3 gelben Staubblättern bzw. 5lappiger Narbe. Fruchtknoten unterständig, sich zu einer walzlichen, bis 5 cm langen, 2,5 cm breiten, grünen, rauh behaarten Frucht entwickelnd, die reif schon bei leichter Berührung vom Stiel abspringt, wobei sie Samen und flüssiges Inneres explosionsartig ausschleudert.
**Standort:** Brachland, Schuttplätze, auf Sand.
**Verbreitung:** M, Südost-Europa.

## Binsenartiger Weiderich IV–IX
*Lythrum junceum*

**Merkmale:** Meist ausdauerndes, kahles Kraut, 20–70 cm hoch. Stengel 4kantig, am Grund verzweigt, niederliegend bis aufsteigend. Blätter meist wechselständig, sitzend, untere verkehrt eiförmig, bis 2 cm lang und 1 cm breit, obere sich zunehmend verschmälernd und linealisch. Blüten einzeln in den Achseln der oberen Blätter, ± sitzend. 6 breit dreieckige, 1 mm lange Kelchzähne und 6 schmalere Zwischenzähne einem röhrigen, basal rot gefleckten Achsenbecher aufsitzend. Dazwischen 6 purpurviolette, selten weiße Kronblätter, 5–7 mm lang. 12 verschieden lange Staubblätter, einige herausragend. 3 Blütentypen mit unterschiedlicher Griffellänge. Fruchtknoten oberständig, wird zu einer 2klappigen Kapsel.
**Standort:** Sümpfe, Flußufer, nasse Böden.
**Verbreitung:** M, Südwest-Europa.

Granatapfelgewächse

Kakteen

Siehe auch Bild auf Seite 280

Gurkengewächse

Weiderichgewächse

## Lagözie *Lagoecia cuminoides* IV–V

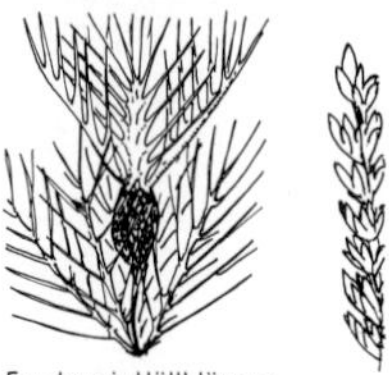

Frucht mit Hüllblättern

**Merkmale:** Einjährige, 6–30 cm hohe, aromatische Pflanze. Stengel dünn, aufrecht bis aufsteigend, einfach oder gleich an der Basis verzweigt. Blätter einfach gefiedert, bis 7 cm lang und etwa 8 mm breit; die zierlichen Fiederblättchen wechselständig, eiförmig bis lanzettlich, tief gezähnt und kurz begrannt. Die kugeligen, vielstrahligen, 5–15 mm breiten Dolden aus dichtgedrängten, einblütigen Döldchen zusammengesetzt. Hüllblätter wie die oberen Blätter. Die 4 Hüllchenblätter fiederschnittig; Abschnitte lang feinborstig begrannt. Kelchblätter ähnlich, 3 mm lang, sehr auffällig. Kronblätter weiß, in 2 linealische, spitze Lappen endend. Nur ein Griffel. Frucht ca. 2 mm lang, mit kurzen, keuligen Haaren, vom feingefiederten Kelch gekrönt.
**Standort:** Steinige, trockene Böden; auf Kalk.
**Verbreitung:** M, bis nach Südost-Portugal.

## Verbreiterte Mannstreu VI–VIII
*Eryngium dilatatum*

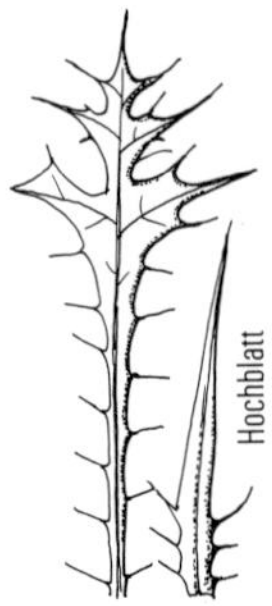


**Merkmale:** Ausdauernde, oben amethystblau gefärbte, 5–40 cm hohe, aufrechte Pflanze. Grundblätter ausdauernd, etwas lederig, mit 2–10 cm langer, oben 3teiliger, unten gezähnter bis fiederschnittiger Spreite; Fiederabschnitte eiförmig bis schmal lanzettlich, mit lang borstig bespitzten, nicht stechenden Zähnen. Blüten klein, bläulich, in kugeligen Köpfchen von 5–10 mm Durchmesser, die von 5–10 schmal lanzettlichen, spitzen, 1–3 cm langen, am Rand 3–6 (10) Dornenpaare tragenden Hüllblättern überragt werden. Frucht 4–5 mm lang, häutig beschuppt. Eine weitere Art, das blaugrün bereifte *E. maritimum* mit gelappten, dornig gezähnten Blättern und 1,5–3 cm breiten Köpfchen, wächst an vielen Sandstränden des M.
**Standort:** Trockene Böden, auf Kalk.
**Verbreitung:** Spanien und Portugal.

## Stahlblaue Mannstreu VI–IX
*Eryngium amethystinum*

**Merkmale:** Ausdauernde, kräftige, oben amethystblau überlaufene, stechende Pflanze. Stengel aufrecht, 20–70 cm hoch. Grundblätter meist ausdauernd, lederig, mit doppelt fiederteiliger, 10–15 (20) cm langer Spreite; Fiederabschnitte linealisch-lanzettlich, mit dornigen Sägezähnen. Blüten klein, etwa 4 mm lang, in 1–2 cm breiten Köpfchen zusammengedrängt, die von 5–9 lanzettlichen, 2–5 cm langen, am Rand 1–4 Paar kleine Dornen tragenden Hüllblättern überragt werden. Frucht 4–5 mm lang, häutig beschuppt. Das etwas zierlichere *E. creticum* mit ungeteilten, bald verwelkenden Grundblättern und kleineren Köpfchen findet sich ebenfalls in OM, besonders in Griechenland.
**Standort:** Trockene Böden, auf Kalk.
**Verbreitung:** OM, im Westen bis Italien.

## Starre Stacheldolde VI–IX
*Echinophora spinosa*

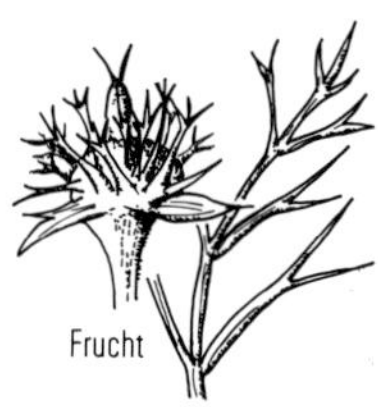


**Merkmale:** Ausdauernde, 20–50 (80) cm hohe, kräftige, ± stark flaumhaarige Pflanze. Blätter hell graugrün, starr, fleischig, mit doppelt gefiederter Spreite; Fiederabschnitte pfriemlich, am Ende dornig, oberseits furchig, unterseits gekielt. Dolden mit 4–10 behaarten Strahlen. Hülle und Hüllchen dornig. Döldchen in der Mitte mit einer zwittrigen Blüte, eng umgeben von mehreren männlichen Blüten, deren Stiele mit der Basis des Fruchtknotens der Zentralblüte verbunden sind und eine Hülle um die Frucht bilden. Die 5 Kronblätter weiß, selten rosa, etwa 2 mm lang; die äußeren größer. – An trockenen Standorten im OM die grau behaarte, gelbblütige, nicht dornige *E. tenuifolia* mit flachen Blättern.
**Standort:** Sandstrände, meernahe Dünen.
**Verbreitung:** M.

## Echter Venuskamm IV–VII
*Scandix pecten-veneris*

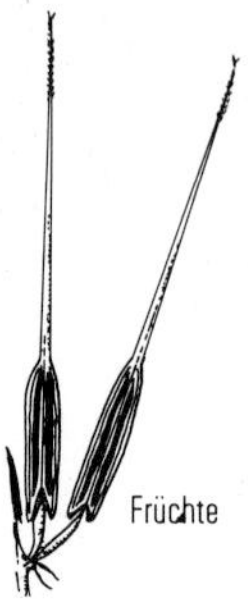


**Merkmale**: Einjähriges, 5–50 cm hohes, formenreiches Kraut. Stengel aufsteigend oder aufrecht, vom Grund an verzweigt, fein gerillt, kahl oder abstehend steifhaarig. Blätter 2- bis 4fach fein gefiedert, bis 8 cm lang; Dolde 1- bis 3strahlig. Hülle meist fehlend. Hüllchen 5blättrig, ganzrandig oder kerbig gezähnt, oft häutig berandet oder abstehend behaart. Kelchblätter fehlen. Kronblätter weiß, die äußeren größer. Frucht 1,5–8 cm lang, bestehend aus einem kurzen, deutlich abgesetzten Samen und einem bis 6mal so langen, abgeflachten Schnabel. Im M *S. australis* mit nur 1–4 cm langer, undeutlich in Samen und Schnabel gegliederter Frucht und *S. stellata* mit gefiederten Hüllchenblättern.
**Standort**: Kultur- und Brachland. Ackerunkraut.
**Verbreitung**: M, Kanaren, West- und Mitteleuropa. Synonym: Echter Nadelkerbel.

## Durchwachsenblättrige Gelbdolde III–V
*Smyrnium perfoliatum*

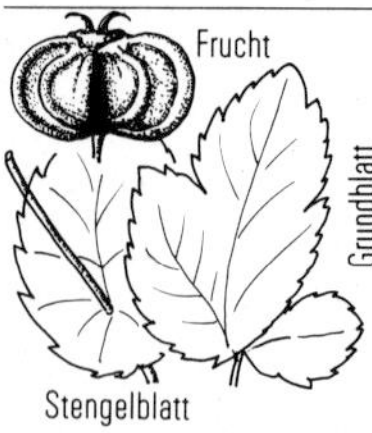


**Merkmale**: 2jährige, 50–120 cm hohe, fast kahle, gelblich grüne Pflanze. Stengel kantig, schmal geflügelt; obere Seitenäste wechselständig. Untere Blätter langgestielt, 1- oder 2fach gefiedert, am Rand grob kerbig gesägt. Obere Blätter stengelumfassend eiförmig-herzförmig, meist flach kerbig gesägt. Dolde 5- bis 12strahlig. Hülle, Hüllchen und Kelchblätter fehlend. Kronblätter gelb, lanzettlich, oben eingerollt. Früchte braunschwarz, fast kugelig, bis 3,5 mm lang. Ähnlich *S. rotundifolium* im OM und ZM mit ungeflügeltem Stengel und meist ganzrandigen, oberen Blättern. *S. olusatrum* im M mit gegenständigen, oberen Seitenästen, nicht stengelumfassenden Blättern und 6–8 mm langen Früchten.
**Standort**: Schattige Plätze, Olivenhaine, Wald.
**Verbreitung**: M, Südeuropa.

## Safran-Rebendolde V–VI
*Oenanthe crocata*

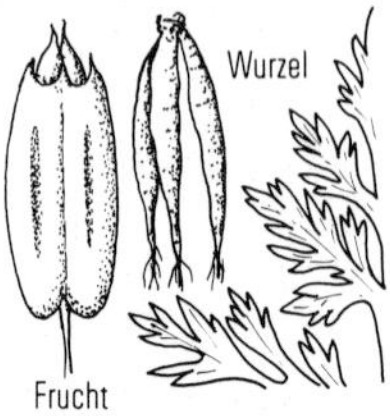


**Merkmale**: Ausdauernde, kräftige, verzweigte Pflanze bis 1,5 m Höhe. Wurzelknollen ± schmal elliptisch, an der Stengelbasis ansetzend. Stengel hohl, gefurcht. Untere Blätter 3- bis 4fach gefiedert, Blättchen eiförmig bis kreisförmig, am Rand gelappt bis gekerbt. Stengelblätter 2- bis 3fach gefiedert, mit eiförmigen bis linealischen Blättern. Dolden endständig, 10- bis 40strahlig. Hülle meist fehlend. Kelchblätter spitz, bleibend. Kronblätter weiß, äußere vergrößert. Frucht ± zylindrisch, 4–6 mm lang, mit 2 halb so langen Griffeln. Im WM, in Meeresnähe die bis 50 cm hohe *O. globulosa*. Grundblätter 2fach gefiedert. Dolden mit 3–16 Strahlen. Frucht kugelig, ca. 5 mm breit, mit mehr als halb so langen Griffeln.
**Standort**: Feuchte Wiesen, nasse Böden.
**Verbreitung**: WM und Westeuropa.

## Wilder Fenchel *Foeniculum vulgare* VI–IX

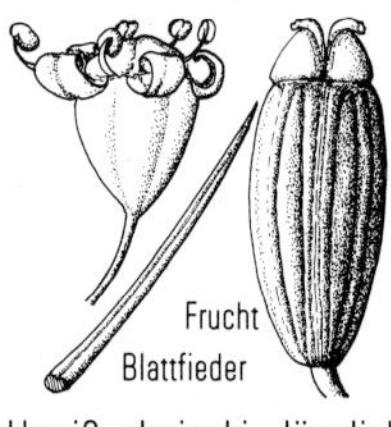


**Merkmale**: Zweijährige oder ausdauernde, blaugrün bereifte, bis 2,5 m hohe, kahle Staude, Stengel aufrecht, reich verzweigt, feinrillig. Blätter 3- bis 4fach gefiedert, im Umriß dreieckig-länglich. Fiedern fadenförmig, spitz, etwas fleischig, meist nicht in einer Ebene. Dolden bis 15 cm breit; Strahlen ungleich lang. Hülle und Hüllchen meist fehlend. Blüten klein, gelb, nektarreich. Frucht 4–10 mm lang, mit deutlichen, ungeflügelten Rippen. Im M wildwachsend *F. vulgare ssp. piperitum* mit 4- bis 10strahligen Dolden, kaum 1 cm langen, starren Fiedern und scharf schmeckenden Früchten. Angebaut, oft verwildert *F. vulgare ssp. vulgare* mit 12- bis 25(30)strahligen Dolden, 1–5 cm langen Blättchen und süßlich-aromatischen Früchten.
**Standort**: Straßenränder, trockenes Kultur- und Brachland, Bahndämme.
**Verbreitung**: M, Kanaren, Südwest-Asien.

## Sizilianische Kundmannie IV–VI
*Kundmannia sicula*

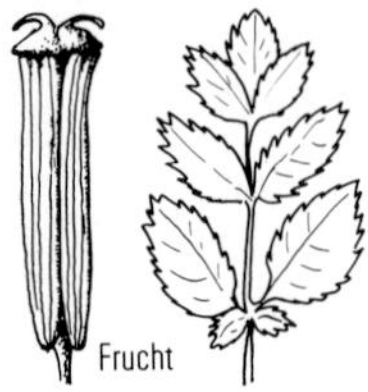


**Merkmale**: Ausdauernde, 30–70 cm hohe, kahle, dunkelgrüne Pflanze. Stengel aufrecht, locker beblättert. Untere Blätter meist 2fach gefiedert, mit eiförmigen, deutlich grob gesägten bis gekerbten Abschnitten, unterhalb der unteren Fiederblättchen oft mit einem Paar zusätzlicher, kleiner Blättchen. Obere Stengelblätter meist einfach gefiedert und mit scharf gesägten oder geschlitzten Abschnitten. Dolden mit 5–30 fast gleich langen Strahlen und zahlreichen, linealischen Hüll- und Hüllchenblättern. Blüten gelb. Kronblätter etwa 2 mm lang, breit eiförmig, an der Spitze nach innen eingerollt. Frucht fast zylindrisch, mindestens 3mal so lang wie breit, mit schmalen, hervortretenden Rippen, 6–10 mm lang.
**Standort**: Trockenes Brachland und Weiden.
**Verbreitung**: M, bis nach Südportugal.

## Sizilianisches Steckenkraut VI–VII
*Cachrys sicula*

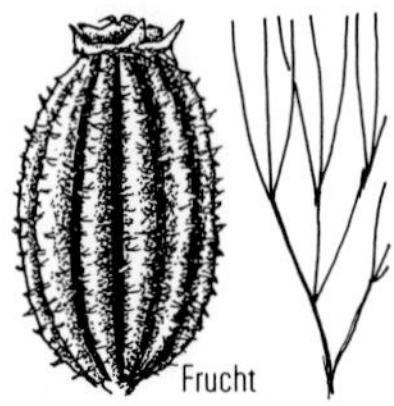


**Merkmale**: Ausdauernde, 30–150 cm hohe, kahle, graugrüne Pflanze. Stengel aufrecht, meist rauh, reich verzweigt; Seitenäste gegen- oder quirlständig, Blätter 2- bis 3fach gefiedert, im Umriß rhombisch. Blättchen 1,5–3 cm lang und 1–1,5 mm breit, am Rand rauh. Dolde 20- bis 30strahlig, Hüllblätter zahlreich, bei der zentralen Dolde 1- bis 2fach gefiedert. Hüllchen pfriemlich, ganzrandig. Kelchblätter pfriemlich. Kronblätter gelb, kurz. Frucht 1–1,5 cm lang, mit gezähnten Längsrippen. Sehr ähnlich in Süditalien *C. pungens* mit 3,5–8 cm langen, fädigen Fiederblättchen. Im WM die kleinere *C. libanotis*; Blättchen linealisch, oft gezähnt, 5–10 mm × 1,5–2,5 mm; Dolde 8- bis 15strahlig; Frucht bis 1 cm lang, Rippen glatt.
**Standort**: Küstennahe, trockene Weiden, Sand.
**Verbreitung**: WM, bis nach Südportugal.

## Dreispaltiges Steckenkraut VII–VIII
*Cachrys trifida*

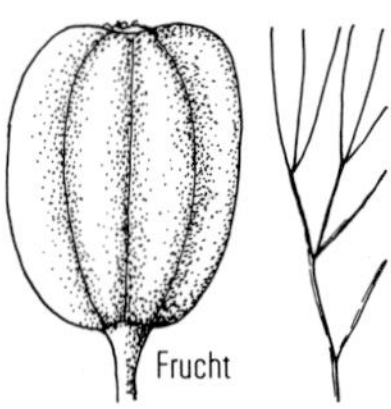


**Merkmale**: Ausdauernde, kahle, 60–120 cm hohe Pflanze. Stengel aufrecht, streifig, drehrund; obere Seitenäste gegen- oder quirlständig. Blätter 4- bis 7fach gefiedert, 20–40 cm lang, im Umriß dreieckig, mit feinen, linealisch-fädigen, 5–30 mm langen und nur etwa 0,2 mm breiten Fiederblättchen. Obere Stengelblätter mit schmalem Blattstiel. Dolde 10- bis 20strahlig. Hülle fehlend oder mit 1–2 linealischen Hüllblättern. Hüllchenblätter zu mehreren. Blüten gelb. Kelchblätter kaum erkennbar. Die 5 Kronblätter elliptisch, lang bespitzt, etwa 3 mm lang, an der Spitze nach innen gerollt. 5 Staubblätter. Fruchtknoten unterständig. Frucht hellbraun, 12–15 mm lang, fast drehrund, glatt.
**Standort**: Steinige, trockene Hänge.
**Verbreitung**: WM, Portugal.

## Meerfenchel *Crithmum maritimum* V–X

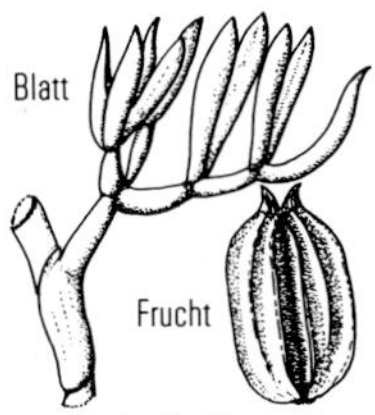


**Merkmale**: Ausdauernde, 15–50 cm hohe, fleischige, kahle, an der Basis verholzte Pflanze von sellerieähnlichem Geruch und salzigem Geschmack. Blätter wechselständig, sitzend, stengelumfassend, im Umriß dreieckig, 1- bis 2fach gefiedert, Fiedern linealisch verkehrt-lanzettlich, oberseits leicht rinnig, bis zu 5 cm lang. Dolden mit 8–36 kräftigen Strahlen. Hüll- und Hüllchenblätter dreieckig bis schmal-lanzettlich, später zurückgeschlagen. Kelchzähne sehr klein. Kronblätter grünlich-gelb, verkehrt-herzförmig, Früchte nicht zusammengepreßt, deutlich gerippt, bräunlich.
**Standort**: Küstenfelsen, Strandklippen, selten auf Sand oder Kies, landeinwärts nur, soweit der Einfluß der Seeluft reicht.
**Verbreitung**: M, Kanaren, Atlantikküste, nördlich bis Schottland.

## Strauchiges Hasenohr V–IX
*Bupleurum fruticosum*

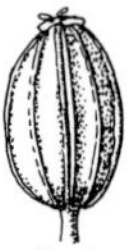

Frucht

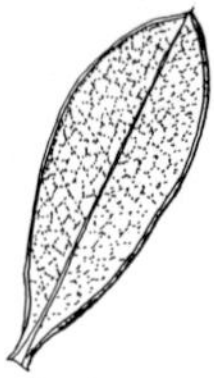

**Merkmale:** Immergrüner, 1–2,5 m hoher, reich verzweigter Strauch mit aromatischem Geruch. Zweige aufrecht, mit rötlich brauner Rinde. Blätter wechselständig, schräg nach oben gerichtet, oberseits glänzend, unterseits heller und mit gut erkennbarer Nervatur, lederig, verkehrt eiförmig bis lanzettlich, stachelspitzig, fast sitzend, 2,5–11 cm lang und bis 3 cm breit. Dolden einzeln, endständig, 5- bis 25strahlig, ansehnlich. Die 5–6 zurückgeschlagenen Hüll- und Hüllchenblätter früh abfallend. Blüten gelb, mit 5 sehr kleinen Kronblättern. Kelchblätter fehlen. Fruchtknoten unterständig. Früchte 7–8 mm lang, mit 5 schmal geflügelten Rippen.

**Standort:** Garriguen, Felsen, Bachbetten, bevorzugt Kalk. Als Zierstrauch und Hecke.

**Verbreitung:** M.

## Gibraltar-Hasenohr VI–IX
*Bupleurum gibraltarium*

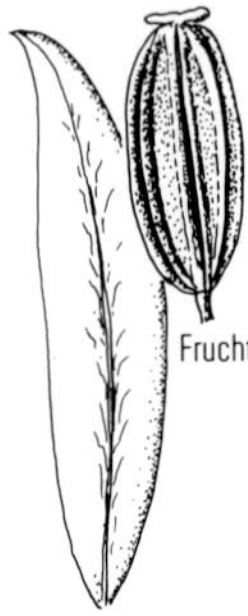

Frucht

**Merkmale:** Immergrüner, kleiner, bis 1,5 (2) m hoher Strauch mit langen, aufrechten, im oberen Teil nicht beblätterten Stengeln. Blätter oberseits gelblich grün, unterseits heller, lederig, länglich bis lanzettlich, stachelspitzig, fast sitzend, 6–13 cm lang und bis 2 cm breit. Dolden 10- bis 30strahlig, meist zu mehreren in einer lockeren Rispe angeordnet. Die 5–7 Hüllblätter lanzettlich bis eiförmig, zurückgeschlagen, nicht abfallend, ebenso die 5 Hüllchenblätter. Blüten gelb. Frucht 7–8 mm lang. Gehört zusammen mit der vorhergehenden Art mit zu den wenigen strauchigen Vertretern der Doldenblütler.

**Standort:** Felsspalten, steinige Böden; grundsätzlich auf kalkigem Untergrund.

**Verbreitung:** Zentral- und Südspanien, Nordafrika, nicht auf den Balearen.

## Lanzettblättriges Hasenohr IV–VI
*Bupleurum lancifolium*

Blüte von oben

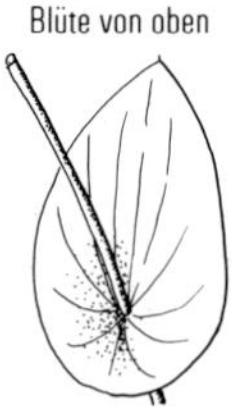

**Merkmale:** Einjährige, 15–75 cm hohe Pflanze mit aufrechten, abstehend verzweigten Stengeln. Blätter blaugrün, eiförmig spitz oder lanzettlich. Untere Blätter am Ansatz schmal, obere völlig stengelumfassend. Dolde 2- bis 3strahlig. Hülle fehlend. Die meist 5 abstehenden Hüllchenblätter gelbgrün, fast kreisförmig, stumpf, mit kleiner Spitze, am Grunde miteinander verbunden, wesentlich länger als das vielblütige Döldchen. Blüten gelb. Frucht eiförmig, 2–5 mm lang, zwischen den Rippen warzig. Das ähnliche, ebenfalls im M vorkommende *B. rotundifolium* hat stengelumfassende, eiförmige bis kreisförmige, stumpfe Blätter, 5- bis 10strahlige Dolden, spitze Hüllchenblätter und glatte Früchte.

**Standort:** Äcker, trockenes Brachland.

**Verbreitung:** M, Kanaren, Südwest-Asien.

## Dorniges Hasenohr VII–VIII
*Bupleurum spinosum*

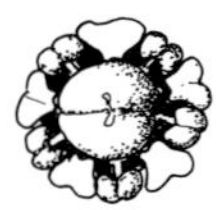

Blüte von oben

**Merkmale:** Ausdauernder, dorniger, kugelförmiger Strauch bis 30 cm Höhe. Stengel reich sparrig verzweigt, an der Basis verholzt; obere Teile der fertilen Stengel einschließlich der Doldenstrahlen nach der Fruchtreife absterbend, starr, spitz und dornig werdend. Blätter graugrün, linealisch-lanzettlich, bis 5,5 cm lang, mit 3–5 Längsnerven, wie bei allen *B.*-Arten ganzrandig. Dolden 2- bis 7strahlig, wenigblütig, mit 5 pfriemlichen, etwa 2 mm langen Hüllblättern mit einem Längsnerv; Hüllchenblätter ähnlich. Blüten gelb, mit 5 kleinen Kronblättern. Kelchblätter fehlen. Fruchtknoten unterständig. Früchte länglich eiförmig, 3–4,5 mm lang, mit dünnen, vortretenden Rippen.

**Standort:** Felsen, steinige Gebirgsweiden, Kalk; oft in großen Beständen. **Verbreitung:** Süd- und Ostspanien, Nordwest-Afrika.

## Knorpelmöhre *Ammi visnaga* V–IX

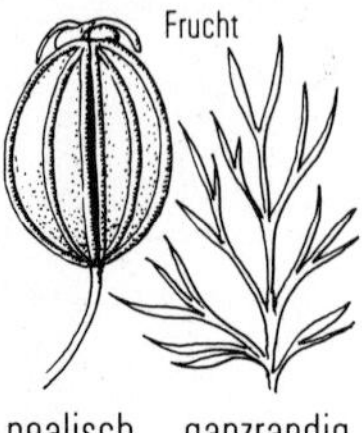


**Merkmale**: Ein- oder zweijährige, kräftige, kahle, bis 1 m hohe Pflanze mit möhrenförmiger Wurzel. Untere Blätter einfach, obere 2- bis 3fach gefiedert. Blättchen schmal linealisch, ganzrandig, spitz. Dolde 30- bis 50(150)strahlig. Strahlen zur Blütezeit abstehend und dünn, zur Fruchtzeit aufrecht, dick, starr, verholzt und nestförmig zusammengezogen. Hüllblätter 1- bis 2fach gefiedert. Hüllchenblätter pfriemlich. Kronblätter gelblich weiß, bis 1 mm lang, ungleich 2lappig, die äußeren größer. Frucht 2–2,5 mm lang. – Ebenfalls im M die formenreiche *A. majus* mit ungeteilten oder 2- bis 3fach gefiederten, unteren Blättern; Blättchen eiförmig, stumpf, gesägt. Dolden zur Blüte- und Fruchtzeit mit 15–60 dünnen, abstehenden Strahlen. Frucht 1,5–2,5 mm lang.
**Standort**: Feuchtes Brachland; auf Ton.
**Verbreitung**: M.

## Apulischer Zirmet IV–VII
*Tordylium apulum*

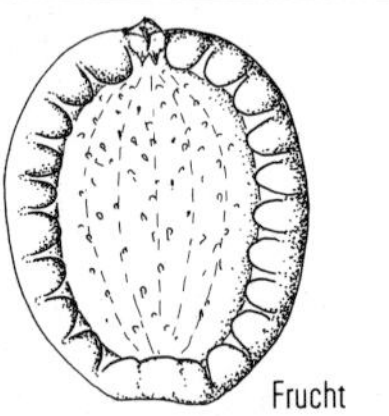


**Merkmale**: Einjährige, 20–60 cm hohe, ± zerstreut flaumhaarige Pflanze. Stengel aufrecht verzweigt, an der Basis dicht, weich, abstehend behaart. Blätter einfach gefiedert; Fiederabschnitte der unteren eiförmig und tief gekerbt, der oberen linealisch und ganzrandig. Dolde 3- bis 8strahlig. Hüll- und Hüllchenblätter kurz, pfriemlich, steif bewimpert. Kelchblätter oft ungleich lang. Blüten weiß; je ein äußeres Kronblatt der Randblüten auffällig vergrößert, 4–6 mm lang, tief 2lappig. Frucht auffällig, 5–8 mm lang, scheibenförmig, weich blasig behaart, mit weißlichem, gekerbtem Rand. – Im OM auf steinigen Wiesen das sehr ähnliche *T. officinale* mit 2 vergrößerten, asymmetrisch 2lappigen Kronblättern in den Randblüten und 2–3 mm langen Früchten. **Standort**: Trockenes Kultur- und Brachland. **Verbreitung**: M, außer Marokko.

## Gemeines Rutenkraut III–VI
*Ferula communis*

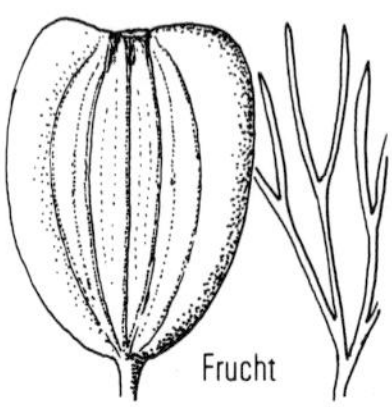


**Merkmale**: Ausdauernde, 1–3 m hohe, sehr kräftige Staude mit großem, reich verzweigtem Blütenstand. Stengel aufrecht, zylindrisch, bis 2 cm dick, gefurcht. Blätter weich, 3- bis 4(6)fach gefiedert. Fiedern linealisch, flach, 1,5–5 cm lang. Untere Blätter 30–60 cm lang, mit langem, zylindrischem Stiel. Obere Blätter mit auffallend großen Blattscheiden; oberste Blätter nur noch aus Blattscheide bestehend. Nur die 20- bis 40strahligen, kurz gestielten Enddolden fertil, von lang gestielten, unfruchtbaren Seitendolden umgeben. Hülle fehlend. Hüllchen abfallend. Kelch winzig. Kronblätter gelb, 8 mm lang. Früchte etwa 15 cm lang, abgeflacht. – Ähnlich *F. tingitana* in Südspanien mit am Rand umgerollten Fiedern.
**Standort**: Trockene Rasen, Garriguen, auf Kalk.
**Verbreitung**: M.

## Breitblättrige Klettendolde V–VI
*Turgenia latifolia*

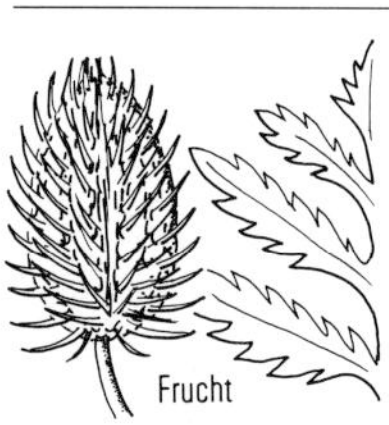


**Merkmale**: Einjährige, 6–60 cm hohe Pflanze. Stengel aufrecht bis aufsteigend, oft an der Basis verzweigt, gefurcht, locker, abstehend, steif behaart. Blätter einfach, unpaarig gefiedert, mit 7–9 lanzettlichen bis länglichen, gesägten oder fiederschnittigen Abschnitten, unterseits ± abstehend behaart, am Rand oft gewimpert. Dolden mit 2–5 langen, behaarten Strahlen. Die 2–5 Hüll- und 5–7 Hüllchenblätter eiförmig, spitz, breit weißhäutig berandet. Blüten das Hüllchen wenig überragend. Kelchblätter sehr klein. Kronblätter weiß, rosa oder lila, 2lappig, die äußeren größer. Frucht 6–11 mm lang und 7 mm breit, auffällig, dicht mit nach oben gebogenen Stacheln bedeckt.
**Standort**: Kultur- und Brachland.
**Verbreitung**: M, Süd- und Mitteleuropa.

## Strahlen-Breitsame V–VIII
*Orlaya grandiflora*

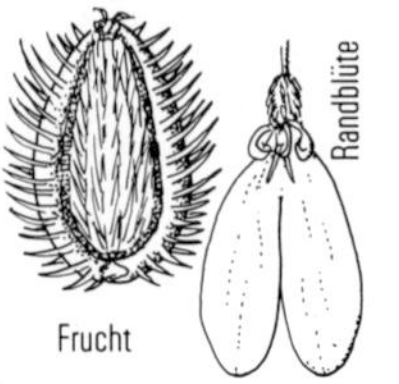


**Merkmale:** Einjährige, bis 70 cm hohe Pflanze. Stengel aufrecht, einfach oder verzweigt. Untere Blätter 2- bis 3fach gefiedert, obere ganzrandig oder gefiedert. Dolde mit 5–12 Strahlen und meist 5 ebenso langen, lanzettlichen Hüllblättern. 2–3 ± lanzettliche Hüllchenblätter mit häutigem, kahlem oder bewimpertem Rand. Blüten weiß. Äußere Kronblätter tief 2lappig, bis 12 mm lang, etwa 8mal so lang wie die inneren. Frucht rotbraun, eiförmig, zusammengedrückt, bis 8 mm lang, mit etwa 3 mm langen Stacheln. Sehr ähnlich *O. daucorlaya* im OM mit 6- bis 10strahligen Dolden und stets 2- bis 3fach gefiederten, oberen Blättern. Im M *O. kochii* mit 2- bis 4strahligen Dolden und 10–15 mm langen Früchten. **Standort:** Trockenes Brachland, Weinberge. **Verbreitung:** M, Süd-, Mittel- und Westeuropa.

## Westlicher Erdbeerbaum X–III
*Arbutus unedo*

**Merkmale:** Immergrüner Strauch oder Baum bis 5, selten 8 m Höhe. Rinde mattbraun, rissig. Zweige dicht beblättert, jung drüsig. Blätter wechselständig, bis 1 cm lang gestielt, elliptisch, 4–11 cm lang, 1,5 bis 4 cm breit, lorbeerblattähnlich, jedoch ± fein gesägt, lederig, dunkelgrün, oberseits glänzend. Blüten zu 15–30 in endständigen, ± übergebogenen, bis 5 cm langen Rispen. 5 schuppige, grüne Kelchblätter. Krone weiß, etwas grünlich oder rosa, 9 mm lang, dicklich, glockig verwachsen, mit 5 kurzen, zurückgeschlagenen Zipfeln. 10 Staubblätter. Frucht 2–2,5 cm breit, an eine Erdbeere erinnernd, außen orange bis rot, dicht warzig, innen gelborange, fleischig-mehlig, eßbar, nur reif etwas aromatisch.
**Standort:** Macchien, etwas feuchte Böden.
**Verbreitung:** M.

## Baumheide *Erica arborea* II–VIII

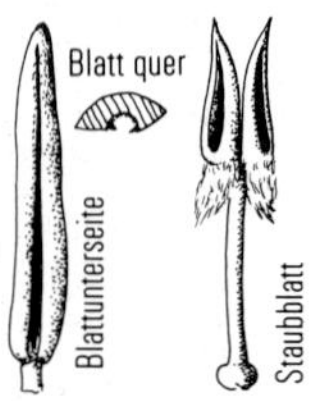


**Merkmale:** Immergrüner, rotbraun berindeter, vielästiger Strauch oder kleiner Baum bis 4 (7) m Höhe. Zweige aufrecht, jung weiß wollig behaart. Blätter zu 3–4 quirlständig, nadelartig, 3–5 mm lang, 0,5 mm breit, am Rand fein gezähnelt, stark nach unten umgerollt, Unterseite fast verdeckt, mit einer weißen Linie, kahl. Blütenstände endständig, sehr reichblütig. Blütenstiele kahl, unterhalb der Mitte mit 2–3 Blättchen. 4 kahle, 1,5 mm lange, eiförmige, weiße Kelchblätter. Krone weiß, duftend, 2,5–4 mm lang, glockig, mit 4 kurzen, spitzen, geraden Zipfeln. 8 Staubblätter, Staubbeutel dunkelrotbraun, mit Anhängseln, in der Krone eingeschlossen. Griffel weit herausragend; Narbe kopfig, weiß. Frucht wie bei allen *Erica*-Arten eine vielsamige Kapsel, kahl.
**Standort:** Immergrüne Macchien, saure Böden.
**Verbreitung:** M, Portugal, Kanaren.

## Vielblütige Heide *Erica multiflora* VIII–XII

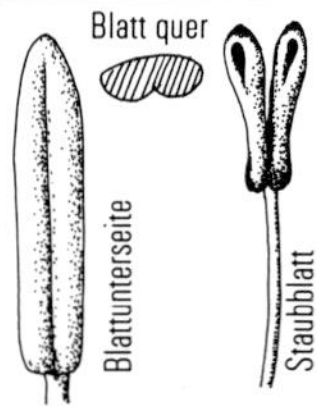


**Merkmale:** Immergrüner, vielästiger, bis 2,5 m hoher Strauch. Äste aufrecht, starr, jung etwas behaart. Blätter zu 4–5 quirlständig, nadelartig, 6–14 mm lang, dunkelgrün, am Rand stark umgerollt, Unterseite fast verdeckt. Blütenstände dicht, vielblütig, meist endständig und kürzer als 5 cm. Blütenstiele kahl, lang, sehr dünn, rötlich, unterhalb der Mitte mit 3 Blättchen. 4 kahle, 1,5–2 mm lange, lanzettliche, rosa Kelchblätter. Krone leuchtend rosa, 4–5 mm lang, schmal glockig, mit 4 geraden oder zurückgebogenen Zipfeln. 8 Staubblätter, weit aus der Krone herausragend, Staubbeutel ohne Anhängsel, 1,5 mm lang. Griffel und Narbe fädig. Kapsel kahl.
**Standort:** Immergrüne, trockene Macchien und lichte Wälder, felsige Hügel, meist auf Kalk.
**Verbreitung:** WM, ZM, östlich bis Jugoslawien.

## Gipfelblütige Erika *Erica terminalis* VII–IX

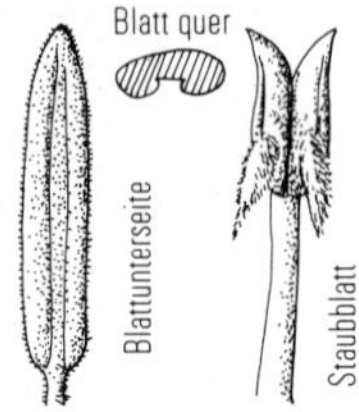


**Merkmale**: Aufrechter oder ± niederliegender, buschiger, 1–2,5 m hoher Strauch. Zweige abstehend, ± starr, graubraun, jung behaart. Blätter zu 4 (6) quirlständig, kurz gestielt, linealisch, 3–6 mm lang, jung behaart, am Rand umgerollt, Unterseite zum Teil sichtbar, weißlich und rinnig. Blüten zu 3–8 in endständigen Dolden. Blütenstiele behaart, oberhalb der Mitte mit 3 Blättchen. 4 ± behaarte, eiförmige Kelchblätter, 2–3 mm lang. Krone leuchtend rosa, 5–7 mm lang, ± breit glockig, mit 4 zurückgebogenen, spitzen Zipfeln. 8 Staubblätter, Staubbeutel mit Anhängseln, in der Krone eingeschlossen. Griffel etwas herausragend; Narbe kopfig. Frucht eine vielsamige, eiförmige Kapsel, behaart.
**Standort**: Schattige, feuchte Orte, Flußufer.
**Verbreitung**: WM, östlich bis Süditalien.

## Besen-Erika *Erica scoparia* IV–VII

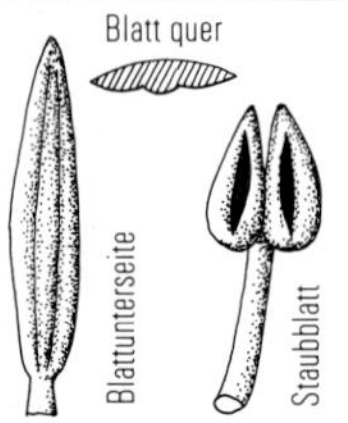


**Merkmale**: Aufrechter, schlanker, vielästiger Strauch, 1–6 m hoch. Junge Zweige bisweilen behaart. Blätter zu 3–4 quirlständig, nadelartig, ± glänzend, 4–6 mm lang, am Rand stark umgerollt, Unterseite bis auf eine Längsfurche zu ⅔ verdeckt, kahl. Blüten unauffällig, zu 1–3 in den Blattachseln, einen langen, reichblütigen, endständigen Blütenstand bildend. Blütenstiele kahl, unterhalb der Mitte mit 3 Blättchen. 4 kahle, 0,5–1,5 mm lange Kelchblätter. Krone gelblich grün oder grünlich, bisweilen rot überlaufen, 1,5–3 mm lang, breit glockig, mit 4 langen, eiförmigen, geraden Zipfeln. 8 Staubblätter, Staubbeutel ohne Anhängsel, in der Krone eingeschlossen. Griffel etwas herausragend; Narbe kopfig. Frucht 4klappige Kapsel, kahl.
**Standort**: Kalkfreie, ± feuchte Orte, Macchien.
**Verbreitung**: WM, östlich bis Italien.

## Südliche Erika *Erica australis* V–VII

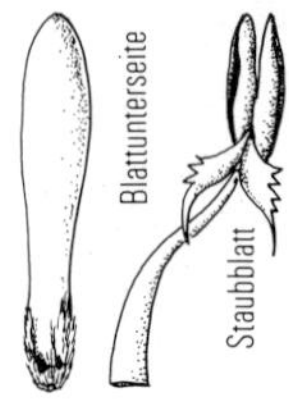


**Merkmale**: Aufrechter, schlanker, reich verzweigter, bis 1,5 m hoher Strauch. Junge Äste behaart. Blätter zu 4 quirlständig, mit kurzem, unten verdicktem Blattstiel, linealisch, stumpf, 3,5–6 mm lang, zunächst papillös, später kahl, am Rand umgerollt, Unterseite völlig verdeckt. Blüten zu 4–8 am Ende kurzer Seitenäste, dicht gedrängt, oft ± einseitswendig. Blütenstiel behaart, oberhalb der Mitte mit purpurn überlaufenen, bewimperten Blättchen, die 4 ähnlichen, 2 mm langen Kelchblätter überdeckend. Krone ± tiefrosa, 6–9 mm lang, röhrig bis glokkig, mit 4 kurzen, zurückgeschlagenen Zipfeln. 8 Staubblätter, ± in der Krone eingeschlossen, Staubbeutel mit Anhängsel. Griffel herausragend; Narbe kopfig. Kapsel fast rund, behaart. Formenreich. **Standort**: Lichte Wälder, Gebüsche. Kalkmeidend. **Verbreitung**: WM, Portugal, Nordafrika.

## Neapolitanisches Alpenveilchen VIII–X
*Cyclamen hederifolium*

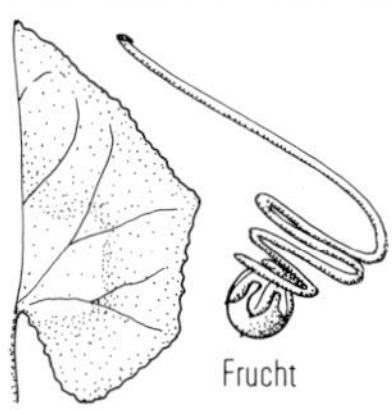


**Merkmale**: Ausdauernde, krautige Pflanze, mit zwiebelförmiger, unten abgeflachter, 3–15 cm breiter Erdknolle, oben und seitlich wurzelnd. Blätter im Herbst nach den Blüten erscheinend, grundständig, 4–5 cm lang gestielt. Spreite länglich herzförmig, 4–10 cm lang, 2–5 cm breit, oft gelappt oder 5- bis 9ekkig, undeutlich gezähnt, ± behaart, oberseits oft weiß gefleckt, unterseits purpurn. Blüten einzeln am Ende eines 6–12 cm langen, oben übergebogenen, ± flaumhaarigen Stiels. Kelch 5teilig, Zipfel 2–3 mm lang. Krone blaßrosa, Röhre 6 mm lang, mit 5 zurückgeschlagenen, 2 cm langen, 8–9 mm breiten, am Grund geöhrten Kronzipfeln, am Schlund purpurn gefleckt. Frucht eine Kapsel, Stiel von der Spitze her aufgerollt.
**Standort**: Sommergrüne Wälder, Gebüsch.
**Verbreitung**: ZM, OM, Südfrankreich, Ägäis.

## Frühlings-Alpenveilchen III–V
*Cyclamen repandum*

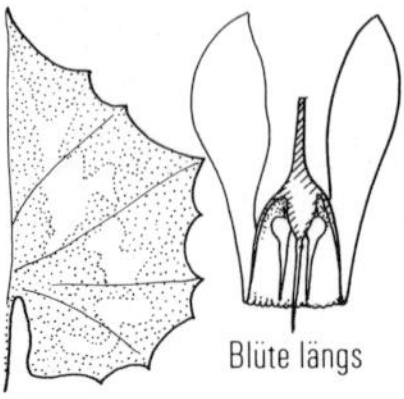


**Merkmale:** Ausdauernde, krautige Pflanze mit kugelig-abgeflachter, 1,5–4 cm breiter Erdknolle, nur unterseits wurzelnd. Blätter nach den Blüten im Frühjahr erscheinend, grundständig, 6–16 cm lang gestielt. Spreite variable, breit herzförmig, 4–10 cm lang, 3–9 cm breit, tief gezähnt oder buchtig geschweift, oberseits dunkelgrün, verwaschen grau marmoriert, unterseits hell graugrün, kahl. Blüten ± duftend, einzeln am übergebogenen Ende eines 10–20 cm langen Stiels. Krone leuchtend purpurrot, selten blaßrosa, Röhre etwa 6 mm lang, mit 5 zurückgeschlagenen, leicht gedrehten, 1,5–2,5 cm langen, 5–6 mm breiten, nicht geöhrten Kronzipfeln, am Schlund dunkler. Fruchtstiel gerollt.
**Standort:** Schattige Wälder.
**Verbreitung:** ZM, OM, Frankreich bis Ägäis.
Synonym: Geschweiftblättriges Alpenveilchen.

## Blauer Gauchheil *Anagallis foemina* IV–X

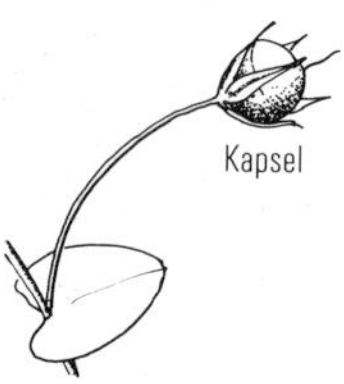


**Merkmale:** Ein- oder zweijährige, 5–20 cm hohe, reich verzweigte, krautige Pflanze. Stengel niederliegend, aufsteigend oder aufrecht, 4kantig, fast kahl. Blätter gegenständig, selten zu 3 quirlig, sitzend, eiförmig-lanzettlich, obere meist lanzettlich, bis 16 mm lang, bis 1 cm breit, drüsig punktiert. Blüten etwa 1 cm lang gestielt, in den Achseln der oberen Blätter. Krone leuchtend blau, am Grund rot, unterseits violett, radförmig ausgebreitet, bis 1 cm breit. Die 5 keilförmigen Kronzipfel sich nicht überlappend, am Rand mit wenigen 4zelligen Drüsenhaaren oder kahl, in der Knospe völlig vom Kelch verdeckt.
**Standort:** Küstennahe Sande, Kultur- und Ödland.
**Verbreitung:** M, Süd-, West-, Mitteleuropa.
Sehr ähnlich *A. arvensis,* blau- oder rotblütig. Kronzipfel mit vielen 3zelligen Haaren, in der Knospe nur zu ⅔ vom Kelch verdeckt.

## Leinblättriger Gauchheil III–VI
*Anagallis monelli*

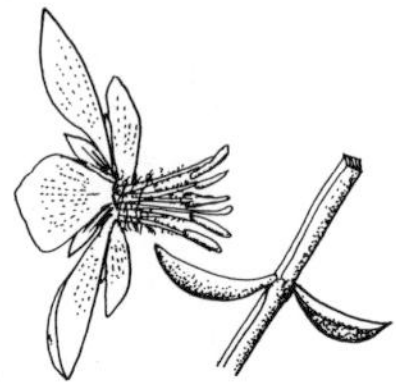

**Merkmale:** Ausdauernde, am Grund verholzte, verzweigte, 10–50 cm hohe Pflanze. Stengel aufsteigend bis aufrecht, in den Blattachseln oft mit kleinen, sterilen Trieben. Blätter gegenständig, seltener zu 3 quirlig, sitzend, linealisch-lanzettlich, 6–15 mm lang, 2–6 mm breit, kahl. Blüten 2–5 cm lang gestielt, in den Achseln der oberen Blätter. Kelch bis zum Grund 5teilig, kürzer als die 1–2 cm breite, leuchtend blaue oder rote Krone. Kronröhre sehr kurz, die 5 eiförmigen Zipfel radartig ausgebreitet. Kronzipfel in der Knospenlage gedreht. 5 Staubblätter, an der Basis purpurn oder gelb behaart. Fruchtknoten oberständig, zu einer kugeligen, bis 7 mm langen Kapsel reifend. Blattform und Blütengröße variabel.
**Standort:** Brach- und Kulturland, Wegränder.
**Verbreitung:** Spanien, Sardinien, Sizilien.

## Stachelträubchen IV–VII
*Coris monspeliensis*

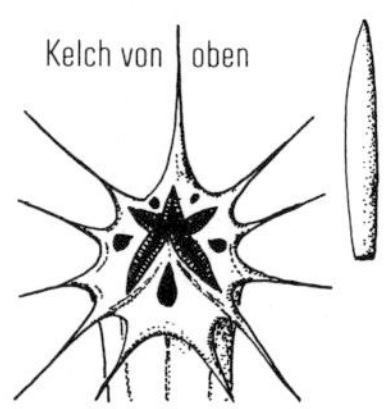


**Merkmale:** Ausdauernde oder 2jährige, basal verholzte, reich verzweigte, 10–20 cm hohe Pflanze. Stengel ± aufrecht dicht beblättert, oben behaart. Blätter wechselständig, sitzend, linealisch, 2–20 mm lang, bis 3 mm breit, am Rand ± umgerollt, bisweilen dornig gezähnt, kahl oder dicht behaart, oft drüsig schwarz gepunktet. Blütenstand vielblütig, dicht, endständig, ährig. Kelch glockig, 5–7 mm lang, 2reihig gezähnt, außen 6–21 lange, stachlige Zähne, innere Zähne breit dreieckig, je mit einem roten oder schwarzen Fleck. Krone rosa, purpurn oder blauviolett, 2lippig, 9–12 mm lang, mit kurzer Röhre und 5 ungleichen, tief 2lappigen Kronzipfeln. 5 Staubblätter. Frucht eine 5klappige, kugelige Kapsel.
**Standort:** Trockene Orte, bevorzugt küstennah.
**Verbreitung:** WM, ZM, bis Jugoslawien.

## Europäische Bleiwurz VIII–X
*Plumbago europaea*

**Merkmale:** Ausdauernde, dunkelgrüne, locker beblätterte, 30–120 cm hohe, strauchige Pflanze. Stengel kantig, am Grund niederliegend und verholzt, oben aufrecht und reich verzweigt. Seitenäste starr abstehend. Blätter wechselständig, 5–9 cm lang, untere mit geflügeltem Stiel, ± eiförmig, 3–4,5 cm breit, mittlere sitzend, geöhrt stengelumfassend, ± lanzettlich, 1,5–4 cm breit, wellig, drüsig gezähnt, unterseits mehlig, selten stieldrüsig. Blütenstand ährenartig, vielblütig. Kelch röhrig, 5zähnig, an den Rippen auffällig stieldrüsig. Krone röhrig, mit 5lappigem Saum, ca. 1 cm breit. 5 freie Staubblätter.
**Standort:** Trockene, offene Plätze. Brachland.
**Verbreitung:** M, Südeuropa. – Häufig als Zierstrauch *P. capensis,* Heimat Südafrika, mit größeren, blaßblauen Blüten.

## Geflügelter Strandflieder V–IX
*Limonium sinuatum*

**Merkmale:** Ausdauernd, krautig, 15–40 cm hoch. Stengel ± aufrecht, rauhhaarig, mit 4 gewellten Flügelleisten, an den Knoten in je 3 lanzettliche, blattartige, 1–8 cm lange Anhängsel auslaufend. Blätter alle in grundständiger Rosette, fiederschnittig, 3–15 cm lang, bis 1,5 cm breit, mit 4–7 runden Lappen jederseits, abstehend rauhhaarig. Blütenstand doldentraubig, mit dichten, endständigen Ähren aus 2- bis 3blütigen Ährchen mit 3 Vorblättern. Inneres Vorblatt stechend gezähnt. Oberste Stengel unter der Ähre blattähnlich geflügelt. Kelch trichterig, 10–14 mm lang, mit violettem, gefälteltem Saum, bleibend. Krone trichterig, gelblich weiß oder rosa, hinfällig.
**Standort:** Sand- und Felsküsten. Trockene, salzige Stellen. Zierpflanze, in Trockensträußen.
**Verbreitung:** M.

## Bläulicher Strandflieder V–VI
*Limonium caesium*

**Merkmale:** Ausdauernde, an der Basis verholzte, dichte, reichverzweigte, kahle Pflanze. Blätter ganzrandig, spatelig, in einer grundständigen Rosette, zur Blütezeit fehlend. Blütenstand 20–60 cm hoch mit zierlichen, nur 2 mm dicken Ästen, an der Basis mit 2–3 mm langen Schuppen. Untere Äste steril, weiß, oft mehlig, starr. Ähren 1 cm lang, aus einblütigen Ährchen. Inneres Vorblatt 2,5 mm, äußeres 0,5 mm lang. Kelch bis 5 mm lang, das innere Vorblatt überragend. Krone rosa, 7–8 mm lang, 5–7 mm breit. Röhre kürzer als der Kelch.
**Standort:** Trockene, ± salzhaltige Stellen.
**Verbreitung:** Spanien. Ähnlich *L. insigne* aus Spanien mit kräftigeren, starren, brüchigen Blütenstandsästen, bis zu 3 cm langen Ähren und 10–14 mm langer, purpurner Krone, bis 1 cm breit.

## Steckenkraut-Strandflieder VI–VII
*Limonium ferulaceum*

**Merkmale:** Ausdauernde, an der Basis verholzte, reich verzweigte, 10–40 cm hohe, tief wurzelnde, strauchige Pflanze, mit kräftigen, grünen, biegsamen Stengeln, an der Basis mit rötlichbraunen Schuppen. Blätter ganzrandig, in einer grundständigen Rosette, zur Blütezeit jedoch fehlend. Blütenstand regelmäßig wechselständig verzweigt, mit zahlreichen, sterilen Seitenzweigen, nur zur Spitze hin Äste mit Blüten. Ähren dicht keulig, aus einblütigen Ährchen. Inneres Vorblatt abgestutzt, 4–5 mm lang, von vielen, kürzeren, begrannten Vorblättern umgeben. Kelch zylindrisch, bis 3,5 mm lang, vom inneren Vorblatt umschlossen. Krone rosa, 5–6 mm lang, trichterig mit 5 Kronzipfeln. Röhre länger als der Kelch.
**Standort:** Küstennahe, sehr salzhaltige Plätze.
**Verbreitung:** WM, ZM, Portugal.

## Ölbaum *Olea europaea* IV–VI

**Merkmale:** Immergrüner, 2–10 m hoher Baum mit kräftigem, knorrigem, im Alter meist gedrehtem Stamm und kleiner Krone. Zweige grau berindet. Blätter gegenständig, lanzettlich, spitz, 4–10 cm lang, lederig, oberseits dunkelgrün, unterseits durch Schuppen silbrig. Blüten weiß, sehr klein, zu mehreren in kleinen, blattachselständigen, aufrechten Knäueln. Kelch becherförmig, Zipfel kaum erkennbar. Krone verwachsen, mit 4 ausgebreiteten Zipfeln. 2 Staubblätter. Frucht eiförmig, fleischig, grün bis schwarz, mit einem Steinkern, bekannt als Olive. – Die Wildform *O. europaea ssp. sylvestris* bleibt oft strauchig. Junge Äste dornig, Blätter ± oval, stumpf, nur bis 2 cm lang, Früchte kleiner, im Geschmack sehr bitter.
**Standort:** Trockene, steinige Böden. Macchien. Wird schon seit dem Altertum kultiviert.
**Verbreitung:** M.

## Durchwachsenblättriger Bitterling V–IX
*Blackstonia perfoliata*

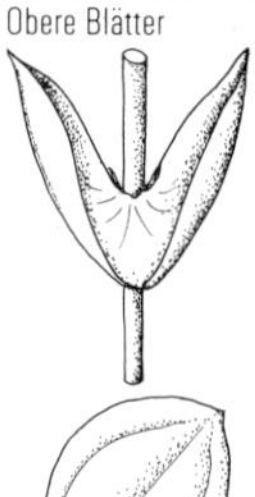


**Merkmale:** Einjähriges, bitter schmeckendes, graugrünes, kahles Kraut, 10–60 cm hoch, aufrecht, einfach oder mit verzweigtem Blütenstand. Blätter gegenständig, sitzend, eiförmig bis dreickig, 5–30 mm lang, untere an der Basis frei, stumpf, obere meist verbunden, spitz. Blüten 6- bis 12zählig, endständig. Kelch mit linealisch-lanzettlichen, aufrechten Zipfeln. Krone gelb, 8–35 mm breit. Kronzipfel in der Knospe gedreht, dann ausgebreitet. Staubblätter mit der Kronröhre verwachsen. Fruchtknoten oberständig. Frucht eine Kapsel. – 4 Unterarten, *B. perfoliata ssp. grandiflora* mit 8- bis 12zähligen, 2–3,5 cm breiten Blüten, die anderen mit bis 1,5 cm breiten, 6- bis 8zähligen Blüten. **Standort:** Küstennahes Brachland, feuchte Orte in Wäldern u. Macchien, besonders auf Sand.
**Verbreitung:** M, West- und Mitteleuropa.

## Schmalblättrige Steinlinde III–VI
*Phillyrea angustifolia*

**Merkmale:** Immergrüner, 1,5–3 m hoher, dicht belaubter, sparrig verzweigter Strauch. Äste rutenartig, hellgrau oder gelblich, glatt. Blätter gegenständig, lineal-lanzettlich, bis 8 cm lang, 5–10 mm breit, lederig, spitz, mit 4–6 Paar ± undeutlicher Seitennerven, beiderseits glänzend. Blüten sehr klein, grünlich weiß oder schwefelgelb, duftend, in kurzen, blattachselständigen Trauben. Kelch glockig, mit 4 stumpfen Zipfeln. Krone 4zählig, Kronzipfel am Grund röhrig verwachsen, oben glockig oder radförmig ausgebreitet. 2 Staubblätter. Steinfrüchte, erbsengroß, 2samig.
**Standort:** Trockenwarme Böden, Macchien.
**Verbreitung:** WM, östlich bis Jugoslawien. – Ähnlich *P. latifolia*, Blätter bis 4 cm breit, mit 5–12 Paar deutlicher Seitennerven. Kelchzipfel dreieckig, spitz. Krone weiß bis rosa.

## Ähriges Tausendgüldenkraut VI–X
*Centaurium spicatum*

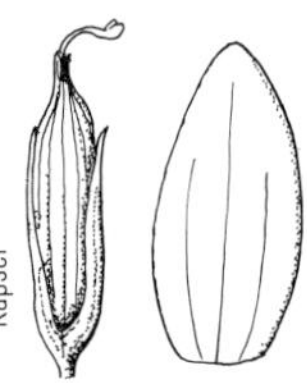


**Merkmale:** Ein- oder zweijährige, kahle, 10–55 cm hohe, krautige Pflanze. Stengel aufrecht, am Grund oder von der Mitte an verzweigt. Untere Blätter in einer grundständigen, ± hinfälligen Rosette, breit eiförmig, bis 2 cm lang, 5–9 mm breit, 3nervig. Stengelblätter gegenständig, sitzend, mittlere schmal elliptisch bis eilanzettlich, bis 3 cm lang, nach oben hin zunehmend linealisch. Blüten sitzend, 5zählig, in langen, ährigen Blütenständen. Kelch tief 5teilig. Krone mit gelber, 5–9 mm langer Röhre und 5 ausgebreiteten, rosa bis violetten, 4,5 mm langen Zipfeln. 5 Staubblätter, basal mit der Kronröhre verwachsen. Fruchtknoten oberständig, wird eine 9 mm lange Kapsel, vom fädigen Griffel gekrönt.
**Standort:** Küstennahe, feuchte Sandböden.
**Verbreitung:** M, Südeuropa, bis Zentralasien.

## Mittleres Immergrün *Vinca difformis* II–V

**Merkmale:** Immergrüner Halbstrauch mit kriechendem, an den Knoten wurzelndem Sproß, bis 2 m lang, mit niederliegenden, sterilen Seitenästen und aufsteigenden bis aufrechten, bis 50 cm hohen Blütensprossen. Blätter gegenständig, kurz gestielt, eiförmig, 2,5–7 cm lang, an den Rändern kahl. Blüten gestielt, einzeln in den oberen Blattachseln. Kelch bleibend, Kelchzipfel pfriemlich, 5–14 mm lang, kahl. Krone blaßviolett, 3–4,5 cm breit. Kronröhre bis 18 mm lang, trichterig, mit 5 flach ausgebreiteten, bis 16 mm langen, vorn schief abgeschnittenen Kronzipfeln.

**Standort:** Schattige, feuchte Stellen, Hecken.

**Verbreitung:** WM, östlich bis Italien. – Im WM und ZM sehr ähnlich *V. major*, das seltene **Große Immergrün.** Blätter lang gestielt, bis 9 cm lang, ebenso wie die Kelchzipfel bewimpert. Krone blauviolett, 3–5 cm breit.

## Strauchiger Gomphocarpus V–IX
*Gomphocarpus fruticosus*

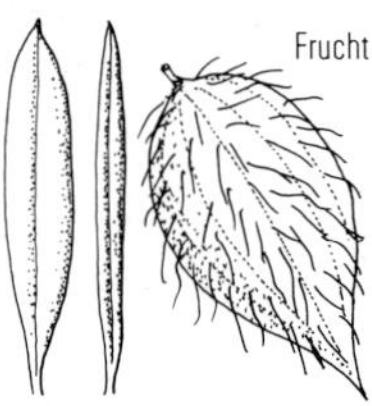


**Merkmale:** Ausdauernder, 1–2 m hoher, zierlicher Strauch mit Milchsaft. Stengel aufrecht, am Grund verholzt. Blätter gegenständig, oft zu 3 quirlig, kurz gestielt, linealisch-lanzettlich, 5–10 cm lang, bis 1 cm breit, spitz, am Rand umgerollt, beiderseits grün. Blütenstände in den Achseln der oberen Blätter, doldig, lang gestielt, übergebogen. 5 behaarte, pfriemliche Kelchzipfel, 2,5 mm lang. Krone weiß, 1 cm breit, mit Nektartropfen, 5 eiförmige, bewimperte, dann zurückgeschlagene Kronlappen. Nebenkrone aus 5 kapuzigen Teilen, fleischig. 5 Staubblätter. Frucht eine 4–6 cm lange, weich stachelige, aufgeblasene Kapsel. Samen seidig behaart. *Giftig!*

**Standort:** Als Zierpflanze. Verwildert an sandigen, feuchten Stellen, küstennah. Flußufer.

**Verbreitung:** M, Heimat Südafrika.

## Gemeiner Oleander *Nerium oleander* VI–X

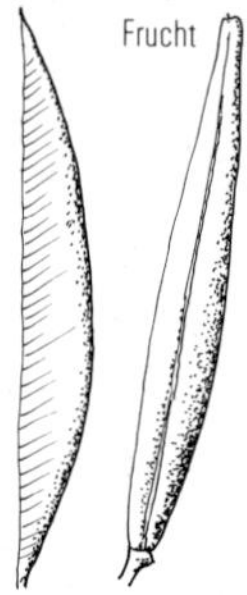


**Merkmale:** Aufrechter, buschiger, 2–4 m hoher Strauch. Blätter meist zu 3–4 quirlständig, seltener gegenständig, linealisch-lanzettlich bis elliptisch, 6–15 cm lang, lederig, am Rand oft umgerollt, Mittelnerv kräftig, weißlich. Blüte leuchtend rosarot, seltener weiß, 3–5 cm breit, in endständigen Doldentrauben. Kelch trichterig, tief 5spaltig, drüsig. Zipfel abstehend, eilanzettlich. Krone mit 2–3 cm langer Röhre und 5 nach rechts gedrehten, radförmig ausgebreiteten, schief abgeschnittenen Zipfeln, im Schlund mit pfriemlichen, eine Nebenkrone bildenden Anhängseln. 5 Staubblätter. Fruchtknoten oberständig. Griffel fädig mit kopfiger Narbe. Balgfrüchte bis 15 cm lang. Samen dicht zottig behaart. *Giftig!*

**Standort:** Gern auf Kiesböden, in trockenen Flußbetten. Oft angepflanzt und verwildert.

**Verbreitung:** M und Nordafrika bis Persien.

## Lianen-Schwalbenwurz VI–VII
*Cynanchum acutum*

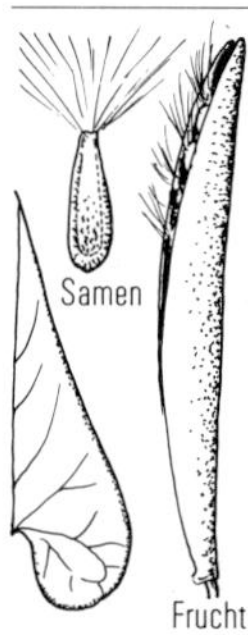


**Merkmale:** Ausdauernde, windende Pflanze mit Milchsaft. Stengel verholzt, 1–3 m lang. Blätter gegenständig, 1–4 cm lang gestielt, herzförmig, 3–1? cm lang, 2–8 cm breit, graugrün, gewöhnlich nach unten gebogen. Blüten weiß oder rosa, 8–12 mm breit, duftend, in end- und achselständigen 1–5 cm lang gestielten Dolden. Kelch 5zipfelig, behaart. Krone mit 5 waagrecht abstehenden, ± eiförmigen Zipfeln, dazwischen mit jeweils einem linealischen Anhängsel. Kronzipfel in der Knospe gedreht. Nebenkrone 10teilig, sehr klein. 5 Staubblätter. Kapsel bis 8 cm lang, sich nur auf einer Seite längs öffnend, glatt. Samen mit langen weißen, seidigen Haaren. *Giftig!*

**Standort:** Gebüsche und Hecken, oft in Küstennähe; auf salzigen, feuchten Böden. Flußufer.

**Verbreitung:** M, außer Sardinien und Korsika.

## Kalabrische Putorie IV–IX
*Putoria calabrica*

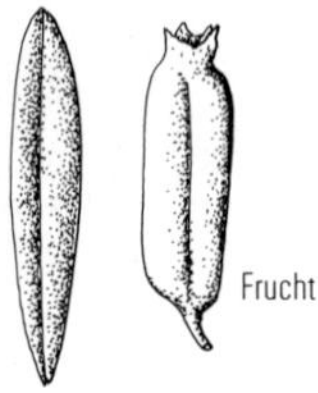


**Merkmale:** Sehr stark verzweigter, Matten bis 1 m Durchmesser bildender Zwergstrauch mit sehr unangenehmem Geruch, 10–30 cm hoch. Kahl oder dicht behaart. Blätter gegenständig, kurz gestielt, schmal elliptisch, 1–2 cm lang, am Rand umgerollt, lederig, mit sehr kleinen, 1 mm langen, eiförmigen Nebenblättern. Blüten rosa, in kleinen, endständigen Büscheln. Kelch 0,7 mm lang, glockig, 4zähnig. Krone 1–1,5 cm lang, schmal trichterförmig verwachsen. Kronröhre viel länger als der Kelch. Die 4 Kronzipfel 3–6 mm lang, spitz, ausgebreitet bis zurückgeschlagen. 4 Staubblätter. Fruchtknoten unterständig. Griffel fädig, mit 2lappiger Narbe. Frucht rot bis schwarz, außen etwas fleischig, 2samig, 5 mm lang, vom Kelch gekrönt.
**Standort:** Felsspalten, auf Kalk. Flußgeröll.
**Verbreitung:** M, fehlt in Frankreich.

## Klettenkrapp *Rubia peregrina* IV–VIII

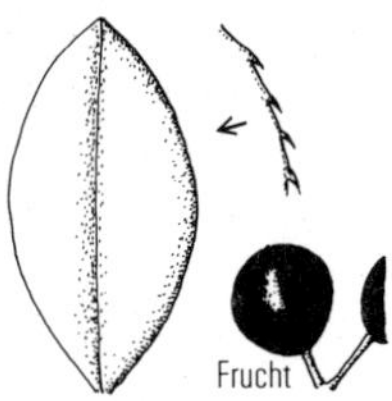


**Merkmale:** Immergrüne, kletternde, bis 2,5 m lange Pflanze. Stengel 4kantig, mit schmalem, knorpeligem Flügelsaum, an der Basis verholzt, ebenso wie die Blattränder und Mittelnerven meist durch kurze, zurückgekrümmte Stacheln spürbar rauh. Blätter zu 4–8 quirlständig, sitzend, lanzettlich bis breit elliptisch, 1,5–6 cm lang, bis 2,5 cm breit, steif, lederig, dunkelgrün, einnervig. Blütenstände reichblütig, achsel- oder endständig, 4–10 cm lang, deutlich länger als die Tragblätter. Blüten klein. Kelch fehlt. Krone weiß oder grünlich gelb, 4–7 mm breit, mit kurzer Röhre und 4–5 ausgebreiteten, begrannten Zipfeln. Frucht beerenartig, schwarz, 4–6 mm groß.
**Standort:** Immergrüne Wälder, Macchien.
**Verbreitung:** M, Süd- und Westeuropa. Ähnlich *R. tenuifolia,* OM. Blütenstände nicht länger als Tragblätter. Kronzipfel unbegrannt.

## Steifhaarige Vaillantie III–V
*Valantia hispida*

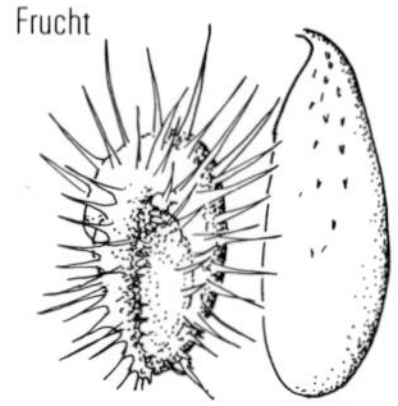


**Merkmale:** Einjähriges Kraut, etwas fleischig, brüchig, unscheinbar, 5–20 cm hoch. Stengel 4kantig, vom Grund an verzweigt, ± aufrecht, besonders oben abstehend rauhborstig. Blätter zu 4 quirlständig, verkehrt eiförmig, bis 1 cm lang, bis 3,5 mm breit. Blüten sehr klein, jeweils zu 3 in den Blattachseln, in endständigen, ährigen Gesamtblütenständen. Mittlere Blüte zwittrig, mit gelblicher, 4zipfeliger Krone. Seitliche männlich, 3zipfelig. Kelch fehlt. Blütenstiele zur Fruchtzeit herabgebogen, sich stark verdickend, verwachsend. Die Frucht einhüllend, mit 15–25 geraden Borsten.
**Standort:** Trockene, steinige, sandige Plätze.
**Verbreitung:** M, Südportugal. *V. muralis* bis 15 cm hoch. Stengel weich behaart. Blätter kleiner, Fruchtkörper mit deutlichem Horn am Rücken, Borsten hakig gekrümmt.

## Purpur-Labkraut *Asperula purpurea* VI–X

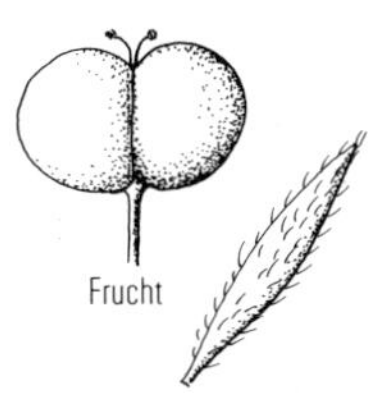


**Merkmale:** Ausdauernd, bis 50 cm hoch. Stengel ± aufsteigend, basal verholzt, ± 4kantig, mit kurzen, ± gekrümmten Haaren. Abstände zwischen den Knoten deutlich länger als die Blätter. Blätter zu (6) 7–10 (11) quirlständig, lanzettlich bis fädig, am Rand rauh, umgerollt. Blütenstand pyramidenförmig, beblättert. Blütenstiele 2–4 mm lang, dünn, später gebogen. Tragblätter gekielt und bewimpert. Kelch fehlt. Krone purpurn, selten gelb, 8–16 mm breit, kahl, mit 4 eiförmigen, ± bespitzten, abstehenden Zipfeln. Kronröhre kaum ausgebildet. 4 Staubblätter. Griffel kürzer als der Fruchtknoten, Narben kugelig. Frucht ca. 2 mm, glatt. Im Südwest-Balkan *A. purpurea ssp. apiculata,* Blätter 8–35 mm lang, Krone gelblich, sonst überall *A. purpurea ssp. purpurea,* Blätter 1–2 cm lang, bis 1 mm breit. **Standort:** Trockene, steinige Plätze. **Verbreitung:** ZM, OM.

## Gestrichelte Winde III–VI
*Convolvulus lineatus*

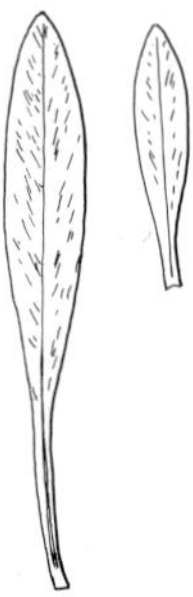

**Merkmale:** Ausdauernde, dicht silbrig-weißgrau seidenhaarige Pflanze mit kurzem, verholztem Rhizom und mehreren krautigen, niederliegenden oder aufsteigenden Stengeln, 3–25 cm hoch. Blätter wechselständig, dicht stehend, linealisch bis elliptisch, die unteren mit häutig erweiterter Basis, bis etwa 8 cm lang. Blüten einzeln oder zu mehreren an end- und achselständigen, kurzen Stielen. Diese wie bei allen Winden mit 2 winzigen Vorblättern. Kelch etwa 6 mm lang, seidig behaart, mit 5 dreieckigen, spitzen Zipfeln. Krone trichterförmig, 12–25 mm lang, etwa 2–3 cm breit, rosa, außen mit 5 seidig behaarten Linien. Wie bei allen Winden 5 Staubblätter, Fruchtknoten oberständig, Griffel 2teilig, Frucht eine Kapsel.
**Standort:** Trockene Hänge, auf Kalk und Lava.
**Verbreitung:** M, Südeuropa, im OM selten.

## Eibischblättrige Winde IV–VI
*Convolvulus althaeoides*

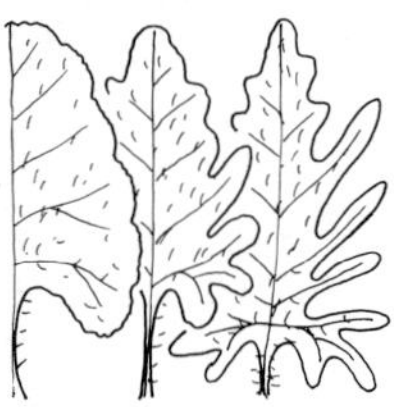

**Merkmale:** Ausdauernde, behaarte, an der Basis verholzte Pflanze mit niederliegenden oder windenden, bis 1 m langen krautigen, schlanken Stengeln. Blätter wechselständig, deutlich gestielt, vielgestaltig, oft fiederschnittig, zumindest die oberen tief gelappt, am Grund herz- oder pfeilförmig, 2–3 cm lang, bis 2,5 cm breit. Blüten zu 1–3 an achselständigen, bis 6 cm langen Stielen. 5 behaarte, spitze oder stumpfe Kelchblätter, bis 1 cm lang. Krone breit trichterförmig, 2,5–4 cm lang, 2–3 cm breit, rosa-lila. Kapsel kahl. 2 Unterarten, *C. althaeoides ssp. althaeoides,* abstehend behaart, Blätter seicht gelappt, Abschnitte breit; *C. althaeoides ssp. tenuissimus,* anliegend behaart, Blätter tief gelappt, Abschnitte schmal. **Standort:** Wegränder, trockenes Brachland. **Verbreitung:** M, im OM öfter *C. althaeoides ssp. tenuissimus.*

## Dreifarbige Winde III–VI
*Convolvulus tricolor*

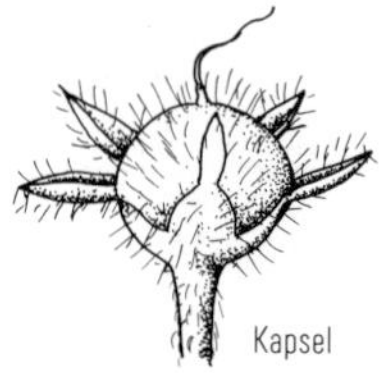

Kapsel

**Merkmale:** Meist einjähriges Kraut mit 20–60 cm hohen, aufsteigenden bis aufrechten Stengeln, besonders oben dicht abstehend behaart. Blätter wechselständig, sitzend, verkehrt eiförmig bis länglich, 1,5–4 cm lang, bis 13 mm breit, am Ansatz verschmälert, oben stumpf, meist behaart. Blüten einzeln in den Achseln der oberen Blätter. Blütenstiel 2–5 cm lang. 5 behaarte Kelchblätter, in einen unteren und oberen Abschnitt gegliedert. Krone breit trichterförmig, 1,5–4 cm lang, dreifarbig, am Grund gelb, in der Mitte weiß, oben leuchtend azurblau. Kapsel behaart. Bei *C. tricolor ssp. tricolor* oberer Teil der Kelchblätter nicht länger als der untere, bei *C. tricolor ssp. cupanianus* von Sizilien Spitzenteil viel länger.
**Standort:** Brachland, Wegränder. Zierpflanze.
**Verbreitung:** M, Portugal.

## Kantabrische Winde V–X
*Convolvulus cantabrica*

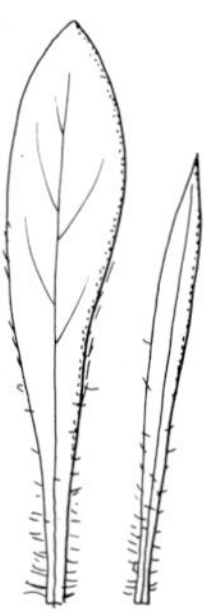

**Merkmale:** Ausdauernde, zumindest unten abstehend, oben angedrückt behaarte Pflanze mit verholztem Rhizom und mehreren aufsteigenden bis aufrechten, 10–50 cm hohen, krautigen Stengeln. Blätter wechselständig, untere spatelig, 4–5 cm lang, 1 cm breit, in einen langen Stiel verschmälert, am Rand gewellt, obere linealisch-lanzettlich, 4–5 cm lang. Blüten zu 1–3 (7) an achsel- oder endständigen, sehr langen Stielen. Kelch zottig behaart, Röhre 3 mm lang, 5 Kelchzipfel 5 mm lang, dreieckig. Krone breit trichterförmig, 1,5–2,5 cm lang, 3–4 cm breit, rosa. 5 Staubblätter, am Grund der Krone angewachsen. Fruchtknoten oberständig: wird zur behaarten Kapsel.
**Standort:** Trockenwiesen, Macchien, Garriguen, Wegränder. Bevorzugt Kalk.
**Verbreitung:** M, Südost-Europa.

## Curassao-Sonnenwende VI–VIII
*Heliotropium curassavicum*

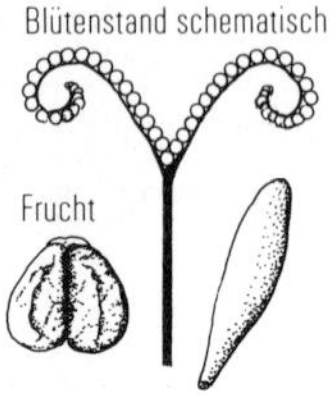


**Merkmale**: Ausdauernde, kahle, an der Basis verholzte Pflanze, ziemlich graugrün, fleischig. Stengel niederliegend bis aufsteigend, bis 70 cm lang. Blätter wechselständig, länglich-linealisch bis schmal spatelig, bis 2,5 (4) cm lang, bis 1 cm breit, nur der Mittelnerv deutlich. Blüten klein, sitzend, in seitlichen, oft gegabelten, blattlosen, 2–6 cm langen Wickeln. Kelch 1–2 mm lang, bis zum Grund in 5 dreieckige Zipfel geteilt. Krone weiß, breit trichterig, 1–2,5 mm lang, Saum 5lappig, 2mm breit. 5 Staubblätter, nicht aus der Kronröhre herausragend, ebenso wie der kurze, konische Griffel. Fruchtknoten oberständig, 4 kahle Nüßchen bildend.
**Standort**: Küstennahe, sandige, salzige Plätze.
**Verbreitung**: WM, östlich bis Italien. In Südeuropa eingebürgert, Heimat Amerika.

## Europäische Sonnenwende V–XI
*Heliotropium europaeum*

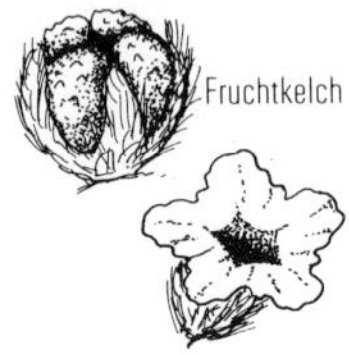


**Merkmale**: Einjährige, weichhaarige, grüne bis graue Pflanze mit 4–50 cm langem, niederliegend-aufsteigendem oder aufrechtem, verzweigtem Stengel. Blätter wechselständig, elliptisch bis lanzettlich, lang gestielt, bis 5,5 cm lang, bis 28 mm breit. Blüten duftlos, sitzend, in einfachen oder gegabelten, blattlosen, zuerst eingerollten, später verlängerten, reichblütigen Wickeln. Kelch 5teilig, ausdauernd. Krone weiß, breit trichterig, 2–5 mm lang, Saum 2–4 mm breit, gewöhnlich mit Zähnen zwischen den Lappen. 5 nicht herausragende Staubblätter, in der Röhrenmitte angewachsen. Griffel kurz, Narbe pfriemlich, kahl. 4 runzelige, kahle oder behaarte Nüßchen. Vielgestaltig.
**Standort**: Trockenes Kulturland, Sandböden.
**Verbreitung**: M, Südeuropa.
Synonym: Skorpionskraut.

## Strauchiger Steinsame III–V
*Lithodora fruticosa*

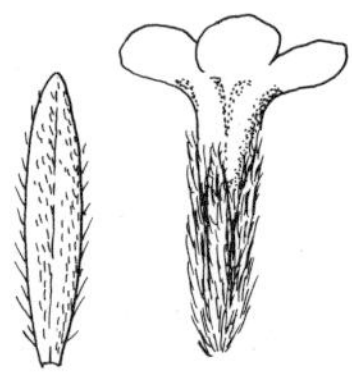

**Merkmale**: Rasenbildender, 15–60 cm hoher Zwergstrauch mit ± kräftigen, aufrechten, gedrehten Ästen, die ältesten dunkelgrau, die jüngeren weißlich borstig. Blätter wechselständig, länglich-linealisch, stumpf, bis 23 mm lang, bis 2,5 (3,5) mm breit, jung beiderseits weißlich, angedrückt borstig, dann lederig, nur am umgerollten Rand und unterseits an den Nerven borstig. Blüten zu wenigen in endständigen, beblätterten Wickeln. Kelch etwa 6 mm lang, außen dicht borstig, fast bis zum Grund 5teilig. Krone violett oder blau, etwa 1 cm lang, die 5 Lappen außen spärlich behaart. 5 Staubblätter und der Griffel nicht herausragend. Meist nur ein eiförmiges, weißliches, gestreiftes Nüßchen.
**Standort**: Trockene Stellen, bevorzugt Kalk.
**Verbreitung**: WM, Spanien und Südfrankreich.

## Borstiger Steinsame III–V
*Lithodora hispidula*

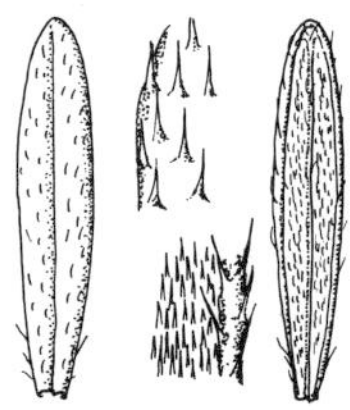

**Merkmale**: 10–35 cm hoher, große Polster bildender, stark verzweigter Zwergstrauch. Zweige kurz, starr, undeutlich angedrückt weißborstig. Blätter wechselständig, sitzend, schmal verkehrt eiförmig, stumpf oder spitz, bis 1,5 cm lang, bis 4,5 mm breit, meist kleiner, dunkelgrün, lederig, am Rand flach oder leicht eingerollt, oberseits mit abstehenden, basal höckerigen, kurzen Borsten, unterseits angedrückt kurzborstig. Blüten zu 1–4 in endständigen, beblätterten Wickeln. Kelch 7 mm lang, ± bis zum Grund 5teilig, borstig behaart. Krone blauviolett, außen kahl, ca. 1 cm breit. Kronröhre bis 12 mm lang, mit 5 kurzen, rundlichen Lappen. 5 Staubblätter und der Griffel nicht herausragend. Nüßchen fein warzig, weiß.
**Standort**: Felsen, Garriguen, Kiefernwälder.
**Verbreitung**: OM.

## Blauer (blauroter) Steinsame IV–VII
*Buglossoides purpuro-caerulea*

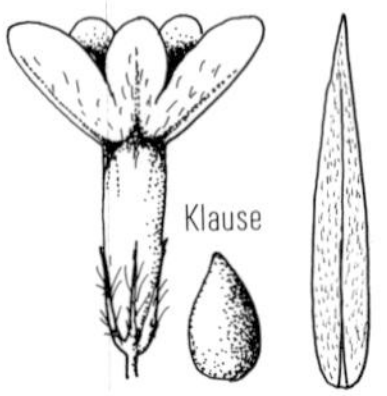


**Merkmale**: Ausdauernd, krautig. Blütenstengel schlank, aufrecht, 15–50 (70) cm hoch, unten anliegend, oben ± abstehend behaart, zu mehreren einem Wurzelstock entspringend. Blätter wechselständig, tiefgrün, anliegend rauhhaarig, unterseits nur der Mittelnerv sichtbar, lanzettlich, sehr spitz, 3,5–8 cm lang, bis 1,5 cm breit, untere kurz gestielt, obere sitzend. Blüten fast sitzend, in 2–3 endständigen Wickeln, von laubigen Hochblättern umgeben. Kelch 5teilig, 6–12 mm lang. Krone zuerst rotviolett, dann leuchtend blau, außen behaart, bis 2 cm lang. Kronröhre innen mit 5 kurz behaarten Leisten. 5 Staubblätter und Griffel mit 2lappiger Narbe nicht herausragend. Nüßchen bis 5 mm lang, glänzend, weiß.
**Standort**: Sommergrüne Eichenwälder, Gebüsche. **Verbreitung**: M, Süd- und Mitteleuropa.

## Große Wachsblume *Cerinthe major* XII–VI

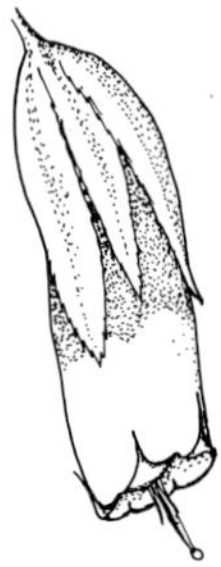

**Merkmale**: Einjährige, kahle Pflanze, 15–80 cm hoch. Stengel aufsteigend, verzweigt. Blätter blaugrün, mit Wachsüberzug, manchmal weiß gefleckt, mit kleinen Höckern, feinborstig bewimpert, untere kurz gestielt, spatelig, obere sitzend, eiförmig, am Grund herzförmig, 3–6 cm lang, bis 1,5 cm breit. Blüten nickend, in endständigen Wickeln. Tragblätter eiförmig, oft violett überlaufen, so lang oder länger wie der Kelch. 5 ungleich lange Kelchzipfel. Krone gelb, am Grund oft braunviolett überlaufen, im Schlund mit rotbraunem Ring, röhrig, 1,5–2 (3) cm lang, bis 8 mm breit, mehr als 2mal so lang wie der Kelch. Saum sehr kurz, oben abgestutzt oder wenig gezähnt, scharf zurückgebogen. 5 Staubblätter, Staubbeutel violett. Nüßchen schwärzlich, kahl.
**Standort**: Kultur- und Brachland, Wegränder.
**Verbreitung**: M, Portugal.

## Rauher Natternkopf III–VI
*Echium asperrimum*

**Merkmale**: 2jährige, bis 1 m hohe, nahe der Basis verzweigte, aufrechte Pflanze. Dicht, weiß bis grau, abstehend borstig, stechend behaart. Borsten einem Höckerchen aufsitzend. Grundblätter ± rosettig, zur Blütezeit grün, verkehrt lanzettlich, am Grund ± abgerundet, 12–16 cm lang, 3–5 cm breit, etwas striegelhaarig. Stengelblätter wechselständig, schmal lanzettlich, kleiner. Blütenstand unregelmäßig verzweigt, ± pyramidenförmig verlängert. Kelch 6–7 mm lang, fast bis zum Grund 5teilig. Krone fleischfarben, 13–18 mm lang, schmal trichterig. Saum schief, mit 5 ungleichen Lappen. 5 Staubblätter, meist alle weit herausragend; Staubfäden rosarot. Griffel herausragend, 2spaltig. Nüßchen runzelig, braun.
**Standort**: Trockenes Brachland.
**Verbreitung**: WM, östlich bis Italien.

## Italienischer Natternkopf IV–VIII
*Echium italicum*

**Merkmale**: 2jährige, bis 1 m hohe, aufrechte Pflanze. Dicht, weiß-gelblich, abstehend borstig behaart. Borsten einem Höckerchen aufsitzend. Blütentragender Stengel einzeln oder deutlich dominierend. Grundblätter ± rosettig, lanzettlich, am Grund verschmälert, 20–35 cm lang, 1,5–4 cm breit, angedrückt weichborstig. Stengelblätter wechselständig, sitzend, schmal elliptisch. Blütenstand ährenartig oder vielästig pyramidenförmig. Kelch 6–7 mm lang, 5teilig. Krone gelblich, fleischfarben oder blaßblau, 10–12 mm lang, sehr schmal trichterig. Saum schief, mit 5 ± ungleichen Lappen, fein behaart. 5 Staubblätter, meist alle weit herausragend; Staubfäden blaß. Griffel herausragend. 2spaltig. Nüßchen graubraun.
**Standort**: Brachland, Weiden.
**Verbreitung**: M, Südeuropa.

## Kretischer Natternkopf III–VII
*Echium creticum*

**Merkmale**: 2jährige, 20–60 (90) cm hohe, aufrechte Pflanze, oft mit mehreren blühenden Stengeln. Stengel abstehend borstig, darunter mit kurzen, anliegenden, nach unten gerichteten Haaren. Blätter wechselständig, ± borstig, untere lanzettlich, gestielt, 6–20 cm lang, 1–2,5 cm breit, obere länglich, am Grund verschmälert, sitzend. Borsten einem Höckerchen aufsitzend. Blütenstand ± verzweigt. Kelch 7–10 mm lang, zur Fruchtzeit bis 19 mm, 5teilig. Krone bleibend rotpurpurn oder dann bläulich purpurn oder blau, 1,5–4 cm lang, gleichmäßig fein behaart, breit trichterig. Saum schief mit 5 ungleichen Lappen. 5 Staubblätter, 1–2 herausragend, Faden ± spärlich behaart. Narbe 2spaltig. Nüßchen graubraun. 3 Unterarten.
**Standort**: Trockenes Ödland, Schuttplätze, Fels.
**Verbreitung**: WM, Südportugal, bis Italien.

## Wegerichblättriger Natternkopf IV–VII
*Echium plantagineum*

**Merkmale**: Ein- oder zweijährige, 20–60 cm hohe, aufrechte, meist verzweigte, weiß, weichborstig behaarte Pflanze. Borsten einem Höckerchen aufsitzend. Grundblätter in einer wegerichähnlichen Rosette, lang gestielt, eiförmig, 5–14 cm lang, Seitennerven deutlich erhaben. Stengelblätter wechselständig, sitzend, länglich-lanzettlich, die obersten mit herzförmigem, halbstengelumfassendem Grund. Blütenstand gewöhnlich verzweigt. Kelch 7–10 mm lang, zur Fruchtzeit 15 mm, 5teilig. Krone blau, später purpurrot bis rosa, 18–30 mm lang, breit trichterig, außen am Rand und an den Nerven behaart, Saum schief, mit 5 ungleichen Lappen. 5 Staubblätter, 2 herausragend. Narbe 2spaltig. Nüßchen dicht warzig.
**Standort**: Auf Sand in Küstennähe, Brachland.
**Verbreitung**: M, Westeuropa.

## Schmalblättriger Natternkopf IV–V
*Echium angustifolium*

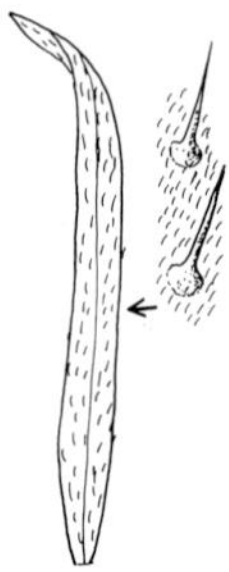

**Merkmale**: Ausdauernde, 25–40 cm hohe Pflanze, mit mehreren aufrechten oder niederliegend-aufsteigenden Blütenstengeln. Dicht, weiß bis grau, langborstig, stechend behaart. Borsten einem Höckerchen aufsitzend. Blätter wechselständig, schmal lanzettlich oder verkehrt lanzettlich, 2–5,5 cm lang, 3–8 mm breit, dicht borstig. Blütenstand mehrästig, wickelige Seitenäste jung eingerollt. Kelch 7–10 mm lang, fast bis zum Grund 5teilig, später auf 15 mm vergrößert. Krone leuchtend rot bis purpurviolett, 16–22 mm lang, außen gleichmäßig behaart, breit trichterig. Saum schief, mit 5 ungleichen Lappen. 5 Staubblätter, meist alle, ebenso wie der Griffel, mit 2spaltiger Narbe, herausragend. Formenreich.
**Standort**: Trockene Plätze, Ödland.
**Verbreitung**: OM, Ägäis.

## Gelber Natternkopf *Echium flavum* V–VII

**Merkmale**: 2jährige oder ausdauernde, bis 70 cm hohe, weichborstig behaarte Pflanze, mit einem Stengel oder meist mit mehreren, aufrechten bis aufsteigenden, blütentragenden Stengeln. Grundblätter rosettig, schmal verkehrt eiförmig bis verkehrt lanzettlich, 4–15 cm lang, bis 3 cm breit, angedrückt, weiß, weichborstig behaart. Alle Borsten einem Höckerchen aufsitzend. Stengelblätter wechselständig, sehr schmal elliptisch. Blütenstand dicht ährenartig. Kelch 5–8 mm lang, fast bis zum Grund 5teilig. Krone gelblich-fleischrosa, 13–16 mm lang, schmal trichterig, außen spärlich behaart. Saum schief, mit 5 ungleichen Lappen. 5 weit herausragende Staubblätter, Staubfäden rot. Griffel herausragend, Narbe 2spaltig. Fruchtknoten oberständig, 4 Nüßchen bildend.
**Standort**: Bergweiden, bevorzugt auf Kalk.
**Verbreitung**: Spanien.

## Niedriger Natternkopf IV–V
*Echium humile*

**Merkmale:** Ausdauernde, 10–25 cm hohe, am Grund verholzte und verzweigte Pflanze mit mehreren aufrechten oder aufsteigenden, blütentragenden Ästen. Stengel, Blätter und insbesondere der Kelch dicht weißborstig. Borsten einem Höckerchen aufsitzend. Blätter wechselständig, untere ± rosettig, linealisch-länglich, 2–4 cm lang, bis 3 mm breit. Blütenstand ± ährig. Kelch 6–8 mm lang, fast bis zum Grund 5teilig. Krone bläulich purpurn, etwa 13 mm lang, etwas behaart, röhrig-trichterig. Saum schief, mit 5 ± ungleichen Lappen. 5 in der Kronröhre angewachsene Staubblätter, 4 davon ± weit herausragend. Griffel herausragend, Narbe 2spaltig. Fruchtknoten oberständig, 4 Nüßchen bildend. **Standort:** Trockene, steinige Böden, Straßenränder, auch auf Gips.
**Verbreitung:** Zentral- und Südost-Spanien.

## Färber-Alkanna *Alkanna tinctoria* III–VI

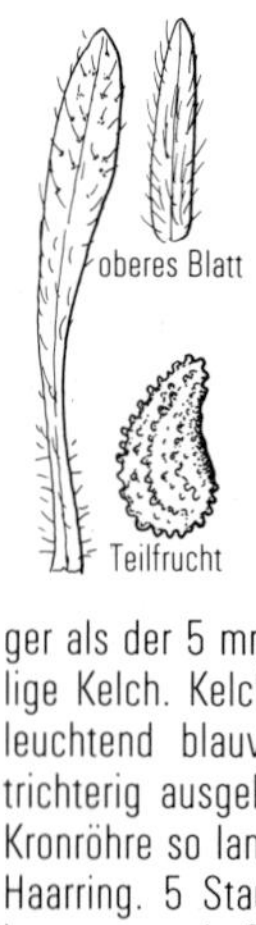


**Merkmale:** Ausdauernde, rauh weißhaarige, etwas stechende, drüsenlose, verzweigte Pflanze, 8–30 cm hoch, am Grund verholzt. Stengel niederliegend bis aufsteigend. Untere Blätter gestielt, linealisch-lanzettlich, 6–15 cm lang, bis 1,5 cm breit, obere sitzend, bis 3 cm lang. Blüten in anfangs knäuelig dichten, später verlängerten Wickeln. Tragblätter kaum länger als der 5 mm lange, fast bis zum Grund 5teilige Kelch. Kelchzipfel pfriemlich, borstig. Krone leuchtend blauviolett, außen kahl, röhrig, mit trichterig ausgebreitetem Saum, 6–8 mm breit. Kronröhre so lang wie der Kelch, im Schlund mit Haarring. 5 Staubblätter sowie der Griffel nicht herausragend. 2 Nüßchen netzig-warzig, 2 mm lang. Wurzelrinde enthält trocken den roten Farbstoff Alkannin.
**Standort:** Sandstrand, trockenes Ödland, Kalk.
**Verbreitung:** M, Südeuropa.

## Boissiers Natternkopf V–VI
*Echium boissieri*

**Merkmale:** 2jährige, bis 2,5 m hohe, basal verholzte, aufrechte, abstehend, weißborstige, kräftige Pflanze. Grundblätter ± rosettig, elliptisch-lanzettlich, 10–25 cm lang, 4–5 cm breit, angedrückt weichborstig. Borsten einem Höckerchen aufsitzend. Stengelblätter wechselständig, schmal elliptisch. Blütenstand ährenartig. Kelch 8–9 mm lang, 5teilig. Krone fleischrosa, 16–18 mm lang, schmal trichterig, gleichmäßig kurz behaart. Saum schief, ungleich 5lappig. 5 weit herausragende Staubblätter, Staubfäden rot. Narbe 2spaltig.
**Standort:** Straßenrand, Brachland, auf Kalk.
**Verbreitung:** Spanien. In ganz Europa **Gemeiner Natternkopf** *E. vulgare,* bis 90 cm hoch, Grundblätter gestielt, elliptisch, 5–15 cm lang, 1–2 cm breit, Krone blauviolett, 1–2 cm lang, 4–5 herausragende Staubblätter.

## Wellblättrige Ochsenzunge V–VII
*Anchusa undulata*

**Merkmale:** 2jährige oder ausdauernde, krautige Pflanze, 10–50 cm hoch, flaum- und rauhhaarig, dicht behaart oder fast kahl. Stengel aufrecht oder aufsteigend. Blätter wechselständig, länglich-lanzettlich, am Grund stielartig verschmälert, 5–15 cm lang, bis 1,5 (3) cm breit, am Rand oft buchtig gezähnt, wellig. Blüten sehr kurz gestielt, in mehreren Wickeln. Tragblätter kürzer als der 5–10 mm lange, bis zur Hälfte in 5 stumpfe Zipfel gespaltene Kelch. Krone blau, violett oder purpurn, röhrig-trichterig. Kronröhre 7–13 mm lang, mit 5 Schlundschuppen. Saum 5lappig, augebreitet, 3–8 mm breit. 5 Staubblätter, wie der Griffel selten herausragend. Nüßchen 2–3 mm lang, schräg eiförmig. 5 Unterarten.
**Standort:** Gerölle, küstennaher Sand, Ödland.
**Verbreitung:** M, Portugal.

## Italienische Ochsenzunge IV–VIII
*Anchusa azurea*

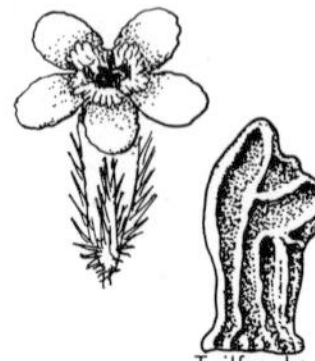

Teilfrucht

**Merkmale**: Ausdauernde, bis 1,5 m hohe, aufrechte Pflanze, krautig, dicht weiß behaart. Haare bis 3,5 mm lang, stechend. Blätter lanzettlich, untere 10–35 cm lang, 1,5–5 cm breit, gestielt, obere kleiner, sitzend. Blüten bis 1,5 cm lang gestielt, in end- und achselständigen, anfangs dichten, später verlängerten Wickeln, insgesamt große Rispen bildend. Tragblätter dreieckig, 8–12 mm lang. Kelch 5teilig, 6–8 mm, zur Fruchtzeit bis 1,5 cm lang. Krone leuchtend blau bis violett, röhrig-trichterig. Kronröhre 6–10 mm lang, Saum 1–1,5 cm breit, in der Mitte mit weißem Ring aus 5 behaarten Schlundschuppen. 5 meist, ebenso wie der Griffel, nicht herausragende Staubblätter. Nüßchen 7–10 mm lang.

**Standort**: Kultur- und Brachland, Wegränder.

**Verbreitung**: M, östlich bis Persien.

## Borretsch *Borago officinalis* IV–IX, I–XII

**Merkmale**: Einjährige, 15–70 cm hohe, etwas stechend, abstehend borstig behaarte, kräftige Pflanze. Stengel aufrecht, oben verzweigt. Blätter borstig behaart, untere ± rosettig, eiförmig-lanzettlich, in einen geflügelten Blattstiel verschmälert, bis 20 cm lang, bis 4 cm breit, obere wechselständig, zunehmend kleiner, sitzend. Blüten nickend, an bis 3 cm langen, übergebogenen Stielen, in locker verzweigter Rispe. Kelch 8–15 mm lang, fast bis zum Grund 5teilig. Krone 2–3 cm breit, mit sehr kurzer, weißlicher Röhre und 5 ausgebreiteten, leuchtend blauen, selten weißen Kronzipfeln. Staubblätter weit herausragend, einen Kegel bildend, an der Spitze mit auffälligem Anhängsel. 4 Nüßchen, lang eiförmig, bis 1 cm lang, warzig, braun. Gewürzkraut.

**Standort**: Kultur- und Brachland, Gärten.

**Verbreitung**: M, wohl im WM ursprünglich.

## Kretische Hundszunge IV–VII
*Cynoglossum creticum*

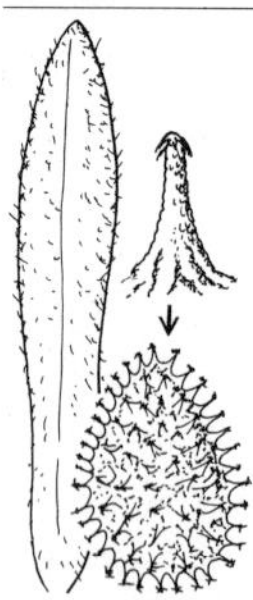

Teilfrucht

**Merkmale**: 2jährige, 20–60 cm hohe, abstehend bis filzig behaarte, oben meist verzweigte, krautige Pflanze. Blätter länglich bis lanzettlich, 5–15 cm lang, beiderseits dicht behaart, untere rosettig, in einen langen Stiel verschmälert, obere wechselständig, sitzend, ± halb stengelumfassend. Blüten an kurzen, später zurückgebogenen Stielen, in tragblattlosen Wickeln. Kelch 6–8 mm lang, rauhhaarig, fast bis zum Grund in 5 längliche, stumpfe Abschnitte geteilt. Krone rosa, später blau, auffällig dunkelviolett geadert, 7–9 mm lang. Saum so lang wie die Röhre, die 5 Lappen rundlich, kahl. Röhre mit 5 Schlundschuppen. 5 Staubblätter. Nüßchen 5–7 mm lang, am Rand flach, dicht widerhakig bestachelt.

**Standort**: Brachland, Wegränder, Garriguen.

**Verbreitung**: M, Südeuropa, Nordfrankreich.

## Goldlackblättrige Hundszunge IV–VI
*Cynoglossum cheirifolium*

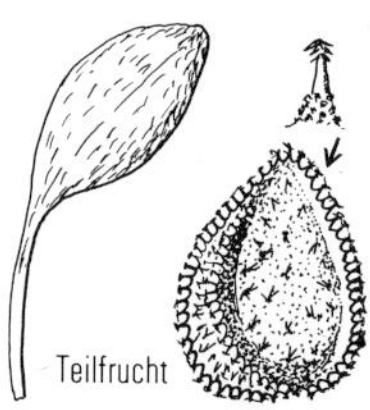

Teilfrucht

**Merkmale**: 2jährige, 10–40 cm hohe, rauh bis weißfilzig behaarte, krautige Pflanze. Stengel aufrecht, oben verzweigt. Blätter länglich-lanzettlich bis schmal spatelförmig, beiderseits weißfilzig. Obere Blätter sitzend, nicht stengelumfassend. Blütenstand dicht, mit Tragblättern. Kelch 5–7 mm lang, rauhhaarig, mit 5 eiförmigen Zipfeln. Krone zunächst blaßrot, später purpurviolett bis blau, etwa 8 mm lang, röhrig verwachsen, mit 5 Schlundschuppen. Saum mit 5 stumpfen, kahlen Lappen, kürzer als die Röhre. 5 in der Röhre angewachsene Staubblätter. Fruchtknoten oberständig, wird zu 4 Nüßchen. Nüßchen 5–8 mm lang, am Rand deutlich verdickt, dicht mit widerhakigen Stacheln besetzt oder fast glatt.

**Standort**: Trockenwiesen, Garriguen, auf Kalk.

**Verbreitung**: WM, östlich bis Italien.

## Natternkopf-Lotwurz V–VII
*Onosma echioides*

**Merkmale:** Ausdauernde, basal verholzte, ± rasenbildende, borstig behaarte Pflanze mit mehreren, 10–30 cm hohen Blütenstengeln. Untere Blätter linealisch-lanzettlich bis länglich, 2–10 cm lang, 2–7 mm breit, am Rand meist umgerollt, ± weiß, grau oder gelb borstig sternhaarig, oberseits auch mit einfachen Borsten, auf kleinen Höckerchen sitzend, von 10–20 kürzeren Borsten umgeben. Blütenstand wenig verzweigt. Blüten fast sitzend. Tragblätter ± so lang wie der bis 1 cm lange, einfach- und sternhaarige, fast bis zum Grund in pfriemliche Zipfel zerteilte Kelch. Krone blaßgelb, behaart, 2mal so lang wie der Kelch. 18–25 mm lang, röhrig mit 5 kurzen, geraden Zipfeln. Nüßchen glatt, glänzend, 2,5 mm lang.
**Standort:** Trockene, warme Hänge, auf Kalk.
**Verbreitung:** Italien, West-Balkanhalbinsel.

## Strauchige Lotwurz III–VI
*Onosma frutescens*

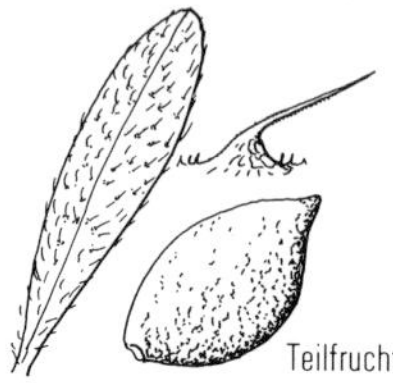


**Merkmale:** Ausdauernde Pflanze mit schlankem, verzweigtem, verholztem Rhizom und zahlreichen, 10–25 cm hohen, abstehend borstig behaarten Blütenstengeln. Borsten stets einfach, bis 3 mm lang. Blätter linealisch oder länglich-lanzettlich, bis 7 cm lang, bis 2 cm breit, flaumhaarig und borstig. Blütenstand einfach oder wenig verzweigt. Blütenstiele bis 8 mm lang. Tragblätter nicht länger als der fast bis zum Grund 5teilige, 1–1,5 cm lange Kelch. Krone blaßgelb bis braunorange, besonders am Saum oft purpurrot überlaufen, kahl, 1,5mal so lang wie der Kelch, 16–21 mm lang. Nüßchen glatt, ca. 5 mm lang.
**Standort:** Felsen, steinige Hänge, Brachland.
**Verbreitung:** OM. Im OM ähnlich *O. graeca*, Kelch 1 cm, Krone bis 1,5 cm lang, behaart. Nüßchen höckerig.

## Keuschbaum *Vitex agnus-castus* V–XI

**Merkmale:** Sommergrüner, 1–6 m hoher, ansehnlicher Strauch mit würzigem Geruch. Junge Zweige 4kantig, graufilzig. Blätter gegenständig, langgestielt, fingerförmig gefiedert; die 5–7 Fiedern schmal lanzettlich, bis 10 cm lang, unterseits weißfilzig, oberseits dunkelgrün, kahl. Blütenquirle in langen, endständigen, verzweigten, ährigen Blütenständen. Blüten duftend. Kelch 5zähnig, 1,5 mm lang, weißfilzig, an der Frucht erhalten bleibend. Krone blauviolett, rosa, seltener weiß, 6–9 mm lang, 2lippig, außen behaart. Oberlippe 2-, Unterlippe 3lappig. 4 ± weit herausragende Staubblätter. Frucht kugelig, 3–4 mm, fleischig, rötlich schwarz, früher als pfefferartiges Gewürz verwendet.
**Standort:** Küstennahe, feuchte Stellen, Flußufer, Bachränder. Oft als Zierstrauch.
**Verbreitung:** M, Südwest-Asien.
Synonym: Mönchspfeffer, Keuschlamm.

## Knotenblütige Lippie IV–VIII
*Lippia nodiflora*

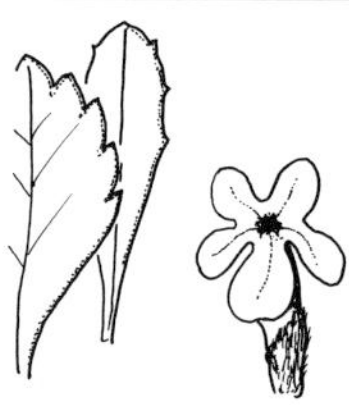

**Merkmale:** Ausdauerndes, 10–30 cm hohes Kraut. Blütenstengel aufsteigend, sterile niederliegend, an den Knoten wurzelnd. Blätter gegenständig, 8–30 mm lang, gesägt. Blüten in lang gestielten, kopfigen, 5–7 mm breiten Ähren. Tragblätter behaart, kaum länger als der 2lippige, 2 mm lange Kelch. Krone weiß bis lila, ca. 5 mm lang, spärlich behaart, 2lippig, oben 2 mm breit. Oberlippe 2-, Unterlippe 3lappig. Staubfäden paarweise ungleich lang, in der Kronröhre angeheftet, nicht herausragend. Kaum unterscheidbar *L. canescens* aus Südamerika, im WM verwildert, mit basal verholzten Stengeln und lila, 3 mm breiten Blüten. Im M als Zierstrauch *L. triphylla,* Blüten lila, in langen Ähren, Blätter mit Zitronenduft.
**Standort:** Küstennahe, nasse Wiesen, Reisfelder.
**Verbreitung:** M.

## **Moschusgünsel** *Ajuga iva* III–VI

**Merkmale:** Ausdauernde, 5–20 cm hohe, am Grund verholzte, zottig bis wollig behaarte Pflanze mit schwach aromatischem Geruch. Stengel niederliegend bis aufsteigend, verzweigt. Blätter linealisch bis länglich, bis 3,5 cm lang und 3–6 mm breit, untere Blätter ein wenig gelappt oder gezähnt, obere ganzrandig. Blüten in den Blattachseln, zu 2–4 je Knoten, in einem dichten Blütenstand. Tragblätter den Stengelblättern gleichend. Kelch bis 4,5 mm lang, die 5 Zähne so lang oder kürzer als die Röhre. Krone purpurn oder rosa, selten gelb, 12–20 mm lang. Kronröhre länger als der Kelch, innen mit einem Haarring. Oberlippe sehr kurz, ganzrandig. Unterlippe 3lappig, mittlerer Lappen am größten und ausgerandet. Staubfäden behaart, die Krone überragend.
**Standort:** Trockenrasen, Brachland, Garriguen.
**Verbreitung:** M, Südeuropa, Kanaren.

## **Gelber Günsel** *Ajuga chamaepitys* IV–X

**Merkmale:** Ein-, zweijährige oder kurzlebige, ausdauernde, 5–20 cm hohe, kahle bis dicht zottig behaarte Pflanze mit stark aromatischem Geruch. Stengel an der Basis reichlich verzweigt; Zweige niederliegend bis aufsteigend. Blätter tief 3teilig, Abschnitte linealisch, 1–2 cm lang, bis 4 mm breit. Blüten zu 2–4 je Knoten. Blütenstand dicht. Tragblätter wie Stengelblätter. Kelch 4–6 mm lang, 5 Zähne, meist kürzer als die Röhre. Krone blaßgelb, mit rotvioletter Zeichnung, selten völlig purpurn, Kronröhre etwa so lang wie der Kelch, innen mit einem Haarring. Oberlippe sehr kurz. Unterlippe 3lappig. Staubfäden behaart. – Formenreiche Art. Im Westen eher *A. chamaepitys ssp. chamaepitys,* Krone 7–15 mm lang; weiter östlich *A. chamaepitys ssp. chia,* Krone 18–25 mm lang.
**Standort:** Ruderalfloren, Trockenrasen.
**Verbreitung:** M, Europa außer im Norden.

## **Strauchiger Gamander** IV–V
*Teucrium fruticans*

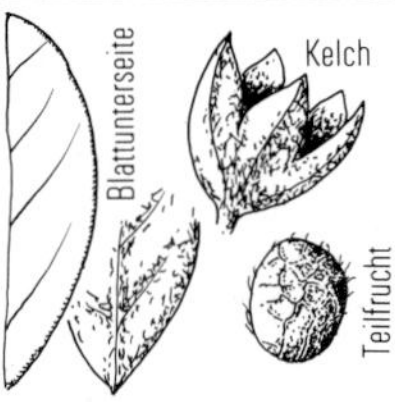


**Merkmale:** Immergrüner Strauch, bis 120 cm Höhe. Zweige 4kantig, weißfilzig. Blätter gegenständig, lanzettlich bis eiförmig, bis 4 cm lang, ganzrandig, kurz gestielt, unterseits weißfilzig, oberseits dunkelgrün, verkahlend. Scheinquirle 2blütig. Tragblätter wie Stengelblätter. Kelch etwa 8 mm lang, außen weißfilzig, innen kahl. Krone blau bis lila, 1,5–2,5 cm lang. Oberlippe fehlend. Unterlippe 5lappig, violett geadert. Kronröhre ohne Haarring. 4 Staubblätter.
**Standort:** Küstennahe Kalkfelsen, trockene, sonnige Plätze; auch als Zierstrauch.
**Verbreitung:** WM, ZM, östlich bis Jugoslawien. Verwandt im OM *T. brevifolium,* Zweige braun, locker behaart. Blätter länglich, beiderseits graufilzig, am Rand umgerollt. Blüten blau, bis 1 cm lang, einzeln in den Blattachseln.

## **Polei-Gamander** *Teucrium polium* VI–VIII

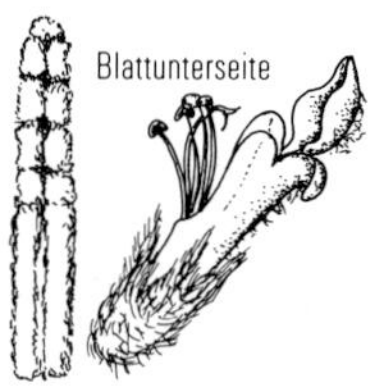


**Merkmale:** Zwergstrauch, 6–20 (45) cm hoch, mit aromatischem Geruch, insgesamt ± dicht filzig, weiß, grün oder gelblich behaart. Blätter gegenständig oder gebüschelt, sehr kurz gestielt, länglich bis schmal verkehrt eiförmig, 7–27 mm lang, am Rand mit 2–5 (9) Einkerbungen, flach oder umgerollt. Scheinquirle in kopfigen, länglich dichten bis fast kugeligen Blütenständen. Kelch bis 5 mm lang, 5zähnig. Krone weiß, selten rötlich, etwa 5 mm lang. Oberlippe fehlend. Unterlippe 5lappig. Kronröhre ohne Haarring. – 5 Unterarten. Einfache Köpfchen, behaarte Kronlappen, graue Behaarung bei *T. polium ssp. polium* (WM). Zusammengesetzte Köpfchen bei *T. polium ssp. pii-fontii,* Kronlappen kahl (Spanien, Balearen). Bei *T. polium ssp. capitatum* (M) Kronlappen ± kahl, Blätter 1,5 cm. **Standort:** Trockene Stellen, Wiesen, Garriguen. **Verbreitung:** M, Südeuropa.

T.p. ssp. pii-fontii

## Schmalblättriger Gamander IV–VII
*Teucrium pseudochamaepitys*

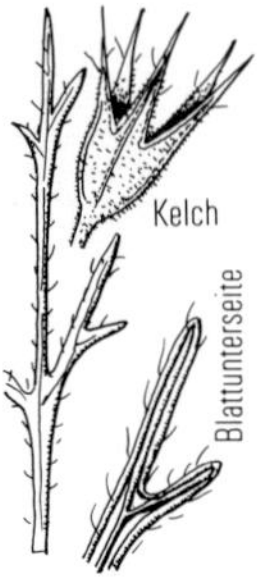


**Merkmale:** Ausdauernde, zottig behaarte, selten kahle, 20–40 cm hohe Pflanze. Stengel aufrecht, unverzweigt, am Grund verholzt, dicht beblättert. Blätter gegenständig, bis etwa 4 cm lang, tief fiederschnittig, mit 3–5 linealischen, 1–2 mm breiten, bespitzten Abschnitten. Blüten gestielt. Scheinquirle 2blütig, in einer lockeren, endständigen Traube. Tragblätter mindestens so lang wie die Blütenstiele. Kelch drüsig behaart, die 5 Zähne so lang oder länger als die Röhre. Krone weiß bis rosa, 1–1,5 cm lang, 2mal so lang wie der Kelch. Oberlippe fehlend. Unterlippe 5lappig. Kronröhre ohne Haarring. 4 Staubblätter und der Griffel weit herausragend. Fruchtknoten reif in 4 Teilfrüchte (Nüßchen) zerfallend.
**Standort:** Garriguen, Trockenwiesen, auf Fels.
**Verbreitung:** WM, Portugal.

## Behaartes Gliedkraut VII–VIII
*Sideritis hirsuta*

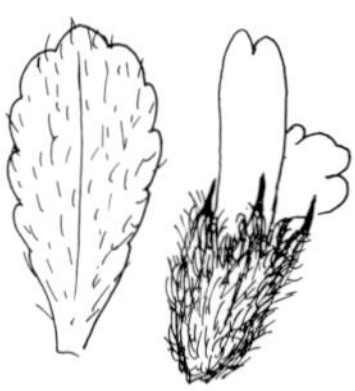

**Merkmale:** Locker bis dicht behaarter, bis 50 cm hoher Halbstrauch. Stengel wenigstens mit einigen langen, ± geraden, abstehenden Haaren. Blätter gegenständig, verkehrt eiförmig bis länglich, 1–2 cm lang, 4–10 mm breit, gezähnt oder gekerbt, grün bis graugrün. Blüten zu 6 in 4–15, gewöhnlich entfernt stehenden Scheinquirlen. Untere Tragblätter ± herzförmig, 6–15 mm lang, kürzer oder so lang wie der Kelch, gezähnt. Kelch innen mit Haarring, 5–9 mm lang, mit 5 gleichen Zähnen. Krone 8–10 mm lang, mit weißer oder blaßgelber 2spaltiger Oberlippe und blaß- oder leuchtend gelber 3lappiger Unterlippe, selten ganz weiß. 4 Staubblätter in der Kronröhre eingeschlossen. In Südspanien sehr formenreich.
**Standort:** Trockene, steinige, offene Plätze.
**Verbreitung:** WM bis Italien.

## Syrisches Gliedkraut V–VIII
*Sideritis syriaca*

**Merkmale:** Grau oder weiß wollig behaarter, nach Salbei riechender, 10–50 cm hoher Halbstrauch. Blätter gegenständig, beiderseits behaart, die unteren schmal verkehrt eiförmig, 1–6 cm lang, 5–20 mm breit, ganzrandig, gekerbt oder gezähnelt, die oberen linealisch-lanzettlich oder länglich, bis 8 cm lang, bis 18 mm breit, ganzrandig. Blüten zu 6–12 in 5–20, meist entfernt stehenden Scheinquirlen. Mittlere Tragblätter fast kreisförmig, 6–12 mm lang, bespitzt, meist kürzer als die Blüten, ganzrandig. Kelch wollig behaart, 7–12 mm lang, mit 5 gleichen Zähnen. Krone gelb, deutlich behaart, 9–15 mm lang. Oberlippe 2spaltig. Unterlippe 3lappig. 4 Staubblätter in der Kronröhre eingeschlossen. Sehr formenreich.
**Standort:** Garriguen, trockene Wiesen, Kalk.
**Verbreitung:** ZM, OM, Sizilien bis zur Krim.

## Weißgraues Gliedkraut IV–VII
*Sideritis incana*

**Merkmale:** Kahler bis kurz weißfilzig behaarter Halbstrauch bis 60 cm Höhe. Blätter linealisch bis eiförmig-lanzettlich oder spatelig, 1,5–4 cm lang, 1,5–4 (7,5) mm breit, ganzrandig oder etwas gezähnt. Blüten zu 6 in 1–10 entfernt stehenden Scheinquirlen. Untere Tragblätter ± herzförmig, 3–10 mm lang, kürzer als der Kelch, ganzrandig oder gezähnt. Kelch innen ohne Haarring, 4–8 mm lang, mit 5 gleichen Zähnen. Krone gelb oder rosa, 8–10 mm lang. Oberlippe 2spaltig. Unterlippe 3lappig. 4 Staubblätter in der Kronröhre eingeschlossen. – 4 Unterarten. Kahl bis spärlich behaart *S. incana ssp. incana* mit gelben und *S. incana ssp. glauca* mit rosa Blüten. Dicht weißfilzig *S. incana ssp. virgata,* gelbblütig, *S. incana ssp. sericea,* rosablütig.
**Standort:** Trockener Untergrund.
**Verbreitung:** WM, Zentral-, Ost-, Südspanien.

## Windhalm-Brandkraut V–VI
*Phlomis herba-venti*

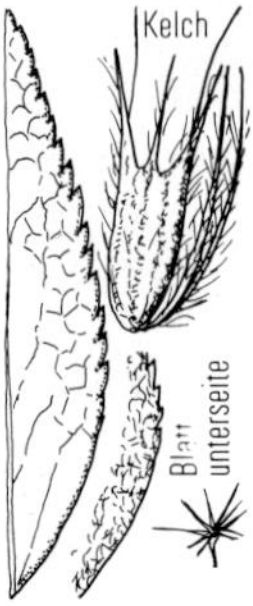


**Merkmale:** Ausdauerndes, drüsenloses, bis 70 cm hohes Kraut. Stengel grünlich, lang rauhhaarig oder weißfilzig sternhaarig, selten kahl. Blätter gegenständig. Untere Blätter bis 5 (8) cm lang gestielt, lanzettlich oder eiförmig, 7–17,5 cm lang, oberseits kahl bis rauhhaarig, unterseits sternhaarig oder weißfilzig. Blüten zu 2–14 in 2–5 Scheinquirlen mit pfriemlichen, 1–1,5 cm langen Vorblättern, Tragblätter ± sitzend, laubig. Kelch wie die Vorblätter weißfilzig oder rauhhaarig, 8–15 mm lang, mit 5 bis 7 mm langen Zähnen. Krone purpurn oder rosa, 1,5–2,5 cm lang, außen behaart. Oberlippe helmartig, zur 3lappigen, ausgebreiteten Unterlippe herabgebogen. 4 Staubblätter. Griffel ungleich 2spaltig.
**Standort:** Trockenrasen.
**Verbreitung:** M, Portugal, Südost-Europa.

## Strauchnessel *Phlomis fruticosa* III–VI

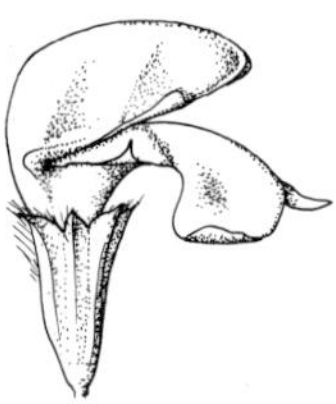

**Merkmale:** Bis 130 cm hoher Strauch. Stengel drüsenlos, oben dicht sternhaarig. Blätter gegenständig, die unteren bis 4 cm lang gestielt, elliptisch bis lanzettlich-eiförmig, 3–9 cm lang, 2–3 cm breit, ganzrandig oder gekerbt, lederig, oberseits grün, unterseits weißfilzig. Blüten zu (6) 14–36 in 1–3 Scheinquirlen mit schmalen, 1–2 cm langen, bis 7 mm breiten, weißfilzigen, ± bewimperten Vorblättern. Tragblätter sitzend oder gestielt, laubig. Kelch 10–19 mm lang, sternhaarig wollig, mit 5 kurzen, bis 4 mm langen, etwas gekrümmten Zähnen. Krone gelb, 2–3 cm lang, außen behaart. Oberlippe helmartig, zur 3lappigen, ausgebreiteten Unterlippe herabgebogen. 4 Staubblätter. Griffel ungleich 2spaltig.
**Standort:** Trockene, steinige Plätze. Oft auch als Zierstrauch. **Verbreitung:** OM, ZM, im Westen bis Sardinien.

## Filziges Brandkraut V–VII
*Phlomis lychnitis*

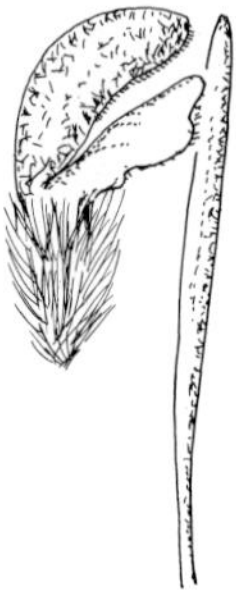

**Merkmale:** Bis 65 cm hoher Halbstrauch. Stengel drüsenlos, sternhaarig filzig. Blätter gegenständig, die unteren linealisch bis elliptisch, zu einem undeutlichen Stiel verjüngt, 5–11 cm lang, ± ganzrandig, oberseits locker, unterseits wollig sternhaarig, lederig. Blüten zu 4–10 in 4–8 Scheinquirlen mit pfriemlichen, bis 2 cm langen, wie der Kelch sternhaarig zottigen Vorblättern. Tragblätter sitzend, breit eiförmig, bespitzt, laubig. Kelch 1,5–2 cm lang, mit 5 bis 4 mm langen, geraden Zähnen. Krone gelb, 2–3 cm lang, behaart. Oberlippe helmartig, Unterlippe 3lappig. Griffel ungleich 2spaltig. Ähnlich in Spanien *P. crinita* mit beiderseits wolligen, bis 11,5 cm langen, gestielten Blättern.
**Standorte:** Trockene Wiesen, Garriguen, auf Kalk, **Verbreitung:** WM, Spanien, Portugal, Frankreich.

## Honigmelisse V–VIII
*Melittis melissophyllum*

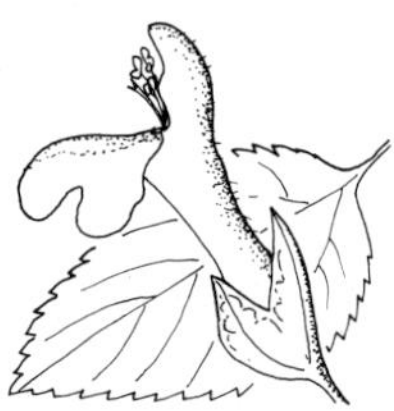

**Merkmale:** Ausdauerndes, 20–70 cm hohes Kraut. Stengel aufrecht, oft verzweigt, weich abstehend behaart. Blätter gegenständig, gestielt, eiförmig, 2–15 cm lang, 1–8 cm breit, regelmäßig grob gezähnt oder gekerbt, beiderseits kurz abstehend behaart. Blüten ansehnlich, nach Honig duftend, bis 1 cm lang gestielt, zu 1–6 in den Achseln der 2–5 oberen Laubblattpaare, bisweilen einseitswendig. Kelch hellgrün-häutig, 12–25 mm lang, 2lippig; Oberlippe ganzrandig oder 2- bis 3zähnig, Unterlippe 2zähnig. Krone weiß, rosa oder purpurn, 2lippig, 2,5–4 cm lang. Oberlippe ganzrandig. Unterlippe 3lappig, oft gefleckt. 4 Staubblätter. Formenreich. Von Italien bis zum Balkan *M. melissophyllum ssp. albida* mit drüsenhaarigen Stengeln.
**Standort:** Lichte Laubwälder, Gebüsche.
**Verbreitung:** M, West-, Mittel- und Osteuropa.

## Moschus-Taubnessel I–V
*Lamium moschatum*

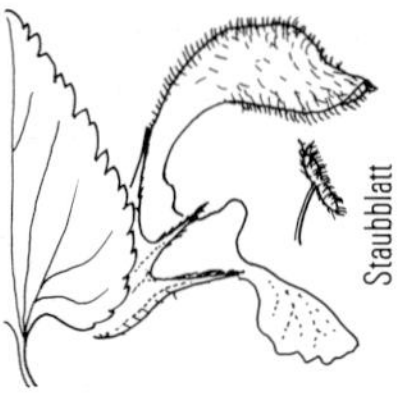


**Merkmale:** Einjährige, spärlich behaarte, 10–60 cm hohe, aufrechte Pflanze. Blätter gegenständig, gestielt, ei- bis kreis- oder herzförmig, 1,5–7 cm lang, 12–50 mm breit, gekerbt bis grob kerbig gesägt. Blätter zuweilen weißfleckig oder weiß berandet. Scheinquirle vielblütig, zahlreich, ± gehäuft. Blüten weiß. Kelch 7–14 mm lang, die 5 Zähne länger als die Kelchröhre. Krone 2lippig, 12–25 mm lang. Kronröhre an der Basis gebogen, 6–12 mm lang, kürzer als der Kelch. Oberlippe helmförmig, ± ganzrandig, bis 12 mm lang, außen behaart. Unterlippe 6–8 mm lang, mit deutlichen, stumpf dreieckigen, seitlichen Lappen. 4 Staubblätter, Staubbeutel behaart. Wie bei allen Lippenblütlern Fruchtknoten oberständig, 4 Teilfrüchte bildend.
**Standort:** Brachland, buschige Plätze.
**Verbreitung:** OM, Ägäis, östlicher Balkan.

## Gargano-Taubnessel IV–VIII
*Lamium garganicum*

**Merkmale:** Ausdauerndes, bis 60 cm hohes Kraut. Stengel aufsteigend bis aufrecht. Blätter gegenständig, gestielt, herz- bis ei- oder nierenförmig, 3–7 cm lang, 2–5 cm breit, gekerbt bis gezähnt. Scheinquirle vielblütig, entfernt stehend. Blüten rosa bis purpurn, selten weiß. Kelch 7,5–18 mm lang, die 5 Zähne kürzer als die Röhre. Krone 2lippig, 2,5–4 cm lang. Kronröhre gerade, 1,5–2,5 cm lang, viel länger als der Kelch. Seitliche Lappen der Unterlippe kurz, dreieckig. Staubbeutel behaart. – 3 Unterarten, *L garganicum ssp. garganicum* dicht behaart, *L. garganicum ssp. laevigatum* ± kahl, beide bis 50 cm hoch, Blätter bis 7 cm lang; *L. garganicum ssp. pictum* in Griechenland nicht höher als 10 cm, kahl, Blätter bis 1,5 cm lang.
**Standort:** Laubwälder, Gebirgsfelsen, schattig.
**Verbreitung:** OM, ZM, bis Südfrankreich.

## Napf-Schwarznessel IV–VI
*Ballota acetabulosa*

**Merkmale:** Ausdauernde, an der Basis verholzte, bis 80 cm hohe, in allen Teilen weiß bis grau, stark wollig behaarte Pflanze. Stengel mit einfachen, sternförmigen und drüsigen Haaren. Blätter gegenständig, mittlere bis 1,5 cm lang gestielt, fast kreisförmig, bis 5 cm lang, kerbig gezähnt, oberseits stark runzelig. Blüten zu 6–12 in blattachselständigen Scheinquirlen mit pfriemlichen, bis 8 mm langen Vorblättern. Kelch ca. 1,5 cm lang, sich auffällig zu einem bis 2 cm breiten, am Rand welligen bis glatten Trichter öffnend. Krone purpurn und weiß, 15–18 mm lang. Kronröhre innen mit Haarring, kürzer oder so lang wie der Kelch. Oberlippe ausgerandet. Unterlippe 3spaltig, ausgebreitet. 4 Staubblätter.
**Standort:** Brachland. Felsige Plätze.
**Verbreitung:** OM, Griechenland und Kreta.

## Katzenminze *Nepeta cataria* VI–VIII

**Merkmale:** Ausdauerndes, dicht flaumhaariges bis graugrün filziges, bis 1 m hohes Kraut mit herb-aromatischem Geruch. Stengel kräftig, aufrecht. Blätter gegenständig, bis 4 cm lang gestielt, herz-eiförmig, 2–8 cm lang, 1–5 cm breit, grob kerbig gesägt, beiderseits behaart, oberseits verkahlend. Blüten lang gestielt, zu vielen in unten lang gestielten, oben sitzenden, ährig-kopfig gehäuften Scheinquirlen ohne Tragblätter. Kelch 5–8 mm lang, hellgrün oder violett überlaufen, dicht grauhaarig, mit 15 erhabenen Nerven, 5zähnig. Krone schmutzig weiß oder blaßlila, 7–10 mm lang, kurz flaumig behaart. Oberlippe 2lappig, Unterlippe 3lappig, purpurn gefleckt.
**Standort:** Brachland, Ruderalfloren.
**Verbreitung:** Ursprünglich in Vorderasien und OM, im Westen bis Italien. Früher als Heilpflanze kultiviert und in ganz Europa eingebürgert.

## Basilikum-Ziest *Stachys ocymastrum* III–VI

**Merkmale:** Einjährige, aufrechte, 20–50 cm hohe, abstehend behaarte Pflanze. Stengel gewöhnlich am Grund verzweigt. Blätter gegenständig, lang gestielt. Spreite schmal bis breit eiförmig, stumpf, bis 3 (5) cm lang, gekerbt bis kerbig gesägt, rauhhaarig. Scheinquirle 4- bis 6blütig, entfernt stehend oder die oberen gehäuft. Tragblätter nach unten gebogen, nach oben zu an Größe abnehmend. Kelch 7–10 mm lang, rauhhaarig, die 5 stachelspitzigen Kelchzähne so lang wie die Kelchröhre. Krone 2lippig, gelb oder weiß mit gelber Unterlippe, etwa 1,5 cm lang. Kronröhre kürzer als der Kelch. Oberlippe etwa 6 mm lang, 2spaltig. Unterlippe ausgebreitet, 7 mm lang, 3lappig, die seitlichen Lappen klein, Mittellappen ausgerandet. 4 Staubblätter. **Standort:** Trockene Wiesen, Brachland. **Verbreitung:** ZM, OM.

## Weiße Braunelle *Prunella laciniata* I–VIII

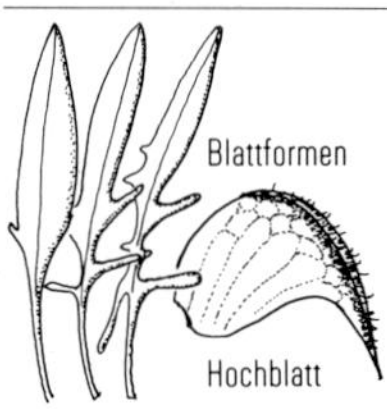


**Merkmale:** Ausdauerndes, 5–30 cm hohes Kraut. Stengel meist aufsteigend, dicht behaart, einfach. Blätter gegenständig, gestielt, beiderseits abstehend behaart, untere lanzettlich, bis 3,5 cm lang, zumindest die oberen fiederspaltig, 4–7 cm lang; oberstes Blattpaar direkt unter dem Blütenstand. Scheinquirle 6blütig, in dichten, endständigen, bis 4 cm langen Ähren. Tragblätter kreis-nierenförmig, 1–1,5 cm lang, bespitzt. Blüten gelbweiß, selten rosa. Kelch 1 cm lang, 2lippig, Oberlippe undeutlich 3zähnig, Unterlippe mit 2 langen, pfriemlichen, bewimperten Zähnen. Krone 2lippig, 15–17 mm lang. Kronröhre gerade, innen mit Haarring. Oberlippe helmförmig, Unterlippe 3lappig. 4 Staubblätter.
**Standort:** Trockene Wiesen, lichte Wälder.
**Verbreitung:** M, Süd-, West-, Mitteleuropa.

## Kretischer Ziest *Stachys cretica* V–VII

**Merkmale:** Ausdauerndes, weißfilzig behaartes, 20–80 cm hohes, aufrechtes Kraut ohne Drüsenhaare. Blätter gegenständig, untere gestielt, obere sitzend, schmal oder breit eiförmig, 3–10 cm lang, 1–3 cm breit, beiderseits weiß-graufilzig oder oberseits graugrün, am Rand eng gekerbt. Scheinquirle 10- und mehrblütig, entfernt oder gedrängt stehend. Blüten ± sitzend mit schmal lanzettlichen, bis 6 mm langen Vorblättern. Kelch 6–12 mm lang, behaart, mit 5 etwas ungleichen, geraden, stechend begrannten Kelchzähnen, etwa halb so lang wie die Kelchröhre. Krone 2lippig, rosa bis purpurn, 1,5–2 cm lang, behaart. Oberlippe ± ganzrandig. Unterlippe 3lappig, seitliche Lappen klein. 3 Unterarten aufgrund der verschieden langen Kelchbegrannung.
**Standort:** Brachland, Garriguen, Grasfluren.
**Verbreitung:** ZM, OM, bis Südfrankreich.

## Cleonie *Cleonia lusitanica* V–VII

**Merkmale:** Einjährige, abstehend oder angedrückt behaarte Pflanze. Stengel bis 40 cm hoch, meist vom Grund an verzweigt. Blätter gegenständig, sitzend, länglich, 3–9 cm lang, 4–18 mm breit, stumpf, grob gekerbt bis tief gezähnt oder schwach gefiedert, rauh oder kurz abstehend behaart. Scheinquirle 6blütig, in dichten, ± kopfigen bis länglichen Ähren. Tragblätter kammartig gefiedert, weiß bewimpert, die Abschnitte spitz, lang begrannt. Blüten purpurviolett, selten weiß. Kelch 5–7 mm lang, 2lippig, 10nervig, drüsig behaart; Oberlippe ± ganzrandig bis 3zähnig, begrannt, Unterlippe mit 2 langen, pfriemlichen, stechenden Zähnen. Krone 2lippig. Kronröhre den Kelch überragend. Oberlippe kürzer als die 3lappige Unterlippe. Griffel 4spaltig.
**Standort:** Trockene, offene Plätze, auf Kalk.
**Verbreitung:** Zentral-, Südspanien, Portugal.

## **Karst-Bergminze** *Satureja montana* VII–IX

**Merkmale**: Ausdauernde, basal verholzte, kleine, strauchige Pflanze mit kurzem verholztem Rhizom, 20–50 cm hoch, aromatisch nach Bohnenkraut riechend. Stengel 4kantig, kahl oder behaart. Blätter gegenständig, linealisch bis verkehrt lanzettlich, 5–30 mm lang, 1–5 mm breit, bewimpert, dunkel drüsig punktiert. Scheinquirle 2- bis 3blütig, dichtstehend, etwas einseitswendig. Vorblätter klein, halb so lang wie der Kelch. Kelch 3–9 mm lang, röhrig, im Schlund behaart, 10- bis 11nervig, kurz behaart, mit 5 ± gleichen Zähnen, kürzer oder länger als die Röhre. Krone weiß bis purpurn, 2lippig, 6–12 mm lang, drüsig. Oberlippe ausgerandet, Unterlippe 3lappig. 4 Staubblätter, kürzer als die Krone. Narbe ungleich 2spaltig. Gewürzkraut. Formenreich.

**Standort**: Trockene, sonnige Orte, Kalkfelsen.
**Verbreitung**: M, Südeuropa.

## **Griechische Bergminze** V–VI
*Micromeria graeca*

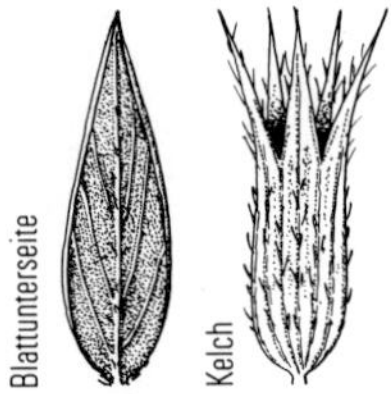


**Merkmale**: 10–50 cm hoher, flaumig bis rauh behaarter, aromatischer Zwergstrauch mit zahlreichen aufrechten bis aufsteigenden, meist unverzweigten Sprossen. Blätter gegenständig, ganzrandig, bis 12 mm lang und 7 mm breit, eiförmig bis spitz, mit nach unten eingerollten Rändern. Blüten an den Stengelenden in 2- bis 8blütigen, zu lockeren, ährenartigen Blütenständen vereinigten Scheinquirlen. Kelch becherartig, bis 5 mm lang, 13nervig, mit 5 ungleichen Zähnen. Krone hell purpurn, 2lippig, 6 mm lang, selten größer, mit gerader Röhre und helmförmiger Oberlippe. 4 Staubblätter unter der Oberlippe liegend. Griffel mit 2 gleichlangen Ästen. Fruchtknoten oberständig, wird zu 4 Nüßchen.

**Standort**: Trockene Orte, Felsen, Mauern.
**Verbreitung**: M – sehr formenreiche Art.

## **Süßminze** *Mentha suaveolens* V–X

**Merkmale**: Ausdauernde, bis 1 m hohe Pflanze mit stark süßlich-scharfem Geruch. Stengel aufrecht oder aufsteigend, spärlich behaart bis dicht weißfilzig, später ausläuferbildend. Blätter gegenständig, ± sitzend, eikreisförmig, bis 4,5 cm lang, 2–4 cm breit, stark runzelig, stumpf oder bespitzt, grob gesägt, oberseits locker behaart, unterseits dicht grau-weißfilzig, mit einfachen und verzweigten Haaren. Scheinquirle zahlreich, in dichten, 4–9 cm langen, endständigen, spitzen Ähren. Tragblätter sehr klein. Kelch 1–2 mm lang, mit 5 fast gleichen Zähnen. Krone weiß oder rosa, bis 3 mm lang, schwach 2lippig, 4 Kronlappen fast gleich, nur der oberste breiter und ausgerandet. 4 fertile Staubblätter.

**Standort**: Feuchte Stellen, Brachland. Als Topfpflanze, in Mitteleuropa verwildert.
**Verbreitung**: M, Südwest-Europa.

## **Joch-Thymian** *Thymus zygis* VII–VIII

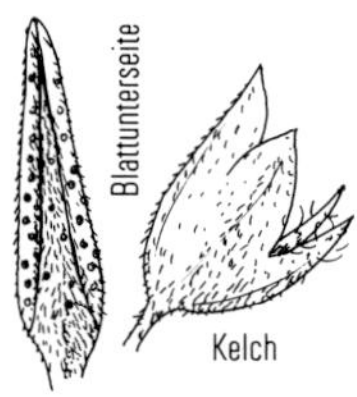


**Merkmale**: Stark aromatisch duftender, 10–30 cm hoher, dicht weiß behaarter Zwergstrauch mit aufsteigenden bis aufrechten, verholzten Ästen. Blätter meist länger als die achselständigen Blattbüschel, sitzend, linealisch bis elliptisch, 6–10 mm lang, 1 mm breit, am Rand umgerollt. Zumindest am Grund ± bewimpert, graugrün, drüsig gepunktet, unterseits weißfilzig. Mittelnerv deutlich. Scheinquirle 6- und mehrblütig, in verlängerten, unterbrochenen, ährigen Blütenständen. Kelch 3–4 mm lang, 10- bis 13nervig, 2lippig obere 3 Zähne so breit wie lang, nicht bewimpert, die unteren 2 pfriemlich, bewimpert. Krone weißlich, etwa 4 mm lang, 2lippig. 4 Staubblätter und der Griffel herausragend. Wird wie der **Echte Thymian** als Heil- und Gewürzpflanze verwendet.

**Standort**: Macchien, trockene Hänge.
**Verbreitung**: Spanien, Portugal.

## Kopfiger Thymian *Thymus capitatus* V–IX

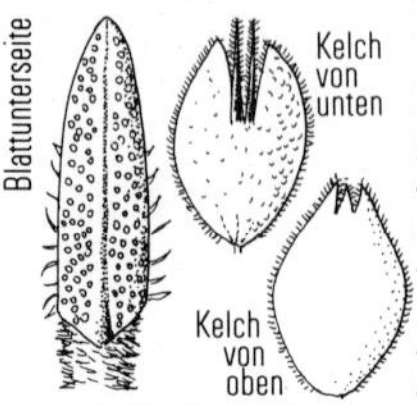


**Merkmale:** Stark aromatisch duftender, 20–50 cm hoher Zwergstrauch mit aufsteigenden bis aufrechten, verholzten, hellen, jung weißfilzigen Ästen, oft nur mit den achselständigen Blattbüscheln beblättert. Blätter der Langtriebe bei Trockenheit abfallend, sitzend, fast 3kantig, linealisch, spitz, 6–12 mm lang, 1–1,2 (1,8) mm breit, am Rand ± flach, ± kahl, an der Basis bewimpert, beiderseits graugrün, drüsig gepunktet. Scheinquirle in dichten, eiförmig-kopfigen Blütenständen. Kelch 5 mm lang, 3zähnige Oberlippe kürzer als 2zähnige Unterlippe, alle Zähne bewimpert. Kelchröhre im Gegensatz zu allen anderen *T.*-Arten 20- bis 22nervig und am Rücken abgeflacht. Krone purpurrosa, bis 1 cm lang, 2lippig. Oberlippe 2spaltig. 4 Staubblätter.
**Standort:** Garriguen, trockene Hänge, auf Kalk.
**Verbreitung:** M, Portugal, nicht in Frankreich.

## Rosmarin *Rosmarinus officinalis* I–XII

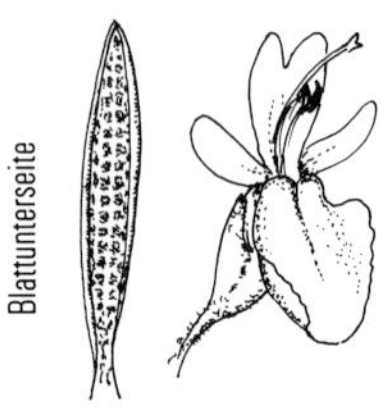


**Merkmale:** Immergrüner, stark aromatisch riechender, reich verzweigter Strauch, 30–150 (200) cm hoch. Äste braun, aufrecht bis aufsteigend, selten niederliegend, jung kurz weiß behaart. Blätter gegenständig, sitzend, linealisch, 1–4 cm lang, bis 3,5 mm breit, am Rand umgerollt, lederig, oberseits glänzend tiefgrün, unterseits weißfilzig. Scheinquirle wenigblütig, in kurzen achselständigen Trauben. Blütenstiele nur sternhaarig. Kelch 3–4 mm lang, jung ± filzig, später nur spärlich behaart, grün oder purpurn. Oberlippe ganzrandig, unter 2lappig. Krone blaßblau bis hell-lila, selten rosa oder weiß, etwa 1 cm lang, 2lippig. 2 fertile Staubblätter. Vielgestaltig. Gewürz- und Heilpflanze.
**Standort:** Macchie, küstennahe Felsen, steinige, trockene Hänge. Oft kultiviert.
**Verbreitung:** M, Portugal.

## Echter Thymian *Thymus vulgaris* IV–VI

**Merkmale:** Stark aromatisch duftender, 10–30 (50) cm hoher, dicht kurz behaarter Zwergstrauch mit aufrechten, verholzten, braunen Ästen. Blätter kaum länger als die achselständigen Blattbüschel, kurz gestielt, linealisch bis elliptisch, 3–8 mm lang, 0,5–3 mm breit, am Rand umgerollt, ohne Wimpern, graugrün, drüsig gepunktet, unterseits weißfilzig, Mittelnerv hervortretend. Scheinquirle in köpfchenförmigen oder unterbrochen ährigen Blütenständen. Kelch 3–4 mm lang, 2lippig, obere 3 Zähne so breit wie lang, nicht bewimpert, die unteren beiden pfriemlich, lang bewimpert. Kelchröhre 10- bis 13nervig. Krone weiß bis blaßlila, 4–6 mm lang, 2lippig. 4 Staubblätter und der Griffel etwas herausragend. Vielgestaltig. – Gewürz und Hustenmittel.
**Standort:** Trockene Hänge. Oft als Topfpflanze.
**Verbreitung:** WM, östlich bis Südost-Italien.

## Wollkelch-Rosmarin III–X
*Rosmarinus eriocalyx*

**Merkmale:** Immergrüner Strauch, *R. officinalis* ähnelnd. Weniger aromatisch. Äste graubraun, meist niederliegend, jung kurz weiß behaart. Blätter gegenständig, sitzend, mit achselständigen Blattbüscheln, linealisch, nur bis 1,5 cm lang, 1–2 mm breit, am Rand umgerollt, lederig, beiderseits graufilzig (Küstenpflanze) oder ± kahl, grün (Gebirgspflanze). Scheinquirle wenigblütig, in kurzen, achselständigen Trauben. Blütenstiele, Tragblätter und Kelch sternhaarig sowie, im Gegensatz zu *R. officinalis,* dicht mit langen, kopfigen Drüsenhaaren besetzt. Kelch 3–4 mm lang, 2lippig. Krone hellviolett, etwa 1 cm lang, 2lippig. Oberlippe 2spaltig, Unterlippe 3lappig, Mittellappen löffelförmig. Staubfäden mit einem Zahn.
**Standort:** Kalkfelsen.
**Verbreitung:** Südost-Spanien, Nordafrika.

## Schopf-Lavendel *Lavandula stoechas* II–VI

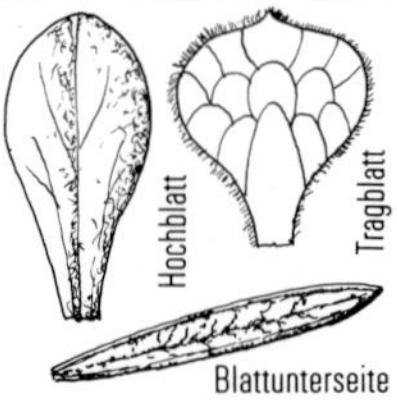


**Merkmale:** Sehr aromatischer, reichverzweigter, ± dicht weiß-graufilziger, dicht beblätterter Strauch, bis 1 m hoch. Blätter gegenständig, bisweilen büschelig, ± linealisch, 1–4 cm lang, am Rand umgerollt, beiderseits grau behaart, weich. Scheinquirle 6- bis 10blütig, in 2–3 cm langen, dichten, im Querschnitt viereckigen Scheinähren. Tragblätter 4–8 mm lang, herzförmig-rhombisch, braunviolett, häutig, graufilzig, 4zeilig, die obersten auffällig vergrößert, ohne achselständige Blüten, 1–5 cm lang, eiförmig, purpurn bis blauviolett. Kelch 4–6 mm lang, 13nervig, 5zähnig, oberer Zahn mit verkehrt herzförmigem Anhängsel. Krone dunkelviolett, 6–8 mm lang, undeutlich 2lippig, 5lappig. 4 Staubblätter, 2 kürzer. – Der gefärbte Blattschopf dient zur Insektenanlockung.
**Standort:** Sonnige, trockene, kalkfreie Plätze.
**Verbreitung:** M, Portugal.

## Gezähnter Lavendel IV–VII
*Lavandula dentata*

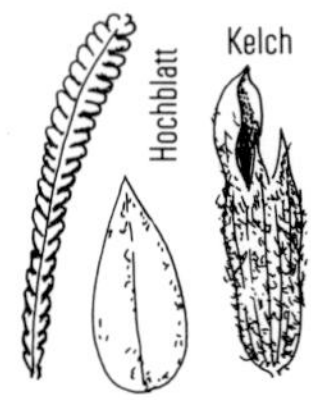


**Merkmale:** Sehr aromatischer, graufilziger, bis 1 m hoher Strauch. Blätter gegenständig, im Umriß länglich-linealisch bis lanzettlich, 1,5–3,5 cm lang, kerbig gezähnt bis kammartig gefiedert. Lappen stumpf, oberseits graugrün, unterseits graufilzig. Scheinquirle 6- bis 10blütig, in 2,5–5 cm langen, ± dichten Scheinähren. Tragblätter 5–8 mm lang, ei- bis kreisförmig, zugespitzt, ± behaart, braunviolett. Oberste Tragblätter vergrößert, ohne achselständige Blüten, bis 1,5 cm lang, purpurn. Kelch 5–6 mm lang, 13nervig, 5zähnig, oberer Zahn mit verkehrt herzförmigem Anhängsel. Krone 8 mm lang, 2lippig. Oberlippe 2-, Unterlippe 3lappig. 4 Staubblätter, 2 kürzer.
**Standort:** Trockene, sonnige Stellen, auf Kalk.
**Verbreitung:** Süd- und Ostspanien, Balearen, anderweitig zur Parfümölgewinnung kultiviert.

## Schmalblättriger Lavendel VI–IX
*Lavandula angustifolia*

**Merkmale:** Aromatischer, bis 1 (2) m hoher, basal verholzter, reichverzweigter Strauch. Zweige jung weißfilzig. Blätter gegenständig, linealisch-länglich, 2–5 cm lang, bis etwa 3 mm breit, am Rand ± umgerollt, jung weißfilzig, dann grün. Scheinquirle 6- bis 10blütig, in bis 8 cm langen, lockeren, sehr lang gestielten Ähren. Tragblätter 3–8 mm lang, rhombisch bis verkehrt eiförmig, braunviolett. Blütenstiel sehr kurz, Vorblätter fehlend oder winzig. Kelch grauviolett, 4,5–7 mm lang, eiförmig-röhrig, 13nervig, 5zähnig, oberer Zahn mit verkehrt herzförmigem Anhängsel. Krone violett, 10–12 mm lang, undeutlich 2lippig. 4 Staubblätter, 2 kürzer, nicht herausragend.
**Standort:** Trockene, sonnige Hänge; Garriguen.
**Verbreitung:** M. ursprünglich WM. Als Kulturpflanze verbreitet. Synonym: Echter Lavendel.

## Breitblättriger Lavendel VI–IX
*Lavandula latifolia*

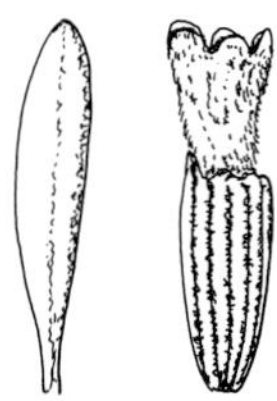

**Merkmale:** Aromatischer, weißfilziger Strauch, bis 80 cm hoch. Blätter gegenständig, länglich bis schmal elliptisch, 2–5 cm lang, bis 9 mm breit, am Rand etwas umgerollt, jung kurz, dicht weißfilzig, später weniger filzig, graugrün. Scheinquirle 6- bis 10blütig, in bis 8 cm langen, oft kürzeren, ± lockeren, sehr lang gestielten Ähren. Tragblätter bis 8 mm lang, linealisch, einnervig, graugrün. Blütenstiel sehr kurz, Vorblätter 2–3 mm lang, pfriemlich. Kelch kurz graufilzig, etwa 6 mm lang, ± zylindrisch, kurz 5zähnig, oberer Zahn mit verkehrt herzförmigem Anhängsel. Krone violett, bis 1 cm lang, 5lappig, sehr undeutlich 2lippig, außen weißfilzig. 4 Staubblätter, 2 kürzer, nicht herausragend. **Standort:** Trockene, sonnige Hänge.
**Verbreitung:** WM, ZM, östlich bis Jugoslawien.

## Scharlach-Salbei *Salvia sclarea* VI–VII

**Merkmale:** 2jährig, bis 1 m hoch, krautig. Stengel kräftig, aufrecht, reich verzweigt, behaart, oben drüsig. Untere Blätter im 1. Jahr rosettig, groß, bis 7 cm lang gestielt, Spreite breit ei- bis herzförmig, 7–18 cm lang, 4–12 cm breit. Stengelblätter gegenständig, bis 12 cm lang, unregelmäßig gezähnelt, flaumhaarig. Scheinquirle 4- bis 6blütig, in breitem, endständigem Blütenstand mit abstehenden Seitenästen. Tragblätter den Kelch überragend, bis 3 cm lang, häutig, violett oder weiß. Kelch etwa 1 cm lang, Röhre rauhhaarig, drüsig punktiert, Oberlippe 3-, Unterlippe 2zähnig. Zähne stachlig. Krone rosa, lila oder blaßblau, 2–3 cm lang. Oberlippe stark sichelförmig gebogen, Unterlippe 3lappig, Mittellappen größer, ausgebreitet. 2 Staubblätter.
**Standort:** Trockene Hänge und Gebüsche.
**Verbreitung:** M.

## Silber-Salbei *Salvia argentea* VI–VII

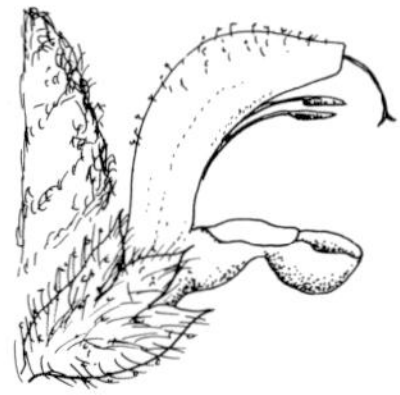

**Merkmale:** Ausdauernde, drüsige, bis 1 m hohe, unangenehm riechende Pflanze. Stengel zottig behaart, aufrecht, oben ± unbeblättert, verzweigt. Blätter gegenständig, untere 2–5 cm lang gestielt, Spreite eiförmig, 6–9 cm lang, 3–6 cm breit, gekerbt oder gelappt, dicht wollig, obere zunehmend verkahlend und kleiner werdend. Scheinquirle 4- bis 8blütig, in lockerem, endständigem, ährigem Blütenstand. Tragblätter kürzer, aber mindestens halb so lang wie der Kelch, nierenförmig, 1,5 cm breit. Kelch bis 12 mm lang, drüsig-klebrig, 2lippig, mit 5 ± stechenden Zähnen. Krone weiß, selten gelblich oder rosa, 1,5–3,5 cm lang, 2lippig. Oberlippe stark sichelförmig, violett behaart. Unterlippe 3lappig, mittlerer Lappen am größten. 2 Staubblätter.
**Standort:** Trockenes Brachland, Wiese.
**Verbreitung:** WM, Italien, außer Frankreich.

## Eisenkraut-Salbei *Salvia verbenaca* I–XII

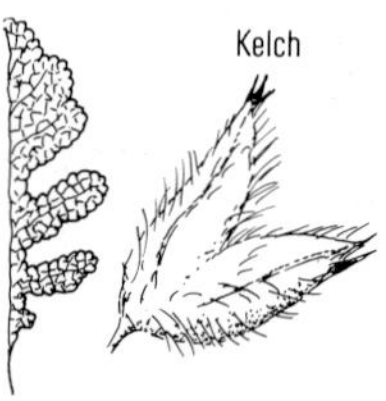


**Merkmale:** Ausdauernde, 10–80 cm hohe, krautige, nur oben ± drüsig behaarte Pflanze. Stengel aufrecht, einfach oder verzweigt. Blätter schmutzig grün, oberseits runzelig, die unteren in grundständiger Rosette, lang gestielt, länglich bis eiförmig, ± stark gelappt bis fiederteilig, grob gekerbt, 5–10 cm lang und 2–4 cm breit, Stengelblätter gegenständig, ± sitzend. Scheinquirle 4- bis 10blütig in einem lockeren oder dichten, oft verzweigten, endständigen, ährigen Blütenstand. Tragblätter grün, eiförmig, spitz, ca. 6 mm lang, kürzer als der 8–10 mm lange, weiß behaarte Kelch. Krone violett, seltener bläulich oder rosa, 6–15 mm lang, 2lippig, manchmal geschlossen bleibend. Oberlippe ± gerade, außen behaart. Unterlippe 3lappig. 2 Staubblätter. Formenreich.
**Standort:** Trockene Wiesen und Brachland.
**Verbreitung:** M, Westeuropa, Kanaren.

## Echter Salbei *Salvia officinalis* III–VII

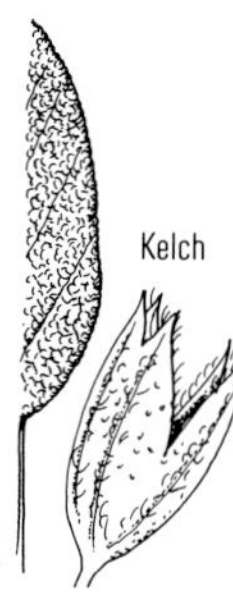


**Merkmale:** Aromatischer Halbstrauch, weißfilzig, bis 60 cm hoch. Stengel basal verholzt, verzweigt, abstehend behaart. Blätter gegenständig, bis 1,5 cm lang gestielt. Spreite schmal elliptisch, bis 7 cm lang, feingekerbt, runzelig, oberseits grün, jung dicht behaart, unterseits weißfilzig. Scheinquirle 5- bis 10blütig, in lockerem, endständigem, ährigem Blütenstand. Tragblätter kürzer als der Kelch, eiförmig-lanzettlich, später abfallend. Kelch bis 14 mm lang, flaumig behaart, drüsig gepunktet, oft purpurn. Krone violett, selten rosa bis weiß, bis 3,5 cm lang, 2lippig. Oberlippe 2lappig, fast gerade. Unterlippe 3lappig, mittlerer Lappen am größten, ausgerandet. 2 Staubblätter. Gewürz- und Heilpflanze.
**Standort:** Steinige Hänge, Trockenwiesen, auf Kalk. Häufig kultiviert und eingebürgert.
**Verbreitung:** WM, ZM, westlicher Balkan.

## Äthiopischer Salbei *Salvia aethiopis* V–VI

**Merkmale:** Ein-, zwei- oder mehrjährige, drüsen- und geruchlose Pflanze, bis 1 m hoch. Stengel kräftig, dicht weißwollig, regelmäßig bogig verzweigt, oben ± unbeblättert. Grundblätter rosettig, 3–10 cm lang gestielt, Spreite ± eiförmig, 9–16 cm lang, 3–8 cm breit, grob unregelmäßig gezähnt, besonders unterseits dicht weißwollig. Scheinquirle 6- bis 10blütig, in einer endständigen, pyramidenförmigen Rispe. Tragblätter wenig kürzer als der Kelch, nierenförmig, grün oder violett überlaufen. Kelch 7–10 mm lang, Röhre wollig behaart, undeutlich 2lippig, mit 5 stachelspitzigen Zähnen. Krone weiß, 1–1,5 cm lang, 2lippig. Oberlippe ± sichelförmig. Unterlippe 3lappig, Mittellappen am größten. 2 Staubblätter. Fruchtknoten oberständig, wird zu 4 Nüßchen.
**Standort:** Trockenrasen.
**Verbreitung:** M, Süd- und Südost-Europa.

## Europäischer Bocksdorn IV–IX
*Lycium europaeum*

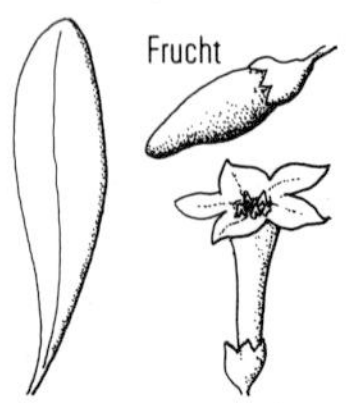


**Merkmale:** Dorniger, 1–4 m hoher, sparrig verzweigter Strauch. Äste starr. Blätter meist gebüschelt, kurz gestielt, schmal spatelförmig, 2–6 cm lang, 3–12 mm breit, etwas fleischig, ganzrandig, kahl. In den Blattachseln meist 2 kurz gestielte Blüten. Kelch glockig, 2–3 mm lang, 5zähnig, bisweilen 2lippig. Krone rosa bis weiß, bis 13 mm lang, schmal trichterförmig, mit 5 ausgebreiteten Zipfeln. 5 gewöhnlich herausragende Staubblätter. Frucht beerenartig, rot. Vermutlich *giftig!*
**Standort:** Hecken, Gebüsche, Wegränder.
**Verbreitung:** M, oft wohl nur eingebürgert. Kleinere, bis 1,5 cm lange Blätter hat *L. intricatum* mit violetten bis weißen, bis 18 mm langen Blüten und roter bis schwarzer Frucht. Im WM *L. afrum* aus Südafrika mit braunvioletten Blüten, 2 cm lang, Blätter bis 2 mm breit.

## Dreilappiger Salbei *Salvia triloba* III–VI

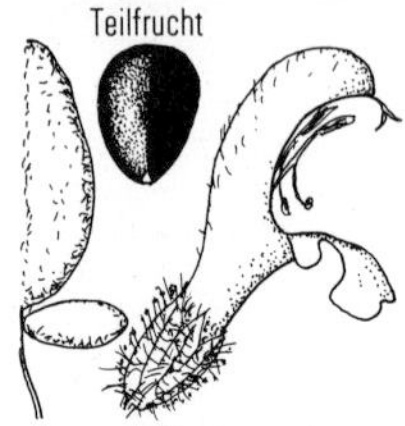


**Merkmale:** Aromatischer Halbstrauch, graufilzig, bis 120 cm hoch. Stengel basal verholzt, aufsteigend, nicht oder wenig verzweigt. Blätter runzelig, unterseits grauweiß, unterste 2–4 cm lang gestielt, Spreite einfach, eiförmig, bis 9 cm lang, bis 6 cm breit, obere fiederteilig, am Grund mit einem Paar eiförmiger, kleiner Blättchen und einem großen, eiförmigen Endabschnitt. Scheinquirle 2- bis 6blütig, in lokker ährigem, nur an der Basis verzweigtem, endständigem Blütenstand. Tragblätter kürzer als der Kelch, sehr klein oder fehlend. Kelch bis 9 mm lang, mit 5 sehr kurzen Zähnen, oft braunviolett überlaufen. Krone blauviolett oder rosa, 16–25 mm lang, 2lippig. Oberlippe fast gerade. Unterlippe 3lappig, Mittellappen größer, ausgerandet. 2 Staubblätter.
**Standort:** Trockenrasen, Felshänge, auf Kalk.
**Verbreitung:** OM bis Süditalien, Sizilien.

## Weißes Bilsenkraut V–VIII, I–XII
*Hyoscyamus albus*

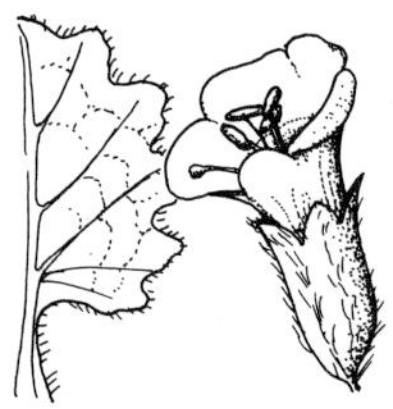

**Merkmale:** Ein-, zwei- oder mehrjährig, 20–80 cm hoch, dicht drüsig behaart, klebrig, mit unangenehmem Geruch. Stengel aufsteigend, schlank, Blätter wechselständig, lang gestielt, eiförmig, 4–10 cm lang, stumpf buchtig gezähnt. Blüten sitzend, in dichten, einseitswendigen Ähren, mit laubigen Tragblättern, nur die unterste Blüte gestielt. Kelch glockig, 5zähnig, drüsig behaart, zur Fruchtzeit vergrößert, bauchig. Krone breit trichterig, bis 3 cm breit, mit 5 stumpfen Lappen, gelblich weiß, im Schlund grün oder braunviolett. 5 Staubblätter, wenig herausragend. *Giftig!*
**Standort:** Schuttplätze, Mauern, Ruinen.
**Verbreitung:** M, östlich bis Südrußland. – In ganz Europa *H. niger* mit sitzenden, stengelumfassenden oberen Blättern, bis 20 cm lang und blaßgelben, violett geaderten Blüten.

Lippenblütler

Nachtschattengew.

## Herbst-Alraune IX–XI, selten III–IV
*Mandragora autumnalis*

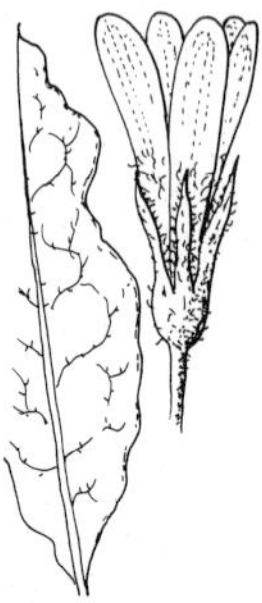

**Merkmale:** Krautige, 10 bis 20 cm hohe Pflanze mit dicker, fleischiger, oft zweigeteilter Wurzel und einer dichten, großen, dem Boden anliegenden Blattrosette. Blätter gestielt, eiförmig, bis 7 cm lang, 2–3 cm breit, am Rand gewellt. Blüten einzeln, am Ende achselständiger, in der Rosettenmitte entspringender Stiele. Kelch glockig, 5zipfelig. Krone violett, trichterig, 3–4 cm lang, 2–3 cm breit, 5zipfelig. 5 basal zottig behaarte Staubblätter. Frucht eine orangerote, eiförmige, bis 3 cm lange Beere, vom genau so langen oder längeren Kelch umschlossen. Wurzel *giftig,* alkaloidreich. Seit dem Altertum als Schmerz- und Schlafmittel und wegen ihrer oft menschenähnlichen Gestalt als Zaubermittel verwendet.
**Standort:** Brach- und Kulturland. Wegränder.
**Verbreitung:** M, nicht in Frankreich.

## Blaugrüner Tabak *Nicotiana glauca* IV–X

Kapsel

**Merkmale:** Strauchige oder baumartige, wenig verzweigte, 1–7 m hohe, aufrechte Pflanze, völlig kahl, von einer weißblaugrünlichen, dünnen Wachsschicht überzogen. Blätter wechselständig, lang gestielt, eiförmig, spitz, 5–25 cm lang, etwas fleischig. Blüten groß, in lockeren, endständigen Rispen. Kelch glockig, 1–1,5 cm lang, mit 5 etwas ungleichen, spitzen Zähnen. Krone gelb oder grünlich gelb, 2,5–4,5 cm lang, schmal röhrenförmig, oben mit kurzem, stumpf 5zipfeligem Saum. 5 innen an der Kronröhre angewachsene, nicht herausragende Staubblätter. Frucht eine 7–10 mm lange, im Kelch eingeschlossene Kapsel.
**Standort:** Wegraine, Schuttplätze, Gärten.
**Verbreitung:** M, ursprünglich aus Südamerika. Angebaut im M *N. rustica,* Blüten grünlich gelb, Blätter drüsig behaart, und *N. tabacum,* Blüten cremefarben bis rosa. Beide krautig.

## Gewelltblättrige Königskerze IV–X
*Verbascum sinuatum*

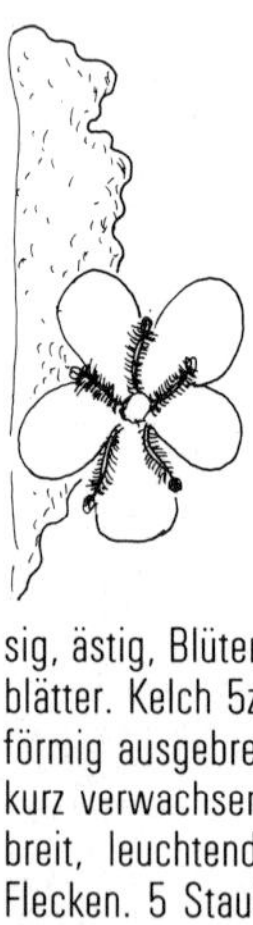

**Merkmale:** 2jährige, 50–100 cm hohe, krautige, kurz und dicht grau- bis gelbfilzige, manchmal auch flockig behaarte Pflanze. Blätter wechselständig, die unteren rosettig; spatelig, bis 35 cm lang und 15 cm breit, am Rand bogig und buchtig gewellt, grob gezähnt. Stengelblätter mit herzförmigem Grund sitzend, ± herablaufend. Blütenstand drüsig, ästig, Blüten zu 2–5 in den Achseln der Tragblätter. Kelch 5zipflig, bis 4 mm lang. Krone radförmig ausgebreitet, mit 5 fast gleichgroßen, nur kurz verwachsenen, rundlichen Zipfeln, bis 3 cm breit, leuchtend gelb, am Grund mit rötlichen Flecken. 5 Staubblätter mit violett-wolligen Stielen. Frucht eine rundliche Kapsel.
**Standort:** Brach- und Ödland, Wegränder.
**Verbreitung:** M, bis Kanaren und Südwest-Asien.

## Phönizische Königskerze IV–VII
*Verbascum phoeniceum*

Kapsel
Staubblatt

**Merkmale:** 2jährige, 30–100 cm hohe, krautige, unten weißfilzige, oben dicht drüsig behaarte Pflanze. Blätter wechselständig, die unteren rosettig, eiförmig, bis 17 cm lang und 9 cm breit, am Rand leicht buchtig und schwach gekerbt, kahl oder spärlich behaart, dunkelgrün. Stengelblätter kleiner, sitzend, wenige. Blütenstand meist eine einfache, unverzweigte Traube. Kelch 5zipflig, bis 8 mm lang, Zipfel ± oval. Krone radförmig ausgebreitet, mit 5 fast gleichgroßen, nur kurz verwachsenen, rundlichen Zipfeln, bis 3 cm breit, violett. 4–5 Staubblätter mit violett-wolligen Stielen. Frucht eine eiförmige, 2kammrige, vielsamige Kapsel.
**Standort:** Trockene Wiesen, Gebüsche, kultiviert. Die Unterart *V. phoeniceum ssp. flavidum* ist gelbblütig.
**Verbreitung:** OM, bis Mitteleuropa und Asien.

Nachtschattengew.

Rachenblütler

## Rundblättrige Königskerze III–VI
*Verbascum rotundifolium*

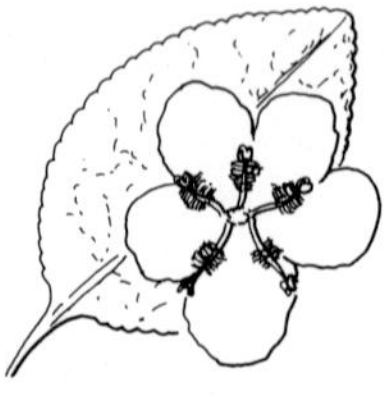

**Merkmale:** 2jährige, 50–150 cm hohe, krautige, unten weißfilzige, oben flockig behaarte Pflanze. Blätter wechselständig, die unteren rosettig; eiförmig bis elliptisch, bis 25 cm lang und 17 cm breit, ganzrandig oder schwach gekerbt, die grundständigen bis 17 cm lang gestielt. Stengelblätter kleiner, sitzend, wenige. Blütenstand meist eine einfache, unverzweigte Traube. Kelch 5zipflig, bis 8 mm lang, Zipfel ± lanzettlich. Krone radförmig ausgebreitet, mit 5 fast gleichgroßen, nur kurz verwachsenen, rundlichen Zipfeln, bis 4 cm breit, gelb. 5 Staubblätter mit violett-wolligen Stielen, die beiden unteren länger. Frucht eine eiförmige Kapsel.

**Standort:** Trockenrasen, Wegränder.

**Verbreitung:** WM, ZM, bis Italien. Viele weitere Arten besonders im OM.

## Hunds-Braunwurz V–IX
*Scrophularia canina ssp. bicolor*

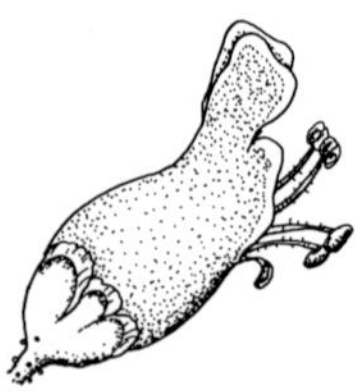

**Merkmale:** Ausdauernde, basal verholzte, sonst krautige, rutige, 20–60 cm hohe Pflanze. Blätter im unteren Bereich gegenständig, nach oben hin wechselständig, bis 8 cm lang, fiederschnittig mit linealisch lanzettlichen, ± gezähnten Abschnitten. Blüten in reichblütigem, endständigem Blütenstand. Teilblütenstände gabelig, meist 5- bis 11blütig. Blüten dunkel purpurrot mit hellberandeten Kanten, bis 5 mm lang. 5 Kelchblätter. Blütenkrone eine schlanke Röhre mit großer, 2lappiger Oberlippe, 2 seitlichen Kronzipfeln und kurzer, zurückgerollter Unterlippe. 4 fertile Staubblätter und ein steriles, fädiges zwischen den Zipfeln der Oberlippe. Fruchtknoten oberständig, wird rundliche Kapsel.

**Standort:** Ödland, steinige Stellen.

**Verbreitung:** OM,
*S. canina ssp. canina* M bis Mitteleuropa.

## Fremde Braunwurz IV–VI
*Scrophularia peregrina*

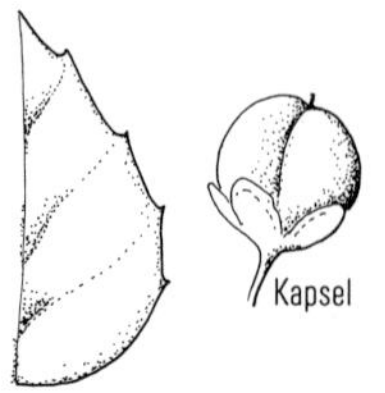


**Merkmale:** Einjährige, krautige, verkahlende, 15–90 cm hohe Pflanze. Blätter gegenständig, im Bereich des Blütenstandes wechselständig, eiförmig bis herzförmig, unregelmäßig gesägt, bis 10 cm lang und 6 cm breit, besonders die unteren gestielt. Blüten in lockerem, endständigem Blütenstand. Teilblütenstände wenigblütig, gabelig, in den Achseln laubblattartiger Tragblätter. Blüten dunkel purpurrot, 6–9 mm lang. 5 Kelchblätter. Blütenkrone eine bauchige Röhre mit großer, 2lappiger Oberlippe, 2 seitlichen Kronzipfeln und kurzer, zurückgerollter Unterlippe. 4 fertile Staubblätter und ein steriles, rundlich stumpfes zwischen den Zipfeln der Oberlippe. Fruchtknoten oberständig, wird eine rundliche, bis 6 mm lange Kapsel.

**Standort:** Kulturland, Brachland, Mauern.

**Verbreitung:** M, bis Nordwest-Frankreich.

## Holunderblättrige Braunwurz V–VIII
*Scrophularia sambucifolia*

**Merkmale:** Ausdauernde, krautige, verkahlende, selten über 80 cm hohe, robuste Pflanze. Blätter gegenständig, gestielt, leierförmig fiederteilig, 6–20 cm lang. Fiedern eiförmig, einfach bis doppelt gesägt bis gekerbt. Blüten in lockerem, endständigem Blütenstand. Teilblütenstände wenigblütig, gabelig. Blüten grünlich, oben braun, 12–20 mm lang. 5 weißrandige Kelchblätter. Blütenkrone eine bauchige Röhre mit großer, 2lappiger Oberlippe, 2 seitlichen Kronzipfeln und kurzer, zurückgerollter Unterlippe. 4 fertile Staubblätter und ein steriles, querelliptisches bis ausgerandetes zwischen den Zipfeln der Oberlippe. Kapsel spitz, bis 12 mm lang.

**Standort:** Feuchte, schattige Plätze.

**Verbreitung:** WM, Iberische Halbinsel. *S. trifoliata* mit länglicher Kapsel, Korsika, Sardinien.

## Großes Löwenmaul V–IX
*Antirrhinum majus*

Kapsel

**Merkmale:** 2jährige bis ausdauernde, 1,5–2 m hohe, am Grunde leicht holzige, ± verzweigte, aufsteigende bis aufrechte, unterschiedlich behaarte und drüsige Pflanze. Blätter unten gegenständig, oben wechselständig, linealisch, 1–7 cm lang und 1–25 mm breit, sitzend, ganzrandig, basal keilförmig. Blütenstand eine endständige Traube. Kelch bis 8 mm lang, mit gleichlangen, länglichen bis breiten Zipfeln. Krone purpurrot, bis fast 5 cm lang, mit 2lappiger Oberlippe und 3teiliger Unterlippe. Kronröhre durch 2 wulstige Erhebungen verschlossen, unten leicht ausgesackt. 4 Staubblätter in der Kronröhre. Kapsel bis 14 mm lang, drüsig bis kahl, länglich, mit 3 Poren.
**Standort:** Felsen, Mauern, steinige Hänge.
**Verbreitung:** WM, Italien bis Spanien. Kultiviert und weit verbreitet.

## Breitblättriges Löwenmaul V–IX
*Antirrhinum latifolium*

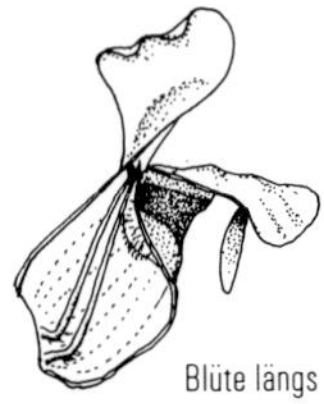

Blüte längs

**Merkmale:** 2jährige bis ausdauernde, 60–100 cm hohe, am Grunde leicht holzige, ± verzweigte, aufsteigende bis aufrechte, unterschiedlich behaarte und drüsige Pflanze. Blätter unten gegenständig, oben wechselständig, eiförmig, 2–7 cm lang und 8–32 mm breit, sitzend, ganzrandig, basal gestutzt. Blütenstand eine endständige Traube. Kelch bis 9 mm lang, mit gleichlangen, breiteiförmigen Zipfeln. Krone gelb, bis fast 5 cm lang, mit 2lappiger Oberlippe und 3teiliger Unterlippe. Kronröhre durch 2 wulstige Erhebungen verschlossen, unten leicht ausgesackt. 4 Staubblätter in der Kronröhre. Kapsel bis 17 mm lang, drüsig bis kahl, länglich, mit 3 Poren öffnend.
**Standort:** Felsen, Mauern, steinige Hänge.
**Verbreitung:** WM, Italien bis Spanien.

## MajoranblättrigesLöwenmäulchen IV–V
*Chaenorrhinum origanifolium*

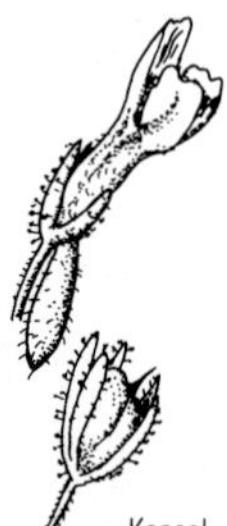

Kapsel

**Merkmale:** Ausdauernde, mit vielen Stengeln fast rasige, aufsteigende, einfache oder verzweigte, bis 35 cm hohe, fast kahle, krautige Pflanze. Blätter unten gegenständig und kurz gestielt, oben wechselständig und sitzend, ziemlich variabel, lanzettlich bis leicht herzförmig, stumpf oder spitz. Blütenstand eine lockere, endständige Traube. Kelch tief 5spaltig, Kelchzähne nicht ganz gleich. Blütenkrone 1–2 cm lang, blaulila, violett geadert mit gelblichen Schlundwülsten, 2lippig. Röhre am Grunde gespornt. Oberlippe 2lappig, Unterlippe 3lappig. 4 ungleiche Staubblätter in der Röhre eingeschlossen. Fruchtstiele meist aufrecht stehend. Kapsel mit 2 etwas unterschiedlich großen Fächern.
**Standort:** Kalkfelsen, Mauern.
**Verbreitung:** WM, ZM, im Osten bis Italien.

## Wollhaariges Löwenmäulchen IV–V
*Chaenorrhinum villosum*

**Merkmale:** Ausdauernde, mit vielen Stengeln fast rasige, liegende bis aufsteigende, bis 35 cm hohe, drüsig behaarte, klebrige, krautige Pflanze. Blätter unten gegenständig und kurz gestielt, oben wechselständig und sitzend, ziemlich variabel, lanzettlich bis leicht herzförmig, meist stumpf, bis 25 mm lang. Blütenstand eine lockere, endständige Traube. Kelch tief 5spaltig, Kelchzähne nicht ganz gleich. Blütenkrone 1–2 cm lang, blaulila, violett geadert mit gelblichen Schlundwülsten, 2lippig. Röhre am Grunde gespornt. Oberlippe 2lappig, Unterlippe 3lappig. 4 ungleiche Staubblätter in der Röhre eingeschlossen. Fruchtstiele gebogen. Kapsel mit 2 etwas unterschiedlich großen Fächern.
**Standort:** Kalkfelsen, Mauern.
**Verbreitung:** WM, Spanien, Frankreich.

## Acker-Löwenmaul III–IX
*Misopates orontium*

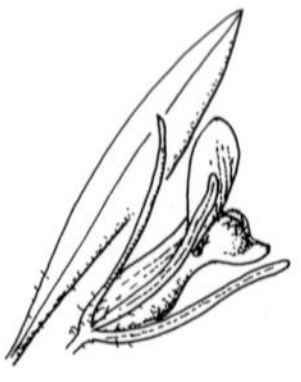

**Merkmale:** Einjährige, 20–60 cm hohe, krautige, aufrechte, sparsam verzweigte, unten kahle bis rauhhaarige, oben drüsig behaarte Pflanze. Blätter unten gegenständig, oben oft wechselständig, linealisch bis länglich elliptisch, 2–5 cm lang, bis 7 mm breit, zugespitzt, ganzrandig, kurz gestielt. Blütenstand eine lockere, endständige Traube mit nach oben verkleinerten Tragblättern. Kelch 5teilig, Zähne deutlich ungleich. Blütenkrone bis 15 mm lang, altrosa, selten weiß, 2lippig. Oberlippe 2lappig, Unterlippe 3lappig. Kronröhre durch 2 Unterlippenwülste verschlossen, basal leicht ausgesackt. 4 Staubblätter in der Kronröhre eingeschlossen. Fruchtknoten oberständig. Kapsel eiförmig, höckerig, drüsig, mit 3 Poren.
**Standort:** Kultur- und Brachland. Unkraut.
**Verbreitung:** M, bis Mitteleuropa.

## Zimbel-Ehrenpreis II–IV
*Veronica cymbalaria*

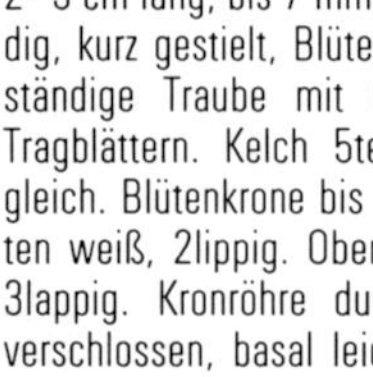


**Merkmale:** Einjährige, krautige, behaarte Pflanze mit 10–60 cm langem, niederliegendem Stengel. Blätter unten gegenständig, im Blütenbereich wechselständig, fast kreisförmig, lang gestielt, 5–15 mm lang, 5- bis 9lappig, mit etwas vergrößertem Endlappen. Blüten einzeln in den oberen Blattachseln, weiß. Kelch 4spaltig, mit 3–4 mm langen, verkehrt eiförmigen, zur Fruchtzeit abstehenden Zähnen. 4 Kronblätter eiförmig, das oberste am größten, basal kurz zu einer breiter als langen Röhre verwachsen. 2 Staubblätter aus der Blüte herausragend. Fruchtknoten oberständig, Griffel 1,5 mm lang. Kapsel bewimpert, leicht 2lappig. Fruchtstiele zurückgebogen.
**Standort:** Kulturland, Mauern.
**Verbreitung:** M, zahlreiche weitere blaublütige Arten im M.

## Bunte Bellardie *Bellardia trixago* IV–VII

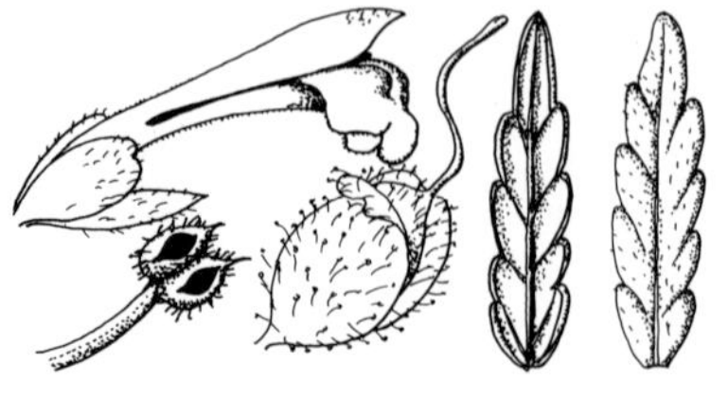

Staubblatt Kapsel Unterseite Oberseite

**Merkmale:** Einjähriger, krautiger, 15–70 cm hoher, aufrechter und meist einfacher, bisweilen auch im oberen Bereich verzweigter, drüsig behaarter Halbschmarotzer mit kurzem, deutlich verdicktem Wurzelstock. Blätter gegenständig, sitzend, linealisch bis linealisch-lanzettlich, 1,5–9 cm lang und 1–15 mm breit, stumpf bis spitzlich, am Rand grob und stumpf gesägt. Blütenstand eine endständige, dichte Ähre mit Tragblättern, die im unteren Bereich den Laubblättern gleichen, nach oben kleiner, ei- bis herzförmig und ganzrandig werden. Es existieren in einer Population Pflanzen mit sehr unterschiedlichen Blütenfarben. Entweder sind die Blüten rein gelb oder weiß mit Purpurrosa; seltener sind sie ganz weiß. Der Kelch ist 8–10 mm lang, bauchig bis glockig, oben und unten tief in 2 kurz gezähnte Abschnitte geteilt, Kelchzipfel kürzer als ¼ der Röhre. Blütenkrone verwachsen, 2–2,5 cm lang; die Röhre endet in einer helmförmigen Oberlippe und in einer flachen, stumpf 3lappigen Unterlippe. Die 4 je paarweise unterschiedlich langen Staubblätter sind in der Kronröhre angewachsen; die Staubbeutel sind borstig behaart. Der Griffel am oberständigen Fruchtknoten ist am Ende keulig verdickt. Die Frucht ist eine kugelige, drüsig behaarte Kapsel von der Länge des Kelches. Die Samen sind zahlreich, klein, bis 0,7 mm lang, elliptisch bis nierenförmig, längs gerippt und fein quergestreift.
**Standort:** Steinige und trockene Wiesen und Weiden, häufig in Gruppen.
**Verbreitung:** M, nach Norden bis Mitteleuropa, im Westen bis zu den Kanaren, im Osten bis zum Iran. Bisweilen auch verschleppt. – Die Halbschmarotzer sind über die Wurzeln mit ihren Wirten verbunden; sie entnehmen ihnen nur Wasser und Nährsalze.

## Dreiblättriges Leinkraut IV–VI
*Linaria triphylla*

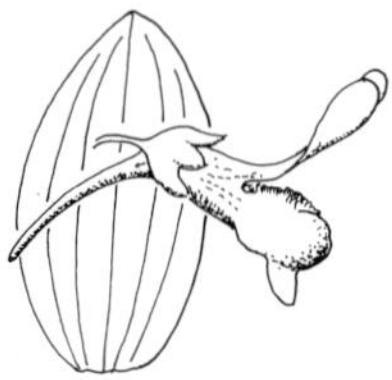

**Merkmale:** Einjährige, krautige, 10–45 cm hohe, kahle, einfache oder verzweigte, graugrüne Pflanze. Blätter sitzend, zu dreien quirlig, gegenständig oder nach oben wechselständig, elliptisch, bis 35 mm lang und 25 mm breit. Blütenstand eine endständige, anfangs dichte, zur Fruchtzeit langgestreckte Traube. Blüten weiß, selten hellgelb oder violett, fast sitzend. 5 Kelchzähne gleichlang, ± eiförmig, bis 12 mm. Blütenkrone 2–3 cm lang, verwachsen, mit bis 11 mm langem Sporn, vorne mit 2lappiger, aufragender Oberlippe, 2 wulstigen orangen Erhebungen vor dem Schlund und kurz 3zipfliger Unterlippe. 4 Staubblätter in der Kronröhre eingeschlossen. Kapsel kugelig.
**Standort:** Kulturland.
**Verbreitung:** M, im gesamten Bereich.

## Drüsiges Leinkraut *Linaria viscosa* IV–VI

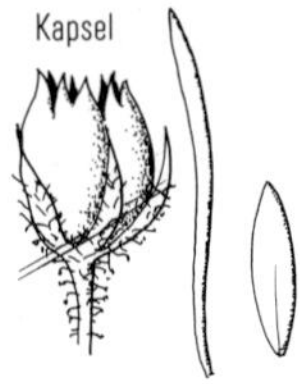


**Merkmale:** Einjährige, krautige, 15–60 cm hohe, fast kahle, einfache oder verzweigte, graugrüne Pflanze. Blätter sitzend, meist wechselständig, nur die untersten gegenständig und gehäuft, linealisch, bis 4 cm lang und 1 cm breit. Blütenstand eine endständige, anfangs und zur Fruchtzeit dichte, drüsige Traube. Blüten leuchtend gelb, selten violett, deutlich gestielt. 5 Kelchzähne gleichlang, ± eiförmig, bis 4 mm. Blütenkrone 2–3 cm lang, verwachsen, mit bis 18 mm langem Sporn, vorne mit 2lappiger, aufragender Oberlippe, 2 wulstigen Erhebungen vor dem Schlund und kurz 3zipfliger Unterlippe. 4 Staubblätter in der Kronröhre. Griffel tief 2spaltig. Kapsel kugelig.
**Standort:** Ödland, sandige Böden.
**Verbreitung:** WM, Spanien bis Italien. *L. spartea* mit lockerem Blütenstand, Iberische Halbinsel.

## Dunkelblütiges Leinkraut IV–VI
*Linaria aeruginea*

**Merkmale:** Ausdauernde, seltener einjährige, krautige, 3–40 cm hohe, bogig aufsteigende Pflanze mit zahlreichen, meist nur oben drüsigen Stengeln. Blätter sitzend, die unteren quirlig, die oberen wechselständig, linealisch, 4–18 mm lang. Blütenstand endständig, zunächst kopfig, zur Fruchtzeit verlängert. Blüten sehr unterschiedlich in der Farbe, von gelb über braunrot gefleckt bis ganz braun oder violett. 5 Kelchzähne. Blütenkrone 15–27 mm lang, verwachsen, mit 5–11 mm langem Sporn, vorne mit 2lappiger, aufragender Oberlippe, 2 wulstigen Erhebungen vor dem Schlund und kurz 3zipfliger Unterlippe. 4 Staubblätter in der Kronröhre eingeschlossen. Kapsel kugelig.
**Standort:** Felsfluren bis ins Bergland.
**Verbreitung:** WM, Iberische Halbinsel.

## Purpur-Leinkraut *Linaria purpurea* IV–X

**Merkmale:** Ausdauernde, krautige, 20–60 cm hohe, aufsteigende bis aufrechte, oft oberwärts verzweigte graugrüne Pflanze. Blätter sitzend, die unteren quirlig, die oberen wechselständig, linealisch, bis 6 cm lang und 4 mm breit. Blütenstand eine endständige, langgestreckte, dichtblütige Traube. Blüten purpurviolett, Blütenstiele etwa so lang wie die Tragblätter. 5 Kelchzähne gleichlang, linealisch, bis 3 mm. Blütenkrone 9–12 mm lang, verwachsen, mit 5 mm langem, gebogenem Sporn, vorne mit 2lappiger, aufragender Oberlippe, 2 wulstigen Erhebungen vor dem Schlund und kurz 3zipfliger Unterlippe. 4 Staubblätter in der Kronröhre eingeschlossen. Kapsel kugelig, bis 3 mm lang.
**Standort:** Felsfluren, unbebautes Land.
**Verbreitung:** ZM, Mittel- bis Süditalien; oft als Zierpflanze kultiviert und eingebürgert.

## Dunkler Fingerhut *Digitalis obscura* IV–VI

**Merkmale:** Ausdauernde, halbstrauchige, aufsteigende bis aufrechte, unten blattlose, oben dicht beblätterte, 30–120 cm hohe Pflanze mit kahlem Stengel. Blätter wechselständig, linealisch bis lanzettlich, ungeteilt, ganzrandig, kahl, ledrig und glänzend, bis 10 cm lang. Blütenstand eine langgestreckte, endständige, einseitswendige Traube. Kelchzähne eiförmig, gleichlang. Blütenkrone gelborange bis braun, dunkel netzig oder gefleckt gezeichnet, 2–3 cm lang, mit glockenförmiger, am Grund zusammengezogener Röhre; Unterlippe mit längeren Seitenlappen, Oberlippe kürzer. 4 Staubblätter in der Kronröhre eingeschlossen. Fruchtknoten oberständig, wird zu einer 2kammrigen, spitz kegelförmigen, vielsamigen Kapsel.

**Standort:** Macchien, felsiges Gelände.

**Verbreitung:** WM, Iberische Halbinsel.

## Rostblütiger Fingerhut VII–VIII
*Digitalis ferruginea*

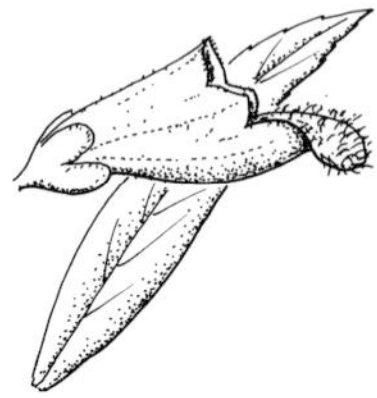

**Merkmale:** 2jährige bis ausdauernde, krautige, basal manchmal verholzte, 30–120 cm hohe Pflanze mit kahlem Stengel. Blätter wechselständig, länglich bis lanzettlich, ungeteilt, ganzrandig, kahl oder unterseits leicht behaart, bis 30 cm lang. Blütenstand eine langgestreckte, dichtblütige, endständige Traube. Kelchzähne eiförmig, breit weiß hautrandig. Blütenkrone gelblich bis rötlich braun, dunkel netzig gezeichnet, 1,5–3,5 mm lang, mit aufgeblasener, fast kugeliger Röhre und verlängerter Unterlippe und kürzeren Seitenlappen und kürzerer Oberlippe. 4 Staubblätter in der Kronröhre eingeschlossen. Fruchtknoten oberständig, wird zu einer 2kammrigen, spitzen, vielsamigen Kapsel.

**Standort:** Wälder, Gebüsche.

**Verbreitung:** ZM, OM, von Italien ostwärts.

## Breitblättrige Bartschie III–VI
*Parentucellia latifolia*

**Merkmale:** Einjähriger, drüsig klebriger, rötlich überlaufener, aufrechter, meist unverzweigter, 5–30 cm hoher, krautiger Halbschmarotzer mit 4kantigem Stengel. Blätter gegenständig sitzend, dreieckig bis lanzettlich, bis 12 mm lang und 5 mm breit, besonders die oberen tief gezähnt. Blütenstand endständig, anfangs sehr dicht, ährig beblättert. Kelch bis 1 cm lang, röhrig, 4zähnig. Blütenkrone rötlich purpurn, selten weiß, 2lippig, nicht abfallend, bis 1 cm lang. Kronröhre verschlossen, Oberlippe einfach, Unterlippe länger, 3lappig. 4 Staubblätter, 2 länger, 2 kürzer. Fruchtknoten oberständig. Kapsel kahl, bis 1 cm lang.

**Standort:** Trockene, steinige Wiesen, Ödland.

**Verbreitung:** M, im Osten bis Persien – im OM *P. parviflora* mit gelben Blüten.

## Klebrige Bartschie IV–IX
*Parentucellia viscosa*

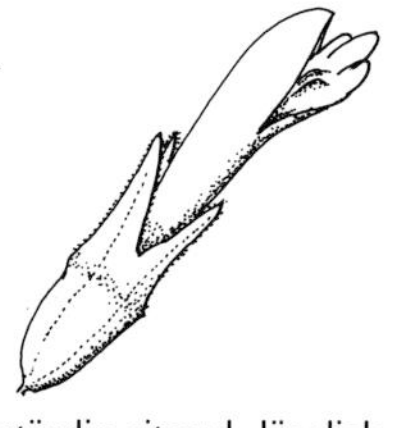

**Merkmale:** Einjähriger, drüsig klebriger, hellgrüner, aufrechter, meist unverzweigter, 10–50 cm hoher, krautiger Halbschmarotzer mit 4kantigem Stengel. Blätter gegenständig sitzend, länglich, bis 12 mm lang und 5 mm breit, ± zugespitzt, besonders die oberen tief gezähnt. Blütenstand endständig, locker, ährig, beblättert. Kelch 10–16 mm lang, röhrig, die 4 Zähne so lang wie die Röhre. Blütenkrone gelb, selten weiß, 2lippig, abfallend. Kronröhre bis 25 mm lang, verschlossen, Oberlippe helmförmig, Unterlippe länger, 3lappig. 4 Staubblätter, 2 länger, 2 kürzer. Fruchtknoten oberständig. Kapsel behaart, knapp 1 cm lang. Samen klein.

**Standort:** Frische Wiesen, Bachränder.

**Verbreitung:** M, im Osten bis Persien, im Westen bis Schottland.

## Ästige Sommerwurz V–VIII
*Orobanche ramosa*

**Merkmale:** 2jähriger, 15–25 cm hoher, einfacher oder verzweigter Vollparasit mit basal verdicktem Stengel. Blätter lanzettlich, bis 1 cm lang, wechselständig. Blütenstand eine verlängerte, bis 15 cm lange Traube. Tragblätter der Blüten eiförmig, spitz. Zweilippige Blüten schlank, bis 22 mm lang, mit fahler Röhre und blau-violettem oberen Teil, drüsig behaart. Oberlippe ganzrandig, Unterlippe mit 3 ± gleichen Lappen, bewimpert. 4 Staubblätter im unteren Drittel der Kronröhre eingewachsen, mit kahlen Stielen und weißen bis blau-violetten Beuteln. Kelch scheinbar 3zipflig, bis 8 mm lang. Frucht eine vielsamige Kapsel.
**Standort:** Auf Kulturpflanzen (Tomate, Tabak, Mais) und Wildpflanzen (z. B. vielen Schmetterlingsblütlern) schmarotzend.
**Verbreitung:** M, bis Mitteleuropa.

## Gelbe Cistanche III–V
*Cistanche phelypaea*

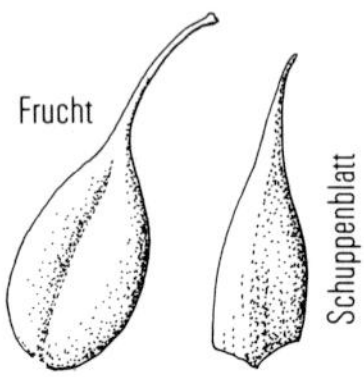


**Merkmale:** Ausdauernder, gedrungener, unverzweigter, reich beblätterter, 20–100 cm hoher Vollschmarotzer mit gelbem, unten schuppig-keuligem Sproß. Blätter eiförmig-lanzettlich, schuppig, braun, mit gezähntem, trockenhäutigem Rand. Blüten zahlreich, in dichten, bis 20 cm langen Ähren. Blütenkrone 3–4 cm lang, leuchtend gelb, mit etwas gebogener Röhre und 5 rundlichen, ± gleichen Kronzipfeln. Kelch glockig, bis fast 2 cm lang, mit 5 gleichen, stumpfen Zipfeln. In der Kronröhre 4 behaarte Staubblätter eingeschlossen. Fruchtknoten oberständig, wird zu einer bis 12 mm langen Kapsel.
**Standort:** Auf holzigen Gänsefußgewächsen parasitierend, selten, aber gesellig, oft in Küstennähe in sandigem Untergrund.
**Verbreitung:** SM, Portugal, Spanien, Kreta. Afrika und Arabien.

## Weicher Akanthus *Acanthus mollis* III–V

**Merkmale:** Ausdauernde, 50–120 cm hohe, aufrechte, unverzweigte Pflanze mit basal verholztem Sproß. Grundblätter gestielt, lederig, meist in 6–7 geschweift gezähnte Lappen geteilt, Endlappen am größten. Stiel und unterseitige Blattnerven behaart, oberseits dunkelgrün, verkahlend. Blütenstand eine zylindrische Ähre, bis 30 cm lang. Blüten jeweils von 3 Tragblättern umgeben, das mittlere eiförmig, bis 3,5 cm lang, 7- bis 9stachelig, die seitlichen schmaler, nicht gezähnt. Kelch in 2 spatelige Lippen geteilt, die obere bis 4,5 cm lang, oft rötlich, die untere bis 3,5 cm lang. Blütenkrone weißlich rosa, auf eine kurze Röhre und eine 3zipflige Unterlippe reduziert, bis 4,5 cm lang. 4 Staubblätter in der Kronröhre eingewachsen. Fruchtknoten oberständig.
**Standort:** Trockene Wegränder, Ödland.
**Verbreitung:** WM, ZM, bis Jugoslawien.

## Dorniger Akanthus V–VI
*Acanthus spinosus*

**Merkmale:** Ausdauernde, 20–80 cm hohe, aufrechte, unverzweigte, ± wollhaarige Pflanze mit basal verholztem Sproß. Grundblätter gestielt, distelartig, fiedrig eingeschnitten, mit gezähnten, dornigen Segmenten. Blütenstand eine zylindrische Ähre, bis 30 cm lang. Blüten jeweils von 3 Tragblättern umgeben, das mittlere eiförmig, bis 3,5 cm lang, 7- bis 9stachelig, die seitlichen schmaler, nicht gezähnt. Kelch in 2 spatelige Lippen geteilt, die obere rinnig gewölbt, bis 4,5 cm lang, oft rötlich, die untere bis 3,5 cm lang. Blütenkrone weißlich rosa, auf eine kurze Röhre und eine 3zipflige Unterlippe reduziert, bis 4,5 cm lang. 4 Staubblätter in der Kronröhre eingewachsen. Fruchtknoten oberständig.
**Standort:** Lichte Wälder, Wegränder.
**Verbreitung:** ZM, OM. Ab Südost-Italien.

## Hasenfuß-Wegerich IV–VI
*Plantago lagopus*

**Merkmale:** 2jährige, 30–40 cm hohe Pflanze, bisweilen mit entwickeltem Sproß und dann wechselständigen Blättern. Blätter meist grundständig, 2,5–15 cm lang und 3–30 cm breit, 3- bis 7nervig, ganzrandig bis undeutlich gezähnt, umgekehrt lanzettlich bis spatelig, spitz, locker borstig behaart. Blüten in den Achseln lanzettlicher, wollhaariger Tragblätter in einer dichten, kugeligen bis eiförmigen, nur später etwas gestreckten Ähre. Schaft rinnig bis geflügelt. Blütenhülle häutig, mit 4 breit hautrandigen, oben lang wollhaarigen, schwach gekielten Kelchblättern. Blütenkrone mit bis 3 mm langer Röhre und 4 lang zugespitzten, lockerhaarigen Kronzipfeln. 4 Staubblätter. Fruchtknoten oberständig, wird 2,5 mm lange Kapsel.
**Standort:** Ödland, trockene Weiden.
**Verbreitung:** M.

## Weißlicher Wegerich IV–V
*Plantago albicans*

**Merkmale:** Ausdauernde, 10–60 cm hohe Pflanze mit bräunlich rotem, von Blattresten bedecktem Wurzelstock und wollig behaarten Blütenschäften. Blätter grundständig, 10–22 cm lang, ganzrandig, linealisch bis spatelig, insgesamt wollig behaart und auf der Oberseite weißlich. Blüten in den Achseln wollhaariger Tragblätter in einer 3–10 cm langen, dichten Ähre. Krone häutig, 3–4 mm lang, mit 4 breit hautrandigen, zumindest oben lang wollhaarigen, schwach gekielten, kurz verwachsenen Kelchblättern. Blütenkrone mit bis 4 mm langer, kahler Röhre und 4 kahlen, bis 3,5 mm langen, eiförmigen und zugespitzten Kronzipfeln. 4 Staubblätter. Fruchtknoten oberständig, wird 4 mm lange Kapsel.
**Standort:** Ödland, Sandflächen.
**Verbreitung:** M, besonders im Westen.

## Flohsamen-Wegerich IV–VII
*Plantago afra*

**Merkmale:** Einjährige, bis 50 cm hohe, stark drüsig behaarte Pflanze mit deutlich beblättertem Sproß. Blätter gegenständig, 3–8 cm lang und bis 5 mm breit, linealisch bis lanzettlich, nicht fleischig, ganzrandig, selten vereinzelt gezähnt. Blüten in den Achseln gleich großer, eiförmiger bis lanzettlicher, breit hautrandiger, bis 8 mm langer Tragblätter in einer dichten, kugeligen bis eiförmigen Ähre. Ähren 1–6 cm lang gestielt, stockwerkartig in den Blattachseln. Kelchblätter gleich groß, bis etwa 5 mm lang, umgekehrt lanzettlich. Kronröhre bis 4 mm lang, Kronzipfel 2 mm lang, eiförmig-lanzettlich, zugespitzt. 4 Staubblätter. Fruchtknoten oberständig, wird zur 2 mm langen Kapsel.
**Standort:** Ödland, Garriguen.
**Verbreitung:** M. Ähnlich, aber kaum drüsig mit ungleichen Tragblättern *P. arenaria.*

## Dickblättriger Wegerich VI–IX
*Plantago coronopus*

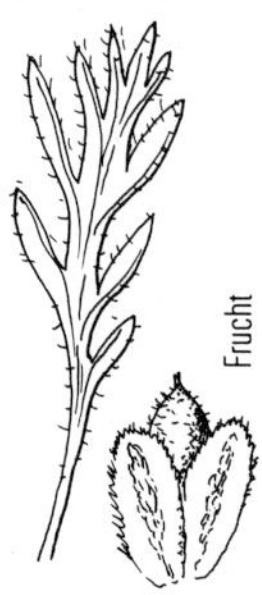


**Merkmale:** Ein- oder mehrjährige Pflanze mit vielen bogig aufsteigenden, 4–25 cm hohen, dicht anliegend weiß behaarten Blütenschäften. Blätter grundständig, 4–8 cm lang, tief in linealische, spitze Abschnitte gespalten, abstehend behaart. Blüten in den Achseln grüner, etwa 2,5 mm langer, häutig berandeter, lang bespitzter Tragblätter in einer 3–8 cm langen, dichten Ähre. Krone häutig, kaum 2 mm lang, mit spärlich behaarter Kronröhre und 4 weißlichen, zurückgeschlagenen Kronzipfeln mit braunem Mittelnerv. Von den 4 Kelchblättern 2 mit einem häutigen, kurz bewimperten Flügel auf dem Rücken. 4 Staubblätter. Fruchtknoten oberständig, wird zu einer 2 mm langen Kapsel.
**Standort:** Sandige, felsige Stellen der Küste.
**Verbreitung:** M, auch mitteleuropäische Küsten. Synonym: Schlitzwegerich.

## Strauchige Kugelblume X–III
*Globularia alypum*

**Merkmale:** Immergrüner, 30–80 cm hoher, bis oben dicht beblätterter Strauch mit braunroter, gestreifter Rinde. Blätter wechselständig, umgekehrt lanzettlich bis spatelig, 1,5–3 cm lang, ganzrandig oder 3spitzig, einnervig, kahl, dunkelgrün, dicklich lederig. Blüten klein, zu kopfigen, bis 1,5 cm breiten, kurz gestielten, in den oberen Blattachseln sitzenden Blütenständen vereinigt. Tragblätter umgekehrt lanzettlich, spitz, bis 4 mm lang, am Rand weiß bewimpert. Blütenkrone blau, basal röhrig, 2lippig, mit 2zipfliger, reduzierter Oberlippe und 3zipfliger, verlängerter Unterlippe. 5 Staubblätter. 5 bewimperte Kelchzähne. Fruchtknoten oberständig und einfächerig.
**Standort:** Garriguen, niedrige Macchien.
**Verbreitung:** M; weitere niedrigere Arten im Mittelmeerraum.

## Immergrüner Schneeball X–VI
*Viburnum tinus*

**Merkmale:** Immergrüner, reich gabelig verzweigter, verkahlender, an jungen Zweigen grünlich rot berindeter Strauch von 1–3 m Höhe. Blätter gegenständig, bis 1 cm lang gestielt, ganzrandig, lanzettlich bis spitz elliptisch, 1,5–6 cm breit, 4–8 cm lang, lederig, oben dunkelgrün und netzig nervig gefeldert, unten heller. Blüten zahlreich in endständigen Trugdolden. Blütenkrone bis 8 mm breit, weiß, außen rötlich, fast völlig in 5 rundliche Zipfel geteilt. Kronröhre 1 mm lang. 5 Staubblätter mit weißen Staubbeuteln. Kelch auf 5 kurze, dreieckige Kelchblätter reduziert. Fruchtknoten unterständig, wird zu einer bis 6 cm langen, eiförmigen, bläulich glänzenden Beere.
**Standort:** Immergrüne Gebüsche und Wälder. Bisweilen als Zierstrauch kultiviert.
**Verbreitung:** M, im Westen häufiger.

## Etruskisches Geißblatt V–VI
*Lonicera etrusca*

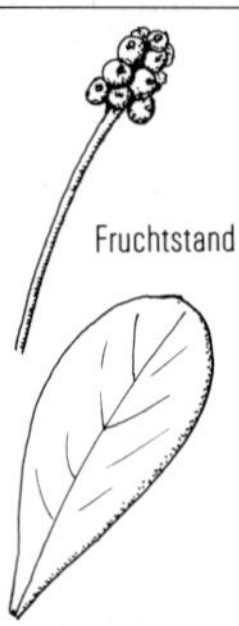


**Merkmale:** Laubwerfender, 50–120 cm hoher Strauch mit etwas klimmenden, jung behaarten Ästen. Blätter gegenständig, umgekehrt eiförmig, bis 5,5 cm lang, kurz gestielt, oberseits dunkelgrün, unterseits blaugrün und behaart. Die oberen ungestielt und zunehmend mit ihren Basen verwachsen. Blütenstand zusammengezogen, bis 10blütig, über den obersten völlig verwachsenen, 1,5 cm breiten, 5 cm langen Blättern bis etwa 3 cm gestielt. Blütenkrone mit weißlicher Röhre, bis 3 cm lang. Kronzipfel bis 10 mm lang, gelbrosa, 4 bilden die Oberlippe, einer die Unterlippe. 5 Staubblätter aus der Kronröhre herausragend, so lang wie der Griffel. Kelch ein kurzer, 5zipfliger Ring. Fruchtknoten unterständig, wird zu einer roten, bis 7 mm breiten Beere. **Standort:** Wärmeliebende Wälder.
**Verbreitung:** M.

## Windendes Geißblatt V–VI
*Lonicera implexa*

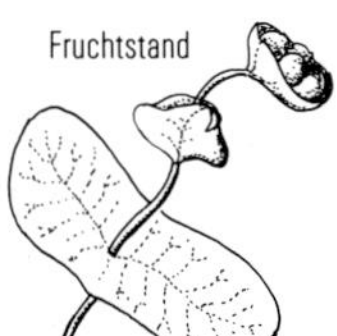


**Merkmale:** Immergrüner, kahler, blaugrüner, 50–200 cm hoher Strauch mit windenden Ästen. Blätter gegenständig, spatelig, 3,5–4,5 cm lang, kurz gestielt, basal geöhrt, oberseits dunkelgrün, unterseits blaugrün. Die oberen ungestielt und zunehmend mit ihren Basen verwachsen. Blütenstand zusammengezogen, 2- bis 6blütig, ± direkt den obersten völlig verwachsenen, 1,5 cm breiten, 4 cm langen Blättern aufsitzend. Blütenkrone weißlich rosa mit innen behaarter Röhre, bis 2,5 cm lang. Kronzipfel bis 11 mm lang, 4 bilden die Oberlippe, einer die Unterlippe. 5 Staubblätter aus der Kronröhre herausragend, so lang wie der Griffel. Kelch ein kurzer, 5zipfliger Ring. Fruchtknoten unterständig, wird zu einer roten, bis 6 mm breiten Beere.
**Standort:** Macchien, Hecken.
**Verbreitung:** M; – Blätter sehr variabel.

## Scheiben-Feldsalat IV–VI
*Valerianella discoidea*

**Merkmale:** Einjährige, aufrechte, gabelig verzweigte, bis 30 cm hohe Pflanze mit gegenständiger Beblätterung. Untere Blätter spatelig bis eiförmig, bogig gezähnt, die oberen Blätter zunehmend schmaler und gezähnt bis basal fiederig geteilt. Blüten klein und zu kopfigen, endständigen Blütenständen vereinigt. Kelch aus 6–15 dreieckigen, netznervigen Zipfeln, deren schmale Enden bogig eingekrümmt sind. Blütenkrone rosa, 3 mm lang, mit schmaler Röhre und 5 ausgebreiteten Zipfeln. 3 Staubblätter und ein 3spaltiger Griffel aus der Röhre herausragend. Fruchtknoten unterständig, mit 2 unfruchtbaren und einem fruchtbaren Fach. Früchte 2 mm lang, behaart, zu mehreren vereinigt.
**Standort:** Ödland, Felder.
**Verbreitung:** M; weitere ähnliche Arten im M.

## Füllhorn-Fedie XII–IV, I–XII
*Fedia cornucopiae*

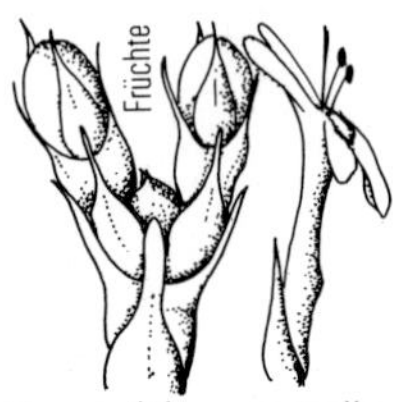


**Merkmale:** Einjährige, aufrechte bis aufsteigende, gabelige, 3–30 cm hohe, kahle, etwas dickliche Pflanze. Blätter gegenständig, spatelig bis elliptisch, die unteren 2–15 cm lang, ± gestielt, ganzrandig, die oberen kleiner, sitzend und kurz gezähnt. Blüten zu endständigen, paarweisen Köpfchen vereinigt, ihre Stiele zur Fruchtzeit aufgeblasen. Fruchtknoten unterständig. Kelch ein ringförmiger Wulst, sich nicht vergrößernd. Blütenkrone 8–16 mm lang, purpurn, mit bis 4 mm langer, gebogener, etwas bauchiger Röhre und 5 ungleichen, rosa gefleckten, flach ausgebreiteten Zipfeln. Meist 2 Staubblätter. Frucht breit eiförmig, mit stark vergrößerten unfruchtbaren Teilen.
**Standort:** Ödland, Felder.
**Verbreitung:** M.

## Rote Spornblume *Centranthus ruber* V–VII

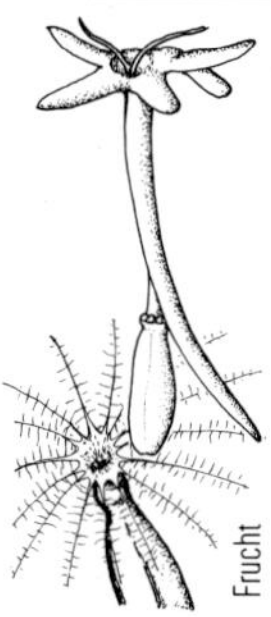


**Merkmale:** Kahle, blaugrün bereifte, ausdauernde, aus einem unterirdischen Wurzelstock mehrstengelige Pflanze von 30–70 cm Höhe. Blätter gegenständig, abstehend, dicklich, lanzettlich bis eiförmig, ganzrandig, selten die oberen etwas gezähnt, 1–6 cm lang. Blüten in endständigen und in den oberen Blattachseln sitzenden, gabeligen, dichten Teilblütenständen. Blütenkrone purpurrot, rosa, selten weiß, verwachsen, mit einer bis 1 cm langen, unten gespornten Röhre, 5 ungleichen Zipfeln und nur einem Staubblatt. Fruchtknoten unterständig. Kelch zur Blütezeit nur ein ringförmiger Wulst. Zur Fruchtzeit entfalten sich daraus die fiederigen Borsten der flugfähigen Frucht.
**Standort:** Mauer, Felsen.
**Verbreitung:** M; häufig als Zierpflanze kultiviert und bis Mitteleuropa eingebürgert.

## Fußangel-Spornblume III–VI
*Centranthus calcitrapa*

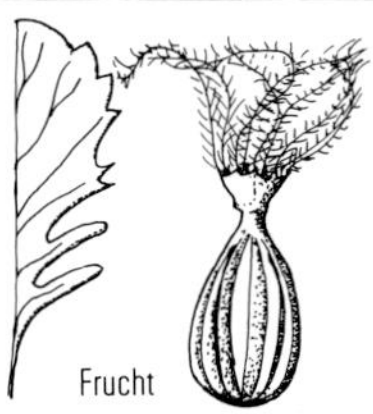


**Merkmale:** Kahle, blaugrün bereifte, einjährige, einstengelige Pflanze von 10–40 cm Höhe. Blätter gegenständig, die ersten spatelig, vorne stumpf, seitlich gekerbt oder gezähnt, gestielt, bis 10 cm lang. Die oberen Stengelblätter zunehmend sitzend und fiederig geteilt. Blüten in endständigen und in den oberen Blattachseln sitzenden, gabeligen, dichten Teilblütenständen. Blütenkrone rosa, verwachsen, mit einer bis 2 mm langen, etwa in der Mitte kurz gespornten Röhre, 5 ungleichen Zipfeln und nur einem Staubblatt. Fruchtknoten unterständig. Kelch zur Blütezeit nur ein ringförmiger Wulst. Zur Fruchtzeit entfalten sich daraus die fiederigen Borsten der flugfähigen Frucht.
**Standort:** Ödland, Trockenrasen.
**Verbreitung:** M, im Osten bis Kleinasien.

## Dunkelrote Skabiose IV–XI
*Scabiosa atropurpurea*

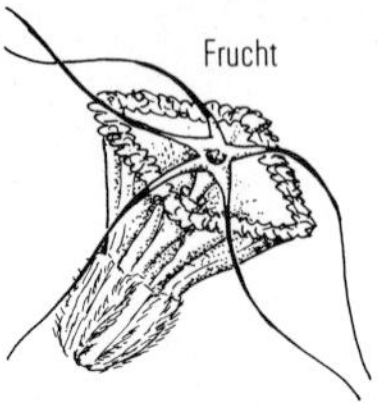


**Merkmale:** 2jährige, fast kahle Pflanze mit 20–60 cm hohem, verzweigtem Stengel. Blätter gegenständig. Die unteren lang gestielt, einfach und gezähnt bis leierförmig geteilt. Mittlere und obere Blätter fiederig geteilt mit einfachen oder gesägten Abschnitten. Blüten in bis 3 cm breiten, halbkugeligen, zur Fruchtzeit gestreckten, langgestielten Köpfchen vereinigt. Der den unterständigen Fruchtknoten umgebende Außenkelch borstig bis kahl, zur Hälfte zu einem schmal trichterigen, knorpeligen Saum umgewandelt. Die 5 Kelchborsten sehr lang, den Außenkelch weit überragend. Krone der äußeren Blüten bis 2 cm lang, lila bis dunkel purpurn, mit 3 größeren unteren und 2 kürzeren oberen Zipfeln. **Standort:** Steinige, trockene Flächen. **Verbreitung:** M; häufig als Zierpflanze. Synonyme: Samtblume, Purpur-Skabiose.

## Morine *Morina persica* VI–X

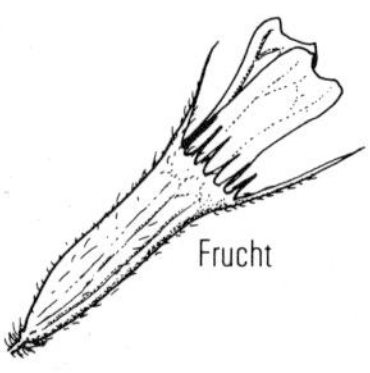


**Merkmale:** Ausdauernde, krautige, 30–90 cm hohe, distelartige Pflanze mit grundständiger und am Stengel quirliger Beblätterung. Blätter linealisch bis lanzettlich, bis 10 cm lang, die grundständigen bisweilen länger und undeutlich gestielt, lang stachelig gezähnt bis fiederig geteilt mit mehrfach stacheligen Abschnitten. Blütenstand vielblütig, in deutlich abgesetzten, stockwerkartig angeordneten Scheinquirlen, mit bis 4,5 cm langen, stacheligen Tragblättern. Kelch tief in zwei ± gleiche Lappen geteilt. Krone bis 5 cm lang, rosa, mit langer schlanker Röhre, am Ende verbreitert und 2lippig, wollhaarig. 2 fruchtbare Staubblätter ausgebildet. Fruchtknoten unterständig, einkammrig. Frucht bleibt vom Kelch umschlossen. **Standort:** Felsige Orte, Gebirge. **Verbreitung:** OM, bis Südasien.

## Kretische Skabiose IV–VII
*Scabiosa cretica*

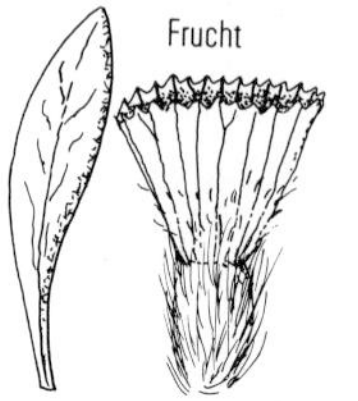


**Merkmale:** Rasig wachsende, ausdauernde Pflanze mit verholzter Basis. Stengel kriechend bis aufsteigend, 10–25 cm hoch, weiß wollig. Blätter häufig nur grundständig, undeutlich gestielt, umgekehrt eiförmig, bis 3 cm lang, angepreßt seidenhaarig. Blüten in endständigen, kugeligen, bis 5 cm breiten Köpfchen vereint, ihre Hüllblätter eiförmig, weißwollig. Köpfchenstiele kaum länger als die Blätter. Der unterständige Fruchtknoten von einem röhrigen Außenkelch umgeben, der oben einen häutigen, trichterigen, vielnervigen Flugschirm trägt. Der Kelch aus 5 Borsten. Die lila Blütenkrone mit 5 ungleichen Lappen und kurzer Röhre. Äußere Blüten des Köpfchens größer als die inneren, bis 2 cm lang. **Standort:** Felsen, gern Küstennähe. **Verbreitung:** WM, Balearen bis Südwest-Italien.

## Alpenbalsam-Glockenblume III–VI
*Campanula erinus*

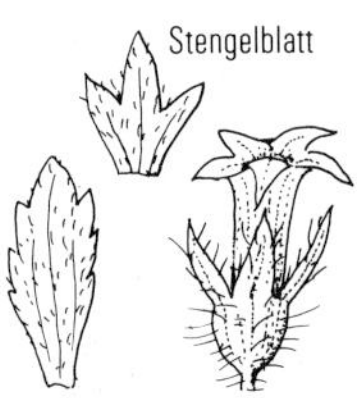


**Merkmale:** Einjährige, niederliegende bis aufsteigende, borstig behaarte, zarte, 3–10 cm hohe, gabelig verzweigte Pflanze mit schwach flügeligem Stengel. Blätter wechselständig bis gegenständig, umgekehrt lanzettlich bis spatelig oder eiförmig, bis 4 cm lang, gezähnt bis gekerbt, manchmal ± gelappt. Blüten aufrecht sitzend in den Blattachseln oder endständig. 5 schmal dreieckige, nach der Blüte abstehende, 3 mm lange Kelchzähne. Blütenkrone glockenförmig verwachsen, hellblau, 5zipflig, bis 5 mm lang. 5 Staubblätter mit zusammenhängenden Staubbeuteln und verbreiterten Stielen. Griffel 3narbig, Fruchtknoten unterständig, wird eine hängende, tonnenförmige, 5 mm lange Kapsel. **Standort:** Schattige Mauern, Felsen. **Verbreitung:** M.

Kardengewächse

Kardengewächse

Glockenblumengew.

## Hungerblumenblättrige Glockenblume *Campanula drabifolia* III–VI

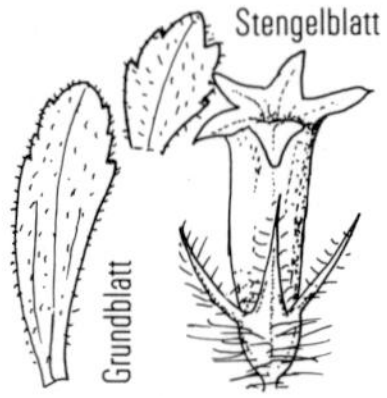


**Merkmale:** Einjährige, niederliegende bis aufsteigende, borstig behaarte, zarte, 3-15 cm hohe, gabelig verzweigte Pflanze. Blätter wechselständig bis gegenständig, die basalen gestielt und umgekehrt eiförmig, die oberen klein, sitzend, gezähnt bis ± 3zähnig. Blüten aufrecht kurz gestielt in den Blattachseln oder endständig. 5 lanzettliche, nach der Blüte sternförmig abstehende und sich vergrößernde Kelchzähne. Blütenkrone glockenförmig verwachsen, blau, 5zipflig, doppelt so lang wie der Kelch. 5 Staubblätter mit zusammenhängenden Staubbeuteln und verbreiterten Stielen. Griffel 3narbig, Fruchtknoten unterständig, wird zu einer hängenden, tonnenförmigen, 5 mm langen Kapsel.
**Standort:** Schattige Mauern, Felsen.
**Verbreitung:** OM, Griechenland, Kreta.

## Felsen-Glockenblume V
*Campanula rupestris*

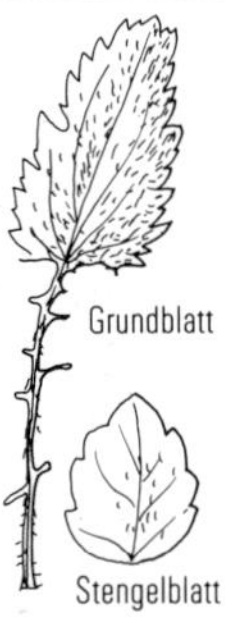


**Merkmale:** 2jährige, aus einer Grundrosette aufsteigende, mehrstengelige, bis 40 cm hohe, locker bis wollig behaarte Pflanze. Blätter grund- oder wechselständig, unterschiedlich grau-wollig behaart, gesägt, die basalen eiförmig oder leierförmig geteilt mit rundlichem Endzipfel und gestielt, die oberen sitzend, rundlich-eiförmig, gezähnt. Blüten zahlreich, in einem rispigen bis traubigen Blütenstand. 5 dreieckig-lanzettliche, bis 5 mm lange Kelchzähne, zwischen diesen 5 lanzettliche bis dreieckige, zurückgeschlagene Anhängsel. Blütenkrone schmal glockenförmig verwachsen, blau, wollhaarig, kurz 5zipflig, bis 2 cm lang. 5 Staubblätter mit zusammenhängenden Staubbeuteln und verbreiterten Stielen. Griffel 3narbig, Fruchtknoten unterständig, wird zu einer Kapsel. **Standort:** Kalkfelsen.
**Verbreitung:** OM, dort weitere ähnliche Arten.

## Mittlere Glockenblume V–VI
*Campanula medium*

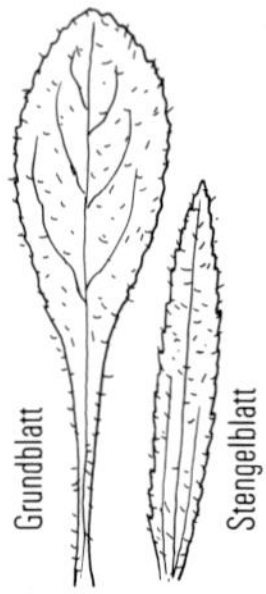


**Merkmale:** 2jährige, aufrechte, ± verzweigte, bis 60 cm hohe, borstig behaarte Pflanze. Blätter grund- oder wechselständig, borstig behaart, kerbig gesägt bis gezähnt, die basalen eiförmig und gestielt, die oberen sitzend lanzettlich. Blüten einzeln, endständig oder in den oberen Blattachseln gestielt (2–10 cm), geneigt bis hängend. 5 lanzettliche bis eiförmige, bis 1,5 cm lange Kelchzähne, zwischen diesen 5 eiförmige, zurückgeschlagene Anhängsel. Blütenkrone glockenförmig-bauchig verwachsen, blau-violett oder weiß, kurz 5zipflig, bis 5 cm lang. 5 Staubblätter mit zusammenhängenden Staubbeuteln und verbreiterten Stielen. Griffel 3narbig, Fruchtknoten unterständig, wird zu einer Kapsel.
**Standort:** Sonnige Hänge, Felsen.
**Verbreitung:** WM, anderswo auch kultiviert.

## Verschiedenfarbige Glockenblume
*Campanula versicolor* VI–VII

**Merkmale:** Ausdauernde, meist kahle, geduckte bis gestreckte, rispig verzweigte, selten einfache, meist 20–40 cm hohe Pflanze. Blätter grund- oder wechselständig, lederig. Grundblätter lang gestielt, ei- bis herzförmig, gekerbt oder gezähnt. Obere Stengelblätter sitzend, keilförmig. Blüten zahlreich, gebüschelt, in einem rispigen, dichten und kompakten, endständigen Blütenstand. 5 schmal lanzettliche, bis 4 mm lange, abstehende bis zurückgebogene Kelchzähne, ohne Anhängsel. Blütenkrone verwachsen, weit glockenförmig geöffnet, fahl blau bis lila, innen violett, bis 2,5 cm lang. 5 Staubblätter mit verbreiterten Stielen. Griffel 3narbig, Fruchtknoten unterständig, wird eine Kapsel.
**Standort:** Kalkfelsen.
**Verbreitung:** OM, im Westen bis Südost-Italien.

## Blaues Halskraut *Trachelium caeruleum* V–IX

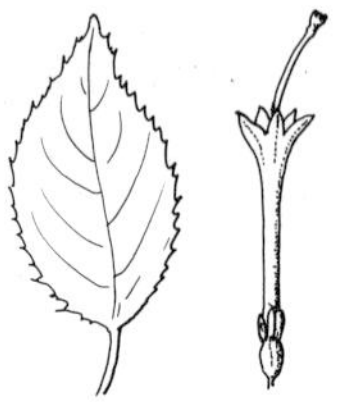

**Merkmale:** Fast kahle, ausdauernde, basal verholzte, bis 1 m hohe Pflanze. Blätter wechselständig, eiförmig bis herzförmig, kurz gestielt, mit doppelt scharf gesägtem und meist bewimpertem Rand, bis 10 cm lang und 4–7 cm breit. Blüten klein, in doldigen, endständigen, meist dichten, bis 10 cm breiten Blütenständen. Kelch 5spaltig, Blütenkrone mit ± 5 mm langer, schlanker Röhre und mit 5 freien, kürzeren Zipfeln, blauviolett, selten weiß. 5 Staubblätter mit kahlen Stielen und freien Staubbeuteln. Griffel weit aus der Blüte herausragend, am Ende verdickt, mit 2–3 Narben. Fruchtknoten unterständig; Kapsel öffnet sich mit 2–3 Poren.
**Standort:** Feuchte, schattige Mauern, Felsen.
**Verbreitung:** WM, bis Sizilien, oft kultiviert. *T. caeruleum ssp. lanceolatum* hat schmalere Blätter mit geflügelten Stielen; nur auf Sizilien.

## Krause Jasione *Jasione crispa* III–V

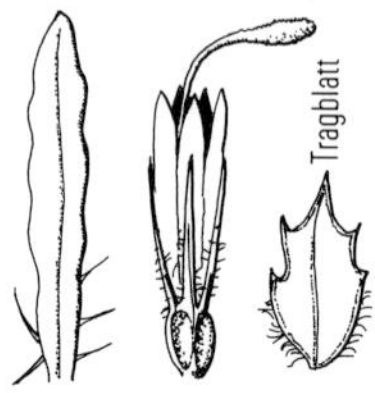


**Merkmale:** Mit einer verholzten Basis ausdauernde, vielstengelige, ± behaarte Pflanze mit kurzen, nichtblühenden und bis 25 cm langen, aufsteigenden, blühenden Sprossen. Blätter wechselständig, ziemlich dicklich, linealisch bis lanzettlich, manchmal breiter, ganzrandig oder schwach gezähnt. Blattrand dick, dicht drüsig und oft bewimpert. Blüten klein, sitzend, zu kugeligen, lang gestielten, von Hüllblättern umgebenen Köpfchen zusammengefaßt. Die äußeren Hüllblätter lanzettlich bis eiförmig, ± gesägt, dickrandig. Kelch mit 5 pfriemlichen Zipfeln, oft rötlich. Hellblaue Blütenkrone in 5 schmale Zipfel gespalten. 5 Staubblätter an der Basis verbunden. Fruchtknoten unterständig. Kapsel sich oben mit 2 Klappen öffnend. – Vielgestaltig.
**Standort:** Felsen, Bergregion, selten Küste.
**Verbreitung:** WM, Spanien bis Frankreich.

## Einjähriges Gänseblümchen *Bellis annua* II–IV

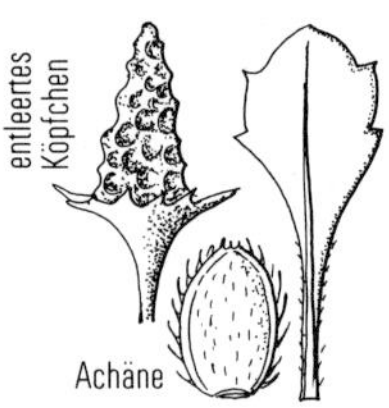


**Merkmale:** Einjähriges, 3–12 cm hohes Kraut. Stengel flaumhaarig, aufsteigend, an der Basis verzweigt und beblättert; keine deutliche Rosette ausgebildet. Blätter zungen- bis spatelförmig, bis 2,5 cm lang und 1,5 cm breit, ganzrandig oder kerbig gesägt, bewimpert. Köpfchen 5–15 mm breit, einzeln, endständig. Hüllblätter 2reihig. Zungenblüten weiß, unterseits oft rot überlaufen, weiblich. Röhrenblüten gelb, zwittrig. Früchte zusammengedrückt, behaart, ohne Haarkranz (Pappus).
**Standort:** Zeitweise feuchte, grasige oder auch sandige Stellen. Brachland.
**Verbreitung:** M, Kanaren. Auf den Balearen, Korsika und Sardinien *B. bellidoides,* eine zierliche, ausdauernde, ausläuferbildende Art mit grundständigen, immer ganzrandigen Blättern, Hülle nur einreihig.

## Großes Gänseblümchen *Bellis sylvestris* IX–V

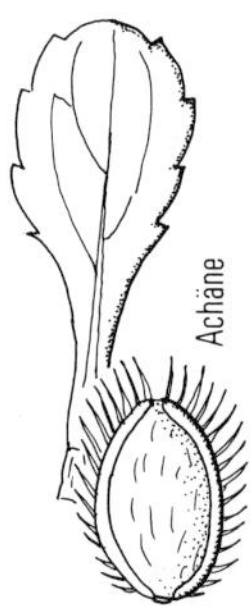


**Merkmale:** Ausdauerndes, 10–45 cm hohes Kraut. Blätter grundständig, rosettig, 3–8 cm lang, bis 2,5 cm breit, ganzrandig oder weit kerbig gesägt; Spreite schmal verkehrt eiförmig bis lanzettlich, zu einem undeutlichen Stiel verschmälert, 3nervig, jüngere Blätter anliegend behaart. Köpfchen 2–4 cm breit, einzeln, endständig. Hüllblätter 2reihig, 7–12 mm lang, ± spitz. Zungenblüten weiß, oft beidseitig rot überlaufen, weiblich. Röhrenblüten zwittrig, gelb. Früchte (Achänen) abgeflacht, behaart, bisweilen mit kurzem Haarkranz (Pappus).
**Standort:** Wiesen, Gebüsche, lichte Wälder.
**Verbreitung:** M. Im M auch *B. perennis* aus Mitteleuropa. Blätter deutlich in Stiel und Spreite gegliedert, einnervig, bis 4 cm lang, Köpfchen 1,5–3 cm breit. Hüllblätter 3–5 mm lang, stumpf.

Glockenblumengew.

Korblütler

## Krauser Katzenschweif VI–IX
*Conyza bonariensis*

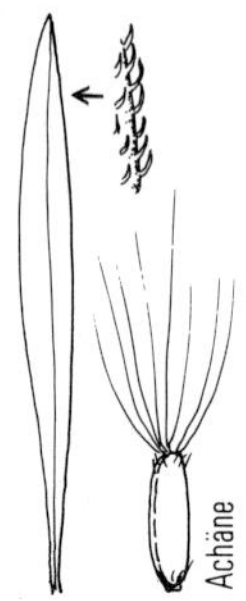


**Merkmale:** Einjährig, 10–60 (250) cm hoch, krautig. Stengel aufrecht, schlank, basal holzig, anliegend und abstehend behaart. Blätter zahlreich, wechselständig, behaart, einnervig, untere gestielt, verkehrt lanzettlich, bis 10 cm lang, etwa 1 cm breit, weit grob gesägt, oft abfallend, obere ± sitzend, ± linealisch. Köpfchen zahlreich, 5–10 mm breit, in lockeren, endständigen Rispen. Hüllblätter 2reihig, pfriemlich, 3–6 mm lang, innere länger, meist behaart. Äußere Blüten weiblich, 50–120, mehrreihig, mit röhrig-fädiger Krone, oben oft mit einer winzigen, bis 0,5 mm langen, weißen Zunge, kürzer als Griffel und Pappus. Wenige zwittrige, gelbliche Röhrenblüten. Früchte abgeflacht.
**Standort:** Trockenes Brachland, Schuttplätze.
**Verbreitung:** Im M eingebürgert; Art stammt ursprünglich aus Amerika.

## Sternblütiges Zwerg-Edelweiß IV–V
*Evax asterisciflora*

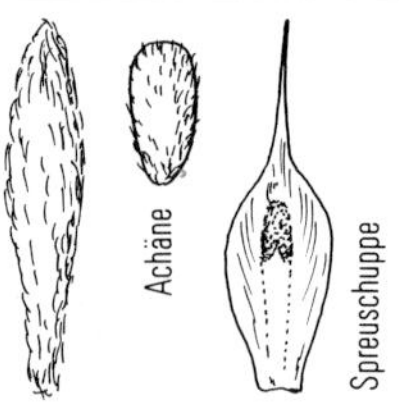


**Merkmale:** Einjährige, 3–13 cm hohe Pflanze, weiß-graufilzig. Stengel starr, nicht oder bereits an der Basis verzweigt, unten wechselständig, oben rosettig beblättert. Stengelblätter fast gegenständig, linealisch bis verkehrt lanzettlich, 12–25 mm lang, 4–5 mm breit. Köpfchen sehr klein, zahlreich, am Ende des Stengels dicht gedrängt, ein einziges, größeres, 1–2 cm breites Köpfchen vortäuschend, sternartig von den 1,5–4 cm langen, schmal lanzettlichen, zugespitzten, ± lederigen Rosettenblättern umgeben. Hüllblätter der Einzelköpfchen zahlreich, schuppig, lanzettlich, 3,5 mm lang, 1 mm breit, lang zugespitzt, begrannt, braungelb. Nur gelbliche Röhrenblüten, 1,9 mm lang. Früchte (Achänen) 1 mm lang.
**Standort:** Trockenes Brachland. **Verbreitung:** WM, Süditalien, außer Frankreich.

## Zwerg-Edelweiß *Evax pygmaea* III–VI

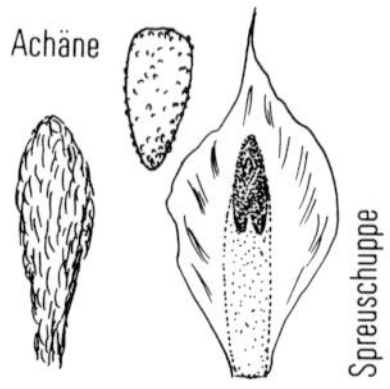


**Merkmale:** Einjährige, 1–4 cm hohe, graugrüne, filzig behaarte Pflanze, dem Boden anliegend, Polster bildend. Stengel direkt an der Basis verzweigt, unten wechselständig, oben rosettig beblättert. Stengelblätter sitzend, verkehrt eiförmig, 7–10 mm lang, 2–5 mm breit. Köpfchen sehr klein, fast sitzend, zu vielen dicht gedrängt, ein größeres, bis 3,5 cm breites Köpfchen vortäuschend, sternartig von den bis 1,5 cm langen, spateligen Rosettenblättern umgeben. Hüllblätter der Einzelköpfchen zahlreich, schuppig, lanzettlich bis verkehrt eiförmig, bis 4 mm lang und 1,8 mm breit, braungelb, an der Spitze begrannt. Nur unscheinbare, gelbliche, fädige Röhrenblüten, äußere weiblich, innere zwittrig. Früchte verkehrt eiförmig, abgeflacht, ohne Haarkranz.
**Standort:** Trockenes Brachland, küstennah.
**Verbreitung:** M.

## Gewöhnliche Stein-Immortelle II–VII
*Phagnalon rupestre*

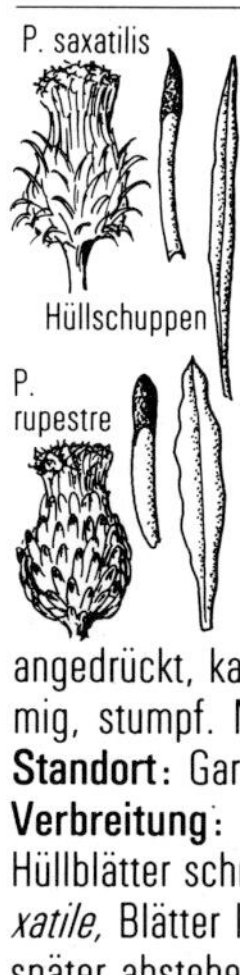


**Merkmale:** Dicht beblätterter, 10–50 cm hoher Halbstrauch mit weißfilzigen, basal verholzten, aufsteigenden Stengeln. Blätter wechselständig, schmal verkehrt lanzettlich, 1–4 cm lang, dunkelgrün, unterseits weißfilzig, am Rand wellig, etwas gezähnt, ± umgerollt. Köpfchen einzeln, ± 1 cm breit, endständig, 4–7 cm lang gestielt. Hüllblätter mehrreihig, angedrückt, kahl, häutig, bräunlich, äußere eiförmig, stumpf. Nur gelbliche Röhrenblüten.
**Standort:** Garriguen, Kalkfelsen, Mauern.
**Verbreitung:** M. Im OM *P. graecum,* äußere Hüllblätter schmal dreieckig, spitz. Im WM *P. saxatile,* Blätter linealisch, Hüllblätter spitz, äußere später abstehend bis zurückgebogen, und *P. sordidum,* Köpfchen ± sitzend, klein, zu 2–6 am Stengelende gehäuft, Hülle birnenförmig, angedrückt.

## Mittelmeer-Strohblume V–VIII
*Helichrysum rupestre*

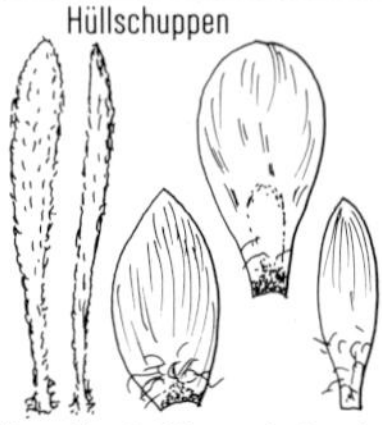


**Merkmale**: Duftloser, bis 60 cm hoher, weiß-, grau- oder gelblich-filziger, basal verholzter Zwergstrauch. Stengel aufsteigend, kantig. Blätter wechselständig, untere linealisch bis verkehrt lanzettlich, bis 4,5 (7) cm lang, 1–2 (7) m breit, selten mehr als 3 mm, am Rand umgerollt, beiderseits filzig behaart, oberseits verkahlend, obere zunehmend kleiner, bis 3 cm lang. Köpfchen klein, zahlreich, endständig in dichten Doldentrauben gehäuft. Hülle halbkugelig, gelb bis strohfarben, trockenhäutig, 4–7 mm breit. Äußere Hüllschuppen breit eiförmig, innere länglich, spitz, höchstens 2mal so lang wie die äußeren. Blüten gelb, alle röhrenförmig, die Hülle nicht überragend. Formenreich.
**Standort**: Meernahe Kalkfelsen, auf Mauern.
**Verbreitung**: WM, ZM, fehlt in Frankreich.

## Bergalant *Inula montana* VI–VIII

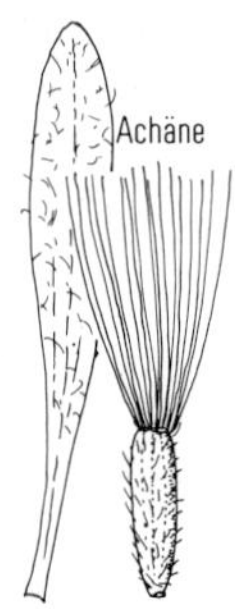


**Merkmale**: Ausdauernde, weich zottig bis teilweise weißwollig behaarte Pflanze mit verholztem Rhizom, (10) 20–35 cm hoch. Stengel aufrecht, gewöhnlich unverzweigt, verholzend. Blätter wechselständig, untere verkehrt eiförmig, allmählich in einen Stiel verschmälert, 5–12 cm lang, 1–1,5 cm breit, obere lanzettlich, bis 4 cm lang, am Grund keilförmig verschmälert. Köpfchen 3,5–4,5 cm breit, einzeln, endständig oder zu wenigen. Hülle mehrreihig, halbkugelig, bis 1,5 cm lang. Hüllschuppen dachig, äußere lanzettlich, 6–7 mm lang, bis 1,2 mm breit, innere linealisch, 1 cm lang. Zungenblüten gelb, weiblich, 18–25 mm lang, die Hülle deutlich überragend. Röhrenblüten gelb, zwittrig. Früchte (Achänen) 2–3 mm lang, mit weißem Haarkranz aus ca. 30 Borsten.
**Standort**: Trockene Hänge, auf Kalk.
**Verbreitung**: WM, östlich bis nach Ostitalien.

## Italienische Strohblume V–IX
*Helichrysum italicum*

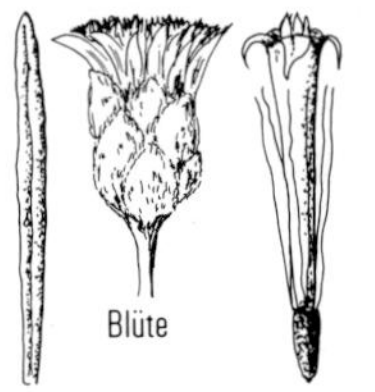


**Merkmale**: Aromatisch nach Maggi riechender, basal verholzter Zwergstrauch, 20–50 cm hoch. Stengel aufsteigend, kantig, jung grauweiß filzig. Blätter wechselständig, schmal linealisch, bis 5 cm lang, am Rand umgerollt, dünn graufilzig, verkahlend. Köpfchen klein, zahlreich endständig in dichten Doldentrauben gehäuft. Hülle ± zylindrisch, bräunlich gelb, trockenhäutig, 2–4 mm breit. Innere Hüllschuppen 5mal so lang wie die äußeren, drüsig. Blüten gelb, alle röhrenförmig, die Hülle nicht überragend. – Bei *H. italicum ssp. italicum* (M) untere Blätter 2–5 cm lang, äußere Hüllschuppen drüsenlos, Achänen weißdrüsig; bei *H. italicum ssp. microphyllum* (WM) Blätter nur bis 1 cm lang, alle Hüllschuppen drüsig, Achänen drüsenlos. **Standort**: Trockenplätze, Garriguen.
**Verbreitung**: M, Südeuropa, Nordwest-Afrika.

## Schneeweißer Alant VII–VIII
*Inula verbascifolia*

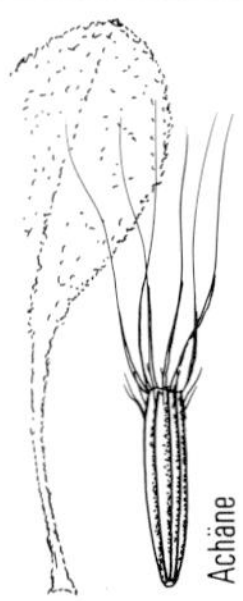


**Merkmale**: Ausdauernde, (10) 20–50 cm hohe, am Grund verholzte, weißwollig behaarte Pflanze. Stengel aufrecht. Grundblätter 6–8 cm lang, 2–3 cm breit, eiförmig-lanzettlich, lang gestielt, ganzrandig oder gekerbt, Nerven unterseits stark hervortretend. Stengelblätter wechselständig, lanzettlich, am Grund keilförmig, 2–3 cm lang. Köpfchen etwa 1–2 cm breit, einzeln oder zu wenigen. Hülle mehrreihig, halbkugelig, 7–12 mm lang, am Grund mit eiförmigen Hochblättern. Äußere Hüllblätter stumpf, weißwollig, innere lanzettlich. Zungenblüten gelb, weiblich, 5–7 mm lang, die Hülle überragend. Röhrenblüten gelb, zwittrig. Früchte (Achänen) etwa 2 mm lang, mit 5 mm langem, 10- bis 15borstigem Haarkranz (Pappus).
**Standort**: Sehr trockene Kalkfelsen, Spalten.
**Verbreitung**: ZM, OM, östlich bis Italien.

## Klebriger Alant *Dittrichia viscosa* VIII–XI

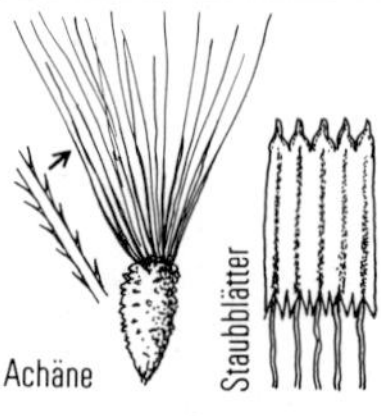


**Merkmale**: Ausdauernde, am Grund verholzte, stark riechende, drüsig-klebrige Pflanze, bis 1,5 m hoch. Stengel aufrecht, oft verzweigt, dicht beblättert, oben abstehend behaart. Blätter wechselständig, länglich-lanzettlich, 3–7 cm lang, 6–12 mm breit, nach oben zu kleiner werdend, bisweilen entfernt gezähnt, obere sitzend, halbstengelumfassend. Köpfchen 1–1,5 cm breit, zu vielen in einem lang rispigen, pyramidenförmigen Blütenstand. Hülle halbkugelig-konisch, innere Hüllschuppen linealisch. Zungenblüten gelb, weiblich, die Hülle überragend, Zunge 5–7 mm lang. Röhrenblüten gelborange, zwittrig. Früchte (Achänen) bis 2 mm lang, mit gelblichen Pappushaaren.
**Standort**: Feuchtes Brachland, Wegränder, Garriguen, Schuttplätze. Oft bestandsbildend.
**Verbreitung**: M, Kanaren.

## Duftendes Flohkraut VI–VII
*Pulicaria odora*

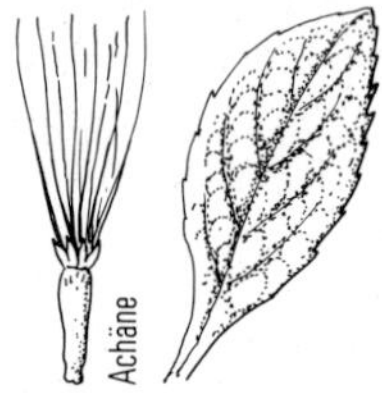


**Merkmale**: Ausdauernde, 20–90 cm hohe, etwas aromatisch riechende Pflanze, ohne Ausläufer. Stengel ± wollhaarig, einfach oder sparrig verzweigt. Grundblätter kurz gestielt, eiförmig, spitz, zur Blütezeit grün. Stengelblätter wechselständig, länglich halbstengelumfassend, untere geöhrt, drüsig gezähnt, oberseits grün, rauh, unterseits grauwollig. Köpfchen einzeln oder zu wenigen, 2–3 cm breit, halbkugelig. Köpfchenstiele 3–15 cm lang, oben verdickt, mit Hochblättern. Hülle mehrreihig. Hüllblätter linealisch, spitz, ± wollig und drüsig. Zungenblüten goldgelb, Hülle um 8 mm überragend. Röhrenblüten gelb. Früchte bis 1,8 mm lang, mit 10–12 Borsten, am Grund von einem häutigen Krönchen umgeben.
**Standort**: Macchien, Lichtungen, Rodungen.
**Verbreitung**: M, im Norden bis Mitteleuropa.

## Großes Flohkraut VII–X
*Pulicaria dysenterica*

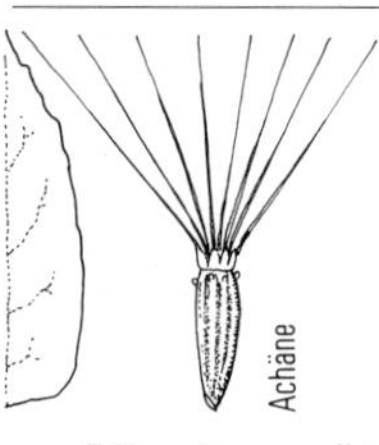


**Merkmale**: Ausdauernde, 20–70 cm hohe, oben verzweigte, ausläuferbildende Pflanze, leicht aromatisch riechend. Stengel oben wollig behaart. Grundblätter gestielt, zur Blütezeit verwelkt. Stengelblätter wechselständig, lanzettlich, 2–5 cm lang, mit herz- bis pfeilförmigem Grund stengelumfassend, entfernt gesägt wellig, oberseits grün, rauh, unterseits graufilzig. Köpfchen zahlreich, 1,5–3 cm breit, halbkugelig. Köpfchenstiele 1,5–2,5 cm lang, unverdickt, höchstens mit einem Hochblatt. Hülle mehrreihig. Hüllblätter ± pfriemlich, ± wollig und drüsig. Zungenblüten goldgelb, Hülle um 5 mm überragend. Röhrenblüten gelb. Früchte 1,5 mm lang, mit 14–20, am Grund von einem häutigen Krönchen umgebenen Borsten.
**Standort**: Feuchtwiesen, Sümpfe, Gräben.
**Verbreitung**: M, im Norden bis Mitteleuropa.

## Stechendes Sternauge IV–VIII
*Pallenis spinosa*

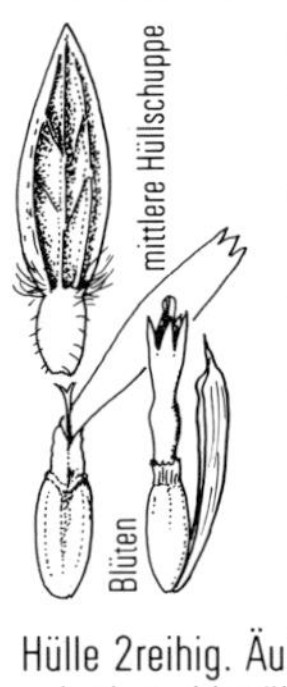


**Merkmale**: Ein- oder zweijährige, 10–60 cm hohe Pflanze. Stengel aufrecht, abstehend weichhaarig. Seitenzweige Hauptachse übergipfelnd. Blätter wechselständig, behaart, untere gestielt, schmal elliptisch, bis 7,5 cm lang, obere lanzettlich, sitzend, halbstengelumfassend, bis 4 cm lang, stachelspitzig. Köpfchen etwa 2,5 cm breit, einzeln, endständig. Hülle 2reihig. Äußere Hüllblätter sternförmig ausgebreitet, blattähnlich, lanzettlich, 1,5–3,5 cm lang, stechend, innere viel kleiner, eiförmig, meist mit grüner Spitze. Zungenblüten 2reihig, weiblich, gelb, von den äußeren Hüllblättern überragt. Röhrenblüten orangegelb, zwittrig. Früchte etwa 2 mm lang, mit kurzem Haarkranz, äußere flach und geflügelt.
**Standort**: Trockenes, steiniges Ödland, Wegränder. **Verbreitung**: M.

## Einjähriger Strandstern IV–VIII
*Asteriscus aquaticus*

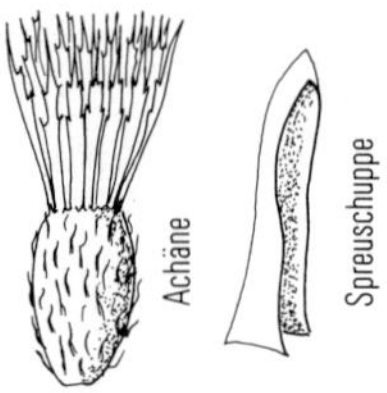


**Merkmale**: Einjährige, (2) 10–40 cm hohe, aromatisch riechende Pflanze. Stengel einfach oder oben abstehend verzweigt. Blätter verkehrt lanzettlich bis spatelig, 4–6 cm lang, 1 cm breit, behaart, untere gestielt, obere ± halbstengelumfassend. Köpfchen einzeln, fast sitzend, 1,5–3 cm breit, von den sternförmig ausgebreiteten, blattähnlichen äußeren Hüllblättern umgeben. Diese eiförmig, basal lederig, mit 1–2 cm langer, grüner stumpfer Spitze. Innere Hüllblätter eiförmig, bisweilen kurz grün bespitzt. Zungenblüten gelb, oben tief 3zähnig, viel kürzer als die Hülle. Röhrenblüten gelb, 5lappig. Früchte 1,5–2 mm lang, äußere ± 3kantig, innere drehrund, behaart, mit einem Kranz lanzettlicher Schuppen.

**Standort**: Feuchte, sandige Böden. Ödland.

**Verbreitung**: M, Portugal bis Südbulgarien.

## Ausdauernder Strandstern IV–VII
*Asteriscus maritimus*

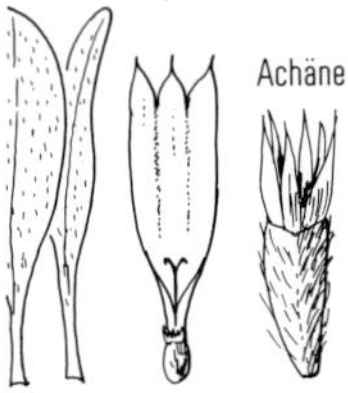


**Merkmale**: Ausdauernde, 2–20 cm hohe, rauhe, abstehend behaarte, ± aufrechte Pflanze, am Grund verholzt, oft vielästig, strauchartig, häufig mit niederliegend-aufsteigenden Zweigen und größere Flächen bedeckend. Blätter wechselständig, gestielt, lanzettlich-spatelig, bis 3 cm lang, 1 cm breit, einnervig, zottig behaart. Köpfchen einzeln, 3–4 cm breit. Hülle 3- bis 4reihig. Äußere Hüllblätter wie oberste Stengelblätter, etwa 1 cm lang, innere lanzettlich-linealisch, spitz. Zungenblüten gelb, tief 3zähnig, 9 mm lang, so lang wie die Hülle oder wenig kürzer. Röhrenblüten gelb, 5lappig, zwittrig. Früchte bis 1,5 mm lang, äußere ± 3kantig, innere drehrund, behaart, mit einem Kranz lanzettlicher Schuppen.

**Standort**: Auf Felsen in Küstennähe.

**Verbreitung**: WM, ZM, bis Westgriechenland.

## Dornige Spitzklette VII–X
*Xanthium spinosum*

**Merkmale**: Einjährig, vom Grund an verzweigt, bis 1 m hoch. Stengel am Blattansatz mit 1–2 kräftigen, 3teiligen, gelblichen Stacheln. Blätter wechselständig, rhombisch, oft 3- bis 5lappig, oberseits dunkelgrün, Nerven grau, unterseits hell-graufilzig. Köpfchen klein, eingeschlechtig, nur mit Röhrenblüten. Männliche Köpfchen endständig, ± kugelig, Hülle einreihig. Weibliche Köpfchen achselständig, Hülle 2reihig. Äußere Hüllblätter klein, frei, innere eiförmig verwachsen, 2 weibliche, kronenlose Blüten völlig umschließend, später zum 1–1,5 cm langen, 6–8 mm breiten, lang hakig bedornten Fruchtkörper reifend, oben mit 2 geraden, ungleich langen Schnäbeln, der 2 eiförmige Achänen ohne Haarkranz enthält.

**Standort**: Schuttplätze, Ödland, Wegränder.

**Verbreitung**: M, Heimat Südamerika.

## Zypressen-Heiligenkraut VI–IX
*Santolina chamaecyparissus*

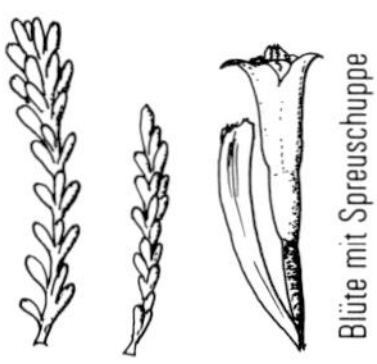


**Merkmale**: Aromatischer, dichter, reich rasenartig verzweigter Zwergstrauch. Stengel aufsteigend, 10–50 cm hoch, nicht blühende dicht beblättert, grün, kahl bis graufilzig, blühende einfach, oben unbeblättert. Blätter wechselständig, die unteren bis 4 cm lang, dicht kammartig gezähnt bis fiederteilig, Lappen bis 2 mm lang, stumpf, in 2–4 Reihen, graufilzig bis kahl. Köpfchen bis 12 mm breit, halb kugelig, einzeln. Hülle mehrreihig, eng angedrückt. Hüllschuppen lanzettlich bis eiförmig, gekielt, äußere ± filzig-mehlig, innere oben häutig, zerschlitzt, am längsten. Köpfchenboden mit Spreuschuppen. Nur Röhrenblüten, tief bis blaß gelb. Früchte länglich, schwach 3- bis 5kantig, kahl, ohne Haarkranz. – Vielgestaltig.

**Standort**: Trockenes Ödland. Als Zierpflanze.

**Verbreitung**: WM, ZM bis Jugoslawien.

## Leberbalsam-Schafgarbe IV–X

*Achillea ageratum*

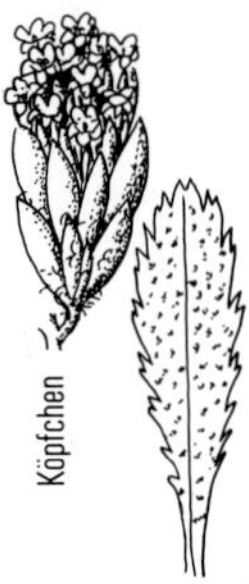


**Merkmale:** Ausdauernd, 10–40 (80) cm hoch, nach Kampfer riechend. Stengel aufsteigend, an der Basis verholzt, einfach oder oben verzweigt, ± rauhhaarig. Blätter wechselständig oder in achselständigen Büscheln, ± sitzend, schmal verkehrt eiförmig, bis 5 cm lang, bis 12 mm breit, flach, kahl bis rauhhaarig, drüsig gepunktet, grob gesägt. Köpfchen sehr klein, 1–5 mm lang gestielt, zu 15 und mehr in endständigen, dichten Doldentrauben. Hülle wenigreihig, 3 mm breit. Äußere Hüllblätter 2 mm lang, eiförmig, ± häutig berandet. Köpfchenboden gewölbt, mit Spreuschuppen. 4–5 Zungenblüten, gelb, 1,5–2 mm lang, Zunge kurz, oben 3lappig, die Hülle kaum überragend. Röhrenblüten gelb. Früchte länglich, ohne Haarkranz.
**Standort:** Feuchtes Ödland, Wegränder.
**Verbreitung:** WM, Portugal bis Italien.

## Kretische Kamille *Anthemis rigida* III–V

**Merkmale:** Einjährige, ± behaarte, langsam wachsende Pflanze, bis 13 cm hoch. Stengel zahlreich, unverzweigt, ausgebreitet, später starr. Blätter wechselständig, länglich, 1- bis 2fach gefiedert. Abschnitte linealisch bis spatelig, spitz oder stumpf. Köpfchen klein, 3–9 mm breit, einzeln am Ende verdickter, oft gebogener Stiele. Hülle zylindrisch bis verkehrt konisch, mehrreihig. Alle Hüllschuppen ± gleich, dreieckig bis lanzettlich, spitz, an der Basis verdickt und verhärtet, ohne Rand oder nur die inneren mit häutigem Rand. Köpfchenboden kurz konisch, mit kahlen, lanzettlichen Spreublättern. Zungenblüten meist fehlend. Röhrenblüten gelb, selten weiß, bisweilen rosa überlaufen, röhrig, 5zipfelig, zwittrig. Früchte (Achänen) ohne Haarkranz.
**Standort:** Dünen, trockene Böden und Sandböden.
**Verbreitung:** OM, Ägäis.

## Strand-Hundskamille IV–VIII

*Anthemis maritima*

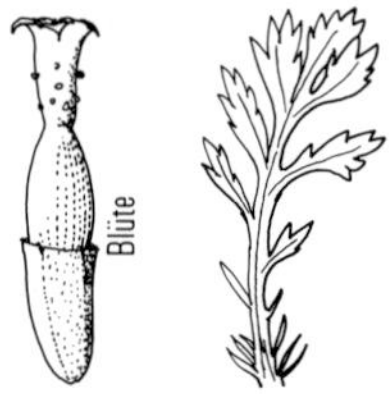


**Merkmale:** Ausdauernde, aromatische Pflanze, 12–30 cm hoch, kahl bis flaumhaarig. Stengel niederliegend bis aufsteigend, basal verholzt und wurzelnd, nicht oder ± doldig verzweigt, unten dicht beblättert. Blätter wechselständig, fleischig, unterseits drüsig, 1–4 cm lang, bis 2 cm breit, 1- bis 2fach gefiedert, Abschnitte bis 5 mm lang, bis 2,5 mm breit, ± lanzettlich. Köpfchen 1,5–3 cm breit, einzeln am Ende dünner, 3,5–10 cm langer Stiele. Hülle halbkugelig, mehrreihig, ± wollig bis kahl. Äußere Hüllschuppen dreieckig, innere länglich, stumpf, durchsichtig berandet. Köpfchenboden konisch, mit Spreublättern. Zungenblüten weiß, bis 1,5 cm lang. Röhrenblüten gelb, Kronröhre basal kugelig angeschwollen.
**Standort:** Dünen, küstennahe Sandböden.
**Verbreitung:** WM bis Italien, Südportugal.

## Gemischte Kamille V–IX

*Chamaemelum mixtum*

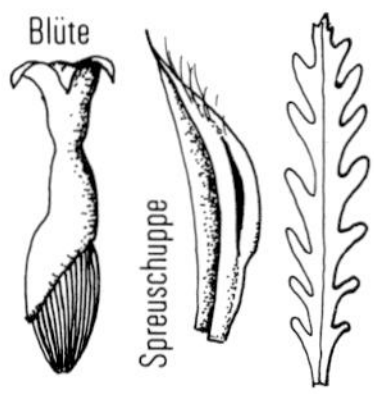


**Merkmale:** Einjährige, bis 60 cm hohe, duftende Pflanze. Stengel aufrecht, ± dicht zottig behaart, oben meist reich, doldenartig verzweigt. Blätter wechselständig, sitzend, locker behaart, länglich, untere 1- bis 2fach fiederschnittig, 5–8 cm lang, obere nur einfach fiederteilig oder gesägt. Fiederabschnitte linealisch-lanzettlich, fein stachelspitzig. Köpfchen einzeln, 2–2,5 cm breit, auf etwas verdickten Stielen. Hüllschuppen länglich, grünlich, etwas wollig behaart, breit häutig berandet, 3–5 mm lang, äußere am kürzesten. Köpfchenboden halbkugelig, ohne Spreuschuppen. Zungenblüten weiß, am Grund gelb, 1 cm lang, 4 mm breit, steril. Röhrenblüten gelb, zwittrig, basal spornartig ausgesackt. Früchte verkehrt eiförmig, glatt, kahl.
**Standort:** Meernahe Sande, Ödland, Straßenrand. **Verbreitung:** M, Südwest-Europa.

## Keulen-Bertram IV–VII
*Anacyclus clavatus*

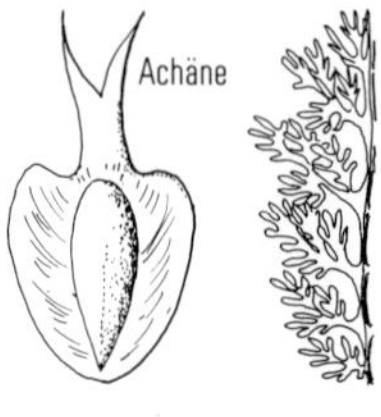


**Merkmale**: Einjährige, 10–60 cm hohe, meist vom Grund an verzweigte, krautige Pflanze. Stengel aufsteigend, ± zottig behaart. Blätter im Umriß länglich, 3–10 cm lang, 2- bis 3fach gefiedert. Blättchen linealisch, 4–7 mm lang, unter 1 mm breit, fein bespitzt. Köpfchen einzeln, ohne Zungenblüten 1,5–2 cm breit. Köpfchenstiele zur Fruchtzeit keulig verdickt. Köpfchenboden mit verkehrt eiförmigen Spreublättern. Hülle wenigreihig. Hüllblätter grün, weiß oder rot umrandet, lanzettlich, spitz, seidig behaart. Zungenblüten weiß, 7–14 mm lang. Röhrenblüten gelb, zwittrig. Früchte abgeflacht, nur äußere mit breitem, durchsichtigem Flügel.
**Standort**: Brachland, oft küstennah.
**Verbreitung**: M, Südeuropa, Nordwest-Afrika. Ähnlich *A. radiatus* im M. Zungenblüten gelb, innere Hüllblätter mit gefranstem Anhängsel.

## Kranz-Wucherblume IV–VII
*Coleostephus myconis*

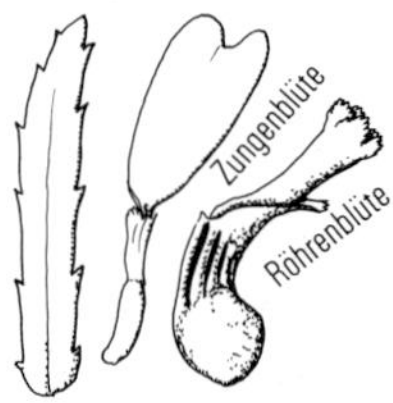


**Merkmale**: Einjährige, bis 50 cm hohe, kahle bis flaumhaarige Pflanze. Stengel aufrecht, gewöhnlich verzweigt. Blätter wechselständig, untere gestielt, eiförmig bis spatelig, 2–5 cm lang, regelmäßig kerbig gezähnt oder gesägt, mittlere stengelumfassend, verkehrt eiförmig bis länglich, oberste linealisch. Köpfchen etwa 2 cm breit, einzeln, endständig. Köpfchenboden ohne Spreuschuppen. Hüllschuppen in 2–3 Reihen, bräunlich, länglich, oben abgerundet und schmal häutig berandet. Zungenblüten gelb oder weiß und am Grund gelb gefleckt. Röhrenblüten gelb, ihre Früchte 2 mm lang, zylindrisch, mit 8–10 weißen Rippen, das einseitig verlängerte Krönchen die untere Kronröhrenhälfte bedeckend.
**Standort**: Kultur- und Brachland, auf Silikat.
**Verbreitung**: M, Südeuropa.

## Kronen-Wucherblume III–IX
*Chrysanthemum coronarium*

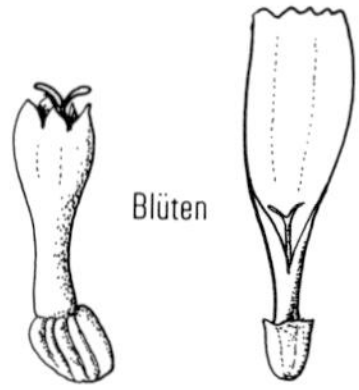


**Merkmale**: Einjährige, kräftige, 20–80 (100) cm hohe, krautige Pflanze, kahl oder ± behaart, stark riechend. Stengel aufrecht, sehr verzweigt, reich beblättert. Blätter wechselständig, sitzend, länglich bis verkehrt eiförmig, meist doppelt fiederteilig, mit zugespitzten Lappen. Köpfchen 3–6 cm breit, einzeln, am Ende keulig verdickter Stiele. Köpfchenboden gewölbt, ohne Spreublätter. Hüllblätter in 2–3 Reihen, eiförmig, mit dunkelbraunem, außen durchscheinendem Rand. Zungenblüten tief oder blaßgelb. Röhrenblüten gelb. Früchte (Achänen) der Zungenblüten 3kantig geflügelt, der Röhrenblüten abgeflacht, 4kantig, gerippt, mit nur einem Flügel und sitzenden Drüsen.
**Standort**: Kultur- und Brachland, oft großflächig. Häufig als Zierpflanze und verwildert.
**Verbreitung**: M, Portugal.

## Herzblättrige Gemswurz V–VIII
*Doronicum columnae*

**Merkmale**: Ausdauernde, kahle bis flaumhaarige, krautige Pflanze, 12–60 cm hoch. Rhizom dünn. Stengel aufrecht, einfach, oben meist gebogen, nur in der unteren Hälfte beblättert. Grundblätter rosettig, 3–6 cm lang gestielt, Spreite ei-, kreis- oder herzförmig, 3–7 cm lang, bis 6,5 cm breit, kerbig gezähnt. 2–3 wechselständige Stengelblätter, eiförmig-lanzettlich, bis 4 cm lang, ± stengelumfassend. Köpfchen einzeln, 4–5 cm breit, Stiel drüsig. Hülle 2- bis 3reihig. Hüllblätter lanzettlich, 8–14 mm lang, dicht drüsig behaart. Zungenblüten gelb, weiblich, einreihig, etwa doppelt so lang wie die Hülle. Röhrenblüten zwittrig. Früchte gerippt, behaart, Haarkranz 1- bis 2reihig, aus einfachen Borsten, fehlt bei den äußeren.
**Standort**: Schattige, feuchte Kalkfelsen.
**Verbreitung**: Gebirge im ZM, OM, Balkan

## Weißfilziges Greiskraut V–VIII

*Senecio bicolor ssp. cineraria*

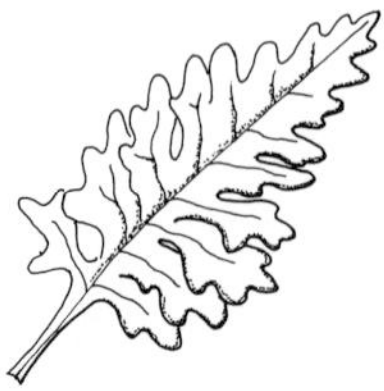

**Merkmale:** Ausdauernde, silbrig weißfilzige, am Grund verholzte Pflanze, 30–60 (100) cm hoch. Blätter wechselständig, oberseits graugrün und spinnwebig, verkahlend, unterseits dicht weißfilzig, im Umriß ± elliptisch, gestielt, bis 6 cm lang und 4 cm breit, obere kleiner, tief fiederspaltig, mit ± tief buchtig gezähnten Fiedern. Köpfchen bis 1,5 cm breit, zu vielen in ± dichten, endständigen Trugdolden. Hüllschuppen einreihig, bis 4 mm lang, weißfilzig, mit wenigen, kleinen oder gar keinen Außenhüllblättern. Köpfchenboden flach, ohne Spreuschuppen. 10–15 hellgelbe Zungenblüten, 6–8 mm lang. Röhrenblüten orangegelb. Früchte (Achänen) gestreift, grau, kahl, mit kurz bewimpertem Haarkranz (Pappus).
**Standort:** Küstennahe, meist felsige Orte.
**Verbreitung:** WM, Sizilien und Korsika.

## Wucherblumenblättriges Greiskraut

*Senecio leucanthemifolius* V-VIII

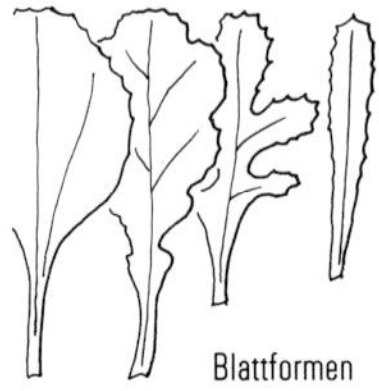


**Merkmale:** Einjährige, kahle bis flockig behaarte, bisweilen sehr fleischige Pflanze, 5–40 cm hoch. Stengel aufsteigend oder aufrecht, meist an der Basis verzweigt. Blätter wechselständig, 2–5 cm lang, untere verkehrt eiförmig bis spatelig, wenig tief gezähnt, obere unterschiedlich geteilt, oft grob fiederschnittig. Köpfchen bis 1,5 cm breit, zu vielen in lockeren, endständigen Trugdolden. Hüllschuppen einreihig, oft schwarz bespitzt, linealisch-lanzettlich, 4,5–7 mm lang, mit 5–20 meist schwärzlichen Außenhüllblättern. Keine Spreuschuppen. Etwa 13 Zungenblüten, gelb, 8 mm lang. Röhrenblüten gelb. Früchte eiförmig, abgeflacht, an den Rippen mit kurzen, angedrückten Haaren. Formenreich.
**Standort:** Küstennahe Felsen, Sandstrände.
**Verbreitung:** WM, ZM, Portugal bis Jugoslawien.

## Ebensträußige Eberwurz VII–X

*Carlina corymbosa ssp. corymbosa*

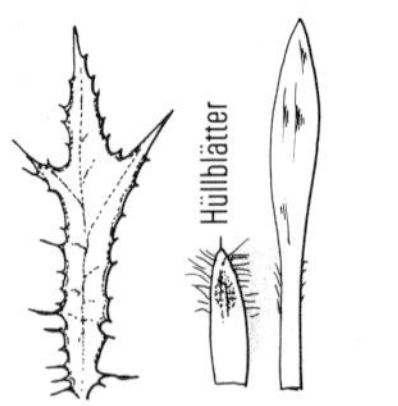


**Merkmale:** Ausdauernd, 10–90 cm hoch. Stengel aufrecht, etwas spinnwebig-weißfilzig. Blätter wechselständig, sitzend, starr, gewellt, eiförmig-lanzettlich, grob stachlig gezähnt bis fiederteilig, bis 9 cm lang und 3 cm breit, kahl oder spinnwebig behaart. Köpfchen 1,5–2 cm, mit Hülle bis 4 cm breit, einzeln, kurzgestielt, endständig. Äußere Hüllblätter wie obere Stengelblätter, so lang oder bis 1 (1,5) cm länger als die inneren. Diese ganzrandig, trockenhäutig, starr, glänzend, goldgelb, unterseits bisweilen purpurn, bis 16 mm lang, linealisch-lanzettlich, trocken strahlenförmig ausgebreitet. Nur Röhrenblüten, 5lappig, gelb, 8 mm lang. Früchte behaart, mit gelblichem, federigem Haarkranz. Formenreich.
**Standort:** Trockene und felsige Wiesen.
**Verbreitung:** WM, ZM.

## Griechische Eberwurz VII–X

*Carlina corymbosa ssp. graeca*

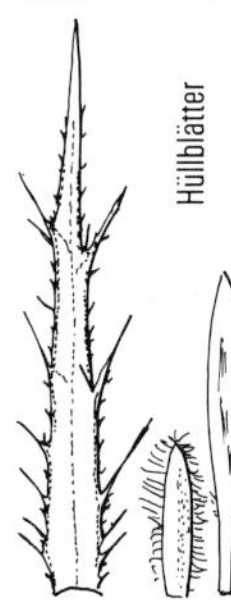


**Merkmale:** Ausdauernde, bis 90 cm hohe, fast kahle, stechend-krautige Pflanze mit unterirdischem Rhizom. Blätter wechselständig, sitzend, starr, gewellt, eiförmig-lanzettlich, grob stachlig gezähnt bis fiederteilig, zwischen den groben Zähnen am Rand fein stachlig bis ± kahl. Köpfchen ohne Hülle 1,5–2 cm breit, einzeln, kurzgestielt, endständig. Äußere Hüllblätter wie obere Stengelblätter, stachlig gezähnt, 1,5–2 cm länger als die inneren. Diese ganzrandig, trockenhäutig, starr, glänzend, goldgelb, linealisch-lanzettlich, im trockenen Zustand strahlenförmig ausgebreitet. Alle Blüten röhrenförmig, 5lappig, gelb. Früchte behaart, mit weißlichem, federigem, etwa 8 mm langem Haarkranz.
**Standort:** Offene, trockene, auch felsige Orte.
**Verbreitung:** OM.

## Akanthusblättrige Eberwurz VII–IX
*Carlina acanthifolia*

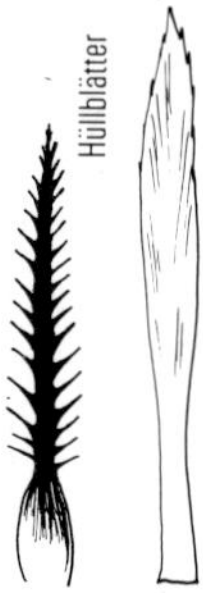


**Merkmale**: Ausdauernde, nach einmaliger Blüte absterbende, 10–30 cm hohe Rosettenpflanze, stengellos oder mit 1–4 cm langem Stengel. Blätter eiförmig bis länglich-elliptisch, gefiedert bis fiederteilig, 10–30 cm lang, 6–15 cm breit, am Rand stachlig gezähnt, lederig, ± flach, unterseits, später auch oberseits weißfilzig. Nur ein einziges, sitzendes Köpfchen, 5–8 (10) cm breit. Hülle mehrreihig. Äußere Hüllblätter laubblattähnlich, 2,5–3 cm lang, innere ganzrandig, trockenhäutig, starr glänzend, gelb, 3,5–7 cm lang, im trockenen Zustand strahlenförmig ausgebreitet. Alle Blüten röhrenförmig, bis 18 mm lang, 5lappig, lila. Früchte länglich, behaart, mit weißem, 18–25 mm langem Haarkranz.
**Standort**: Trockene Wiesen, im Gebirge.
**Verbreitung**: M, Süd- und Ost-Mitteleuropa.

## Acker-Ringelblume XI–V, *selten* I–XII
*Calendula arvensis*

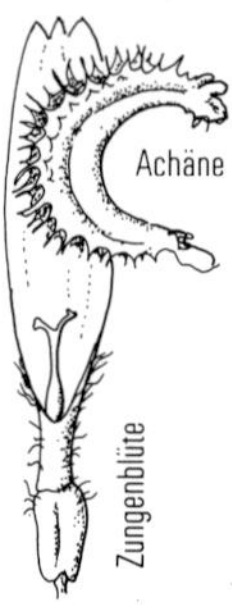


**Merkmale**: Einjähriges, aromatisches Kraut, bis 30 cm hoch. Stengel aufsteigend oder aufrecht, meist verzweigt. Blätter wechselständig, sitzend, länglich-lanzettlich, bis 8 cm lang, bis 1,5 cm breit, ± ganzrandig oder unregelmäßig gezähnelt. Köpfchen 2–3 cm breit, zahlreich, einzeln, endständig, fruchtend übergebogen. Hüllblätter 2reihig, linealisch, schmal trockenhäutig berandet. Blüten gelb. Zungenblüten bis 18 mm lang, weniger als 2mal so lang wie die Hülle. 3 Fruchtformen, äußere bis 2 cm lang, gekrümmt, lang bestachelt, von Tieren verbreitet, mittlere kahnförmig, mit großen seitlichen Flügeln, windverbreitet, innere sichelförmig bis raupenartig geringelt (Name), am Rücken grobwarzig.
**Standort**: Kultur- und Brachland, Wegränder.
**Verbreitung**: M, Südeuropa.

## Gitter-Spindelkraut IV–V
*Atractylis cancellata*

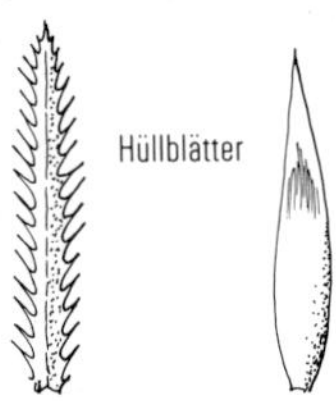


**Merkmale**: Einjährige, 3–30 cm hohe, schlanke Pflanze. Stengel ± aufrecht, verzweigt, weißwollig, verkahlend, unter der Behaarung rötlich. Blätter grünlich, unterseits spinnwebig behaart, weich, ± dornig gezähnt, untere rosettig, länglich bis spatelig, bis 5 cm lang und 8 mm breit, obere wechselständig, länglich-lanzettlich, bis 3 cm lang und 3 mm breit. Köpfchen einzeln, 1–1,5 cm breit. Hülle glockig, 5–20 mm lang, von den oberen Blättern umgeben. Äußere Hüllblätter aufrecht, unpaar kammartig gezähnt, innere ganzrandig, lanzettlich, trockenhäutig, an der Spitze rötlich, stechend. Nur 5lappige, purpurne Röhrenblüten. Früchte 3–4 mm lang, mit weißem, doppelt so langem, federigem Haarkranz.
**Standort**: Trockene Wiesen, Garriguen, Fels.
**Verbreitung**: M, Südportugal.

## Niedriges Spindelkraut VII–IX
*Atractylis humilis*

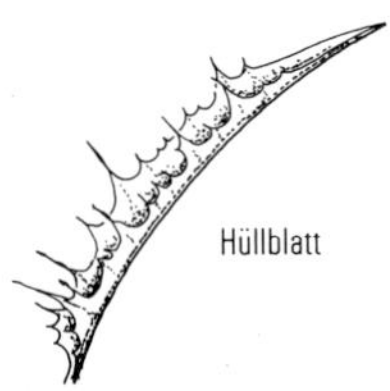


**Merkmale**: Ausdauernde, schlanke, basal verholzte Pflanze, 5–35 cm hoch. Stengel einfach kahl oder filzig-flockig behaart. Blätter lederig, hart, am Rand starr dornig gezähnt, untere rosettig, kurz gestielt, 2,5–5 cm lang, bogig gesägt, obere wechselständig, sitzend, länglich-lanzettlich, fiederspaltig. Köpfchen einzeln, 1,5–2,5 cm breit, endständig. Hülle glockig, 15–22 mm lang. Äußere Hüllblätter am Grund 2fach kammartig fiederschnittig, den oberen, etwa 2mal so langen, die Hülle umgebenden Stengelblättern gleichend, innere ganzrandig, oben abgestutzt und pfriemlich bedornt. Nur purpurne Röhrenblüten, 5lappig. Früchte 5–7 mm lang, mit weißem, an der Basis bräunlichem, federigem Haarkranz.
**Standort**: Auf Kalkgestein. Garriguen, auf Fels.
**Verbreitung**: WM, Spanien bis Südfrankreich.

## Ritro-Kugeldistel *Echinops ritro* VII–IX

**Merkmale:** Ausdauernde, krautige Pflanze, 20–80 cm hoch. Stengel aufrecht, nicht oder wenig verzweigt, dunkel furchig, oben drehrund, weißfilzig bis kahl, oft drüsig behaart. Blätter wechselständig, lederig, oberseits dunkelgrün, kahl, drüsenhaarig oder spinnwebig, unterseits weißfilzig, am Rand umgerollt, im Umriß lanzettlich, 5–20 cm lang, 1- bis 2fach fiederschnittig, Lappen linealisch-lanzettlich, stachlig gezähnt. Köpfchen einblütig, zu kugeligen, 3,5–4,5 cm breiten, blauvioletten Blütenständen gehäuft. Hülle 12–17 mm lang, 20–22 Hüllblätter, 3reihig, lang zugespitzt, grob bewimpert, äußere am kürzesten, außen am Grund mit weißen Borsten, bis halb so lang wie die Hülle, innere Hüllblätter frei. Nur Röhrenblüten, die 5 Zipfel blau. 5 Unterarten.
**Standort:** Trockene, felsige Wiesen, Garriguen.
**Verbreitung:** M, Südeuropa, Südost-Europa.

## Striegelhaarige Kugeldistel IV–VII
*Echinops strigosus*

**Merkmale:** Ausdauernde, krautige Pflanze, 20–100 cm hoch. Stengel aufrecht, einfach oder verzweigt, gefurcht, spinnwebig-filzig behaart. Blätter wechselständig, oberseits graugrün, dicht starr abstehend behaart, unterseits anliegend weißfilzig, im Umriß elliptisch, tief 1- bis 2fach fiederspaltig, Lappen linealisch, am Rand umgerollt, etwa 2 mm breit, stachelspitzig. Köpfchen einblütig, in kugeligen, 2,5–5 cm breiten, bläulichen Blütenständen gehäuft. Hülle 2–2,5 cm lang, außen am Grund mit ebenso langen weißen Borsten, 28–36 Hüllblätter, 4- bis 5reihig, lang zugespitzt, fransig, äußere Hüllblätter am kürzesten, innerste am längsten, blau bespitzt. Nur Röhrenblüten, blau. Staubbeutel blaugrau.
**Standort:** Trockene, felsige Plätze.
**Verbreitung:** WM, Spanien, Portugal.

## Knäuelköpfige Distel IV–VII
*Carduus pycnocephalus*

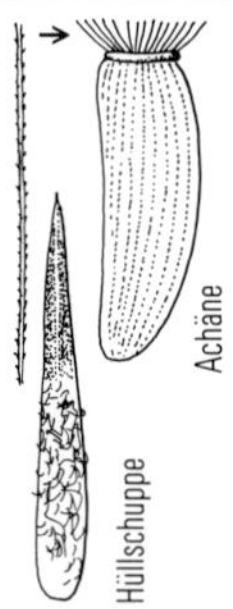


**Merkmale:** Ein- oder zweijährig, bis 80 (120) cm hoch. Stengel aufrecht, oben verzweigt und weißfilzig, dornig geflügelt. Blätter wechselständig, oberseits kaum behaart, unterseits weißwollig, länglich, 5–12 cm lang, 2–6 cm breit, in 2–5 Paar ± handförmiger Lappen geteilt, Spitzen jeweils bis 1 cm lang bestachelt. Köpfchen 1,5–2 cm breit, zylindrisch, einzeln oder zu 2–3 gehäuft, ± sitzend oder bis 10 cm lang gestielt. Hüllblätter mehrreihig, spitz stachelig, kürzer als die Blüten, mittlere bis 16 mm lang. Alle Blüten röhrig, 10–14 mm lang, rosa, seltener purpurn oder weiß. Früchte 4–5 mm lang, kahl, mit mehrreihigem, basal ringförmig verbundenem, 10–14 mm langem Haarkranz. Sehr vielgestaltig.
**Standort:** Brachland, Wegränder.
**Verbreitung:** M, Süd- und Südost-Europa.

## Akarna-Kratzdistel VI–IX
*Picnomon acarna*

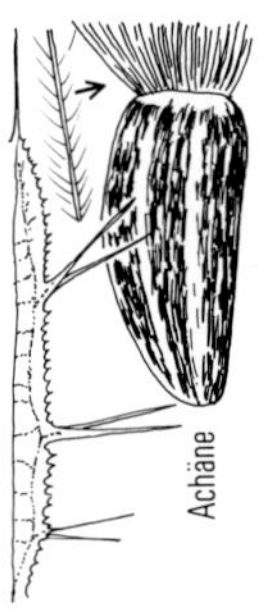


**Merkmale:** Einjährige, weiß spinnwebig-wollige, reichverzweigte Pflanze. Stengel aufrecht, durch am Ansatz herablaufende Blätter stachlig geflügelt. Blätter wechselständig, linealisch-lanzettlich, 8–12 cm lang, mit 3–4 entfernt stehenden großen Zähnen, bis 1,5 cm lang gelb bestachelt, dazwischen kleinere Zähne mit kürzeren Stacheln. Köpfchen fast sitzend, meist zu mehreren in dichten, endständigen Büscheln, von den oberen Blättern überragt. Hülle zylindrisch, 8–15 mm breit. Hüllschuppen an der Spitze mit zurückgebogenem, gefiedertem Stachel. Nur Röhrenblüten, 15–18 mm lang, purpurrosa. Früchte hellbraun, glänzend, eiförmig-länglich, zusammengedrückt, mit 14–19 mm langem Haarkranz. Borsten ungleich lang, federig. **Standort:** Kultur- und trockenes Brachland.
**Verbreitung:** M, Südeuropa.

## Stachelige Kratzdistel VI–VIII

*Cirsium echinatum*

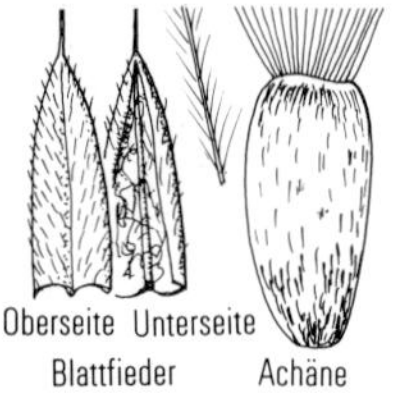


**Merkmale:** Ausdauernde, krautige, gedrungene Pflanze, bis 40 cm hoch. Stengel weiß spinnwebig behaart. Blätter wechselständig, oberseits dicht starr behaart, unterseits spinnwebig-wollig, 10–20 cm lang, fiederteilig. Abschnitte dreieckig, an der Spitze jeweils mit einem bis 1,5 cm langen Stachel. Köpfchen 2–4 cm breit, fast sitzend, zu 2–8 trugdoldig am Stengelende, von den oberen Blättern umhüllt und überragt. Hülle mehrreihig, 3–4 cm lang, 2,5–4 cm breit, Hüllschuppen striemig, an der abstehenden Spitze mit einfachem, 2–4 mm langem Stachel. Nur Röhrenblüten, 3–4 cm lang, purpurn. Früchte glatt, glänzend, 5–6,5 mm lang. Haarkranz so lang wie die Krone, mehrreihig, Borsten federig.

**Standort:** Brachland, steinige Böden.

**Verbreitung:** WM, Spanien bis Sizilien.

## Syrische Kratzdistel IV–VI

*Notobasis syriaca*

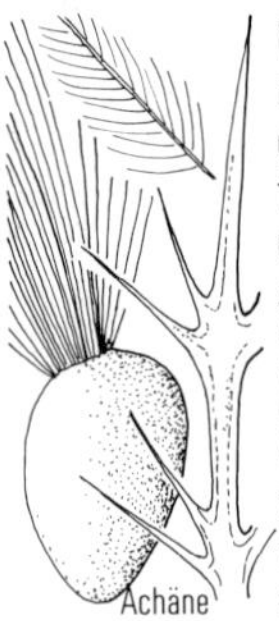


**Merkmale:** Einjährig, bis 1,5 m hoch, Stengel aufrecht, tief gefurcht, oben verzweigt. Blätter wechselständig, lederig, oberseits weiß geadert, unterseits wenig spinnwebig behaart, untere sitzend, lanzettlich, bis 20 cm lang und 8 cm breit, grob dornig gezähnt, obere stengelumfassend, fiederschnittig, oberste fast bis auf die starre Stacheln bildenden Hauptnerven zurückgebildet, die einzeln oder zu mehreren stehenden Köpfchen umgebend. Hülle 1,5–2,5 cm breit, äußere Hüllschuppen eiförmig, innere länger, lanzettlich, starr bespitzt. Blüten purpurrosa, röhrig, 2 cm lang. Früchte 5–6 mm lang, glatt, Haarkranz außen mit 1,5 cm langen, federigen Borsten, innen nur 1–2 mm lang, am Grund verbunden.

**Standort:** Wegränder, Kultur- und Brachland.

**Verbreitung:** M, Portugal.

## Spanische Kratzdistel VII–IX

*Ptilostemon hispanicus*

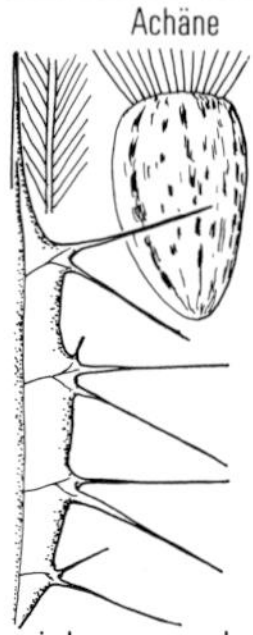


**Merkmale:** Ausdauernde, bis 1 m hohe, an der Basis verholzte, krautige Pflanze. Stengel aufrecht, weißfilzig, ungeflügelt. Blätter wechselständig, lederig, oberseits dunkelgrün, unterseits dicht weißfilzig, eiförmig bis lanzettlich, gelappt oder buchtig gezähnt, mit 1–2 cm langen, kräftigen, gelblichen Stacheln, ± in Gruppen zu 2–4 stehend. Köpfchen 2,5–4 cm breit, gestielt, zu mehreren in endständiger Trugdolde. Hüllblätter mehrreihig, dachig, mit langer, abstehender, starrer, stechender Spitze. Alle Blüten röhrenförmig, tief 5lappig, 22–32 mm lang, purpurn. Früchte (Achänen) glatt, graubraun, 4–5,5 mm lang, Haarkranz 16–25 mm lang, mehrreihig, hinfällig, Borsten federig, weiß.

**Standort:** Felsige, steinige, sandige Stellen.

**Verbreitung:** Südspanien.

## Milchfleckdistel IV–VIII

*Galactites tomentosa*

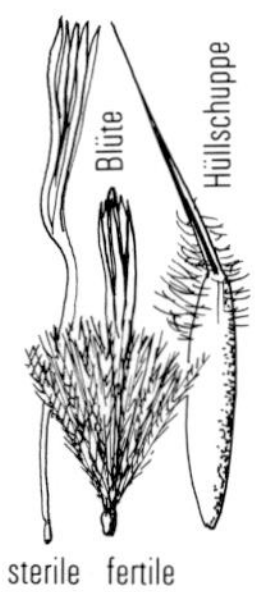


**Merkmale:** Ein- oder zweijährige, stechende Pflanze, 2–100 cm hoch. Stengel aufrecht, oben meist verzweigt, weißfilzig, dornig geflügelt. Blätter weiß geadert oder gefleckt, unterseits weißfilzig, 1,5–6 mm lang bestachelt, untere rosettig, gestielt, verkehrt lanzettlich, gesägt, obere wechselständig, sitzend, 4–18 cm lang, 1–8 cm breit, fiederteilig. Köpfchen 1–1,5 cm breit. Hülle glockig, Hüllblätter dreieckig, in eine bis 1 cm lange, rinnige, grünliche Stachelspitze auslaufend. Blüten rosa, lila oder weißlich, röhrig, äußere größer, strahlend, meist intensiver gefärbt, unfruchtbar, als Schauapparat. Früchte gelblich, kahl, 3–5 mm lang, mit 3- bis 4mal so langem, federigem, weißem Haarkranz.

**Standort:** Wegrand. Brachland, Viehweiden.

**Verbreitung:** M, Südeuropa, Nordwest-Afrika.

## Illyrische Eselsdistel VI–VIII
*Onopordon illyricum*

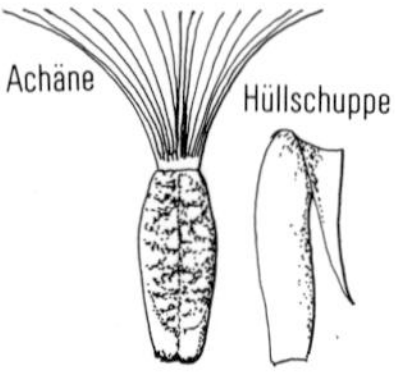


**Merkmale:** 2jährige, 30–200 cm hohe Pflanze mit kurz behaartem, gelblichem, stachelig geflügeltem Stengel. Flügel nicht geadert. Blätter bis 55 cm lang und 15 cm breit, sitzend, grün bis weißlich, unterseits nicht netzig geadert, gefiedert bis fiederschnittig mit 8–10 seitlichen Paaren von dreieckigen, ± ganzrandigen seitlichen Abschnitten. Blüten zu blütenähnlichen Köpfchen zusammengefaßt. Köpfchen bis 6 cm breit. Hüllschuppen dachig, die mittleren und unteren mit dem oberen Teil zurückgeschlagen. Blüten alle röhrenförmig, mit 5 drüsigen Zipfeln, bis 3,5 cm lang, purpurn. Früchte bis 5 mm lang, graubraun, kahl. Haarkranz basal ringförmig verwachsen, fiederig, abfallend. – 3 Unterarten.
**Standort:** Wegränder, steinige Weiden.
**Verbreitung:** M.

## Nervige Eselsdistel VI–VIII
*Onopordon nervosum*

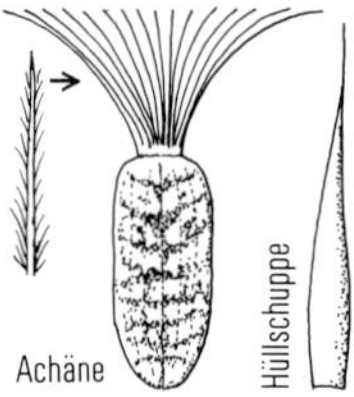


**Merkmale:** Ein- bis zweijährige, 180–270 cm hohe Pflanze mit kurz behaartem, gelblichem, stachelig geflügeltem Stengel. Flügel bis 2 cm breit netzig geadert. Blätter bis 50 cm lang und 20 cm breit, sitzend, grün, mit weißlichen Nerven, oberseits fast kahl, unterseits lokker spinnwebig behaart und deutlich netzig geadert, fiederschnittig. Abschnitte dreieckig, bestachelt. Blüten zu blütenähnlichen Köpfchen zusammengefaßt. Köpfchen bis 5 cm breit. Hüllschuppen dachig, aufrecht, mit starrem Endstachel. Blüten alle röhrenförmig, mit 5 drüsigen Zipfeln, bis 3,5 cm lang, rosa. Früchte (Achänen) bis 5 mm lang, graubraun, kahl. Haarkranz basal ringförmig verwachsen, fiederig, abfallend.
**Standort:** Wegränder, steinige Weiden.
**Verbreitung:** WM, Iberische Halbinsel.

## Kardonie *Cynara cardunculus* VI–VIII

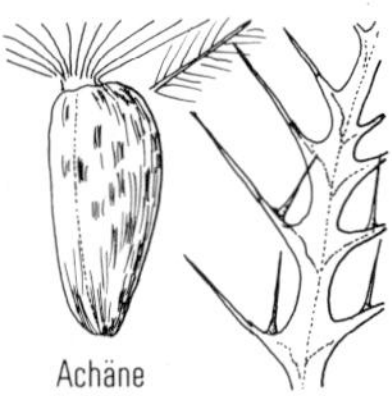


**Merkmale:** Ausdauernde, kräftige, bis 1,5 m hohe Pflanze, im 1. Jahr nur eine sterile Blattrosette bildend. Stengel aufrecht, spinnwebig wollig behaart. Blätter groß, oberseits grün, unterseits ± weißfilzig, untere gestielt, ungeteilt, obere meist sitzend, 2fach fiederteilig, mit gelb bestachelten Abschnitten. Köpfchen sehr groß, 4–5 cm breit, einzeln, endständig. Hülle kugelig, aus sehr breiten, eiförmigen, sitzenden Hüllblättern, gewöhnlich mit stechender Spitze, im unteren Teil innen fleischig. Blüten blau bis violett, alle gleich gestaltet, zwittrig, röhrenförmig, 5zipfelig. Köpfchenboden fleischig, ohne Spreuschuppen. Fleischige Teile der Hüllblätter und des Blütenbodens als Gemüse. Wildform der **Kultur-Artischocke.**
**Standort:** Warme, nährstoffreiche Böden.
**Verbreitung:** M.
Synonym: Spanische od. Kardunkel-Artischocke.

## Mariendistel *Silybum marianum* V–VIII

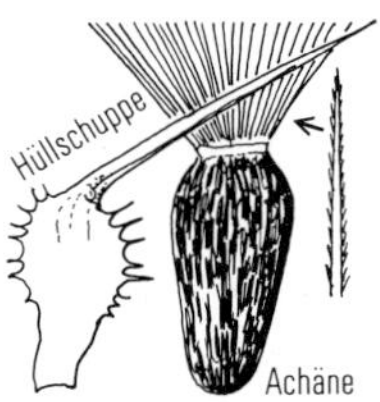


**Merkmale:** 2jährige, 30–150 cm hohe, kräftige, ± kahle Pflanze. Stengel aufrecht, einfach oder wenig verzweigt. Untere Blätter groß, rosettig, gestielt, bis 40 cm lang, buchtig gelappt, kräftig gelblich bestachelt, lederig, glänzend grün, weißfleckig, obere kleiner, stengelumfassend, dornig gezähnt. Köpfchen einzeln, langgestielt, 4–8 cm breit. Hülle eiförmig. Äußere und mittlere Hüllblätter 2–5 cm lang, basal lanzettlich, mit stachelspitzigem Rand, oben in eine lange, steife, ± abwärts gerichtete Spitze auslaufend. Blüten rotviolett, alle röhrig, zwittrig, tief 5spaltig. Frucht (Achäne) 6–7 mm lang, glänzend schwarz, grau gepunktet, mit weißem, bis 2 cm langem Haarkranz (Pappus). Wichtige Heilpflanze (Lebervergiftungen).
**Standort:** Trockene, steinige Böden. Wegrand.
**Verbreitung:** M, in Mitteleuropa eingebürgert.
Synonym: Krone Christi, Heilandsdistel.

## Gelbliche Scharte V–VI
*Serratula flavescens*

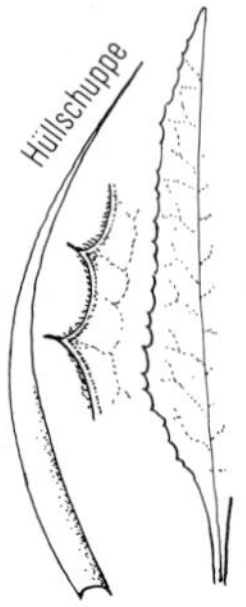


**Merkmale**: Ausdauernde, bis 70 cm hohe, verkahlende Pflanze. Stengel aufrecht, einfach oder verzweigt, wenig beblättert. Blätter wechselständig, ± schmal elliptisch, am Rand gesägt bis gezähnt, kaum stachlig, selten fast ganzrandig, kahl, mit deutlichem Mittelnerv, untere ± rosettig gehäuft, gestielt, bis 18 cm lang und 4 cm breit, obere kleiner, sitzend, halbstengelumfassend. Köpfchen 2,5–4 cm breit, einzeln oder zu 2–5, endständig. Hülle mehrreihig, 2,5 cm lang. Hüllblätter mit oft zurückgebogenen, kurzen, dünnen, stechenden Spitzen, äußere 1,5–2 mm breit, innere am längsten, papierartig. Alle Blüten röhrig, 27 mm lang, gelb. Kronröhre fädig. Früchte mit mehrreihigem, weißem Haarkranz.
**Standort**: Trockene Hügel, Pinienwald, Kalk.
**Verbreitung**: Spanien, Südportugal.

## Zapfenkopf *Leuzea conifera* V–VIII

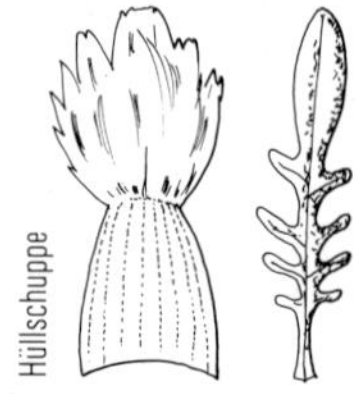


**Merkmale**: Ausdauernd, 5–15 (30) cm hoch. Stengel aufrecht, weißfilzig, unverzweigt, bis unterhalb des Köpfchens beblättert. Blätter wechselständig, unterseits weißfilzig, untere gestielt, eiförmig-lanzettlich, ungeteilt oder leierförmig fiederspaltig, 5–10 cm lang, obere sitzend, fiederteilig, Abschnitte linealisch, 1–3 cm lang, 2–4 mm breit. Nur ein großes Köpfchen, etwa 4 cm breit. Hülle auffällig, vielreihig, zapfenähnlich. Hüllblätter mit braunen, häutigen, am Rand unregelmäßig zerschlitzten Anhängseln, 7 mm lang, bis 6 mm breit. Blüten purpurn oder weißlich, 5lappig, etwa 36 mm lang, mit sehr langer, fädiger Röhre. Früchte schwarz, dicht warzig, kahl, 4 mm lang. Haarkranz 6mal so lang, weiß, mehrreihig, am Grund ringförmig verbunden.
**Standort**: Garriguen, Pinienwald, Trockenwiesen.
**Verbreitung**: WM, Portugal bis Italien.

## Split-Flockenblume VII–VIII
*Centaurea salonitana*

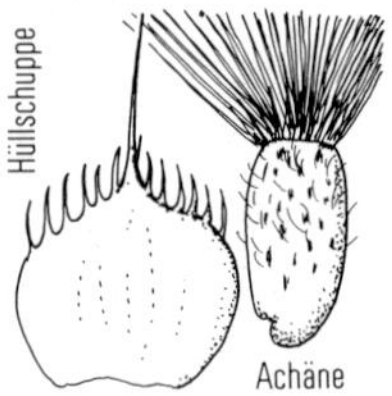


**Merkmale**: Ausdauernde, aufrechte, 20–60 cm hohe Pflanze. Blätter meist alle fiederschnittig zerteilt, mit ± ganzrandigen, lanzettlichen Abschnitten und geflügeltem Blattstiel. Oberste Stengelblätter ganzrandig. Blüten zu blütenähnlichen Köpfchen zusammengefaßt. Köpfchen in einer Schirmtraube, gestielt. Hülle bis 2 cm breit, ± eiförmig. Hüllschuppen dachig, grünlich-gelb, mit schmalem, braunem, borstig bewimpertem Anhängsel und einer nicht zu starren, bis 1 cm langen Spitze. Blüten alle röhrenförmig, 5zipflig, gelb, die äußeren steril und vergrößert, die inneren klein und fruchtbar. Frucht (Achäne) bis 4 mm lang, schwärzlich, Haarkranz borstig, länger als die Achäne.
**Standort**: Trockenrasen, Felder.
**Verbreitung**: ZM. Nur adriatische Küste.

## Malta-Flockenblume IV–VIII
*Centaurea melitensis*

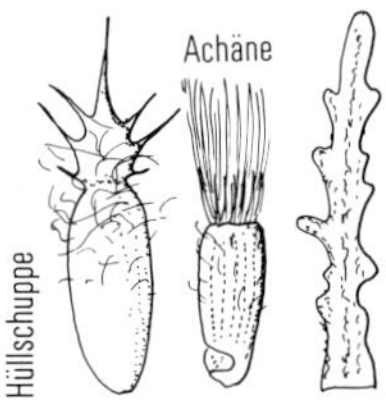


**Merkmale**: Ein- bis zweijährige, aufrechte, 30–60 cm hohe, oben verzweigte, rauhhaarige Pflanze mit geflügelten Stengeln. Untere Blätter bis 8 cm lang, fiederschnittig, mit 4–5 Abschnitten je Seite. Stengelblätter weniger geteilt, stengelumfassend, mit herablaufender Basis. Blüten zu blütenähnlichen Köpfchen zusammengefaßt. Köpfchen sehr zahlreich, gruppenweise an den Zweigenden. Hülle birnenförmig, bis 9 mm breit. Hüllschuppen dachig, an der Spitze mit einem kräftigen, bis 12 mm langen Stachel, an der Seite mit 2–6 kürzeren Stacheln. Blüten alle röhrenförmig, 5zipflig, gelb, die äußeren steril und vergrößert, die inneren klein und fruchtbar. Frucht (Achäne) bis 2,5 mm lang.
**Standort**: Ödland, Wegränder.
**Verbreitung**: M. Weltweit verschleppt.

## Fußangel-Flockenblume VI–X

*Centaurea calcitrapa*

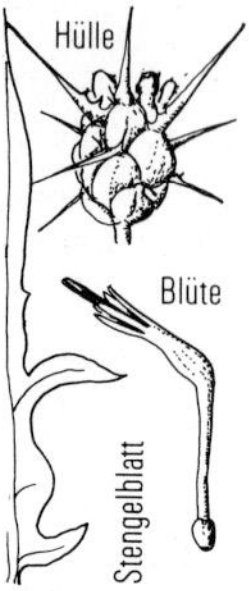


**Merkmale:** 2jährige, kriechend-aufsteigende, 20–100 cm hohe, meist stark verzweigte, spinnwebig behaarte, oben kahle Pflanze. Untere Blätter fiederschnittig geteilt, bis 8 cm lang, mit bis 2,5 cm langen, gezähnelten, fast stechenden Abschnitten. Blüten zu blütenähnlichen Köpfchen zusammengefaßt. Köpfchen sehr zahlreich, sitzend, blattachsel- oder endständig. Hülle bis 1 cm breit, birnenförmig. Hüllschuppen dachig, mit einem sehr kräftigen, endständigen, abgeknickten, bis 2,5 cm langen Stachel und wenigen seitlichen, kleinen Zähnen. Blüten alle röhrenförmig, 5zipflig, fahl purpurn, die äußeren steril und vergrößert. Frucht (Achäne) bis 3 mm lang, mit Haarkranz.
**Standort:** Ödland, Wegränder.
**Verbreitung:** M. Weltweites Unkraut.

## Kugelkopf-Flockenblume (IV) V–VII (XI)

*Centaurea sphaerocephala*

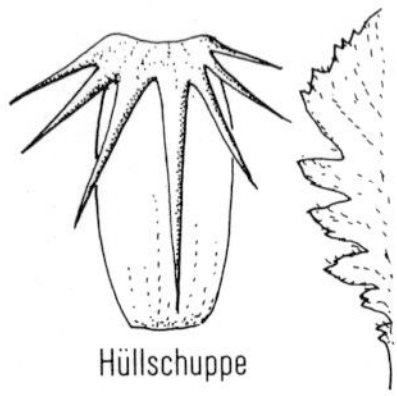


**Merkmale:** Ausdauernde, aufsteigende bis aufrechte, 10–70 cm hohe, wenig verzweigte, gerippte Pflanze. Blätter spinnwebig-wollig und drüsig, stachelspitzig, untere leierförmig, bis 8 cm lang, mit spitzen, grob gezähnten Abschnitten. Obere Blätter gezähnt bis ganzrandig, ± halb stengelumfassend. Blüten zu blütenähnlichen Köpfchen zusammengefaßt. Köpfchen einzeln an den Stengelenden. Hülle bis 3,5 cm breit. Hüllschuppen dachig, mit 5–13 rötlich braunen, zurückgeschlagenen Stacheln. Blüten alle röhrenförmig, 5zipflig, bis 1,5 cm lang, purpurn, die äußeren steril und vergrößert, die inneren kleiner und fruchtbar. Frucht bis 4,5 mm lang, Haarkranz borstig, bei den äußersten Achänen fehlend.
**Standort:** Dünen, sandige Stellen, küstennah.
**Verbreitung:** WM, östlich bis Italien.

## Sonnenwend-Flockenblume VII–X

*Centaurea solstitialis*

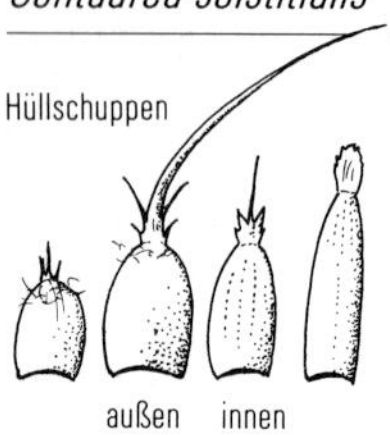


**Merkmale:** 2jährige, kriechend-aufsteigende, 20–100 cm hohe, meist stark verzweigte, spinnwebig behaarte Pflanze mit geflügelten Stengeln. Blätter borstig und wollhaarig, graugrün, untere leierförmig bis fiederschnittig mit dreieckigen Abschnitten, bis 4 cm lang, die oberen lanzettlich, ± ganzrandig, stachelspitzig. Blüten zu blütenähnlichen Köpfchen zusammengefaßt. Köpfchen einzeln an den Zweigenden. Hülle bis 1,5 cm breit, birnenförmig. Hüllschuppen mit einem sehr kräftigen, endständigen, abgeknickten, bis 1,5 cm langen Stachel und wenigen seitlichen, kleinen Zähnen. Blüten alle röhrenförmig, 5zipflig, gelb, die äußeren vergrößert. Frucht 2,5 mm, mit langem Haarkranz.
**Standort:** Ödland, Wegränder.
**Verbreitung:** M. Weit verschleppt.

## Weiße Flockenblume VI–VIII

*Centaurea alba*

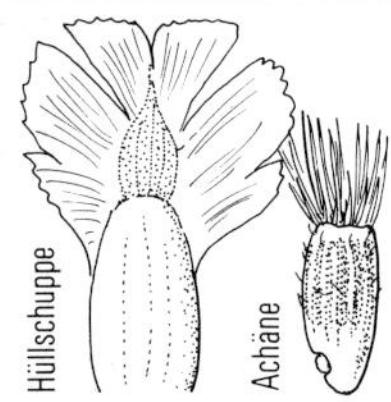


**Merkmale:** 2- bis mehrjährige, aufrechte, 10–80 cm hohe, meist im unteren Bereich verzweigte Pflanze. Blätter spinnwebig-wollig behaart bis fast kahl, untere leierförmig gelappt, 1- bis 2fach fiederschnittig, selten ungeteilt. Abschnitte linealisch bis eiförmig oder lanzettlich. Obere und oberste Blätter fiederschnittig, 3teilig oder ganzrandig. Blüten zu blütenähnlichen Köpfchen zusammengefaßt. Mehr als 10 locker verteilte Köpfchen je Pflanze. Hülle bis 2,5 cm lang, ± eiförmig. Hüllschuppen dachig, mit trockenhäutigen, rundlichen, ± geschlitzten Anhängseln. Blüten alle röhrenförmig, 5zipflig, rosa bis purpurn, selten weiß, die äußeren steril und vergrößert, die inneren klein und fruchtbar. Frucht (Achäne) bis 4 mm lang.
**Standort:** Trockenrasen, Wegränder.
**Verbreitung:** M. Sehr formenreiche Art.

## Bräunliche Flockenblume II–VI

*Centaurea pullata*

**Merkmale**: Ein- oder zweijährige, 5–45 cm hohe, bis oben beblätterte, bisweilen auch stengellose Pflanze. Blätter gelappt bis fiederschnittig, haarig und rauh, die unteren rosettig, leierförmig gelappt, gestielt, die mittleren tiefer geteilt. Blüten zu blütenähnlichen Köpfchen zusammengefaßt. Köpfchen einzeln an den Zweigenden, bis 5 cm breit. Hüllschuppen dachig, hellgrün, bewimpert, die mittleren mit einem abstehenden, seitlich mit kürzeren Stacheln besetzten Endstachel. Blüten alle röhrenförmig, 5zipflig, bläulich purpurn, selten weiß, die äußeren steril und stark vergrößert, die inneren kleiner und fruchtbar. Frucht bis 4 mm lang, graubraun, Haarkranz weiß, borstig, bis 3 mm lang.
**Standort**: Offene Wälder, Weiden, bis 2000 m Meereshöhe.
**Verbreitung**: WM, Nordost-Afrika bis Spanien.

## Wollige Färberdistel VI–VIII

*Carthamus lanatus*

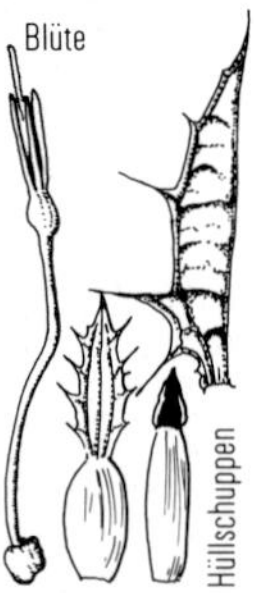


**Merkmale**: Distelartige, einjährige, 30–70 cm hohe, reich verzweigte, meist deutlich spinnwebig behaarte, drüsige Pflanze mit gelblichem Sproß. Grundblätter leierförmig geteilt, gestielt, mit 3–8 Paaren stachelig gezähnter Abschnitte. Stengelblätter sitzend, meist fiederschnittig stachelig. Blüten zu blütenartigen Köpfchen zusammengefaßt. Köpfchen eiförmig, von stacheligen Hochblättern überragt, einzeln an den Zweigenden. Äußere Hüllblätter stachelig gezähnt, innere zunehmend einfach. Blüten alle röhrenförmig, goldgelb, schlank, mit 5 schmalen Zipfeln, bis 2 cm lang. Frucht (Achäne) bis 6 mm lang, gelblich grau, oben verbreitert und mit dichtem, strohfarbenem Haarkranz.
**Standort**: Trockene Weiden, Felder, Wegränder.
**Verbreitung**: M, im Westen weiter nach Norden.

## Gewöhnlicher Schlüpfsame V–VI

*Crupina vulgaris*

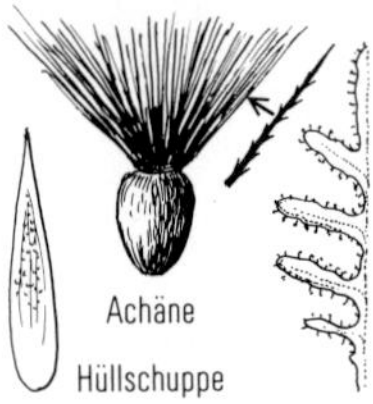


**Merkmale**: Einjährige, schlanke Pflanze, 10–70 cm hoch. Stengel aufrecht, bis zur trugdoldigen Verzweigung beblättert. Blätter wechselständig, rauh, am Rand rauhhaarig, untere ± gestielt, verkehrt eiförmig, ± gezähnt, bald abfallend, obere sitzend, lanzettlich, fiederschnittig, Lappen linealisch, bis 1,5 mm breit. Köpfchen schmal, 3- bis 5blütig. Hülle zylindrisch bis eiförmig, 3–5 mm breit, mindestens doppelt so lang wie breit. Hüllschuppen hellgrün, am Rücken oft purpurrot überlaufen, ungleich lang, lanzettlich. Nur Röhrenblüten, 5spaltig, purpurn, äußere steril. Früchte 3–4 mm lang, dunkelbraun, äußere ohne Haarkranz, bei den inneren 2reihig mit 5–6 mm langen Borsten und dreieckigen Schuppen. **Standort**: Steinige, trockene Wiesen, Garriguen.
**Verbreitung**: M, Südeuropa, Südost-Europa.

## Baum-Färberdistel IV–VII

*Carthamus arborescens*

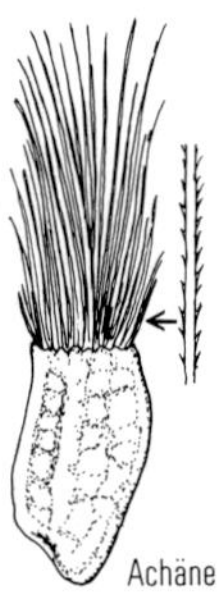


**Merkmale**: Distelartige, ausdauernde, bis 2,5 m hohe, reich verzweigte, dicht drüsige und basal verholzte Pflanze mit Bocksgeruch. Untere Stengelblätter leierförmig geteilt, über 15 cm lang und 4 cm breit, mit stachelig gezähntem Rand. Obere Stengelblätter fiederteilig, sitzend, stachelig. Blüten zu blütenartigen Köpfchen zusammengefaßt. Köpfchen eiförmig, von stacheligen Hochblättern überragt, einzeln an den Zweigenden, bis 4 cm breit. Äußere Hüllblätter stachelig gezähnt, innere zunehmend einfach. Blüten alle röhrenförmig, goldgelb, schlank, mit 5 schmalen Zipfeln, bis 4 cm lang. Frucht (Achäne) bis 6 mm lang, weißgrau, fein runzelig, mit dichtem, weißlichem bis rötlichem Haarkranz.
**Standort**: Küstennahe Steppen.
**Verbreitung**: WM, Südspanien, Nordwest-Afrika.

## **Benediktenkraut** *Cnicus benedictus* IV–VII

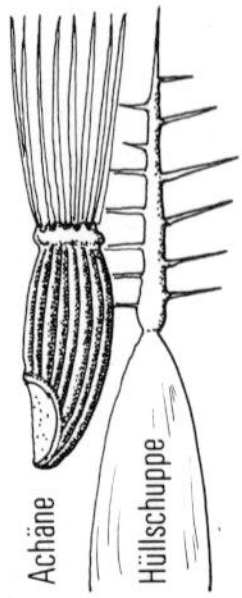


**Merkmale:** Einjährig, 10–60 cm hoch. Stengel aufrecht, verzweigt, spinnwebig zottig und ± drüsig behaart. Blätter wechselständig, fast lederig, spinnwebig zottig, unterseits hellgrün, weiß geadert, am Rande stachelzähnig, im Umriß länglich, untere bis 30 cm lang und 8 cm breit, schrotsägeförmig bis fiederteilig, obere kleiner, halbstengelumfassend, buchtig gelappt, oberste eilanzettlich, stachelspitzig, die einzeln stehenden, 2–3 cm breiten Köpfchen umgebend. Hüllblätter braun, eiförmig-lanzettlich, äußere mit pfriemlichem, die inneren längeren mit kammförmigem Stachel. Blüten röhrenförmig, gelb, äußere sehr klein, steril, innere 2 cm lang, zwittrig. Früchte 6–8 mm lang, braun. Haarkranz 2reihig, innere kürzer. Heilpflanze gegen Verdauungsstörungen.
**Standort:** Kultur- und Brachland.
**Verbreitung:** M, anderweitig oft kultiviert.

## **Blaue Färberdistel** V–VII
*Carduncellus caeruleus*

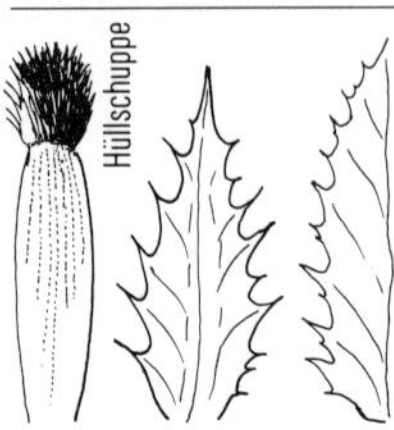


**Merkmale:** Ausdauernd, krautig, 20–60 cm hoch, wollig-spinnwebig behaart bis kahl. Stengel aufrecht, meist einfach, mit mindestens 10 Blättern. Blätter wechselständig, vielgestaltig, lederig, glänzend, am Rand kurz stachlig, untere gestielt, leierförmig fiederschnittig oder lanzettlich, obere halbstengelumfassend, eilanzettlich, grob gezähnt. Meist nur ein Köpfchen, 3 cm breit, endständig. Hülle mehrreihig, kurz drüsig, ± spinnwebig. Äußere Hüllblätter laubblattähnlich, stachlig gezähnt, innere gleichlang oder kürzer, mit häutigem, gefranstem Anhängsel. Alle Blüten röhrig, 5lappig, blau. Früchte 6 mm lang, ± verkehrt pyramidenförmig, kahl, mit mehrreihigem, 1,5- bis 2mal so langem, weißem Haarkranz. **Standort:** Trockene Orte, kalkliebend. **Verbreitung:** M, Südeuropa, außer Jugoslawien.

## **Französische Färberdistel** V–VII
*Carduncellus monspelliensium*

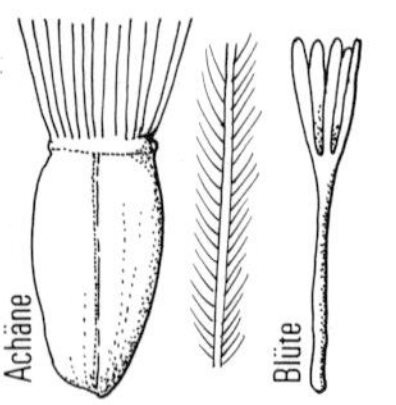


**Merkmale:** Ausdauernd, krautig, ± spärlich spinnwebig behaart. Stengel fehlend oder 2–20 cm hoch, einfach, mit 2–6 Blättern. Blätter wechselständig, lederig, fast kahl, 8–13 cm lang, gefiedert oder fiederteilig, mit 6–9 Paar linealischer bis länglich-lanzettlicher, 2–3 mm lang stachlig gezähnter oder gelappter Abschnitte. Nur ein Köpfchen, bis 2 cm breit, endständig. Hülle mehrreihig. Äußere Hüllblätter laubblattähnlich, stachlig gezähnt, zugespitzt, abstehend, innere gleich lang oder kürzer, länglich, oben mit gelblich häutigem, gefranstem Anhängsel. Alle Blüten röhrig, 2,5 cm lang, blau. Früchte 5 mm lang, ± verkehrt pyramidenförmig, zur Spitze hin runzlig, mit 4mal so langem, weißem, federigem Haarkranz.
**Standort:** Trockene Weiden, Garriguen, Kalk.
**Verbreitung:** WM, östlich bis Italien.

## **Spanische Golddistel** VI–VIII
*Scolymus hispanicus*

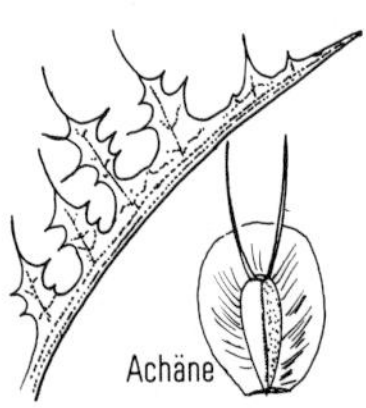


**Merkmale:** 2- oder mehrjährige, 20–120 cm hohe, milchsaftführende, krautige Pflanze, verschieden stark behaart. Stengel verzweigt, unterbrochen dornig geflügelt. Untere Blätter gestielt, tief fiederteilig, bis 12 cm lang, grün, ± weich, wenigstachlig. Stengelblätter wechselständig, halbstengelumfassend, lanzettlich, härter, tief gezähnt, dornig, am Rand kaum verdickt. Köpfchen am Sproßende gedrängt, von 3 dornigen Hochblättern umgeben. Hülle etwa 2 cm lang. Hüllschuppen pfriemlich, ± kahl. Blüten goldgelb, alle zungenförmig, zwittrig, 5zähnig. Köpfchenboden mit leicht abfallenden Spreuschuppen. Fruchtknoten unterständig, wird zur bis 5 mm langen Achäne, von 2–4 starren (Pappus-)Borsten gekrönt.
**Standort:** Sandiges, trockenes Brachland.
**Verbreitung:** M, Südeuropa.

## Rauher Schweinssalat II–IV
*Hyoseris scabra*

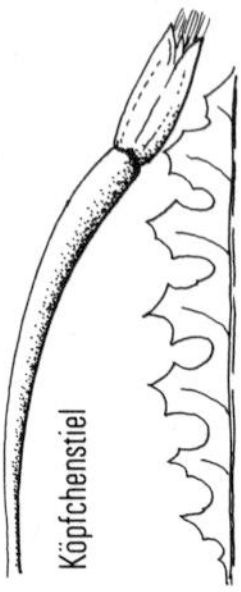


**Merkmale**: 2jährige, rosettig wachsende, 3–33 cm hohe Pflanze mit weißem Milchsaft. Blätter alle grundständig, lanzettlich, fiederschnittig, 5–8 cm lang und bis 1 cm breit, ± mehlig, Abschnitte bewimpert bis kahl. Blüten zu blütenähnlichen Köpfchen zusammengefaßt. Köpfchen einzeln an meist keulig verdickten, schrägen bis aufrechten, die Länge der Blätter erreichenden Schäfte, 1 cm breit, 8- bis 15blütig, nur mit gelben Zungenblüten. Köpfchenhülle aus 8–10 grünen, lanzettlichen Schuppen, die äußeren kürzer. 2gestaltige Früchte (Achänen), die äußeren zylindrisch zusammengedrückt in den Hüllschuppen liegend mit kurzem Haarkranz (Pappus), die inneren zylindrisch rippig mit verlängertem Haarkranz.
**Standort**: Ödland, trockene Wiesen.
**Verbreitung**: M.

## Strahliger Schweinssalat I–XII
*Hyoseris radiata*

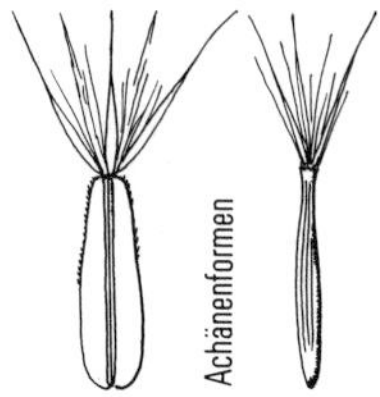


**Merkmale**: Ausdauernde, rosettig wachsende, 10–40 cm hohe, ± rauhhaarige Pflanze mit weißem Milchsaft. Blätter alle grundständig, lanzettlich, fiederschnittig, 10–14 cm lang und bis 2,5 cm breit, 7–8 Abschnitte je Seite. Blüten zu blütenähnlichen Köpfchen zusammengefaßt. Köpfchen einzeln an unverdickten, aufrechten, die Blätter überragenden Schäften, 1,5 cm breit, 20- bis 60blütig, nur mit gelben Zungenblüten, Zunge bis 1,5 cm lang. Köpfchenhülle zylindrisch-glockig, aus 5–8 grünen, lanzettlichen Schuppen, außen wenige kürzere Schuppen. Alle Früchte (Achänen) oben mit langen Borsten und kurzen Schuppen (Pappus), die äußeren flach und bisweilen steril, die mittleren flach und geflügelt, die inneren rund.
**Standort**: Ödland, Wegränder, Mauern.
**Verbreitung**: M.

## Roter Bocksbart V–VI
*Tragopogon porrifolius*

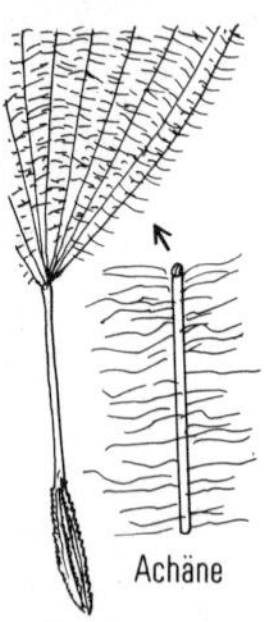


**Merkmale**: 2jährige, 20–60 cm hohe, blaugrüne und kahle Pflanze mit einfachem oder wenig verzweigtem Stengel. Blätter wechselständig, grasartig, parallelnervig, bis 5 mm breit und 10–15 cm lang, die stengelständigen mit verbreiterter, stengelumfassender Scheide. Blüten zu blütenähnlichen Köpfchen vereinigt. Köpfchen einzeln an stark verdickten Stielen (bis 10 mm dick), 6–7 cm breit, Hülle aus 8–9 linealischen, in einer Reihe stehenden, zur Fruchtzeit bis 4 cm langen Hüllschuppen. Nur Zungenblüten ausgebildet, diese braun-violett, bis 2,5 cm lang. Früchte (Achänen) in einen Schnabel verschmälert, alle mit federigem Haarkranz (Pappus), mit Schnabel und Pappus 6–8 cm.
**Standort**: Trockenrasen, Ödland, Wegränder.
**Verbreitung**: M.

## Safranblättriger Bocksbart V–VI
*Tragopogon crocifolius*

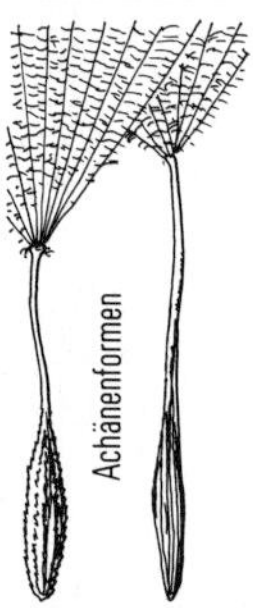


**Merkmale**: Ein- bis zweijährige, 20–60 cm hohe, blaugrüne und kahle Pflanze mit einfachem oder wenig verzweigtem Stengel. Blätter wechselständig, grasartig, parallelnervig, 2–4 mm breit und 10–15 cm lang, die stengelständigen mit kaum verbreiterter Basis. Blüten zu blütenähnlichen Köpfchen vereinigt. Köpfchen einzeln an kaum verdickten Stielen, 3–5 cm breit, Hülle aus 5–12 linealischen, in einer Reihe stehenden, zur Fruchtzeit 3–4 cm langen Hüllschuppen. Nur Zungenblüten ausgebildet, die äußeren rot-violett, die inneren gelblich, kürzer als die Hüllschuppen. Früchte (Achänen) warzig, in einen Schnabel verschmälert, alle mit federigem Haarkranz (Pappus), bis 3 cm lang.
**Standort**: Trockenrasen, Ödland, Wegränder.
**Verbreitung**: M.

## Bastard-Bocksbart IV–VI
*Tragopogon hybridus*

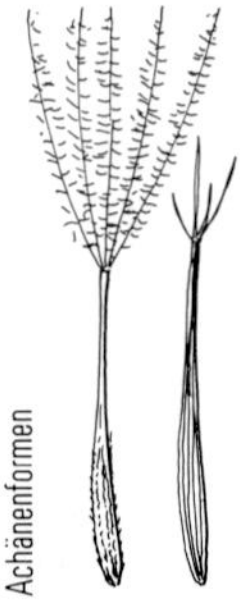


**Merkmale**: Einjährige, 20–40 cm hohe, blaugrüne und fast immer kahle Pflanze mit einfachem oder wenig verzweigtem Stengel. Blätter wechselständig, grasartig, bis 3 mm breit und 6–8 cm lang, die stengelständigen mit verbreiterter, den Stengel halbumfassender Basis. Blüten zu blütenähnlichen Köpfchen vereinigt. Köpfchen einzeln an verdickten Stielen, 3–5 cm groß. Hülle aus 8–9 linealischen, in einer Reihe stehenden, zur Fruchtzeit bis 2,5 cm langen und abstehenden Hüllschuppen. Nur Zungenblüten ausgebildet, diese rosa bis violett, kürzer als die Hüllschuppen. Früchte (Achänen) bis 2,5 cm lang, in einen Schnabel verschmälert, die äußeren mit wenigen schuppigen Borsten, die inneren mit einem fiederigen Haarkranz.
**Standort**: Trockenrasen, Ödland.
**Verbreitung**: M. Synonym: *Geropogon glaber.*

## Stachelige Zichorie V–VI
*Cichorium spinosum*

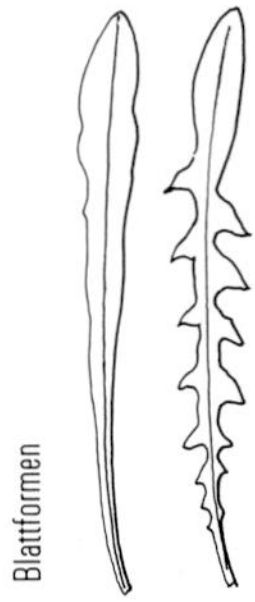


**Merkmale**: 5–15 cm hoher, selten größerer, halbkugeliger, gabelig verzweigter Zwergstrauch, mit stechenden, nicht blühenden äußersten Verzweigungen. Blätter fleischig, kahl, 3–6 cm lang, umgekehrt lanzettlich bis spatelig, gezähnt bis fiederschnittig, mit 3–5 spitzen Zähnen je Seite und großem Endlappen. Blüten zu blütenähnlichen Köpfchen zusammengefaßt. Köpfchen 5- bis 6blütig, einzeln oder bis zu 4 in den Zweiggabelungen sitzend. Hülle zylindrisch, bis 8 mm lang, aus einer Reihe kurzer äußerer und einer Reihe langer innerer Schuppen. Nur Zungenblüten ausgebildet, diese blau, selten rosa oder weiß, doppelt so lang wie die Hülle. Früchte (Achänen) bis 2 mm lang, mit kurzen Schuppen (Pappus) am Ende.
**Standort**: Kalkfelsen.
**Verbreitung**: M. Spanien bis Griechenland.

## Blaue Rasselblume VII–IX
*Catananche caerulea*

**Merkmale**: Ausdauernde, 20–70 cm hohe, ± angepreßt behaarte Pflanze mit aufrechtem, einfachem bis verzweigtem Stengel. Blätter linealisch, ganzrandig oder bisweilen mit bis zu 4 nach vorne gerichteten Zähnen, untere 20–30 cm lang, 3nervig, obere Stengelblätter rasch verkleinert. Blüten zu blütenähnlichen Köpfchen zusammengefaßt. Köpfchen meist einzeln, an bis zu 30 cm langen Stielen. Hülle zylindrisch, meist dachig, Schuppen mit trockenhäutigem, eiförmigem Anhängsel (Name!). Nur Zungenblüten ausgebildet, diese blau, selten weiß oder rosa, Zunge bis 2 cm lang. Früchte (Achänen) mit 5–7 spitzeiförmigen Schuppen. Köpfchenboden schuppig.
**Standort**: Trockenwiesen, kalkliebend.
**Verbreitung**: WM, *C. lutea* mit gelben Blüten auch im Osten.

## Bärtiges Christusauge IV–VI
*Tolpis barbata*

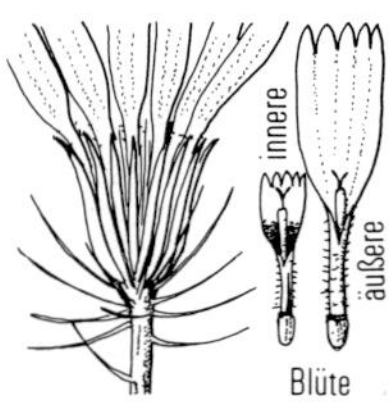


**Merkmale**: Einjährige, sehr wechselnd große (6–90 cm), behaarte, aufrechte Pflanze mit einfachem oder verzweigtem Stengel, Seitenzweige dann den Haupttrieb überragend. Blätter meist grundständig, linealisch-lanzettlich, ganzrandig bis locker gezähnt oder tiefer geteilt, nach oben hin kleiner. Blüten zu blütenähnlichen Köpfchen zusammengefaßt. Köpfchen 1–1,5 cm breit, einzeln oder zu mehreren an verdickten Stielen. Hülle 6–15 mm hoch, aus schmalen Schuppen, die äußeren bogig abstehend, die inneren aufrecht. Nur Zungenblüten ausgebildet, diese gelb (trocken grün), die inneren häufig rotbraun. Die äußeren Früchte (Achänen) mit kurzem Haarkranz (Pappus), die inneren mit kurzen und längeren Haaren.
**Standort**: Trockenrasen, sandige Flächen.
**Verbreitung**: M.

## Sternlattich *Rhagadiolus stellatus* III–VI

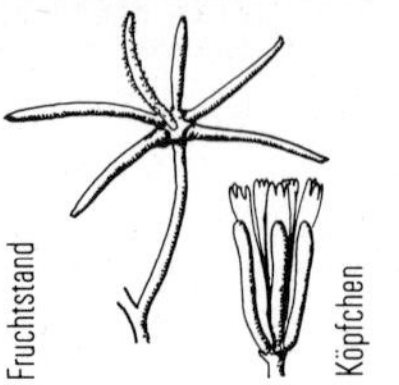


**Merkmale:** 2jährige, rosettig wachsende, 20–40 cm hohe, lokker behaarte, verzweigte Pflanze mit weißem Milchsaft. Blätter grund- und wechselständig, die unteren spatelig, bis 9 cm lang, basal gezähnt oder eingeschnitten, undeutlich gestielt, die mittleren elliptisch, ± ganzrandig, bis 6 cm lang, die oberen linealisch. Blüten zu blütenähnlichen Köpfchen zusammengefaßt. Köpfchen zahlreich, an den Enden der Äste des lockerrispig verzweigten Sprosses, nur mit gelben, 5 mm langen Zungenblüten. Köpfchenhülle zylindrisch, außen mit kurzen, innen mit 8 mm langen Schuppen, die sich zur Fruchtzeit vergrößern. Früchte (Achänen) zweigestaltig, die inneren kurz und abfallend, die 8–15 äußeren bis 8 mm lang und von den Hüllschuppen umfaßt, zur Fruchtzeit sternartig spreizend. **Standort:** Ödland, trockene Weiden. **Verbreitung:** M.

## Weichhaariges Schwefelkörbchen *Urospermum dalechampii* III–VIII

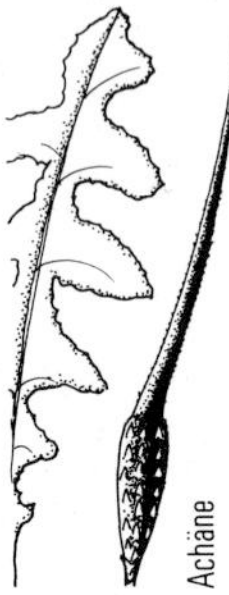


**Merkmale:** Ausdauernde, 25–40 cm hohe, behaarte Pflanze mit einzelnen, wenig verzweigten Stengeln. Blätter meist grundständig, 5–19 cm lang, meist fiederschnittig mit großem Endzipfel. Wenige Stengelblätter, kleiner, ± ungeteilt, stengelumfassend. Blüten zu blütenähnlichen Köpfchen zusammengefaßt. Köpfchen groß, bis 5 cm breit, 1–3 an sehr langen Stielen. Hülle zylindrisch aus 7–8 linealischen, basal verwachsenen Schuppen, in einer Reihe. Nur Zungenblüten ausgebildet, schwefelgelb, oft rot gestreift, innere kürzere dunkel. Zunge bis 2 cm lang. Früchte (Achänen) schwarz, mit schief abgeknicktem Schnabel, unten mit warzigen Rippen, mit schmutzig weißem, gefiedertem Haarkranz. **Standort:** Wegränder, trokkene Wiesen, Ödland. **Verbreitung:** WM, ZM, östlich bis Jugoslawien.

## Ausdauernder Lattich IV–VII *Lactuca perennis*

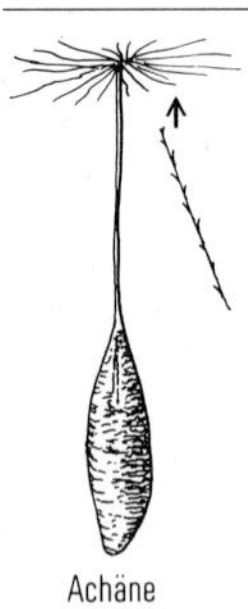


**Merkmale:** Ausdauernde, 30–90 cm hohe, blaugrüne, kahle, basal etwas verholzte, verzweigte Pflanze mit aufsteigendem bis aufrechtem Stengel und bogigen Seitenästen. Grundblätter bis 30 cm lang, völlig fiederig in linealische, meist grobgezähnte Abschnitte geteilt. Stengelblätter nach oben hin zunehmend reduziert. Blüten zu blütenähnlichen Köpfchen zusammengefaßt. Köpfchen einzeln an den Ästen aufgereiht, 12- bis 20blütig. Hülle zylindrisch, bis 20 mm lang, mit dachigen Schuppen. Nur Zungenblüten ausgebildet, diese blau bis violett, 2–2,5 cm lang. Früchte (Achänen) zusammengepreßt, dunkelgrau, einrippig, breitelliptisch und geschnäbelt, mit dem Schnabel 1,5 cm lang, mit weißem Haarkranz.
**Standort:** Kalkfelsen, Mauern.
**Verbreitung:** M. Bis Mitteleuropa.

## Rutenlattich *Lactuca viminea* VI–VII

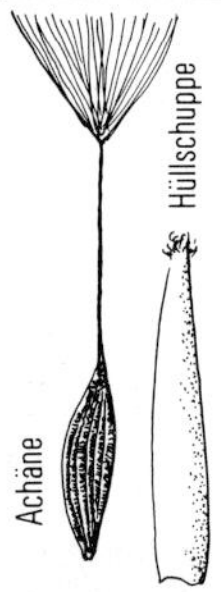


**Merkmale:** 2jährige, 30–60 (100) cm hohe, basal etwas verholzte, verzweigte Pflanze mit aufrechtem, grauweißem Stengel und rutigen Seitenästen. Grundblätter bis 10 cm lang, völlig fiederig in linealische, meist ganzrandige Abschnitte geteilt. Stengelblätter geteilt bis ganzrandig, basal mit 2 am Stengel herablaufenden, linealischen Öhrchen. Blüten zu blütenähnlichen Köpfchen zusammengefaßt. Köpfchen einzeln an den Ästen aufgereiht, ± 5blütig. Hülle zylindrisch, bis 12 mm lang, mit dachigen Schuppen. Nur Zungenblüten ausgebildet, diese gelb, später dunkel werdend, bis 17 mm lang. Früchte (Achänen) zusammengepreßt, bis 15rippig, breitelliptisch und geschnäbelt, mit dem Schnabel 1,5 cm lang, oben mit Haarkranz (Pappus).
**Standort:** Brachland, Wegränder, Weinberge.
**Verbreitung:** M. Bis Mitteleuropa.

## **Bitterkraut** *Reichardia picrioides* I–XII

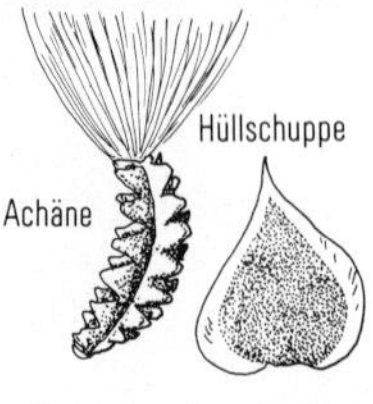


**Merkmale**: Ausdauernde, blaugrüne, kahle, aufrechte, ± verzweigte Pflanze mit holzigem, verdicktem Wurzelstock und weißem Milchsaft. Blätter grund- und wechselständig, meist ± lanzettlich, ganzrandig bis fiederschnittig mit entfernt abstehenden Lappen, Stiel geflügelt. Stengelblätter reduziert. Blüten zu blütenähnlichen Köpfchen zusammengefaßt. Köpfchen einzeln oder zu wenigen an bis zu 20 cm langen Stielen, die ± dicht mit schuppenförmigen Hochblättern besetzt sind. Diese unterhalb der Köpfchen herzförmig mit schmalem Hautrand. Hülle birnenförmig, dachig. Nur Zungenblüten ausgebildet, diese gelb, bis 20 mm lang, unterseits braun bis purpurn gestreift. Früchte 2–3 mm lang, mit Haarkranz, äußere wulstig rippig, innere glatt.
**Standort**: Brachland, Ödland, Felsen, Mauern.
**Verbreitung**: M.

## **Tanger-Reichardie** IV–VI
*Reichardia tingitana*

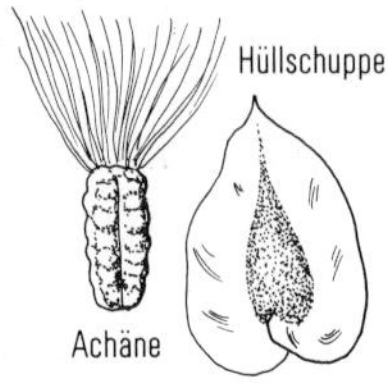


**Merkmale**: Einjährige bis ausdauernde, blaugrüne, kahle, 4–35 cm hohe, aufrechte, ± verzweigte Pflanze mit weißem Milchsaft. Blätter grund- und wechselständig, meist ± lanzettlich, ganzrandig bis fiederschnittig mit knorpeligen Zähnen, Stiel geflügelt, Stengelblätter reduziert. Blüten zu blütenähnlichen Köpfchen zusammengefaßt. Köpfchen einzeln oder zu wenigen an bis zu 20 cm langen Stielen, die ± dicht mit schuppenförmigen Hochblättern besetzt sind. Diese unterhalb der Köpfchen herzförmig mit breitem Hautrand. Hülle birnenförmig, dachig. Nur Zungenblüten ausgebildet, diese gelb, bis 20 mm lang, basal purpurn gefleckt. Früchte (Achänen) 2–3 mm lang, mit Haarkranz (Pappus), alle wulstig rippig.
**Standort**: Ödland, Felsen in Küstennähe.
**Verbreitung**: M. Italien nur Sizilien.

## **Weißlicher Pippau** *Crepis albida* IV–IX

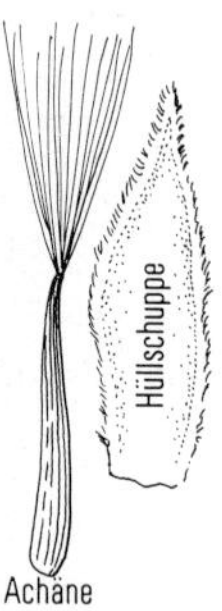


**Merkmale**: Ausdauernde, 20–70 cm hohe Pflanze mit einfachen oder wenig verzweigten Stengeln und meist grundständiger Beblätterung. Grundblätter elliptisch bis umgekehrt lanzettlich, in einen schmalen Stiel zusammengezogen, bis 8 cm lang, locker ± grob gezähnt. Stengelblätter wenig, schmal lanzettlich. Blüten zu blütenähnlichen Köpfchen zusammengefaßt. Köpfchen einzeln oder bis zu 4 am Stengel, lang gestielt. Hülle halbkugelig, aus breiten, dachigen, unterschiedlich behaarten bis kahlen Schuppen, die äußersten am kleinsten. Nur Zungenblüten ausgebildet, diese zahlreich im Köpfchen, gelb, bis 2 cm lang. Früchte (Achänen) gelblich braun, 15rippig, bis 17 mm lang, undeutlich geschnäbelt, mit dichtem, weißem Haarkranz (Pappus).
**Standort**: Kalkfelsen, Bergzone.
**Verbreitung**: WM, Spanien bis Italien.

## **Roter Pippau** *Crepis rubra* IV–VI

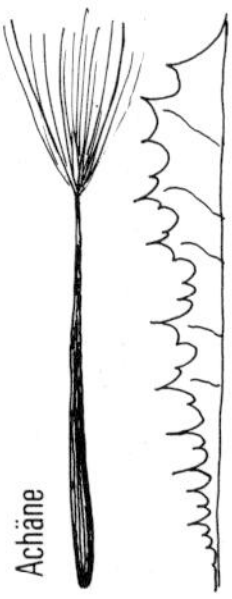


**Merkmale**: Einjährige, ein- bis vielstengelige, 4–40 cm hohe Pflanze mit überwiegend grundständiger Beblätterung und einfachem oder einmal verzweigtem Stengel. Grundblätter 2–15 cm lang, umgekehrt lanzettlich, grob gezähnt bis schrotsägeförmig geteilt, mit dreieckigen bis lanzettlichen Abschnitten. Wenige reduzierte Stengelblätter. Blüten zu blütenähnlichen Köpfchen zusammengefaßt. Köpfchen einzeln oder zu zweit. Hülle bis 15 mm hoch, deutlich in kurze äußere und schlanke innere, drüsige Schuppen getrennt. Nur Zungenblüten entwickelt, diese rosa oder seltener weiß. Früchte (Achänen) dunkelbraun, 10rippig, mit weißem Haarkranz (Pappus), die äußeren bis 9 mm lang, kurz geschnäbelt, die inneren bis 21 mm lang, mit langem Schnabel.
**Standort**: Felder, Trockenrasen, Wegränder.
**Verbreitung**: ZM, OM. Von Süditalien östlich.

## Röhriger Affodill III–V
*Asphodelus fistulosus*

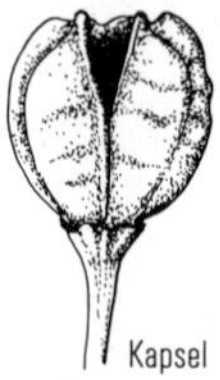


**Merkmale**: Einjährige oder kurzlebig mehrjährige Pflanze mit zahlreichen schlanken, nicht verdickten Wurzeln. Blätter in einer grundständigen Rosette vereint, halbstielrund, hohl, am Grund mit häutigem Rand, bis 35 cm lang und 4 mm breit, blaugrün, kahl. Stengel 15–70 cm hoch, blattlos, hohl, mit einem verzweigten, seltener auch einfach traubigen Blütenstand. Tragblätter der Blüten trockenhäutig. Blütenstiele in der Mitte gegliedert, zur Fruchtzeit steil aufrecht. Die 6 Kronblätter weiß oder blaß rosa mit einem rosafarbenen, grünen oder braunen Mittelnerv, 6–16 mm lang, eiförmig-elliptisch und flach ausgebreitet. Kapsel eiförmig bis fast kugelig, 4–5 (7) mm im Durchmesser.
**Standort**: Trockenes Kultur- und Ödland.
**Verbreitung**: M, Makaronesien, Arabien.

## Kleinfrüchtiger Affodill III–VI
*Asphodelus aestivus*

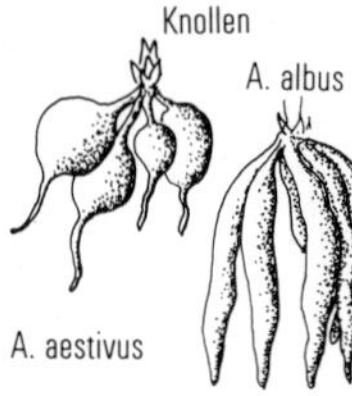


**Merkmale**: Ausdauernde, kahle Pflanze mit rübenförmigen Wurzeln. Blätter in grundständiger Rosette, flach und etwas gekielt, bis 45 cm lang und 3 cm breit. Stengel 1–2 m hoch, blattlos, massiv, mit einem reich verzweigten Blütenstand mit langen Seitenästen. Tragblätter der Blüten trockenhäutig oder grünlich. Die 6 Kronblätter weiß mit einem rosafarbenen oder bräunlichen Mittelnerv, 10–16 mm lang, sich weit öffnend. Kapsel eiförmig, 5–7 mm lang und 4–5 mm breit, auf schräg spreizenden Stielen.
**Standort**: Trockenes Grasland, Garriguen.
**Verbreitung**: M, Portugal. Der **Weiße Affodill** *A. albus* unterscheidet sich durch nicht oder kaum verzweigte Blütenstände, längere Kronblätter und größere Kapseln. M, bis zum südlichen Mitteleuropa. Synonym: *Asphodelus microcarpus.*

## Gelber Affodill *Asphodeline lutea* III–VI

**Merkmale**: Ausdauernde, kahle Pflanze mit kurzem Rhizom und fleischigen Wurzeln. Stengel kräftig, 40–100 cm hoch, bis zum Blütenstand beblättert und von den Blattscheiden verdeckt. Blätter linealisch, grasartig, im Querschnitt dreieckig, bis 35 cm lang und 5 mm breit. Blütenstand eine dichte, unverzweigte, 10–40 cm lange Traube. Tragblätter 2–3,5 cm lang, länger als die nahe der Mitte gegliederten Blütenstiele. Die 6 Kronblätter gelb mit grünem Mittelnerv, 2–2,5 cm lang, am Grund kurz miteinander verwachsen. Kapseln nahezu kugelig, etwas über 1 cm im Durchmesser.
**Standort**: Grasige Felsfluren, Garriguen, Macchien.
**Verbreitung**: ZM, OM. Ähnlich ist *A. liburnica* mit nur im unteren Teil beblättertem Stengel und kürzeren, bis 15 mm langen Tragblättern. OM, selten ZM.

## Binsenlilie IV–VII
*Aphyllanthes monspeliensis*

**Merkmale**: Ausdauernde, kahle Pflanze von binsenartigem Aussehen und dicht horstförmigem Wuchs. Wurzelstock kurz, mit dünnen Wurzeln. Stengel 20–50 cm hoch, blaugrün, nackt, steif und gerippt. Blätter zurückgebildet, am Grund der Stengel als 3–8 cm lange, stengelumfassende Scheiden ausgebildet. Blüten einzeln oder zu 2–3 in dichten Knäueln, am Grund von rotbraunen, schuppenförmigen Hochblättern umgeben. Die 6 Kronblätter hellblau mit dunkelblauem Mittelnerv, selten weiß, 15–20 mm lang, nicht verwachsen, im hinteren Teil aufrecht und röhrenförmig genähert, im vorderen Teil zurückgebogen. Staubblätter ungleich lang, mit kahlen Filamenten, nahe dem Grund der Kronblätter eingefügt. Frucht eine 3kantige, zugespitzte Kapsel. **Standort**: Garriguen, Trockenwiesen, Macchien. **Verbreitung**: ZM, OM.

## Dreiblättrige Zeitlose (XII) II–V
*Colchicum triphyllum*

**Merkmale:** Ausdauernde Pflanze mit unterirdischer Sproßknolle, diese länglich, 1,5–2,5 cm lang und 1–1,5 cm dick, von einer kastanienbraunen Hülle (Tunika) umgeben. Blätter und Blüten erscheinen gleichzeitig. Blätter meist 3, selten 4, beim Aufblühen 3–4 cm, voll entwickelt 12–15 cm lang und 4–11 mm breit, lanzettlich, aufrecht, am Rand rauh oder glatt. Blüten einzeln oder bis zu 4 (6), glocken- oder trichterförmig. Kronblätter purpurrosa, schmal elliptisch, 15–30 mm lang und 5–12 mm breit. Staubblätter mit 5–9 mm langen, kahlen Filamenten und etwa 3 mm langen grünlich- oder schwärzlich-purpurnen Staubbeuteln, Pollen gelb. Kapsel 2–3 cm lang, eiförmig, dunkelbraun. **Standort:** Steinige oder sandige, offene Böden. **Verbreitung:** WM, OM, bis Rumänien, Südrußland.

## Korsische Zeitlose IX–X
*Colchicum corsicum*

Knolle

**Merkmale:** Ausdauernde Pflanze mit unterirdischer Sproßknolle, diese bis 3 cm lang und 2 cm dick, mit brauner Hülle. Die 3–4 Blätter erscheinen nach der Blüte, sind schmal lanzettlich, bis 8 cm lang und 9 (18) mm breit, kahl. Blüten einzeln oder zu zweit, selten zu dritt. Kronblätter (lila-)rosa, nicht gemustert, 20–27 (40) mm lang und 2–5 mm breit. Staubblätter mit 2–4 (8) mm langen Filamenten und 2–5 mm langen, gelben Staubbeuteln.
**Standort:** Trockenwiesen, über Silikatgestein.
**Verbreitung:** Korsika; auf Sardinien? Mehrere weitere Arten mit meist kleinen Verbreitungsgebieten im M. *C. bivonae* besitzt schachbrettartig gemusterte Blüten mit bis zu 6,5 cm langen Kronblättern und schwarzpurpurnen Staubbeuteln sowie bis zu 25 cm lange Blätter. ZM, OM.

## Berg-Merendera VIII–IX
*Merendera pyrenaica*

Zwiebel

**Merkmale:** Ausdauernde, kahle Pflanze vom Erscheinungsbild der **Zeitlosen** *(Colchicum)* mit unterirdischer Sproßknolle, diese länglich bis rundlich, bis 2,5 (3) cm lang und dick, von einer derben, schwärzlichen Hülle (Tunika) umgeben. Die ziemlich zahlreichen Blätter erscheinen nach der Blüte, sind bis 22 cm lang und 1 cm breit, stumpf, gefaltet, zuletzt zurückgekrümmt. Blüten meist einzeln, selten zu zweit, purpurrosa. Kronblätter am Grund röhrig genähert, aber nicht wie bei den **Zeitlosen** miteinander verwachsen, der flächige Vorderabschnitt 25–45 (65) mm lang und 3–6,5 (11) mm breit. Staubbeutel gelb, 5,5–17 mm lang und länger als die Filamente. Kapsel länglich, 1–2,5 cm lang, etwa 2 mm große birnenförmige Samen. **Standort:** Trockene Bergweiden. **Verbreitung:** Iberische Halbinsel, Pyrenäen.

## Griechische Faltenlilie III–V
*Gagea graeca*

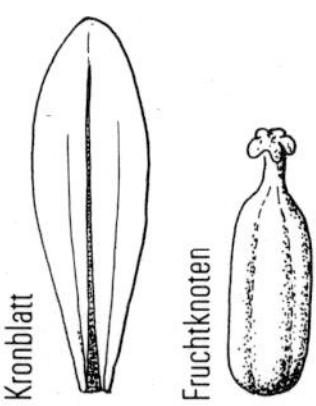


**Merkmale:** Ausdauerndes, kahles, zartes Zwiebelgewächs aus der Verwandtschaft der **Gelbsterne,** aber mit weißen Blüten. Zwiebeln einzeln in einer Hülle, aber oft in Gruppen beieinander. Stengel 5–25 cm hoch. Blätter schmal grasartig, flach, 2–4 grundständige bis 12 cm lang und 2 mm breit sowie meist 3 kürzere stengelständige. Blüten gewöhnlich zu mehreren (bis 7), selten einzeln, in der Knospe nickend, aufgeblüht trichterförmig. Kronblätter 7–16 mm lang, lanzettlich, mit 3 purpurnen Nerven, ohne Nektarium am Grund. Staubbeutel 0,5–1 mm lang und stumpf. Frucht eine eiförmige Kapsel.
**Standort:** Garriguen, Felsen, auf Kalk.
**Verbreitung:** OM. Sehr ähnlich ist *G. trinervia* mit 2–3 mm langen, spitzen Staubbeuteln und meist einblütigen Blütenständen. WM (Nordafrika), ZM (Sizilien). Synonym: *Lloydia graeca.*

## Felsen-Tulpe *Tulipa saxatilis* IV–V

**Merkmale:** Ausdauerndes Zwiebelgewächs mit bis zu 25 cm hohen Stengeln. Zwiebel eiförmig, 2–3,5 cm lang und 1,5–3 cm dick, mit derber Hülle. Die 2–3 Blätter sind flach, schmal lanzettlich, bis 38 cm lang und 4,5 cm breit, oberseits glänzend. Blüten oft einzeln, auch zu zweit. Kronblätter rosa bis purpurn und am Grund mit einem weißrandigen, gelben Fleck, die 3 äußeren 38–53 mm lang und 9–18 mm breit, die 3 inneren gleich lang, doch breiter. Staubbeutel 4,5–7 mm lang, Filamente am Grund behaart.

**Standort:** Felshänge, Feldraine

**Verbreitung:** Kreta. Auf Kreta wachsen außerdem 2 ähnliche Arten. *T. cretica* ist kleinblütig mit 3 cm langen, weißen und rosa überlaufenen Kronblättern sowie 3 mm langen Staubbeuteln. *T. orphanidea* blüht orange und hat bis 2 cm breite Blätter.

## Narbonne-Milchstern IV–VII
*Ornithogalum narbonense*

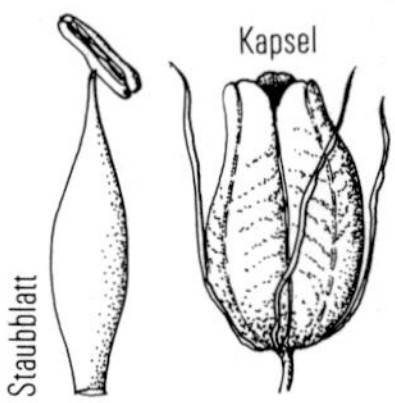


**Merkmale:** Ausdauerndes Zwiebelgewächs mit bis 80 cm hohem, blattlosem Stengel. Die Zwiebel wird sukzessive über 2–3 Jahre erneuert. Blätter in grundständiger Rosette, linealisch, 8–16 mm breit, erst nach der Blüte verwelkend. Blütenstand lang zylindrisch mit zahlreichen duftlosen Blüten. Kronblätter milchweiß mit grünem Mittelnerv, 10–16 mm lang, lanzettlich, flach ausgebreitet. Fruchtkapsel eiförmig, auf steif aufrechtem, bis 4 cm langem Stiel.

**Standort:** Kultur- und Ödland, Felshänge.

**Verbreitung:** M, bis Persien, Kanaren. Der ähnliche **Pyrenäen-Milchstern** *O. pyrenaicum* unterscheidet sich durch schwach duftende Blüten mit innen blaßgelben, außen grünlichen Kronblättern und zur Blüte meist verwelkten Blättern. M, bis Westeuropa.

## Griechische Lilie V–VI
*Lilium chalcedonicum*

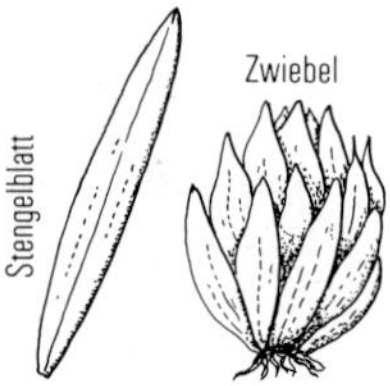


**Merkmale:** Ausdauerndes, prächtiges Zwiebelgewächs mit orangeroten Blüten, dem mitteleuropäischen **Türkenbund** im Erscheinungsbild ähnlich. Zwiebeln aus sich überlappenden Schuppen gebildet, ohne Außenhülle. Stengel 45–120 cm hoch, mit zahlreichen wechselständigen Blättern. Blätter unterseits auf den Nerven und am Rand behaart, die unteren abstehend, bis 12 cm lang und 2 cm breit, deutlich von den oberen verschieden. Obere Blätter dem Stengel angedrückt und wesentlich kleiner. Blüten zu 1–7 (12) auf zurückgekrümmten Stielen. Kronblätter 6,5–7 mm lang, zurückgebogen, einfarbig ohne Flecken, auf der Innenseite in der unteren Hälfte mit Papillen. Staubblätter mit blaßgelben Filamenten und roten Staubbeuteln.

**Standort:** Felsige Gebirgswälder.

**Verbreitung:** Griechenland, Südalbanien.

## Nickender Milchstern III–V
*Ornithogalum nutans*

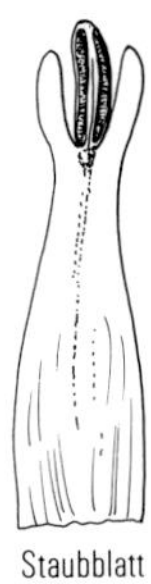


**Merkmale:** Ausdauerndes Zwiebelgewächs mit bis zu 60 cm hohem, blattlosem Stengel. Die Zwiebeln werden sukzessive über 3–4 Jahre erneuert. Blätter zu 4–6 in grundständiger Rosette, oft so lang wie der Stengel, linealisch, 6–15 mm breit, mit weißem Streifen auf der Oberseite, kahl. Blütenstand zylindrisch, mit 3–20 großen, nickenden und glockenförmigen Blüten. Kronblätter weiß mit einem breiten grünen Streifen auf der Rückseite, 15–31 mm lang. Filamente der Staubblätter jederseits mit einer flügelartigen, in einen Zahn auslaufenden Leiste. Kapsel breit eiförmig, auf kurzem Stiel, der zuerst absteht, später überhängt.

**Standort:** Kultur- und Ödland, Felshänge.

**Verbreitung:** OM, sonst in Europa oft kultiviert und eingebürgert.

## Hyazinthen-Blaustern IV–V
*Scilla hyacinthoides*

**Merkmale:** Ausdauerndes Zwiebelgewächs mit kräftigem, bis 110 cm hohem, blattlosem Stengel. Blätter zu 4–12 in grundständiger Rosette, bis 45 cm lang und 3 cm breit, spitz, gewimpert. Blütenstand zylindrisch, bis 40 cm lang, mit oft weit über 100 blauvioletten Blüten. Kronblätter nicht miteinander verwachsen, 5–7 mm lang, flach ausgebreitet. Filamente der Staubblätter unter 1 mm breit. Kapsel kugelig, stumpf.
**Standort:** Gras- und Felshänge, Naßwiesen.
**Verbreitung:** M, bis Nordirak, Portugal. Die imposante **Meerzwiebel** *Urginea maritima* wird bis 1,5 m hoch, hat bis 15 cm große Zwiebeln und weißliche Kronblätter mit purpurnem Mittelnerv. Blätter vor den Blüten erscheinend, bis 1 m lang und 10 cm breit. Blütezeit VIII–X. M, bis Kanaren und Südpersien.

## Römische Hyazinthe III–V
*Bellevalia romana*

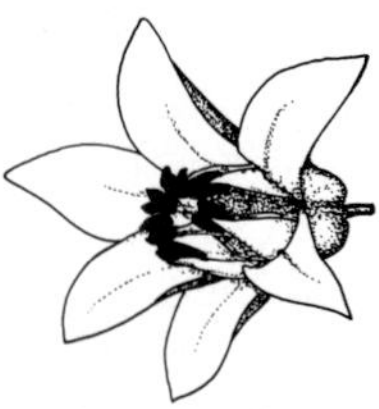

**Merkmale:** Ausdauerndes, kahles Zwiebelgewächs mit 15–40 cm hohem, blattlosem Stengel. Zwiebel mit einer häutigen Hülle (Tunika). Blätter zu 3–6 in grundständiger Rosette, länger als der Stengel, 5–15 mm breit. Blütenstand beim Aufblühen länglich, mit 20–30 trichterförmigen Blüten auf aufrecht-abstehenden Stielen. Kronblätter beim Aufblühen weißlich, manchmal am Grund blau überlaufen, später bräunlich, miteinander verwachsen, die freien Zipfel länger als die Röhre, 8–10 mm lang. Staubbeutel violett.
**Standort:** Feuchtwiesen, Felder, Weinberge.
**Verbreitung:** ZM, seltener OM, Südwest-Frankreich. Mehrere ähnliche Arten mit länglichem Blütenstand im OM. *B. ciliata* besitzt beim Aufblühen einen kegelförmigen Blütenstand mit nikkenden Blüten und behaarte Blätter. OM, ZM.

## Peru-Blaustern *Scilla peruviana* IV–VI

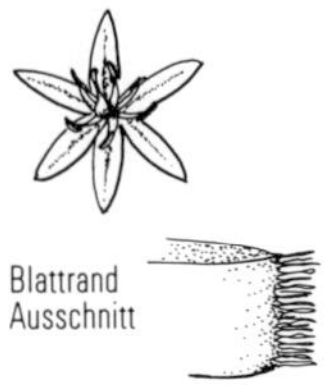


**Merkmale:** Ausdauerndes Zwiebelgewächs mit 30–50 cm hohem, blattlosem Stengel. Zwiebel bis 8 cm im Durchmesser, ihre äußeren Schuppen weichhaarig. Blätter zahlreich, lanzettlich, 40–80 cm lang und 1–8 cm breit, am Rand behaart, ausgebreitet. Blütenstand 5–20 cm lang mit bis zu 100 blauvioletten Blüten auf langen Stielen in einer dichten halbkugeligen Scheindolde. Tragblätter 5–8 cm lang, sehr schmal, kaum kürzer als die Blütenstiele. Kronblätter nicht miteinander verwachsen, 5–14 mm lang, ausgebreitet-zurückgebogen. Filamente der Staubblätter am Grund 2 mm breit, bläulich. Staubbeutel gelb. Kapsel eiförmig, zugespitzt, mit 2–3 Samen je Fach.
**Standort:** Gebüsche, Weiden, feuchte Böden.
**Verbreitung:** WM, seltener ZM, Portugal, Teneriffa. Der Name beruht auf einer irrtümlichen Deutung der Herkunft.

## Schweifblatt *Dipcadi serotinum* III–VIII

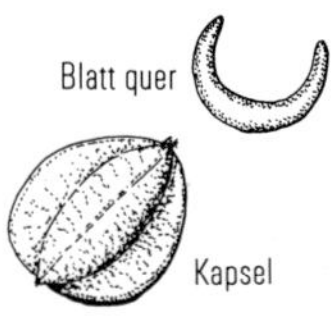


**Merkmale:** Ausdauerndes, kahles Zwiebelgewächs mit 10–40 cm hohem, blattlosem Stengel. Zwiebel eiförmig, groß, mit einer papierartigen, weißlichen Hülle (Tunika). Blätter zu 3–5 in einer grundständigen Rosette, linealisch bis lanzettlich, rinnig, kürzer als der Stengel, aufrecht oder abstehend. Blütenstand locker, 3- bis 20blütig mit lanzettlichen Tragblättern, die etwas länger als die Blütenstiele sind. Blüten in der Knospe aufrecht, aufgeblüht nickend, röhrig-glockenförmig, 12–15 mm lang, braungelb bis orangerot oder grünlich. Kronblätter am Grund miteinander verwachsen, die 3 inneren gerade vorgestreckt, die 3 äußeren zurückgebogen. Staubblätter in der Mitte der Kronröhre angewachsen, eingeschlossen.
**Standort:** Fels- und Sandfluren.
**Verbreitung:** WM, Kanaren; in Ligurien?

## Schopf-Traubenhyazinthe III–VI
*Muscari comosum*

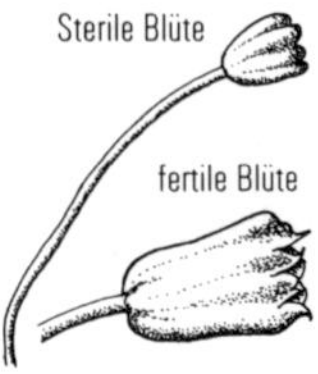


**Merkmale**: Ausdauerndes Zwiebelgewächs mit kräftigem, 15–50 (80) cm hohem, blattlosem Stengel. Zwiebel 1,5–4 cm im Durchmesser mit rosafarbener Hülle (Tunika) und dünnen, einjährigen Wurzeln. Blätter zu 3–7 in grundständiger Rosette, breit linealisch, bis 40 (60) cm lang und 17 (30) mm breit, schwach rinnig, am Rand gewimpert. Blütenstand langgestreckt, locker, reichblütig, im unteren Teil mit blaßbraunen fertilen Blüten, an der Spitze mit einem Schopf von kleineren, blauvioletten sterilen Blüten. Fertile Blüten 5–10 mm lang und 2–4 mm breit, auf etwa gleich langen, spreizenden Stielen, röhrig-glockenförmig, die freien Zipfel 0,5–1 mm lang und beigefarben. Kapsel 10–15 mm lang, vorn eingedellt.
**Standort**: Wälder, Felshänge, Kulturland.
**Verbreitung**: M, bis Mitteleuropa, Vorderasien.

## Rosen-Lauch *Allium roseum* IV–VI

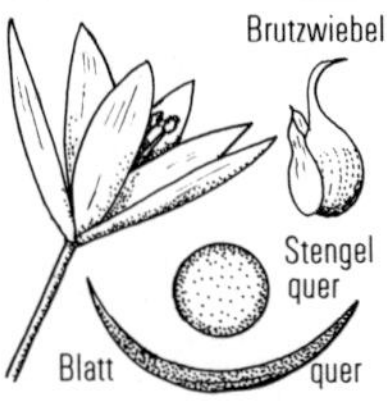


**Merkmale**: Ausdauerndes, kahles Zwiebelgewächs mit bis zu 80 cm hohem, im unteren Fünftel beblättertem, rundem Stengel. Zwiebel etwa 1,5 cm dick mit löchriger Außenhülle und vielen Nebenzwiebeln. Blätter linealisch, flach, 12–35 cm lang und 2–14 mm breit. Dolde am Grund mit einem gelappten Hüllblatt, 5- bis 30blütig, manchmal mit Bulbillen. Blüten meist rosa, selten weiß, glocken- bis becherförmig, 7–12 mm lang, auf 7–45 mm langen Stielen. Staubblätter eingeschlossen und mit gelben Staubbeuteln.
**Standort**: Kultur- und Ödland, Garriguen.
**Verbreitung**: M, Kanaren. Weitere rosablühende Laucharten sind: *A. nigrum* mit 2–8 cm breiten Blättern und sternförmig flachen Blüten. M, Vorderasien. *A. moschatum* mit fadenförmigen, 0,5 mm breiten Blättern und armblütiger Dolde. M, Kaukasien.

## Übersehene Traubenhyazinthe III–VI
*Muscari neglectum*

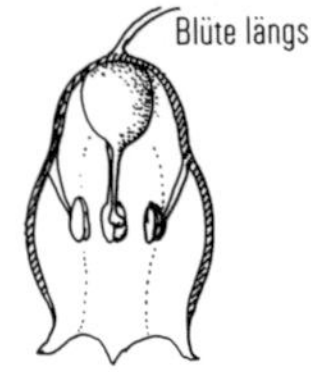


**Merkmale**: Ausdauerndes, kahles Zwiebelgewächs mit 5–30 cm hohem Stengel. Zwiebel etwa 1 cm dick, mit brauner Hülle, manchmal mit Nebenzwiebeln. Blätter zu 3–6 in grundständiger Rosette, bis 40 cm lang und 8 mm breit, rinnig bis eingerollt. Blütenstand dicht, mit schwarzblauen fertilen Blüten und darüber einigen kleineren, blasseren sterilen Blüten. Fertile Blüten duftend, eiförmig, vorn verengt, 3,5–7,5 mm lang und 1,5–3,5 mm breit mit 6 kleinen, weißen Zähnen, auf abstehenden, bis hängenden Stielen.
**Standort**: Wälder, Felsen, Weiden, Weinberge.
**Verbreitung**: M, bis Mitteleuropa, Zentralasien. Sehr ähnlich ist *M. armeniacum* mit leuchtend himmelblauen, manchmal etwas violett getönten Blüten. OM, Vorderasien, neuerdings oft in Gärten kultiviert. Synonym: *Muscari racemosum.*

## Neapolitanischer Lauch III–VI
*Allium neapolitanum*

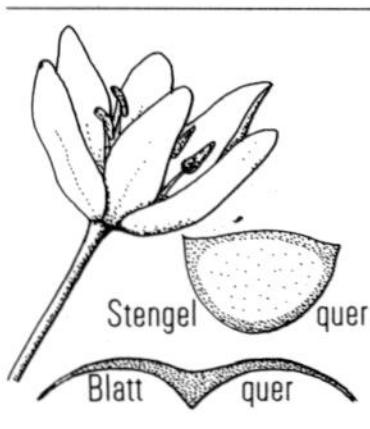


**Merkmale**: Ausdauerndes, kahles Zwiebelgewächs mit 20–50 cm hohem, dreikantigem Stengel. Zwiebel 1–2 cm im Durchmesser, nahezu kugelig mit häutiger und nicht grubiger Hülle (Tunika). Blätter zu 2–3 im unteren Viertel des Stengels, breit linealisch, 8–35 cm lang und 5–20 mm breit, unterseits gekielt. Dolde halbkugelig oder kugelig, am Grund mit einem ungeteilten, kurzen Hüllblatt, 5–8 cm im Durchmesser, reichblütig, anfangs nickend, ohne Bulbillen. Blüten weiß, becherförmig bis flach ausgebreitet, auf 1,5–3,5 cm langen Stielen. Kronblätter 7–12 mm lang und 4–6 mm breit, elliptisch, stumpf. Staubblätter eingeschlossen. Kapsel 5 mm lang, von den Kronblättern umhüllt.
**Standort**: Macchien, Kulturland, oft schattig.
**Verbreitung**: M, Madeira, Teneriffa.

## Wimperblättriger Lauch III–VI
*Allium subhirsutum*

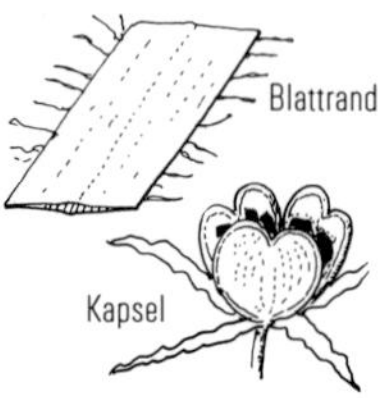


**Merkmale:** Ausdauerndes Zwiebelgewächs mit 7–20 cm hohem, rundem Stengel. Zwiebel nahezu kugelig, bis 1,5 cm dick mit grauer, häutiger, nicht grubiger Hülle. Blätter zu 2–3, nahezu grundständig, linealisch, 6–45 cm lang und 2–10 mm breit, am Rand lang gewimpert. Dolde am Grund mit einem kurzen, ungeteilten Hüllblatt, 2,5–7 cm im Durchmesser, kugelig, ohne Bulbillen. Blütenstiele bis 4 cm lang, 3- bis 5mal so lang wie die weißen Blüten. Kronblätter 7–9 mm lang, flach ausgebreitet. Staubblätter eingeschlossen, mit meist braunen Staubbeuteln.

**Standort:** Wälder, Garriguen, Ödland.

**Verbreitung:** M, Kanaren. Ähnlich ist *A. trifoliatum* mit kurzen Blütenstielen (nur 1,5- bis 3mal so lang wie die Blüten) und gelben Staubbeuteln. ZM, OM.

## Glöckchen-Lauch *Allium triquetrum* XII–V

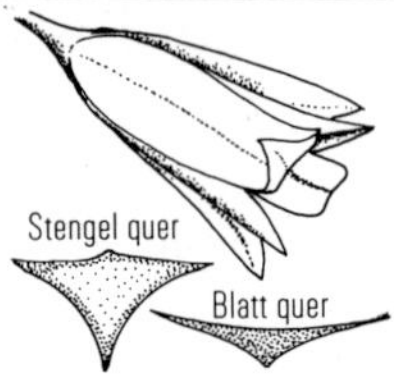


**Merkmale:** Ausdauerndes, kahles Zwiebelgewächs mit 10–45 cm hohem, scharf 3kantigem Stengel und starkem Knoblauchduft. Zwiebel etwa 1,5 cm dick, mit häutiger Hülle. Blätter zu 2–3 am Stengelgrund, flach, fast so lang wie der Stengel und bis 17 mm breit. Dolde am Grund mit 2 kurzen Hüllblättern, locker, meist einseitswendig mit 3–15 hängenden, glockigen Blüten. Kronblätter weiß mit breitem grünem Mittelnerv, spitz, 10–18 mm lang und 2–5 mm breit. Staubblätter eingeschlossen.

**Standort:** Feucht-schattige Stellen.

**Verbreitung:** ZM, WM, Kanaren, Madeira, in Westeuropa und OM eingebürgert. Ebenfalls 3kantigen Stengel hat *A. pendulinum.* Pflanze niedriger, Blüten aufrecht oder etwas überhängend, Kronblätter flach ausgebreitet und oft 3nervig. ZM.

## Weißer Spargel *Asparagus albus* VIII–X

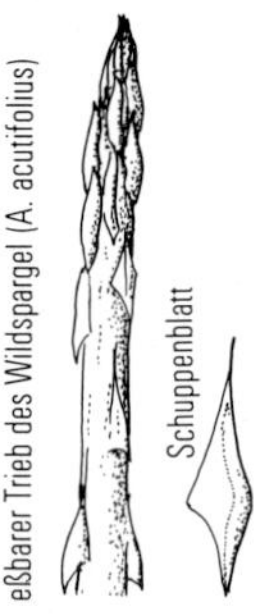


**Merkmale:** Ausdauernde, verholzte Pflanze mit bis 90 cm langen, verzweigten und dornigen Stengeln. Stengel hin und her gebogen, fast glatt, weiß, kahl, mit häutigen Blättern, die am Grund in einen 5–16 mm langen, verholzten und abstehenden Dorn auslaufen. In den Achseln der Dorne stehen Büschel von 15–20 nicht stechenden Kladodien von 5–25 mm Länge und 0,5–1,5 mm Breite. Blüten zwittrig, duftend, weiß, in reichblütigen Gruppen, mit 2–3 mm langen Kronblättern. Frucht eine 4–7 mm große, schwarze Beere.

**Standort:** Garriguen, Hecken, Felshänge.

**Verbreitung:** WM, ZM, fehlt in Frankreich und Norditalien. Der kriechende oder kletternde *A. acutifolius* wird bis 2 m lang, trägt keine Blattdornen, aber stechende Kladodien, die in Büscheln zu 10–30 (50) sitzen. Blüten 2häusig. M.

## Stechwinde *Smilax aspera* VIII–XI

**Merkmale:** Verholzte Liane mit über 1 m langen, unbewehrten oder stacheligen, kahlen Trieben. Blätter wechselständig, am Grund herzförmig oder spieß- bis pfeilförmig, immergrün, netzadrig, bis etwa 10 cm lang und breit. Blattstiel am Grund mit 2 Ranken und oft mit Stacheln. Pflanze zweihäusig. Blüten in wenigblütigen Dolden oder Büscheln angeordnet, die manchmal zu mehreren in verlängerten Blütenständen stehen. Blüten wohlriechend, unscheinbar mit gelbgrünen, 2–4 mm langen Kronblättern, die männlichen mit 6 Staubblättern und einem fehlgeschlagenen Fruchtknoten, die weiblichen mit einem Fruchtknoten. Frucht eine rote oder schwarze Beere.

**Standort:** Wälder, Macchien, Hecken, Mauern.

**Verbreitung:** M, Madeira, Kanaren, außerdem Äthiopien, Himalaya, Ceylon.

## Amerikanische Agave VI–VIII
*Agave americana*

**Merkmale**: Mehrere Meter hohe, robuste Pflanze mit grundständiger Blattrosette und kandelaberartigem Blütenstand. Die Pflanze lebt viele Jahre im Rosettenstadium und stirbt nach dem Fruchten ab, vermehrt sich aber vegetativ durch Ausläufer. Blätter 1–2 m lang und 15–25 cm breit, am Rand dornig gezähnt und vorne mit kräftiger, schwarzer Dornspitze. Schaft bis 10 m hoch und 15 cm im Durchmesser, verholzt und nach dem Fruchten stehen bleibend. Blüten aufrecht, in Knäueln am Ende von horizontalen Ästen. Kronblätter 2–2,5 cm lang, grünlich gelb, an der Spitze wollig behaart. Staubblätter mit 6–8 cm langen, kahlen Filamenten und etwa 3 cm langen Staubbeuteln. Fruchtknoten unterständig.

**Standort**: Trockene bis frische, steinige Böden.

**Verbreitung**: M, kultiviert und eingebürgert.

## Spätblühende Narzisse IX–XI
*Narcissus serotinus*

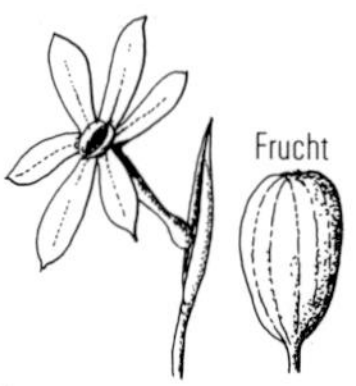


**Merkmale**: Ausdauerndes, kahles Zwiebelgewächs mit schlankem, 10–25 cm hohem, blattlosem Stengel. Zwiebel eiförmig, 13–28 mm lang und 1–2 cm im Durchmesser. Blätter an blühenden Zwiebeln meist nicht entwickelt, an nicht blühenden Zwiebeln im Frühling austreibend, fadenförmig, zylindrisch, blaugrün, 4–20 cm lang und 0,5–1,5 mm dick. Blüten einzeln oder selten zu zweit, aufrecht, duftend, auf 7–20 (30) mm langem Stiel in der Achsel eines häutigen, 1,5–3,5 cm langen Tragblatts, zweifarbig. Kronröhre schlank, 12–20 mm lang. Kronzipfel weiß, ausgebreitet, 10–16 mm lang und 3–7 mm breit. Nebenkrone orangefarben, 6lappig, 1–1,5 mm lang. Staubblätter eingeschlossen.

**Standort**: Garriguen, steinige Weiden.

**Verbreitung**: M.

## Herbst-Goldbecher *Sternbergia lutea* IX–X

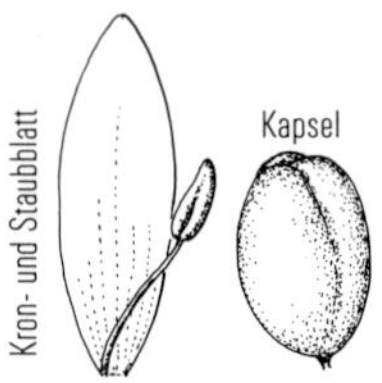


**Merkmale**: Ausdauerndes Zwiebelgewächs von krokusähnlichem Aussehen und mit tiefgelben Blüten. Zwiebel 1–4 cm dick, mit dunkelbraunen Hüllschuppen. Blätter zu 4–6 während der Blütezeit austreibend, schmal lanzettlich, (3) 7–12 mm breit, oberseits etwas rinnig und unterseits gekielt, am Rand fein gezähnelt, hellgrün. Stengel zur Blütezeit 2,5–20 cm hoch. Blüte in der Achsel eines röhrigen Tragblatts sitzend. Kronröhre 5–20 mm lang, Kronzipfel 3–5,5 cm lang und 4–21 mm breit. Stengel zur Fruchtzeit verlängert, trägt eine fleischige Kapsel.

**Standort**: Felsige Hänge, Garriguen, Feldraine.

**Verbreitung**: M, bis Mittelasien. Ähnlich ist *S. colchiciflora* mit zur Blütezeit unsichtbarem, kurzem Stengel und einer Kronröhre von fast der Länge der Kronzipfel. M, bis Ungarn, Südwest-Asien.

## Tazette *Narcissus tazetta* (XII) II–V

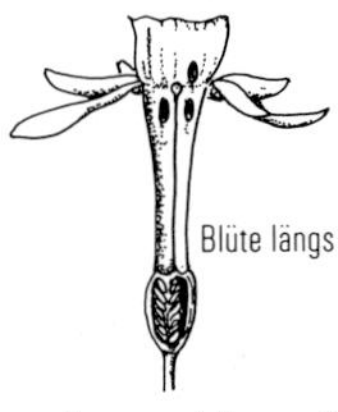


**Merkmale**: Ausdauerndes, kahles Zwiebelgewächs mit kräftigem, 20–65 cm hohem, zusammengedrückt-2kantigem, blattlosem Stengel. Zwiebel eiförmig, bis 6 cm lang und 5 cm dick. Die 3–6 Blätter zur Blütezeit vorhanden, flach oder rinnig, oft blaugrün, 20–75 cm lang und 5–14 mm breit. Blüten in Dolden zu 2–15, überhängend, auf ungleich langen, bis 7,5 cm langen Stielen in der Achsel eines häutigen, bis 6,5 cm langen Tragblatts, duftend. Kronröhre schlank, 12–30 mm lang. Kronzipfel weiß, cremefarben oder gelb, ausgebreitet, 8–22 mm lang und 4–14 mm breit. Nebenkrone becherförmig, gelb oder orange, 3–6 mm hoch. Staubblätter ungleich, die 3 längeren herausragend.

**Standort**: Kulturland, Macchien, Ufer.

**Verbreitung**: M, Kanaren, Kaukasien, oft kultiviert und verwildert.

## Schmerwurz *Tamus communis* III–VI

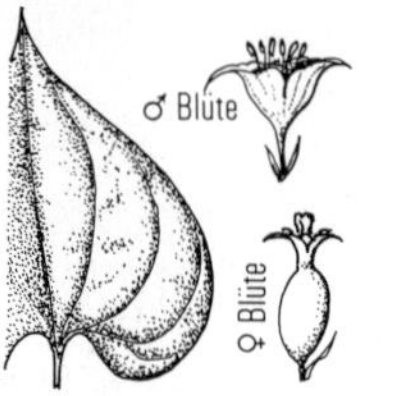


**Merkmale:** Ausdauernde, krautige und zweihäusige Liane mit bis 20 cm großer, fleischiger, unterirdischer Knolle. Stengel kahl, windend, längsstreifig, manchmal verzweigt, bis 4 m lang. Blätter wechselständig, langgestielt, eiförmig-herzförmig oder spießförmig-3lappig, dunkelgrün und glänzend, bis 20 cm lang und 16 cm breit. Männliche Blütenstände langgestreckt (10–16 cm lang) und reichblütig, die weiblichen bis 1 cm lang und armblütig. Blüten gelbgrün, 3–6 mm im Durchmesser, die männlichen glockenförmig mit 6 Staubblättern, die weiblichen krugförmig mit einem unterständigen Fruchtknoten. Frucht eine rote Beere von 10–12 mm Durchmesser mit 6 kugeligen Samen. *Knolle und Beeren giftig!*
**Standort:** Wälder, Gebüsch.
**Verbreitung:** M, bis südliches Mitteleuropa und Westeuropa, Persien.

## Gelbliche Schwertlilie III–V
*Iris lutescens*

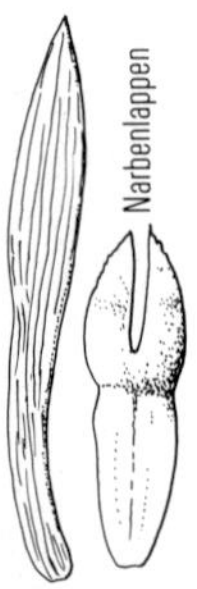


**Merkmale:** Staude mit dickem Rhizom und einzeln oder zu zweit stehenden, wenig duftenden Blüten. Blätter schwertförmig, 5–35 cm lang und 5–25 mm breit, die Blüten meist nicht überragend. Stengel 3–35 cm hoch, unverzweigt. Blüten violett, gelb, weißlich oder violett und gelb gescheckt. Kronröhre 2–5 cm lang, nicht ganz von dem grünen oder an der Spitze häutigen Tragblatt umhüllt. Die 3 zurückgebogenen äußeren Kronblätter mit je einem Bart von langen, gelben mehrzelligen Haaren, 5–7,5 cm lang und 2–3,5 cm breit. Die 3 aufrechten inneren Kronblätter 5,5–7,5 cm lang und 2–4 cm breit. **Standort:** Trockenhänge, Garriguen.
**Verbreitung:** WM, ZM, nicht in Nordafrika. Ähnlich ist *I. pseudopumila* mit 5–7,5 cm langer, ganz von dem Tragblatt umhüllter Kronröhre. ZM.
Synonym: *Iris chamaeiris.*

## Kretische Schwertlilie (XII) II–IV
*Iris unguicularis*

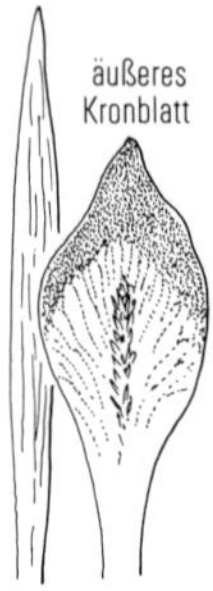


**Merkmale:** Kahle Staude mit schlankem Rhizom und einzeln stehenden, duftenden Blüten. Blätter schwertförmig, linealisch, 10–50 cm lang und 1–5 mm breit, die abgestorbenen erhalten bleibend. Stengel sehr kurz oder fehlend. Kronröhre 6–28 cm lang (einen Blütenstiel vortäuschend), von einem grünen, 6–25 cm langen Tragblatt umgeben. Die 3 zurückgebogenen äußeren Kronblätter an der Spitze violett, sonst weißlich und violett geadert, 4,5–8 cm lang und 1–2,5 cm breit, kahl. Die 3 aufrechten inneren Kronblätter violett, 6–8 cm lang und 8–15 mm breit. Die 3 flächigen Griffeläste mit spitzen Lappen, 2,5–3 cm lang, nahe dem Rand gelbdrüsig, über den Staubblättern liegend.
**Standort:** Lichte Wälder, Garriguen, Felshänge.
**Verbreitung:** OM, WM (Nordafrika).
Synonym: *Iris cretensis.*

## Mittags-Schwertlilie III–V
*Iris sisyrinchium*

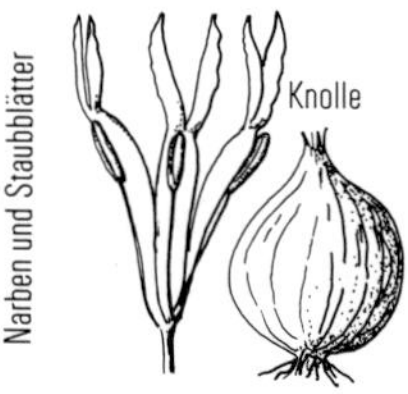


**Merkmale:** Kahle Staude mit unterirdischer Knolle und 5–40 cm hohem Stengel. Knolle kugelig, 1,5–3 cm dick und von einer faserigen Hülle umgeben. Blätter zu 1–2 grundständig, gerade oder gebogen, am Grund scheidig, die Fläche 10–50 cm lang und 2–7 mm breit, rinnig und trocken eingerollt. Blüten meist zu mehreren in einem Blütenstand, blau bis violett, schon nach wenigen Stunden wieder verwelkt, ohne Kronröhre, aber mit 2–3 cm lang geschnäbeltem Fruchtknoten. Die 3 zurückgebogenen äußeren Kronblätter mit weißem oder gelbem Fleck, ohne Haare, 2–3,5 cm lang und 4–10 mm breit, die 3 aufrechten inneren etwas kürzer. Die 3 Griffeläste schräg aufrecht, tief 2spaltig, 8–20 mm lang. **Standort:** Macchien, Garriguen. **Verbreitung:** M, Vorderasien.
Synonym: *Gynandriris sisyrinchium.*

## Korsischer Krokus *Crocus corsicus* II–VI

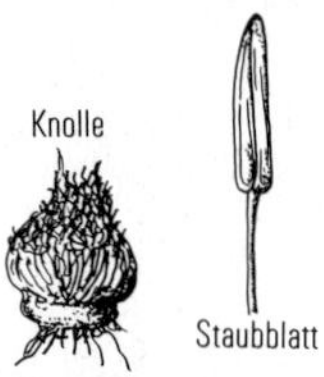


**Merkmale:** Kahle, ausdauernde Pflanze ohne Stengel, deren Blätter und Blüten der unterirdischen Knolle entspringen. Knolle mit längsfasriger, gegen die Spitze netzfasriger Hülle. Blätter mit den Blüten austreibend, zu 3–6, oft zurückgebogen, linealisch und 0,5–1,5 mm breit. Blüten einzeln oder zu zweit, violett, die Kronröhre innen kahl, die Kronzipfel 17–27 mm lang, die 3 äußeren mit je 3 dunkelvioletten Nerven. Staubbeutel orangefarben, so lang oder kürzer als die scharlachrote, 3lappige Narbe. Frucht eine Kapsel mit blaßbraunen Samen.
**Standort:** Gebüsch, Weiden, im Gebirge.
**Verbreitung:** Korsika, Sardinien. Zahlreiche weitere Arten von oft nur regionaler Verbreitung mit blauen, weißen oder gelben Blüten, die teils im Herbst, teils im Frühling erscheinen.

## Scheinkrokus *Romulea bulbocodium* II–IV

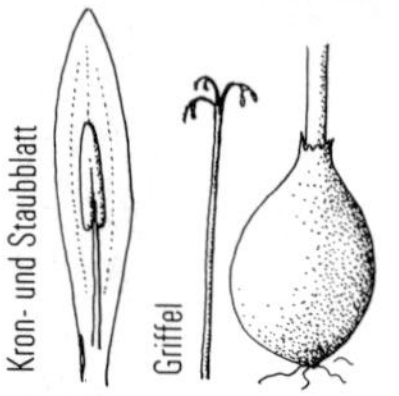


**Merkmale:** Ausdauernde, kahle Pflanze mit asymmetrischer, unterirdischer Knolle und kurzem, beblättertem Stengel. Die 2 Grundblätter fast rund mit 4 Furchen, aufrecht oder liegend, 5–30 cm lang und 0,8–2 mm dick. Stengel mit bis zu 5 Blättern, 1- bis 6blütig. Blüten von krokusähnlichem Aussehen mit nur 3–8 mm langer Kronröhre, verschieden gefärbt, innen meist gelb, die Zipfel weiß bis violett oder grünlich, manchmal außen dunkelstreifig. Kronzipfel elliptisch-lanzettlich, spitz, 2–5,5 cm lang, selten kürzer. Staubbeutel von den Narben überragt.
**Standort:** Trockenwälder, Garriguen, Felshänge.
**Verbreitung:** M, nordwärts bis Bulgarien. Ähnlich ist *R. columnae* mit blaßvioletten, innen dunkel geaderten Blüten von nur 9–19 mm Länge, in denen die Staubblätter die Narben überragen. M, Westeuropa.

## Dreiblättrige Siegwurz III–V
*Gladiolus triphyllus*

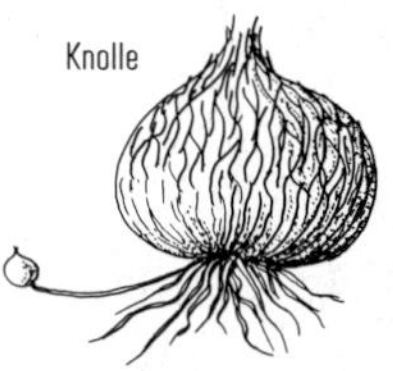


**Merkmale:** Ausdauernde, kahle Pflanze mit unterirdischer Knolle und schlankem, 15–50 cm hohem, beblättertem Stengel. Knolle eiförmig, bis 3 cm lang, mit brauner, fasriger Hülle. Das größte der 3–4 schwertförmigen Blätter bis 30 cm lang und 5 mm breit, 3- bis 4nervig. Blüten rosa, gegen Abend süß duftend, zu 1–7 in lockerer Ähre. Kronröhre gebogen, 7–13 mm lang, Kronzipfel lanzettlich, 2,5–3 cm lang und 7–10 mm breit. Staubbeutel gelb, 6–8 mm lang und deutlich kürzer als die Filamente. Frucht längliche Kapsel, ungeflügelte Samen.
**Standort:** Kiefernwälder, Garriguen, Macchien.
**Verbreitung:** Zypern. Ebenfalls ungeflügelte Samen hat die **Italienische Siegwurz** *G. italicus.* Stengel kräftig, 50–100 cm hoch. Staubbeutel 10–18 mm lang, länger als die Filamente. M, Südwest-Asien, Westeuropa.

## Illyrische Siegwurz IV–VI
*Gladiolus illyricus*

**Merkmale:** Ausdauernde, kahle Pflanze mit unterirdischer Knolle und 20–50 cm hohem, beblättertem Stengel. Das größte der 4–5 schwertförmigen Blätter 10–40 cm lang und 4–15 mm breit. Blüten rosa bis purpurn, zu 3–10 in lockerer, meist einseitswendiger Ähre, die manchmal einen Seitenast trägt. Kronröhre gebogen, 10–15 mm lang, Kronzipfel elliptisch, 2–4 cm lang und 6–16 mm breit, die unteren oft gefleckt oder gestrichelt. Staubbeutel 6,5–12 mm lang, kürzer oder so lang wie die Filamente. Frucht eine Kapsel, geflügelte Samen.
**Standort:** Wälder, Garriguen, Feuchtwiesen.
**Verbreitung:** M, bis Westeuropa. Ähnlich ist die kräftigere *G. communis.* Stengel 50–100 cm hoch mit 10–20 Blüten. Blätter 30–70 cm lang und 5–22 mm breit. Kronzipfel 3–4,5 cm lang und 1–2,5 cm breit. M.

## Feines Kammgras IV–VII
*Cynosurus effusus*

**Merkmale:** Zierliches, einjähriges Gras mit dünnen Wurzeln. Stengel kahl, oben oft übergeneigt, 10–70 cm hoch. Blattscheiden glatt, die oberste vom Blütenstand entfernt, Blatthäutchen 2–3 mm lang, Blattspreite 3,5–8 cm lang und 1–3 mm breit, rauh. Blütenstand eiförmig, aufgelockert, 1–3 cm lang, an den Verzweigungsstellen mit weißlichen Bändern, mit 2 Typen von Ährchen. Fertile Ährchen 1- bis 2blütig, ihre Deckspelzen 2,3–3 mm lang, behaart und mit 8–14 mm langer Granne. Sterile Ährchen mit 5–9 Deckspelzen mit bis 4,5 mm langer Granne. **Standort:** Macchien, Kulturland. **Verbreitung:** M, Persien, Madeira, Teneriffa. Ähnlich ist das **Stachelige Kammgras** *C. echinatus* mit 3–9 mm breiten Blättern und 4–10 mm langem Blatthäutchen sowie dichterem Blütenstand. M, bis Zentralasien.

## Goldgras *Lamarckia aurea* II–VI

**Merkmale:** Einjähriges Gras von niedrigem Wuchs und mit zuerst grünlich, später goldgelb gefärbtem Blütenstand. Stengel knickig-aufsteigend, 5–20 cm hoch, manchmal auch höher. Die oberste Blattscheide etwas aufgeblasen und dem Blütenstand genähert, Blatthäutchen 5–10 mm lang, Blattspreite 3–20 cm lang und 2,5–6 mm breit. Blütenstand eine eiförmig-zylindrische, zusammengezogene Rispe mit behaarten, hängenden Ästen und 2 Typen von Ährchen, die am Ende der Äste geknäuelt sind, 3–9 cm lang und 2–3,5 cm breit. Fertile Ährchen einblütig, ihre Hüllspelzen 3,5–4 mm lang und spitz, ihre Deckspelzen 2–2,5 mm lang, zweispaltig und mit 6–10 mm langer Granne. Sterile Ährchen 5–8 mm lang, mit 5–8 unbegrannten, eiförmigen Deckspelzen.
**Standort:** Ödland, Weiden, Mauern, Ufer.
**Verbreitung:** M, ostwärts bis Pakistan.

## Großes Zittergras *Briza maxima* IV–VI

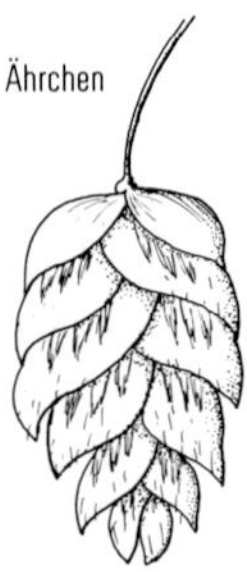


**Merkmale:** Einjähriges Gras mit schlanken, 10–60 cm hohen Stengeln und auffallend großen Ährchen. Stengel aufrecht oder am Grund knickig-aufsteigend, unverzweigt. Blattscheiden glatt, Blatthäutchen 2–5 mm lang, Blattspreite flach, am Rand rauh, 3–8 mm breit. Blütenstand eine lockere, armblütige Rispe. Ährchen auf langen Stielen hängend, im Wind oder bei Berührung zitternd (Name!), kahl oder kurzhaarig, eiförmig mit 7–20 Blüten, 14–25 mm lang. Hüllspelzen und Deckspelzen ähnlich, rundlich, horizontal spreizend, 5–8 mm lang und 7- bis 9nervig.
**Standort:** Lichte Wälder, Garriguen, Kulturland.
**Verbreitung:** M, Makaronesien, oft kultiviert und verwildert, auch in anderen Erdteilen. Das **Kleine Zittergras** *B. minor* besitzt zahlreiche Ährchen von nur 3–5 mm Länge auf abstehenden Stielen. M, Vorderasien.

## Mittelmeer-Perlgras *Melica minuta* IV–VI

**Merkmale:** Ausdauerndes, lockerrasiges, blaugrünes Gras von 10–60 cm, manchmal bis 1 m Höhe. Stengel schlank, glatt, aufrecht oder am Grund aufsteigend. Blattscheiden rückwärts rauh, Blatthäutchen eiförmig und oft gelappt, 3–5 mm lang, Blattspreite unterseits rückwärts rauh, 1–4 mm breit, flach oder eingerollt. Blütenstand eine lockere Rispe von 4–20 cm Länge mit meist spreizenden Ästen, selten unverzweigt-traubig. Ährchen kurz gestielt, abstehend oder nickend, mit 2 fertilen Blüten, 5–9 mm lang. Hüllspelzen ungleich groß, die untere 5–7 mm, die obere 6,5–8 mm lang, elfenbeinfarben mit purpurnem Mittelteil. Deckspelzen kahl, kräftig 9- bis 11nervig. Jedes Ährchen mit einer keulenförmigen sterilen Blüte an der Spitze.
**Standort:** Macchien, Garriguen, Felshänge.
**Verbreitung:** M.

## Dreizölliger Walch V–VI
*Aegilops triuncialis*

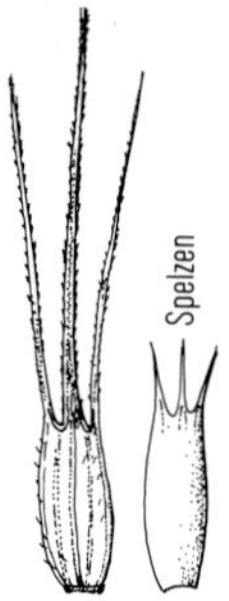


**Merkmale:** Mehrstengeliges, einjähriges, blaugrünes Gras von 20–45 cm Höhe. Blätter kahl oder behaart, die Spreiten 1,5–3 mm breit. Blütenstand eine 3–6 cm lange, länglich-eiförmige Ähre mit 1–3 rudimentären Ährchen am Grund und 4–7 fertilen Ährchen darüber. Hüllspelzen 6–10 mm lang, mit meist 3, selten 2 Grannen von 1–6 cm Länge, kurz rauh oder länger behaart. Grannen der Deckspelzen deutlich kürzer als die der Hüllspelzen.
**Standort:** Ödland, Ruderalstellen, Felshänge.
**Verbreitung:** M, bis Krim, Transkaukasien. Mehrere andere Arten sind nicht selten. Beispiele: *A. cylindrica* hat eine langgestreckte Ähre und Hüllspelzen mit einem Zahn und einer Granne. M, bis Zentralasien. Bei *A. geniculata* mit eiförmiger Ähre sind die Grannen von Hüll- und Deckspelze etwa gleich lang. M, Krim.

## Eiförmiges Ruchgras V–VI
*Anthoxanthum ovatum*

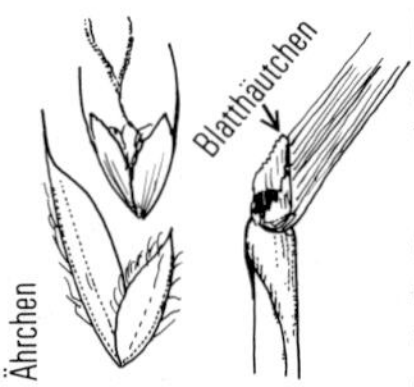


**Merkmale:** Einjähriges, nach Kumarin duftendes Gras von 10–40 cm Höhe. Stengel am Grund knickig-aufsteigend, nicht oder wenig verzweigt. Blattscheiden glatt und etwas aufgeblasen, Blatthäutchen 1–2 mm lang, Blattspreite behaart, kurz und 5–10 mm breit. Blütenstand eine zusammengezogene, eiförmige Rispe. Ährchen seitlich abgeflacht, mit 2 sterilen und einer endständigen zwittrigen Blüte. Hüllspelzen sehr ungleich lang. Die 3 Deckspelzen auf dem Rücken mit Granne, von denen die oberste nicht aus dem Ährchen ragt.
**Standort:** Trockenes Ödland, lichtes Gebüsch.
**Verbreitung:** M, besonders in der Südhälfte, nach Osten seltener (bis Griechenland). Ähnlich ist das ebenfalls einjährige *A. gracile* mit lockerem Blütenstand, größeren, 10–12 mm langen Ährchen und weit hervorragender Granne. M.

## Wind-Hafer *Avena fatua* IV–VIII

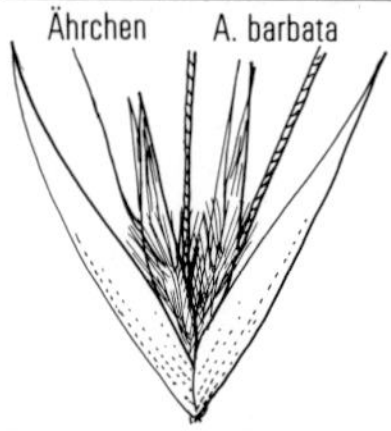


**Merkmale:** Hohes, einjähriges Gras vom Aussehen des Saat-Hafers. Stengel bis 1,5 m hoch, kahl, aufrecht oder knickig-aufsteigend. Blattscheiden kahl oder behaart, Blatthäutchen 3–6 mm lang, Blattspreite flach, bis 40 cm lang und 4–15 mm breit, rauh. Blütenstand eine 15–40 cm lange Rispe mit spreizenden Ästen. Ährchen groß, 18–27 mm lang, mit 2–3 Blüten. Hüllspelzen etwa gleich groß, 7- bis 9nervig. Deckspelzen eiförmig-lanzettlich, oft behaart, 14–22 mm lang, an der Spitze mit 2 Zähnen von 0,5 mm Länge, auf dem Rücken mit einer 2–4 cm langen, in der Mitte geknieten Granne.
**Standort:** Kultur- und Ödland, Kiesstrände.
**Verbreitung:** M, Eurasien. Beim ähnlichen **Bart-Hafer** *A. barbata* ist die Deckspelze an der Spitze in 2 grannenförmige Zähne von 3–12 mm Länge gespalten. M, Asien.

## Kleines Glanzgras *Phalaris minor* IV–VII

**Merkmale:** Einjähriges, oft am Stengelgrund verzweigtes Gras von 20–60 cm Höhe. Stengel kahl. Blattscheiden kahl, die oberste weit vom Blütenstand entfernt und nicht oder nur wenig aufgeblasen, Blatthäutchen länglich und 4–6 mm lang, Blattspreite flach, kahl, 3–9 mm breit. Blütenstand eine dichte, zusammengezogene Rispe, kurz zylindrisch, 1,5–5 cm lang und 1–1,5 cm breit. Ährchen stark seitlich abgeflacht und kurz gestielt, mit 3 Blüten, die beiden unteren steril und nur ihre Deckspelzen ausgebildet. Hüllspelzen etwa 5 mm lang, auf dem Rücken mit gezähntem Flügel. Sterile Deckspelzen etwa 1 mm lang, fertile etwa 3 mm lang, behaart, in den Hüllspelzen versteckt.
**Standort:** Garriguen, Öd- und Kulturland.
**Verbreitung:** M, Westeuropa, Madeira, Kanaren, bis Zentralasien und Indien.

## Kanarengras *Phalaris canariensis* IV–VII

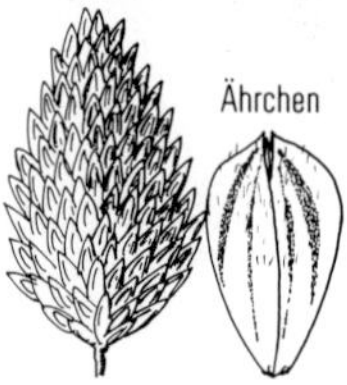


**Merkmale**: Einjähriges, oft verzweigtes Gras von zuweilen über 1 m Höhe. Blattscheiden rauh, die oberste aufgeblasen, Blatthäutchen 3–8 mm lang, Blattspreite kahl, 3–8 mm breit. Blütenstand eine dichte, eiförmige, zusammengezogene Rispe, 2–5 cm lang und 1–2,5 cm breit. Ährchen stark seitlich abgeflacht, kurz gestielt. Hüllspelzen 7–9 mm lang, mit ganzrandigem Flügel auf dem Rücken. Sterile Deckspelzen behaart, 3,5–4 mm lang, über halb so lang wie die 5–6 mm lange, behaarte, fertile Deckspelze.
**Standort**: Öd- und Kulturland.
**Verbreitung**: M, Madeira, Kanaren, Kaukasien, als Vogelfutter kultiviert und oft verschleppt. Sehr ähnlich ist *Ph. brachystachys*. Die beiden sterilen Deckspelzen sind kahl und nur 0,5 mm lang, kaum ⅕ so lang wie die fertile Deckspelze. M, Vorderasien.

## Espartogras *Lygeum spartum* III–V

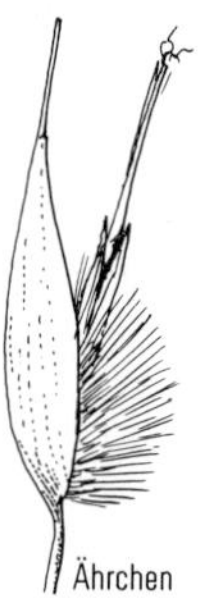


**Merkmale**: Ausdauerndes, dichtrasiges Gras von 20–70 cm Höhe. Rhizom dicht mit derbhäutigen Schuppenblättern besetzt. Stengel aufrecht, drahtartig, markerfüllt. Blattscheiden kahl, Blatthäutchen spitz und 4–7 mm lang, Blattspreite sehr derb, binsenförmig eingerollt, bis 50 cm lang und 1–2 mm dick, kahl. Blütenstand aus nur einem endständigen Ährchen bestehend, das von einem großen, eiförmigen, 3–4 cm langen Hochblatt umgeben ist. Ährchen 2blütig, ohne Hüllspelzen. Die Deckspelzen der beiden Blüten sind mit den Rändern verwachsen, bilden eine derbe, zylindrische Röhre und sind auf dem Rücken reichlich lang behaart, etwa 2 cm lang. Vorspelzen hervorragend, kahl, 3–4 cm lang. Ährchen bei der Reife als ganzes abfallend.
**Standort**: Steppen, oft auf Ton und Gips.
**Verbreitung**: M, Südhälfte, fehlt in Vorderasien.

## Spanisches Rohr *Arundo donax* VII–X

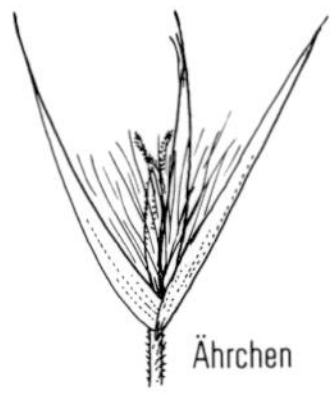


**Merkmale**: Mehrjähriges Gras mit kriechendem, verholztem Rhizom und von schilfähnlichem Aussehen, aber wesentlich höher, 3–6 m. Stengel einfach oder mit kurzen Seitennästen, überwinternd und im 2. Jahr blühend. Blattscheiden glatt, die Knoten bedeckend, Blatthäutchen als Haarreihe ausgebildet, Blattspreite blaugrün, am Rand rauh, bis 60 cm lang und 6 cm breit. Blütenstand eine reichblütige, 30–70 cm lange Rispe. Ährchen 2- bis 4blütig, 12–18 mm lang. Die beiden Hüllspelzen gleich, 9–15 mm lang, lang zugespitzt. Deckspelze 7–12 mm lang, auf dem Rücken mit langen Haaren, 3nervig, jeder Nerv in eine kurze Granne endend.
**Standort**: Feuchte bis nasse Böden.
**Verbreitung**: M, Heimat wahrscheinlich Zentralasien. Die Art wird weltweit in heißen Klimaten gepflanzt.

## Stechendes Vilfagras IV–X
*Sporobolus virginicus*

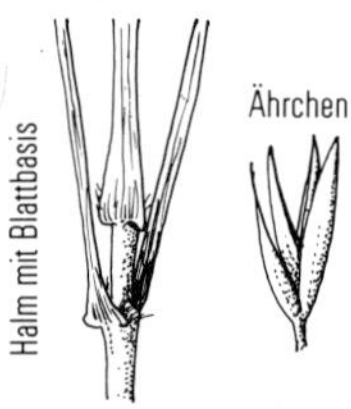


**Merkmale**: Ausdauerndes Gras mit weit kriechenden Ausläufern. Blütentriebe aufsteigend bis aufrecht, kahl, 10–40 cm hoch mit 2zeilig angeordneten Blättern. Blattscheiden kahl, Blatthäutchen als Reihe von 1–1,5 mm langen Haaren ausgebildet, Blattspreite oberseits dicht behaart, lanzettlich und eingerollt, 2–8 cm lang und 2–5 mm breit. Blütenstand eine 3–6 cm lange, zusammengezogene Rispe mit schräg aufrechten Ästen. Ährchen einblütig, kurz gestielt, 2,5–3 mm lang, mit grünlich-hyalinen, eiförmigen, grannenlosen Spelzen. Die beiden Hüllspelzen ungleich lang, rauh. Deckspelze etwa 2 mm lang, kahl, die längere Hüllspelze gerade überragend.
**Standort**: Küstendünen, Salzmarschen.
**Verbreitung**: M, Kanaren, Tropen Afrikas und Amerikas, Australien. Syn.: *Sporobolus pungens*.

## Silbergras *Imperata cylindrica* IV–VII

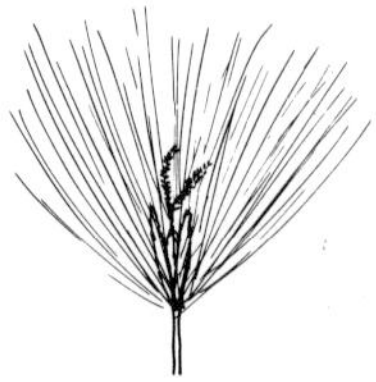

**Merkmale:** Ausdauerndes Gras mit lang kriechendem Rhizom. Stengel 20–120 cm hoch, meist kräftig, kahl. Blattscheiden kahl, mit Öhrchen am Übergang zur Spreite, Blatthäutchen lang behaart, Blattspreite flach mit eingerollten Rändern, steif, bis 60 cm lang und 3–6 mm breit. Blütenstand eine dichte, bis 20 cm lange, zylindrische Rispe, die durch die langen (bis 18 mm), seidigen Kallushaare weiß erscheint. Ährchen 4–5,5 mm lang, mit 2 Blüten, einer kurz gestielten sterilen und einer lang gestielten (1–2,5 mm) zwittrigen, die von den Hüllspelzen eingeschlossen sind. Sterile Blüte auf die Deckspelze reduziert. Alle Spelzen ohne Granne. **Standort:** Sümpfe, Ufer, Ödland, Weinberge. **Verbreitung:** M, bis Zentralasien, Makaronesien, Tropen der Alten Welt, Chile. Das Silbergras ist mit dem **Zuckerrohr** verwandt. Synonym: *Saccharum cylindricum.*

## Gemeines Steifgras IV–VII
*Desmazeria rigida*

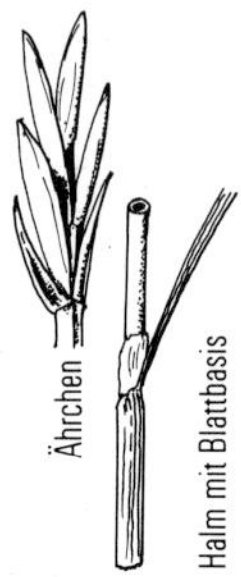


**Merkmale:** Einjähriges, mehrstengeliges Gras mit niederliegenden oder aufsteigenden Trieben von 5–30 (60) cm Länge. Blattscheiden glatt, Blatthäutchen gestutzt und gezähnelt, Blattspreite flach und kahl, 1–2 mm breit. Blütenstand eine steife, länglich-eiförmige Rispe von 1–12 (18) cm Länge mit schräg aufrechten, kurzen Ästen, variabel in der Länge und Verzweigung der Äste und der Verteilung der Ährchen. Ährchen auf 0,5–3 mm langen Stielen, 4–10 mm lang und mit 5–12 Blüten. Hüllspelzen etwas ungleich, 1,3–2,3 mm lang, gekielt, glatt oder auf den Nerven rauh. Deckspelze 2–3 mm lang, auf dem Rücken gerundet oder vorn gekielt, kahl, stumpf oder spitz. Alle Spelzen ohne Granne. **Standort:** Öd- und Kulturland. **Verbreitung:** M, bis Westeuropa, Persien, Makaronesien. Synonym: *Catapodium rigidum.*

## Hallers Segge *Carex hallerana* III–VI

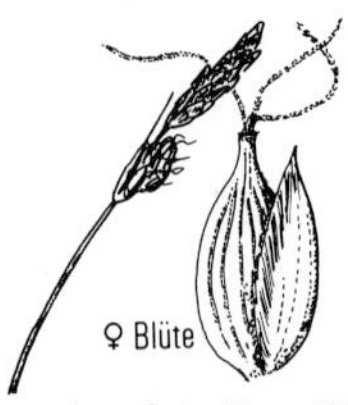


**Merkmale:** Ausdauerndes, dichtrasiges Sauergras mit schiefem Rhizom. Stengel 3kantig, 10–40 cm hoch, schlank, oben rauh, am Grund mit dunkelbraunen, zerfasernden Scheiden. Blätter schmal, 1–2,5 mm breit, etwa so lang wie die Stengel. Weibliche Ährchen zu 1–6, breit eiförmig und 6–15 mm lang mit etwa 10 Blüten, die 1–3 oberen dem einzelnen männlichen Ährchen genähert und fast sitzend, die 1–3 unteren am Stengelgrund entspringend und auf schlanken, bis 17 cm langen Stielen, Spelzen rotbraun mit grünem Mittelstreifen und hellem Rand, eiförmig-lanzettlich, spitz, etwa so lang wie die 3–4 mm langen, behaarten, kurz geschnäbelten Fruchtschläuche. Männliches Ährchen sitzend oder kurz gestielt, 5–25 mm lang und 1–4 mm breit.
**Standort:** Lichte Wälder, Gebüsch, Felshänge.
**Verbreitung:** M, bis Mitteleuropa, Pakistan.

## Papyrus *Cyperus papyrus* VII–IX

**Merkmale:** Ausdauerndes, dichtrasiges Sauergras mit kurzem, dickem, verholztem Rhizom. Stengel 3kantig, blattlos, 2–5 m hoch und 2–3 cm im Durchmesser. Blätter nur an sterilen Trieben, bis 8 mm breit. Blütenstand eine zusammengesetzte Dolde, die von 4–10 Hochblättern umgeben ist, mit 100–200 Ästen von 12–21 cm Länge. Ährchen linealisch, 8–10 mm lang und 1–2 mm breit, mit 6–22 Blüten. Spelzen rotbraun bis strohfarben, eiförmig, stumpf, 1,5–2 mm lang. Frucht eine gelbbraune Nuß. In der Antike vielfältig verwendete Nutz- und Zierpflanze, wichtig für die Papierherstellung (aus dem Stengelmark).
**Standort:** Langsam fließendes Wasser.
**Verbreitung:** Heimat: Tropisches und subtropisches Afrika. In Europa nur bei Siracusa (Sizilien); umstritten ist, ob das Vorkommen wild oder eingebürgert ist.

Süßgräser

Sauergräser

## **Zwergpalme** *Chamaerops humilis* IV–VI

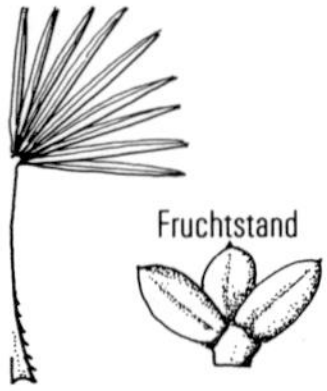


**Merkmale:** Niedrige, strauch- oder baumförmige Fächerpalme, die Schößlinge treiben kann. Stamm nicht entwickelt oder bis 2, selten (vor allem in Kultur) bis 9 m hoch, von grauen oder weißen Fasern bedeckt. Blätter blaugrün, immergrün und derb, ihre Fläche rundlich, bis 80 cm lang, in 12–15 lanzettliche, vorn 2spaltige Abschnitte fächerförmig geteilt, ihr Stiel etwa gleich lang und dornig gezähnt. Blütenstände bis 35 cm lang, lang gestielt, reich rispig verzweigt, am Grund mit 2–4 am Rand wolligen Hochblättern (Spathen). Blüten gelb, eingeschlechtlich oder zwittrig, mit 6–9 Staubblättern und 3 Fruchtknoten. Früchte rundlich bis eiförmig, 1–4,5 cm dick, gelb bis braun, faserig, ungenießbar. Die jungen Blattknospen sind eßbar.
**Standort:** Garriguen, Felsfluren.
**Verbreitung:** WM, ZM, auch kultiviert.

## **Hanfpalme** *Trachycarpus fortunei* III–VI

**Merkmale:** Hohe, baumförmige Fächerpalme mit einzeln stehenden Stämmen. Stamm bis 12 m hoch, von langen schwarzbraunen Fasern bedeckt. Blätter dunkelgrün, unterseits blaugrün, immergrün und derb, ihre Fläche bis 60 cm lang, tief in linealische, 17–25 mm breite Abschnitte fächerförmig geteilt, ihr Stiel bis 1 m lang und fein gezähnelt. Blütenstände 30–60 cm lang, rispig, behaart, am Grund mit mehreren Hochblättern. Blüten gelb, männliche und weibliche in getrennten Blütenständen auf einem Baum. Frucht länglich-eiförmig, 12–14 mm lang, blauschwarz.
**Standort:** Als Zierbaum kultiviert.
**Verbreitung:** M, Westeuropa. Heimat: China. Ähnlich sind die Arten der Gattung *Washingtonia*. Bei ihnen ist der Stamm oben von einem dicken Schopf hängender abgestorbener Blätter eingehüllt. Heimat: Kalifornien.

## **Kanarische Dattelpalme** IV–VI
*Phoenix canariensis*

**Merkmale:** Baumförmige, zweihäusige Fiederpalme mit einzeln stehenden, kräftigen Stämmen. Stamm bis 12 (20) m hoch. Blätter grün, immergrün und derb, bis 7 m lang, in zahlreiche, bis 50 cm lange, schmale Abschnitte geteilt, mit kurzem Stiel. Blütenstände am Grund mit einem scheidigen Hochblatt (Spatha). Männliche Blüten cremefarben, weibliche gelb. Frucht eiförmig, 15–23 mm lang, dunkel purpurbraun, fleischig, fade oder schwach süß schmeckend. Samen 8–12 mm breit.
**Standort:** Als Zierbaum kultiviert.
**Verbreitung:** M. Heimat: Kanaren. Ähnlich ist *P. theophrasti*. Stämme schlank, bis 10 m hoch, oft zu mehreren in Gruppen, Frucht ellipsoidisch, bis 16 mm lang und 11 mm breit, erst gelbbraun, dann schwärzlich, faserig. Ostkreta, Südwest-Anatolien.

## **Echte Dattelpalme** III–V
*Phoenix dactylifera*

**Merkmale:** Baumförmige, zweihäusige Fiederpalme mit schlanken, in Gruppen stehenden Stämmen, sofern vom Menschen nicht vereinzelt. Stamm bis 30 m hoch. Blätter blaugrün, immergrün und sehr derb, in zahlreiche bis 40 cm lange, jederseits in 2 Reihen angeordnete, schmale Abschnitte fiederförmig geteilt, mit kurzem Stiel. Blütenstand am Grund mit einem scheidigen Hochblatt (Spatha), rispig. Männliche Blüten gelb, duftend, weibliche duftlos. Frucht eiförmig-kugelig, 2,5–7,5 cm lang, rötlich oder braun, fleischig, süß, in Europa oft nicht ausreifend, da das Klima nicht heiß genug ist. Samen 5–8 mm breit.
**Standort:** Als Zier- und Fruchtbaum kultiviert.
**Verbreitung:** Heimat unsicher (Persischer Golf?). Kultiviert: M, Südwest-Asien, südliches Nordamerika, in Europa meist als Zierbaum.

## Schmalblättriges Biarum X–VI
*Biarum tenuifolium*

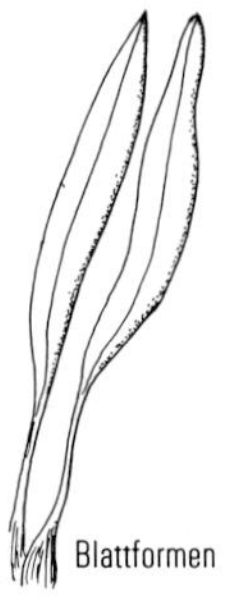


**Merkmale**: Ausdauernde, kahle Pflanze mit unterirdischer, halbkugeliger bis scheibenförmiger Knolle und bis 5 cm langem, unterirdischem Stengel. Blätter nach der Blüte austreibend, linealisch bis schmal elliptisch, flach oder wellig, 5–20 cm lang und 5–20 mm breit. Hochblatt des Blütenstands (Spatha) 8–20 (30) cm lang, am Grund (unter der Erde) 2,5–6 cm lang röhrig verwachsen, der vordere, flächige Teil lanzettlich, dunkelpurpurn und außen grünlich. Blütenkolben (Spadix) mit sterilen Blüten unter und über den männlichen Blüten, Endstück schlank, 9–16 cm lang und bis 3 mm breit, weit hervorragend, purpurn. Beeren weiß oder grün.
**Standort**: Felshänge, Macchien, Kulturland.
**Verbreitung**: M, fehlt Frankreich, Balearen, Sardinien, Levante.

## Italienischer Aronstab III–V
*Arum italicum*

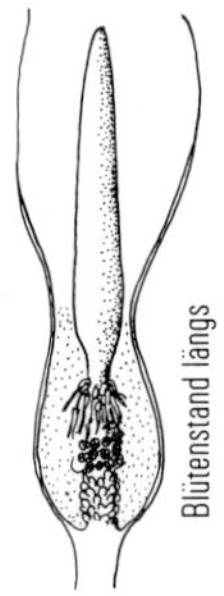


**Merkmale**: Ausdauernde, kahle Pflanze mit unterirdischer Knolle und 10–20 cm hohem, blattlosem Stengel. Knolle horizontal, verlängert-zylindrisch, etwa 5 cm lang. Blätter erscheinen im Herbst oder Frühwinter und bleiben bis in den Frühling grün, 15–40 cm lang gestielt mit großer, breit spießförmiger Spreite von 11,5–30 cm Länge und 10–23,5 cm Breite, glänzend. Hochblatt des Blütenstandes (Spatha) 15–40 cm lang, am Grund auf 3–8,5 cm röhrenförmig eingerollt und an der Spitze übergeneigt, hell grünlichgelb bis durchscheinend weiß. Blütenkolben (Spadix) 6,5–13 cm lang mit sterilen Blüten unter und über den männlichen Blüten, mit kräftigem, 3,5–7 cm langem und kaum hervorragendem gelbem Endstück. Beeren rot.
**Standort**: Wälder, Gebüsch, Olivenhaine.
**Verbreitung**: M, bis Westeuropa, Kaukasien.

## Krummstab *Arisarum vulgare* X–V

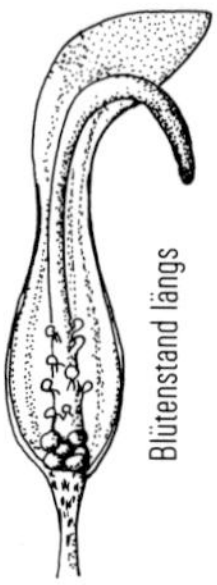


**Merkmale**: Ausdauernde, kahle Pflanze mit eiförmiger Knolle und bis 30 cm hohem, purpurfleckigem, blattlosem Stengel. Blätter mit langem, purpurfleckigem Stiel und eiförmig-pfeilförmiger Spreite von 4–15 cm Länge und 3–12 cm Breite. Hochblatt des Blütenstandes (Spatha) 3–5 cm lang, am Grund 2–3,5 cm röhrig verwachsen, grün und purpurstreifig, im vorderen Teil kapuzenförmig nach vorn gebogen, grün bis purpurbraun. Blütenkolben (Spadix) mit weiblichen und darüber männlichen Blüten, aber ohne sterile Blüten, mit grünem, zylindrisch-keuligem Endstück. Beeren grün.
**Standort**: Wälder, Olivenhaine, Mauern.
**Verbreitung**: M, bis Makaronesien. Bei *A. proboscideum* läuft die Spatha in einen 5–15 cm langen, fädigen Fortsatz aus (»Mäuseschwanz«). ZM (Italien), WM (Spanien).

## Gewöhnliche Schlangenwurz IV–VI
*Dracunculus vulgaris*

**Merkmale**: Ausdauernde, bis über 1 m hohe Pflanze mit unterirdischer Knolle und blattlosem Stengel. Blätter mit langem Stiel, der am Grund in eine purpurfleckige Scheide erweitert ist, Blattspreite 10–20 cm lang und 11–35 cm breit, tief fußförmig geteilt mit 9–15 elliptischen bis lanzettlichen, spitzen Segmenten. Hochblatt des Blütenstandes (Spatha) 20–50 cm lang, meist kahl, außen grünlich, innen braunpurpurn, unterer Teil eingerollt, oberer Teil fast flach mit welligem Rand. Blütenkolben (Spadix) etwa so lang wie die Spatha, ohne oder mit wenigen sterilen Blüten, Endstück dunkelpurpurn mit kurzem, bleichem Stiel. Beeren orangerot. *Giftig!* Wird vom Vieh gemieden.
**Standort**: Gehölze, Kulturland, Ruinen.
**Verbreitung**: ZM, OM, bis Südbulgarien.

Fruchtstände

## Schmetterlings-Knabenkraut II–V
*Orchis papilionacea*

**Merkmale**: Ausdauernde, kahle Pflanze mit 2 eiförmigen, unterirdischen Knollen. Stengel 15–40 cm hoch, unverzweigt, am Grund mit einer Rosette aus 3–8 Blättern, diese schmal lanzettlich, bis 18 cm lang und 1,5 cm breit. Blüten ansehnlich, bis zu 14 in dichtem bis aufgelockertem Blütenstand. Kelchblätter schräg nach vorn gerichtet, lanzettlich, längsadrig. Lippe rotviolett, rosa oder weißlich, ungeteilt, breit herzförmig oder schmaler und keilförmig, mit flachem oder aufgebogenem, gekerbtem Rand, in der Größe variabel, 9–26 mm lang und etwa so breit, auf der Fläche oft fächerförmig dunkler markiert, aber auch (besonders ZM) einfarbig, mit einem 8–14 mm langen, abwärts gebogenen Sporn.
**Standort**: Magerrasen, Garriguen, Wälder.
**Verbreitung**: M, bis Walachei, Kaukasien.

## Riesen-Knabenkraut *Barlia robertiana* I–V

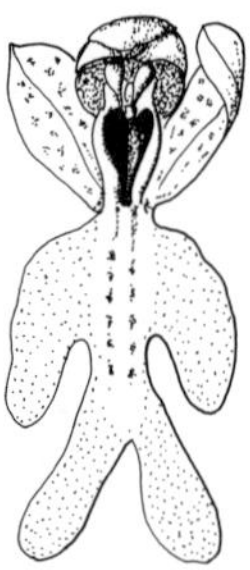

**Merkmale**: Ausdauernde, kahle und mastig wirkende Pflanze mit 2 eiförmigen, unterirdischen Knollen. Stengel kräftig, 25–80 cm hoch, am Grund mit 5–10 Blättern in einer Rosette, darüber mit scheidigen, stengelumfassenden Blättern. Blätter fleischig, glänzend, eiförmig oder elliptisch, bis 30 cm lang und 10 cm breit. Blüten in reichblütigem, 6–23 cm langem und dichtem Blütenstand, purpurn oder bräunlich bis grünlich, oft verwaschen schmutzig gefärbt. Tragblätter krautig. Kelchblätter nach vorn geneigt, eiförmig. Lippe 13–20 mm lang, 3lappig mit gespaltenem Mittellappen. Seitenlappen lanzettlich, oft sichelförmig einwärts gebogen und nach unten geschlagen. Sporn kegelförmig, 4–6 mm lang, innen nahe der Spitze mit einem Nektarium.
**Standort**: Lichte Wälder, Garriguen, Magerrasen.
**Verbreitung**: M.

## Puppenorchis III–V
*Aceras anthropophorum*

**Merkmale**: Ausdauernde, kahle Pflanze mit 2 eiförmigen, unterirdischen Knollen. Stengel 10–40 cm hoch, unten mit 4–9 ungefleckten, lanzettlichen Blättern. Blütenstand schmal, dicht- und reichblütig, die Tragblätter kürzer als die Fruchtknoten. Blüten von grünlich-gelber Grundfarbe, verschieden intensiv braunrot getönt. Kelchblätter eiförmig, 5–8 mm lang, zu einem Helm zusammengeneigt. Lippe hängend, tief 3lappig mit geteiltem Mittellappen und linealischen Zipfeln, einen Menschen imitierend (daher der Name), 12–15 mm lang, am Grund mit 2 Wülsten, ohne Sporn.
**Standort**: Magerrasen, Gebüsche, Wälder.
**Verbreitung**: M, bis West- und Mitteleuropa.
Verwandt ist die **Keuschorchis** *Neotinea maculata.* Blütenstand eiförmig, Blüten duftend, sehr klein, Lippe nur 3–5 mm lang, weißlich bis rot.

## Violetter Dingel IV–VI
*Limodorum abortivum*

**Merkmale**: Ausdauernde Pflanze mit kurzem Rhizom, das fleischige Wurzeln trägt, fast ohne Blattgrün und als Halbparasit auf Pilzen wachsend. Stengel oft zu mehreren, bis 80 cm hoch, austreibend dem Spargel ähnlich, samt der schuppenförmigen Blätter violett überlaufen. Blütenstand ziemlich locker, mit bis zu 25 kurzgestielten Blüten. Blüten violett, selten rot (Türkei, Zypern), weit geöffnet. Kelchblätter eiförmig-lanzettlich, 16–25 mm lang. Lippe quer zweigeteilt, Hinterabschnitt 4–7 mm lang und breit mit hochstehenden Rändern, daher stielförmig erscheinend, Vorderabschnitt größer, 10–15 mm lang und wenig schmaler, mit hochgebogenen, welligen Rändern, in der Mitte heller gefärbt und mit dunklen Längsnerven. Sporn 15–25 mm.
**Standort**: Lichte Wälder, Magerrasen.
**Verbreitung**: M, bis Mitteleuropa, Persien.

## Einschwieliger Zungenstendel III–VI
*Serapias lingua*

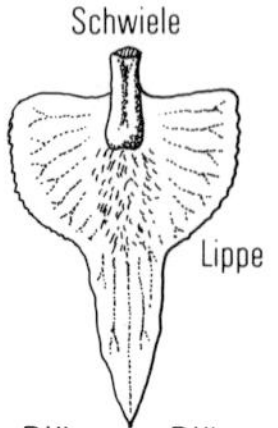


**Merkmale**: Ausdauernde Pflanze mit einer sitzenden und 2 langgestielten, unterirdischen Knollen. Stengel meist in Herden, 10–35 cm hoch, mit 4–8 schmal lanzettlichen Blättern. Blütenstand locker, meist mit weniger als 8 Blüten. Kelchblätter spitz, zusammengeneigt, graulila. Lippe 22–29 mm lang, am Ansatz mit einer auffälligen purpurnen Schwiele, quer 2geteilt, der Hinterabschnitt versteckt, mit purpurnen Seitenlappen, der Vorderabschnitt schräg hervorragend, rosalila bis weißlich oder gelblich, schwach behaart, zungenförmig, bis 18 mm lang und 12 mm breit.
**Standort**: Wälder, Garriguen, Magerrasen.
**Verbreitung**: M, bis Westfrankreich. Kleinere Lippen mit bis 11,5 mm langem Vorderabschnitt und 2 getrennten Schwielen besitzt *S. parviflora*. M, auch Kanaren.

## Pflugschar-Zungenstendel III–VI
*Serapias vomeracea*

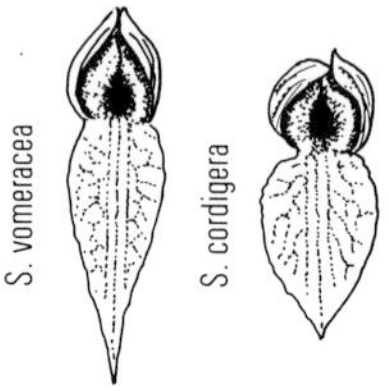


**Merkmale**: Ausdauernde Pflanze mit 2 sitzenden, kugeligen, unterirdischen Knollen. Stengel einzeln, 20–60 cm hoch, im unteren Teil mit 4–7 schmal lanzettlichen, bis 19 cm langen Blättern. Blütenstand bis 10blütig. Kelchblätter spitz, zusammengeneigt, graulila. Lippe (23) 32–42 mm lang, am Ansatz mit 2 unauffälligen parallelen Schwielen, quer 2geteilt, Hinterabschnitt breit keilförmig mit aufrechten, dunkelfarbigen Seitenlappen, Vorderabschnitt abwärts gerichtet, lanzettlich, bis zur Mitte dicht behaart, rostrot bis braunviolett oder blaß ockergelb.
**Standort**: Wälder, Öd- und Kulturland.
**Verbreitung**: M, bis Westfrankreich, Kaukasien. Ähnlich ist *S. cordigera* mit herzförmigem Hinterabschnitt und breiterem, eiförmigem Vorderabschnitt. M und Westeuropa.

## Spiegel-Ragwurz *Ophrys ciliata* II–IV

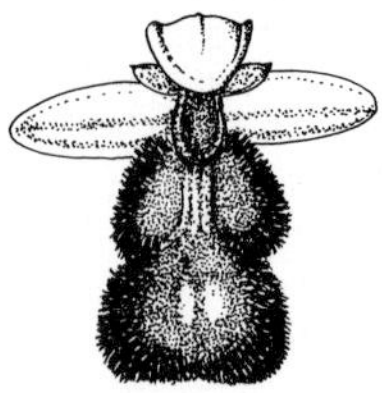

**Merkmale**: Ausdauernde, kahle Pflanze mit 2 kugeligen, unterirdischen Knollen. Stengel 5–30 cm hoch, selten höher, mit 4–5 blaugrünen, lanzettlichen Blättern in einer Grundrosette. Blüten zu 2–8 (selten bis 15) in einem lockeren Blütenstand, sitzend, durch die auffällig gefärbte Lippe weithin leuchtend. Kelchblätter 7–10 mm lang, die seitlichen spreizend, das mittlere vorgeneigt, grün und manchmal braunrot überlaufen. Seitliche Kronblätter 4–6 mm lang, behaart. Lippe am Ansatz mit einem stielartigen Abschnitt und schwarzen Randleisten, vorn 3lappig mit kleinen, schräg aufrechten Seitenlappen und großem, rundlichem Mittellappen, rundum mit einem Kreuz zottiger Haare, das Mal in der Mitte kahl und leuchtend blau oder violett. **Standort**: Garriguen, Wälder, Ödland.
**Verbreitung**: M, seltener im Osten.
Synonym: *Ophrys speculum, Ophrys vernixia.*

## Gelbe Ragwurz *Ophrys lutea* I–VI

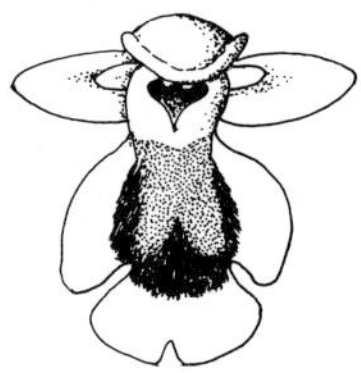

**Merkmale**: Ausdauernde, kahle Pflanze mit 2 rundlichen, unterirdischen Knollen. Stengel 10–25 cm hoch, selten höher, zierlich, mit 3–6 lanzettliche Blättern in einer Grundrosette, darüber 1–2 scheidige Blätter. Blütenstand armblütig, selten mit mehr als 4 Blüten. Blüten unterschiedlich groß (klein-, mittelgroß- und großblütige Rassen). Kelchblätter 7–13 mm lang, grünlich, spreizend. Seitliche Kronblätter zungenförmig, kahl, oft wellig, gelb bis grünlich. Lippe am Grund mit Mittelfurche, im vorderen Drittel 3lappig mit großen Seitenlappen und oft kleinerem Mittellappen, im Mittelteil behaart und braun mit bläulichem oder grauviolettem Mal, der breite, gelbe Rand kahl und flach ausgebreitet oder leicht aufgebogen.
**Standort**: Garriguen, Magerrasen, Ödland.
**Verbreitung**: M, bis Westfrankreich.

## Braune Ragwurz *Ophrys fusca* XII–VI

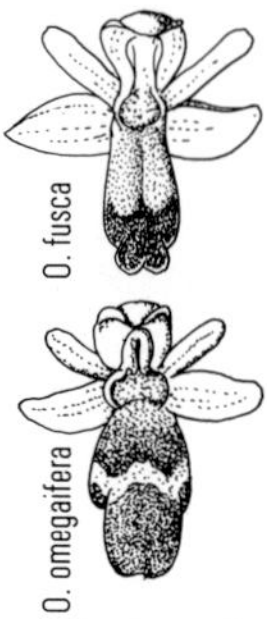


**Merkmale**: Ausdauernde, kahle Pflanze mit 2 rundlich-eiförmigen, unterirdischen Knollen. Stengel 10–40 cm hoch, mit 3–6 breit lanzettlichen Blättern in einer Grundrosette. Blütenstand mit 2–9 Blüten, meist locker. Blüten unauffällig, unterschiedlich groß (klein-, mittelgroß- und großblütige Rassen). Kelchblätter grün, 7–14 mm lang. Seitliche Kronblätter zungenförmig, grünlich-bräunlich. Lippe am Grund mit Mittelfurche, 3lappig, braun bis schwarzviolett und samtig behaart, mit schmalem, gelbem oder hellbraunem Rand. Mal graublau, oft verwaschen gefärbt und wenig auffällig, selten leuchtend blau.
**Standort**: Lichte Wälder, Garriguen, Ödland.
**Verbreitung**: M, bis Westfrankreich. Bei der ähnlichen *O. omegaifera* sind die Lippen ohne Längsfurche, das Mal ist vorn hell ω-förmig begrenzt. OM, WM.

## Wespen-Ragwurz II–V
*Ophrys tenthredinifera*

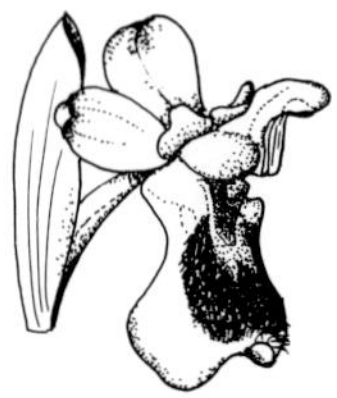

**Merkmale**: Ausdauernde, kahle Pflanze mit 2 rundlich-eiförmigen, unterirdischen Knollen. Stengel 10–30 cm hoch, manchmal höher, kräftig, mit 3–5 breit lanzettlichen Blättern in einer Grundrosette und darüber 1–4 scheidigen Blättern. Blütenstand mit 1–10 großen, prächtig gefärbten Blüten. Kelchblätter breit eiförmig, 11–13 mm lang, spreizend, rosa bis rot. Seitliche Kronblätter breit dreieckig, 4–6 mm lang, behaart. Lippe trapezförmig, 11–16 mm lang, wenig bis stark gewölbt, beiderseits mit 2 niedrigen Höckern, vorn mit großem, aufrechtem Anhängsel, in der Mitte rot- bis schwarzbraun, gegen den Rand gelb bis hellbraun. Mal klein, den Lippengrund umgreifend, graulila bis bläulich und weißlich berandet. Säule vorn stumpf abgerundet. **Standort**: Lichte Wälder, Garriguen, Rasen. **Verbreitung**: M.

## Bertolonis Ragwurz III–VI
*Ophrys bertolonii*

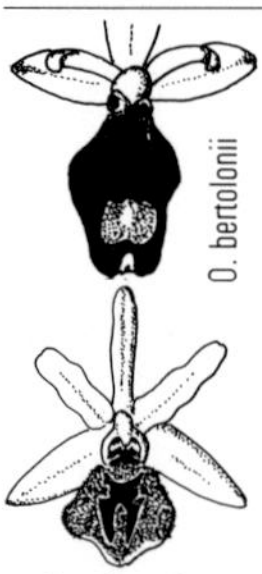


O. sphegodes

**Merkmale**: Ausdauernde, kahle Pflanze mit 2 rundlichen, unterirdischen Knollen. Stengel 10–35 cm hoch, mit 2–8 Blüten. Kelchblätter meist rosa, auch grün, 13–18,5 mm lang. Seitliche Kronblätter rosa bis rot, lang und schmal, fein behaart, nach vorn gebogen. Lippe dunkel, schwarzpurpurn, mit einem auffälligen, schildförmigen, leuchtend blauen Mal in der Vorderhälfte oder Mitte, 12,5–18,5 mm lang, ungeteilt bis schwach 3lappig, sattelförmig gebogen mit herabgeschlagenen Seitenteilen, vorn mit kleinem, aufrechtem und gelblichem Anhängsel, rundum lang und dicht behaart.
**Standort**: Lichte Wälder, Garriguen, Rasen.
**Verbreitung**: ZM, Balearen, Katalonien. Verwandt ist die formenreiche **Spinnen-Ragwurz** *O. sphegodes* mit meist grünen Kelch- und kahlen Kronblättern sowie bräunlicher Lippe.

## Hummel-Ragwurz III–VI
*Ophrys holoserica*

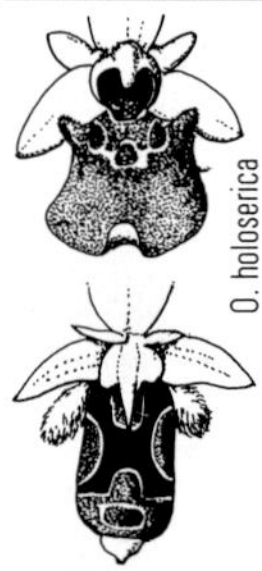


O. scolopax

**Merkmale**: Ausdauernde, kahle Pflanze mit 2 eiförmigen, unterirdischen Knollen. Stengel 10–40 cm, manchmal bis 90 cm hoch, mit 4–7 lanzettlichen Blättern in einer Grundrosette. Blüten zu 2–10 (18) in lockerem Blütenstand. Kelchblätter fast stets rosa oder rot, 10–14 mm lang. Seitliche Kronblätter rosa, 3–6 mm lang, behaart. Lippe von brauner Grundfarbe, gewölbt, am Grund oft mit 2 niedrigen Höckern, vorn mit großem, 3zähnigem Anhängsel, gegen den Rand kurz- oder langhaarig. Mal H-förmig oder stärker gegliedert, grauviolett oder -bräunlich und hellrandig. Lippe 7–18 mm lang.
**Standort**: Wälder, Säume, Garriguen, Rasen.
**Verbreitung**: M, bis West- und Mitteleuropa. Ähnlich gefärbte Blüten hat *O. scolopax*. Lippe tief 3lappig, ihre Seitenlappen oft mit sehr langen Höckern. M, Südwest-Asien.

# Die Pflanzenwelt des Mittelmeerraums

Zum Mittelmeerraum stoßen nicht nur die drei Erdteile Europa, Asien und Afrika vor, er ist auch ein Überschneidungsgebiet sehr unterschiedlicher Klimaeinflüsse: das ausgeglichene atlantische Klima im Westen, das kühlgemäßigte im Norden, das kontinentale im Osten und das subtropische im Süden.

Im südlichen Frankreich geht die mediterrane Garrigue in atlantische Heidekrautgesellschaften über. Die teilweise sommergrünen Wälder weiter Teile Italiens und Jugoslawiens setzen sich aus Baumarten zusammen, die auch in Mitteleuropa nördlich der Alpen vorkommen: laubwerfende Eichen, Eschen und Buchen, in Höhenlagen Kiefern und Tannen. Auf dem Balkan und am östlichen Mittelmeerrand (Levante) enthält die Flora zahlreiche Elemente der innerasiatischen Steppen. In Nordafrika schließlich prägen bei Durchschnittstemperaturen, die im Juli nur wenig unter 30 Grad liegen, Palmen und Trockensträucher die landschaftsweise halbwüstenartige Vegetation.

Es gibt also kein einheitliches Mittelmeerklima. Und doch faßt man unter diesem Begriff die Klimaverhältnisse zusammen, die durch milde, niederschlagsreichere Winter und trockenheiße Sommer gekennzeichnet sind.

Im Rhythmus der Jahreszeiten entwickeln sich im ganzen Mittelmeerraum stetige Winde, welche die Einflüsse der angrenzenden Gebiete erheblich verschärfen und die Zusammensetzung der Vegetation in vielen Landstrichen entscheidend mitbestimmen.

Die vorwiegend westlichen Winde der Atlantikküsten sorgen verhältnismäßig häufig für Niederschläge im dortigen Küstenbereich und an den westlichen Gebirgszügen. Die Nordwinde Mistral und Bora tragen trockenkalte Luft aus mitteleuropäischen Gebirgen in die viel wärmeren Küstenebenen der Riviera und der Adria. Trockenheiße Luft aus den sommerlich aufgeheizten innerasiatischen Landmassen tragen östliche Winde als Meltemi auf die pontische Halbinsel und als etesische Winde auf die Balkanhalbinsel. Der berüchtigtste und dem Pflanzenwuchs schädlichste Wind, der Schirokko, verfrachtet sommerliche Wüstenglut mit Sand aus der Sahara nach Nordafrika und verhindert weithin Sommergrün im Hinterland der südlichen Mittelmeerküsten.

Trotz dieser Klimaunterschiede können im weiteren Küstenbereich sehr ähnliche, eben die typisch mediterranen Vegetationsformen beobachtet werden. Immergrüne Hartlaubgewächse beherrschen hier die Pflanzendecke. Ihre meist ledrigen und in der Regel kleinen, oft zusammengerollten oder nadelartigen Blätter nutzen und überstehen die Besonderheiten dieses Klimas. Die in der Regel frostfreien Winter erlauben den Immergrünen eine Hauptwachstumszeit zwischen Oktober und April, wenn die Niederschläge fallen. Auch die Blütezeit der meisten Arten fällt in den Frühling oder in den Herbst. So versäumt der Urlaubsreisende im Sommer Höhepunkte der duftenden Blütenpracht.

Während der heißen, regenarmen oder regenlosen Sommermonate fallen viele Mittelmeerpflanzen in eine Trockenruhe. Sie wachsen dann kaum und geben nur wenig Feuchtigkeit durch ihre vor Verdunstung besonders geschützten Blätter ab. Außer-

*Ölbaum auf Korfu (Griechenland)*

halb des Kulturlandes wirken die Stauden und Sträucher oft grau, die meisten Einjährigen sind dann schon abgestorben, Zwiebelpflanzen eingezogen. Brände gefährden jetzt die ausgetrockneten Buschwälder. Leichtfertiger Umgang mit Feuer bringt immer wieder großflächige Schäden für den Bewuchs der meist ohnehin armen Böden.

Als Zeigerpflanze für das Mittelmeerklima gilt allgemein der Ölbaum (Olivenbaum), der ursprünglich am Mittelmeer nicht heimisch war. Er wurde als ölspendende Kulturpflanze schon im Altertum an den Küsten angebaut und ist heute rings um das Mittelmeer zu finden. Besonders auf der Pyrenäenhalbinsel und in Nordafrika reichen seine Anbaugebiete tief ins Landesinnere. Von den wildwachsenden Gehölzen, die Mittelmeerklima anzeigen, sind vor allem die Steineiche, im östlichen Mittelmeerraum die Kermeseiche, auf besonders trockenen Böden die Aleppokiefer zu nennen.

Wald war die ursprüngliche und natürliche Pflanzengesellschaft nicht nur der größten Teile Europas nördlich der Alpen, sondern auch des Mittelmeerraums, hier vorwiegend aus wintergrünen Gehölzen zusammengesetzt. Als uralter Kulturraum erfuhren aber gerade die Mittelmeerländer schon seit Jahrtausenden einschneidende Veränderungen ihrer Pflanzendecke durch den Menschen.

Nacheinander und miteinander erblühten die Hochkulturen der Phönizier, Ägypter, Griechen, Römer und Mauren in den Küstenländern des Mittelmeers. Wurzeln der

*Blühende Macchie Anfang April*

Haustierwerdung und des Ackerbaus liegen in Vorderasien und im Südosten Europas. Erst der systematische Anbau von Kulturpflanzen ermöglichte erfolgreiche und straff organisierte Staatswesen. In den Mittelmeerländern läßt sich dem bekannten Beispiel vom Raubbau der Phönizier an den Libanonzedern für den Schiffsbau gleichsam flächendeckend ein allgemein unbedenklicher Umgang des Menschen mit der Natur zur Seite stellen. Der holzschlagende, brennende, seine Haustiere weidende und Ackerbau treibende Mensch hinterließ besonders in den seit alters dichter besiedelten Küstenlandschaften verkarstete Höhenzüge, die heute die ganze Mittelmeerregion kennzeichnen: bleiche, ausgetrocknete und von Erde entblößte Steingerippe.

Die künstlich herbeigeführte Versteppung und Verkarstung ursprünglich bewaldeter Gebiete schritt stufenweise voran. Degradation und Regeneration sind auch heute noch nicht zum Stillstand gekommen. Dem geschlagenen oder überweideten Wald folgt die Macchie, ein zwei bis drei Meter hoher, mehr oder weniger dichter Buschwald, der weite Teile des Mittelmeerraums überzieht. Sich selbst überlassen, verbessert sie durch Humusbildung nach und nach ihre Bodenverhältnisse, kleinere und schließlich größere Bäume fassen vereinzelt Fuß und würden unter günstigen Bedingungen über lange Zeiträume zur Neubestockung mit Wald führen.

Wird die Macchie aber weiter durch Holzentnahme und starke Beweidung übernutzt, weicht sie einem niedrigeren Busch-

*Zwergschwertlilien am Monte Gargano (Süditalien)*

wald, der Garrigue. Ihre oft dornigen und deshalb dem Tierfraß widerstehenden Zwergsträucher bleiben meist unter einem halben Meter Höhe. Bei weiterer Nutzung und Erosion halten sich nur noch die anspruchslosesten und kleinwüchsigen Arten auf dem oft steinigen Untergrund (Felsheide).

Auf dieser fortgeschrittenen Degradationsstufe zwischen Wald und Steppe gedeihen auch zahlreiche einjährige und mehrjährige krautige Pflanzen, unter ihnen die meisten unserer aromatisch duftenden Küchenkräuter, aber auch im Frühjahr oder Herbst verschwenderisch blühende Knollen- und Zwiebelpflanzen.

Die letzte Stufe zu immer anspruchsloseren Vegetationsformen ist die gehölzlose Steppe. Ihre Gräser und Kräuter sprießen aus oft umfangreichen Wurzelsystemen und unterirdischen Speicherorganen, sobald sich der Boden bei günstigen Temperaturen durch Niederschläge befeuchtet.

Trotz großflächiger Verarmung wildwachsender Pflanzengemeinschaften durch den Menschen weist der Mittelmeerraum eine fast unübersehbare Fülle an Gewächsen auf. Nirgends sonst in Europa gibt es einen vergleichbaren Artenreichtum. Auch zu dieser vielerorts üppig wuchernden Vegetation mit farbenprächtigen Blüten, wohlschmeckenden Früchten und beeindruckenden Baumgestalten trug der Mensch wesentlich bei. Sehr viele der uns heute für den Mittelmeerraum typisch erscheinenden Pflanzen wurden im Laufe der Kulturgeschichte aus anderen Ländern und Erdteilen eingeführt und heimisch gemacht: Apfelsinen, Oliven, Granatäpfel, Feigen, Pistazien und Auberginen aus Asien, Akazien und Eukalyptusbäume aus Australien, Agave, Feigenkaktus, aber auch Mais, Paprika und Tomate aus der Neuen Welt.

Vielfalt der Klimate, Inseln und Gebirge des Mittelmeerraums führten oft zu örtlich eng begrenzten, ausschließlichen Verbreitungsgebieten zahlreicher Wildpflanzenarten. Man nennt sie Endemiten. Viele von ihnen sind heute in ihren nur kleinen Beständen gefährdet. Die Erschließung nahezu aller Mittelmeerküsten für einen industriell organisierten Fremdenverkehr bedroht die Natur der mediterranen Region in erschreckendem Ausmaß. Weder ist ein Ende dieser Entwicklung abzusehen noch ein durchgreifender Ansatz zum Naturschutz in Sicht. G. S.

# Bildautoren

**A. Bärtels**: S. 13 o. l., 33 o. r., 89 o. l., 131 o. l., 255 u. l. (vig.); **E. Bayer**: S. 57 o. r., 79 u. r., 83 M. l., 111 o. r., 135 o. l., 135 u. l., 195 u. l., 209 o. l.; **Dr. H. Bellmann**: S. 17 o. l., 17 o. r., 31 o. r., 105 o. l., 111 u. r., 119 u. r., 129 u. r., 157 o. r., 161 u. r., 165 u. l., 169 u. l., 203 o. r.; **F. Büttner**: S. 25 u. l., 39 o. r., 39 u. r., 73 u. r., 101 o. l., 103 o. l., 117 o. r., 133 u. l., 149 o. r., 153 u. r., 189 u. l., 191 o. r., 191 u. r., 197 u. r., 245 u. l., 247 o. l., 263 u. r.; **R. Cramm**: S. 59 o. l.; **H. Eisenbeiß**: S. 39 u. l., 271 o. l., 271 u. r., 273 o. r.; **Dr. G. Ewald**: S. 241 o. r.; **X. Finkenzeller**: S. 11 o. l., 19 o. r., 21 u. r., 25 u. r., 27 o. r., 33 u. l., 35 o. r., 37 o. r., 41 o. r., 43 u. r., 47 u. r., 49 u. M. l., 57 u. l., 61 u. l., 63 o. r., 65 u. l., 67 u. l., 67 u. r., 69 u. r., 71 o. l., 71 o. r., 77 u. r., 81 u. l., 81 u. r., 83 o. l., 83 o. r., 85 o. r., 87 o. r., 89 u. l., 89 u. r., 91 M. l., 91 u. l., 93 u. r., 95 o. r., 103 u. r., 105 u. l., 105 u. r., 107 o. l., 117 o. l., 121 u. l., 125 o. l., 131 u. l., 133 o. l., 137 u. r., 141 u. r., 149 u. l., 153 o. l., 155 o. r., 157 u. l., 163 o. l., 163 o. r., 181 o. r., 181 u. l., 183 o. r., 185 o. l., 185 u. r., 187 o. r., 187 u. l., 197 u. l., 199 o. l., 199 o. r., 199 u. l., 199 u. r., 203 u. l., 205 o. r., 205 u. r., 211 u. l., 213 u. l., 213 u. r., 215 o. r., 215 u. l., 221 u. l., 223 o. l., 223 M. r., 225 u. l., 227 o. r., 231 o. r., 233 o. r., 233 u. l., 235 o. l., 237 u. l., 239 o. l., 241 u. l., 243 o. r., 243 u. r., 245 o. l., 245 o. r.,. 245 u. r., 247 o. r., 251 o. l., 251 o. r., 253 u. r., 255 o. r., 255 u. r., 257 o. r., 257 u. l., 265 u. r., 271 o. r., 275 u. l., 275 u. r.; **R. Gebhard**: S. 45 u. r., 193 M. r., 271 u. l.; **Prof. Dr. J. Grau**: S. 13 o. r., 21 u. l., 29 o. r., 31 u. l., 37 u. r., 53 o. r., 61 u. r., 85 u. r., 109 o. l., 109 o. r., 109 u. r., 125 u. l., 129 u. l., 141 o. r., 149 o. l., 161 u. l., 165 o. r., 171 u. l., 173 o. l., 173 u. l., 181 o. l., 183 u. r., 189 o. r., 201 u. l., 205 u. l., 211 o. l., 213 o. l., 225 M. r., 247 u. l., 263 o. l., 265 o. r.; **H. R. Heppner**: S. 41 u. l., 51 o. l., 51 o. r., 73 o. l., 113 u. l., 183 o. l., 203 u. r., 267 u. l.; **W. Layer**: S. 201 u. r., 257 u. r.; **G. Lopez**: S. 9 o. r., 9 u. r., 11 u. l., 13 u. l., 15 u. r., 17 u. l., 17 u. r., 19 u. l., 19 u. r., 21 o. r., 23 M. l., 23 u. l., 23 u. r., 25 o. l., 29 M. l., 33 o. l., 33 M. l., 39 o. l., 41 u. r., 43 o. r., 43 M. r., 45 o. l., 45 o. r., 47 o. l., 47 o. r., 49 o. l., 49 o. M. l., 49 o. r., 49 u. r., 51 u. l., 51 u. r., 53 o. l., 53 u. l., 53 u. r., 55 o. l., 55 o. r., 55 u. l., 55 u. r., 57 u. r., 59 o. r., 59 u. r., 63 o. l., 63 u. l., 63 u. r., 65 o. l., 67 o. r., 69 o. l., 69 o. r., 69 u. l., 73 u. l., 75 o. l., 75 u. l., 77 o. l., 77 o. r., 77 u. l., 79 o. l., 79 o. r., 79 u. l., 81 M. L., 83 u. l., 83 M. r., 83 u. r., 85 o. l., 85 u. l., 91 u. r., 93 o. l., 93 o. r., 93 u. l., 95 u. r., 97 o. l., 97 o. r. M., 97 o. r., 97 u. l., 97 u. r., 99 o. r., 99 M. r., 101 o. r., 101 u. r., 103 o. r., 103 u. l., 105 o. r., 109 u. l., 111 o. l., 111 u. l., 113 o. l., 113 o. r., 115 o. l., 115 u. r., 117 u. r., 119 o. l., 119 o. r., 121 o. l., 121 o. r., 121 u. r., 123 o. l., 123 o. r., 123 M. r., 123 u. l., 125 o. r., 125 u. r., 127 o. l., 127 u. r., 131 M. r., 133 u. r., 135 u. r., 137 o. l., 139 o. l., 139 u. r., 141 o. l., 141 u. l., 143 o. l., 143 u. l., 145 o. l., 145 u. l., 147 u. l., 147 u. r., 149 u. r., 151 o. l., 151 M. o., 151 o. r., 151 u. r., 153 u. l., 155 u. l., 155 u. r., 157 o. l., 157 u. r., 159 o. l., 159 o. r., 159 u. l., 159 u. r., 161 o. l., 163 u. l., 165 o. l., 165 u. r., 167 o. l., 167 o. r., 167 u. l., 167 u. r., 169 o. l., 169 u. r., 171 o. r., 171 u. r., 173 o. r., 175 o. l., 175 M. l. 177 o. l., 177 u. l, 179 o. l., 179 u. r., 181 u. r., 185 o. r., 185 u. l., 187 o. l., 191 u. l., 193 o. l., 193 o. r., 193 u. l., 193 u. r., 195 o. l., 195 o. r., 195 u. r., 197 o. r., 201 o. l., 201 o. r., 203 o. l., 205 o. l., 209 o. r., 211 u. r., 215 u. r., 217 u. l., 217 u. r., 219 o. l., 219 o. r., 219 u. l., 219 u. r., 221 o. l., 221 o. r., 221 u. r., 223 o. r., 223 u. l., 225 o. l., 225 o. r., 225 u. r., 227 o. l., 227 u. r., 229 M. r., 229 u. r., 231 u. l., 231 u. r., 233 o. l., 235 o. r., 235 M. l., 237 o. l., 237 M. l., 237 u. r., 239 o. r., 239 u. l., 243 o. l., 243 u. l., 247 u. r., 251 M. l., 251 u. l., 253 o. l., 253 u. l., 259 o. l., 259 o. r., 259 u. r., 261 o. l., 261 u. l., 261 u. r., 263 o. r., 263 M. l., 263 u. l., 265 o. l., 265 u. l., 267 o. r., 269 o. l., 269 M. l.; **B. Münker**: S. 87 u. r., 191 o. l., 269 o. r.; **H. Partsch**: S. 113 u. r., 269 u. r.; **Dr. E. Pott**: S. 19 o. l., 53 M. r., 91 o. r., 169 o. r.; **H. Reinhard**: S. 101 u. l., 117 u. M. l., 139 u. l., 147 o. l., 147 o. r., 175 u. r., 213 o. r., 217 o. r., 255 u. l., 273 o. l.; **M. Rogg**: S. 31 o. l.; **H. Schrempp**: S. 9 u. l., 11 u. r., 15 o. l., 15 o. r., 15 u. l., 65 u. r., 67 o. l., 71 u. r., 75 o. r., 87 u. l., 89 o. r., 95 u. l., 127 u. l., 133 o. r., 145 o. r., 153 o. r., 163 u. r., 197 o. l., 211 o. r., 227 u. l., 235 u. l., 241 o. l., 241 u. r., 249 u. r., 255 o. l.; **S. Seidl**: S. 35 o. l., 231 o. l., 253 o. r., 257 o. l.; **Silvestris Fotoservice**: R. König: S. 9 o. l., 11 o. r., 27 u. r., 49 u. l., 99 M. l., 99 u. l., 99 u. r., 121 M. r., 129 M. r., 135 o. r., 137 o. r., 173 u. r., 177 o. r., 239 u. r., 251 u. r.; **D. Smit**: S. 13 u. r., 23 o. l., 23 o. r., 25 o. r., 27 u. l., 29 o. l., 29 u. l., 29 u. r., 33 u. r., 37 o. l., 43 o. l., 43 u. l., 45 u. l., 57 o. l., 61 o. r., 95 o. l., 131 o. r., 131 u. r., 139 o. r., 143 o. r., 207 o. r., 217 o. l., 223 u. r., 229 o. l., 229 u. l., 235 u. r., 269 u. l.; **G. Steinbach**: S. 123 u. r.; **G. Synatzschke**: S. 267 u. r.; **H. J. Vermehren**: S. 27 o. l., 49 M. r., 91 o. l., 107 o. r., 117 o. M. l., 119 u. l., 143 u. r., 175 u. l., 179 u. l., 189 o. l., 189 u. r., 207 o. l., 229 o. r., 233 u. r.; **K. Wagner**: S. 31 u. r., 35 u. l., 41 o. l., 75 u. r., 91 M. r., 107 u. l., 107 u. r., 115 u. l., 127 o. r., 129 o. r., 145 u. r., 151 u. l., 153 M. l., 155 o. l., 173 u. M., 175 o. r. 179 o. r., 183 u. l., 187 u. r., 207 u. l., 249 o. r., 259 u. l., 273 u. l., 273 u. r., 275 o. l., 275 o. r.; **H. Wöhler**: S. 37 u. l., 117 u. l., 249 o. l., 249 u. l., 267 o. l.; **K. Wothe**: S. 35 u. r., 59 u. l., 209 u. l.; **W. Zepf**: S. 21 o. l., 47 u. l., 61 o. l., 65 o. r., 71 u. l., 73 o. r., 81 o. l., 81 o. r., 87 o. l., 99 o. l., 115 o. r., 129 o. l., 137 u. l., 161 o. r., 171 o. l., 177 u. r., 207 u. r., 209 u. r., 215 o. l., 237 o. r., 261 o. r.

**Allgemeiner Teil**:
**X. Finkenzeller**: S. 6, 278; **W. Layer**: S. 280; **H. Reinhard**: S. 279; **G. Steinbach**: S. 277; **H. J. Vermehren**: S. 3.

◁ *Blühender Feigenkaktus*

# Weiterführende Literatur

Die Pflanzen des Mediterrangebietes sind in den einzelnen Ländern in sehr unterschiedlicher Intensität erfaßt. So gibt es für Griechenland bisher nicht einmal ein ausgereiftes Projekt für eine Gesamtbearbeitung der Flora, während für Italien schon die zweite Generation einer sehr ausführlichen Darstellung vorliegt.
Eine Gesamtinventarisierung strebt die *Med-Checklist,* herausgegeben von W. GREUTER, H. M. BURDET, und G. LONG, an, von der die Bände 1 und 3 von insgesamt 6 erschienen sind (Genf 1984, 1986). Die Arten des gesamten Mittelmeergebiets (europäischer, asiatischer und nordafrikanischer Teil) werden hier ohne Beschreibungen aufgelistet, aber in ihrer Verbreitung detailliert angegeben. Für den europäischen Bereich können natürlich auch die entsprechenden Teile der **Flora Europaea** (Band 1–5, Cambridge 1964–1980) dienen. Einen allgemeinen Überblick über die Vegetationsverhältnisse der Mittelmeerländer gibt M. RIKLI, **Das Pflanzenbild der Mittelmeerländer**, I–III (Bern 1943–1948). Aus den speziellen Pflanzengruppen gewidmeten Büchern sei noch E. GÖTZ **Die Gehölze der Mittelmeerländer** (Stuttgart 1975) genannt.

Im einzelnen empfehlen sich für die verschiedenen Regionen folgende weiterführende Werke.

*Iberische Halbinsel:*

COUTINHO, A. X. P.: **Flora de Portugal**, ed. 2 – Lisboa 1939.
CASTROVIEJO, S. et al.: **Flora Iberica**, I–IV Lycopodiaceae–Papaveraceae. – Madrid 1986–1993.
BOLOS, O. DE & J. VIGO: **Flora dels Països Catalans**, I–II, Lycopodiaceae-Capparaceae. – Barcelona 1984–1990.
FERNÁNDEZ CASAS, J., CEBALLOS, A. & GARMENDIA, F.: **Plantas silvestres de la Peninsula Iberica.** – Madrid 1980.
ERNÁNDEZ CASAS, J., CEBALLOS, A.: **Plantas silvestres de la Peninsula Iberica (Rupícolas).** – Madrid, 1982.
BONAFÈ, F.: **Flora de Mallorca**, I–IV. – Palma de Mallorca 1977–1980.

*Frankreich*

FOURNIER, P.: **Les Quatres Flores de la France.** I–II. 2. ed. – Paris 1971.
GUINOCHET, M. & DE VILMORIN, R.: **Flore de France**, I–V. – Paris 1973–1984.

*Italien:*

FIORI, A.: **Nuova Flora analitica d'Italia**, I–II. – Bologna 1969, Neudruck.
FIORI, A. & PAOLETTI, G.: **Iconographia Florae Italicae.** – Bologna 1970. Neudruck.
PIGNATTI, S.: **Flora d'Italia.** – Bologna. 1982.

*Balkanhalbinsel:*

HAYEK, A.: **Prodromus Florae Peninsulae Balcanicae**, I–III. – Berlin 1927–1933.
POLUNIN, O.: **Flowers of Greece and the Balkans.** – Oxford 1980.
STRID, A.: **Mountain Flora of Greece**, I–II. Cambridge 1986; Edinburgh 1991.

*Türkei:*

DAVIS, P. H.: **Flora of Turkey and the East Aegean Islands**, I–IX. – Edinburgh 1975–1985.

*Palästina:*

ZOHARY, M.: **Flora Palaestina**, I–III + I–III (Tafeln). Jerusalem 1966–1978.

*Ägypten:*

TÄCKHOLM, V.: **Student's Flora of Egypt**. 2. ed. – Beirut 1974.

*Nordwestafrika:*

MAIRE, R.: **Flore de l'Afrique du Nord**, I–XIII. – Paris 1952–1967.
QUEZEL, P. & SANTA, S: **Nouvelle Flore de l'Algérie et des régions désertiques méridionales**, I–II. – Paris 1962 –1963

*Kanarische Inseln:*

HOHENESTER, A. & WEISS, W.: **Exkursion Flora für die Kanarischen Inseln.** Stuttgart 1993.

# Register

## Weitere Bände

Säugetiere · Landvögel · Süßwasserfische
Insekten (außer Schmetterlingen) · Schmetterlinge
Bäume · Strauchgehölze · Wildblumen
Pilze · Orchideen · Alpenblumen · Mineralien
Beeren, Wildgemüse, Heilkräuter
Gesteine · Leben in Bach und Teich · Gräser
Lurche und Kriechtiere

## Die Autoren:

**Ehrentraud Bayer,** geboren 1953, studierte in München Biologie, Chemie und Geographie; sie promovierte 1986 in Systematischer Botanik. Nach einjährigem Auslandsaufenthalt in Chile und botanischen Exkursionen nach Kenia und ins Mittelmeergebiet ist Dr. Bayer seit 1982 am Institut für Systematische Botanik, Universität München, als Akademische Rätin tätig. Arbeiten aus den Floren Südafrika und Südamerika.

**Karl Peter Buttler,** geboren 1942, studierte in Frankfurt und München Biologie und Chemie und promovierte 1967 im Fachgebiet Systematische Botanik. Während Forschungsreisen in Europa und Südwestasien befaßte er sich mit verschiedenen Gruppen der Gefäßpflanzen. Nach der Mitarbeit in Forschungsinstituten ist Dr. Buttler heute freiberuflich tätig, vor allem als Gutachter im Naturschutz. In unserer Naturführerreihe schrieb er den Band »Orchideen«.

**Xaver Finkenzeller,** geboren 1947, lehrt Mathematik an einem beruflichen Gymnasium im Allgäu. Seine ausgeprägten botanischen Interessen führen ihn seit vielen Jahren in den Alpen- und Mittelmeerraum, wo er sich der fotografischen Dokumentation widmet. X. Finkenzeller ist Mitglied der Bayerischen Botanischen Gesellschaft und arbeitet im Naturschutz mit. Er ist Mitautor des Bandes »Alpenblumen«.

**Jürke Grau,** geboren 1937, studierte Biologie, Chemie und Geographie in Hamburg und München, promovierte 1964 in systematischer Botanik und habilitierte sich 1971. Seit 1977 ist er Professor an der Universität München. Seit 1991 ist er Direktor der Botanischen Staatssammlung München und des Botanischen Gartens in München. Er unternahm Forschungsreisen nach Südamerika und wirkte an mehreren internationalen Florenwerken mit. Prof. Dr. Grau ist Mitautor der Naturführer »Strauchgehölze«, »Lebensraum Küste«, »Alpenblumen« und »Beeren, Wildgemüse, Heilkräuter«.